国家社会科学基金项目

我国运动休闲特色小镇产业链构建的机理及实现路径研究

满江虹　王晨曦　著

吉林大学出版社

·长春·

图书在版编目（CIP）数据

我国运动休闲特色小镇产业链构建的机理及实现路径
研究 / 满江虹，王晨曦著 . —长春：吉林大学出版社，
2022.12
　　ISBN 978-7-5768-1095-0

　　Ⅰ.①我… Ⅱ.①满… ②王… Ⅲ.①休闲体育—小
城镇—城市建设—研究—中国 Ⅳ.①G812.4②F299.21

　　中国版本图书馆 CIP 数据核字（2022）第 217487 号

书　　名　我国运动休闲特色小镇产业链构建的机理及实现路径研究
　　　　　WO GUO YUANDONG XIUXIAN TESE XIAOZHEN CHANYELIAN
　　　　　GUOJIAN DE JILI JI SHIXIAN LUJING YANJIU

作　　者　满江虹　王晨曦
策划编辑　李承章
责任编辑　邹燕妮
责任校对　王默涵
装帧设计　贝壳学术
出版发行　吉林大学出版社
社　　址　长春市人民大街 4059 号
邮政编码　130021
发行电话　0431-89580028/29/21
网　　址　http：//www.jlup.com.cn
电子邮箱　jdcbs@jlu.edu.cn
印　　刷　天津雅泽印刷有限公司
开　　本　787mm×1092mm　1/16
印　　张　21.5
字　　数　400 千字
版　　次　2024 年 1 月第 1 版
印　　次　2024 年 1 月第 1 次
书　　号　ISBN 978-7-5768-1095-0
定　　价　98.00 元

前 言

我国的运动休闲特色小镇建设，肇始于 20 世纪初开始的"体育小镇"开发。早在 2007 前，《昆明日报》《中国房地产报》等媒体就以"昆明酝酿首个奥林匹克体育小镇"为标题，将以体育为鲜明标签的小城镇建设模式——"体育小镇"推入国人的视野。其后，泉州萨马兰奇体育小镇、桂林怡化体育休闲小镇、富阳智慧体育特色小镇等相继见诸报端，体育小镇建设加速进入快行道。截至 2016 年，全国建设中的体育小镇就已超过 100 个，而到了 2017 年，这一数字则又翻了一番。2017 年 5 月 9 日，国家体育总局下发了《关于推动运动休闲特色小镇建设工作的通知》，并于 8 月 10 日公布了第一批 96 个在区位资源、运动休闲项目类型、体育产业业态等方面具有特色的运动休闲特色小镇试点项目，我国的运动休闲特色小镇建设开始进入正规化、法治化的开发路径，"运动休闲特色小镇"也由此成为当前体育界关注的焦点和研究的热点所在。

但繁荣的表象难掩问题的突出，"体育产业小镇如果没有内容产业支撑的话，就是空壳"，北京斯迈夫体育文化产业有限公司 CEO 袁方的话语，不仅代表了大部分业内人士和专家学者的担忧，也指出了我国运动休闲特色小镇建设存在的最大问题——以体育要素为核心的产业链的缺失。以理论为先导，在实践中构建起以体育为中枢的产业链，是运动休闲小镇建设取得成功的关键。然而，目前国内关于运动休闲小镇产业链建设的研究，虽然表象繁荣，但事实上均处于起步阶段，不论是经验介绍、横向移植还是自主延伸，还都是浅尝辄止，深入度不够。

本书站在"小镇、人文、产业"三位一体的综合化视角，遵循逐层深入探究的逻辑结构，综合运用扎根理论、地理信息系统、层次分析法、系统动力学以及多智能体系统方法等一系列科学方法，全面分析我国运动休闲特色小镇产业链构建的理论基础与机理机制，深入探寻基于产业基础、区位资源规划、主体交互关系、复杂适应机理和动态系统机制演化的产业链构建路径，从而给出我国运动休闲特色小镇产业链构建的完整模式。与传统研究相比，从方法论到研究方法，再到研究技术路线都有了质的转变，力求在学术价值与应用价值上实现新的突破。

满江虹　王晨曦

2021 年 10 月

|目　录|

第一章　绪　论

体育产业是运动休闲特色小镇的核心，运动休闲特色小镇特就特在体育产业，建设运动休闲特色小镇主要是搞"体育＋"，不是"＋体育"，即体育加旅游、体育加文化、体育加健康、体育加养老、体育加装备等，形成体育竞赛表演、体育健身休闲、体育旅游、体育培训与教育、体育用品制造等体育产业和产业链。对运动休闲小镇原有经验式的体育产业链进行修缮，实现科学规划区位资源、充分发挥市场主体作用、完善产业布局、形成特色产业集群，是运动休闲小镇建设的核心任务。而其中的重中之重在于，如何遵循自组织的可持续发展规律以及产业、城镇、人文三位一体的复合型载体要求，在价值、组织和空间上进行战略层面的重新定位，构建起因地制宜的特色体育产业链。这不仅是能够实现运动休闲小镇建设各主体收益最大化、实现社会利益驱动下整体价值增值的科学策略，更是落实习近平总书记以人民为中心的体育战略思想以及发挥试点小镇培育示范作用的必然选择。

第一节　运动休闲特色小镇建设的时代背景

一、运动休闲特色小镇是助力新型城镇化的重要内容

运动休闲特色小镇的建设与新型城镇化新的时代使命紧密相关，运动休闲特色小镇建设为实现新型城镇化增添了浓墨重彩的一笔。大量农业人口向城镇、城市转移是工业化和人类社会发展的必然选择。新型城镇化需要产业发挥带动就业、促进经济发展的作用作为建设支撑，而产业发展又可为城镇增强活力、增强群众获得感、增加幸福感和生活满意度。运动休闲特色小镇以运动休闲产业作为主导产业，通过吸引上下游企业参与到小镇建设体系，最终打造起运动休闲特色小镇知名度和品牌，而后者又会推动小镇卫生、医疗等基础设施建设，达到新型城镇化生态宜居和和谐发展的建设标准。运动休闲特色小镇建

1

设在带动城市发展、调整经济发展方式、缓解城乡二元结构方面具有重大的作用。由此可见，运动休闲特色小镇建设是助力新型城镇化的重要内容。

二、运动休闲特色小镇是推动体育扶贫的重要举措

运动休闲特色小镇的建设对推动乡村振兴战略有着重大意义。运动休闲特色小镇虽然名为"小镇"，但却不是传统意义上按照行政区域划分的行政单位城镇，也不是传统认知里的产业孵化园，更不是体育用品的制造基地，而是一个需要建立在传统旅游小镇的基础上扬长避短，发挥其地理位置、产业集聚特色、特色传统文化、历史资源、优势产业等独特优势，围绕体育产业这一核心，以各类体育项目为载体，融合运动健身、休闲娱乐、观光旅游等多种功能为一体的产业城市交互发展新模式。尽管我国一些乡村的经济状况不够发达，但这些地区拥有着巨大的经济价值可以发掘。发掘乡村独特的自然资源，推动乡村振兴、扩大乡村居民就业和实现乡村居民增收的有效方式就是依托当地休闲文化和通过潜力资源定位来建设运动休闲特色小镇。小镇建设可通过引进先进建设理念，以更新的群众视野和前沿的技术等提升当地群众自身素质和创造能力，增加人力和社会资本优化当地产业结构。

三、运动休闲特色小镇是满足人民群众健身需求和健康中国建设的重要手段

收入水平提高、闲暇时间增多等因素直接影响了人民群众对文化精神需求的提升，其中健身需求成为明显特征之一，同时群众对自身健康重视程度的提升也成为运动休闲特色小镇建设的主要动力。庞大的健身市场需求与健康中国战略实施需要一种满足以上需求及实现战略目标的载体。在相关利好政策的扶持下，运动休闲特色小镇迎合了上述诉求并迸发出强大的建设潜力。运动休闲特色小镇还是满足"创新、协调、绿色、开放、共享"发展理念的新型健身休闲综合服务体，在丰富业余赛事、积极培育时尚休闲运动项目、打造特色健身休闲示范区的同时，使全民健身深入人心、健康中国付诸行动。面对群众日益增长的健身休闲需求，国家建设新的场馆、开放现有场馆等措施解决不了体育个性化需求与普遍供给之间的矛盾。而运动休闲特色小镇建设立足于当地民风民情、考虑当地群众消费需求和自身优势，这既有利于满足群众健身需求又能促进运动休闲特色小镇的可持续发展。

四、运动休闲特色小镇是促进体育产业与相关产业融合的重要方式

体育产业是运动休闲特色小镇的核心，运动休闲特色小镇特就特在体育产

业，建设运动休闲特色小镇主要是搞"体育＋"，即体育加旅游、体育加文化、体育加健康、体育加养老、体育加装备等，形成体育竞赛表演、体育健身休闲、体育旅游、体育培训与教育、体育用品制造等体育产业和产业链。运动休闲特色小镇是一个承载全民健身和体育产业发展庞大系统，又与旅游、文化、健康、养老等行业融合发展成为具有唯一性和多样性的运动休闲特色小镇产业链，其作为融合运动休闲产业与相关产业的新兴平台，通过复杂的要素构成、非线性关系将不同主体的功能和价值最大化。运动休闲特色小镇建设以运动休闲产业为主导的同时，基于产业关联性，体育产业又会和其他产业企业相融合，从而促使多种多样的中间业态的形成。运动休闲特色小镇具有文化、空间等多维重构属性，也具有很强的吸纳和演变能力，因此以运动休闲产业为主导的小镇为体育产业与相关产业融合提供了天然优势。

五、运动休闲特色小镇是推进体育供给侧结构性改革的重要路径

新时代在新常态背景下，供给侧结构性改革成为经济增长的主要推手。供给侧结构性改革以制度创新为引领，赋能实体产业供给要素不断进行技术创新，最终促成制度与技术协同创新推动产业发展的局面。体育供给侧结构性改革侧重于解决体育供给质量不高、有效供给不足等问题。运动休闲特色小镇正是可供创新实施的一个平台和新兴业态。运动休闲特色小镇以休闲产业为基础，融合健康、旅游、娱乐等产业可为消费者提供一站式服务，可极大地降低消费者搜索成本、提升体育休闲服务质量、满足消费者休闲需求。作为新兴业态，运动休闲特色小镇无论从选址到形成自身特色，还是从政府资金支持到吸纳社会资金加入，都体现了运动休闲特色小镇建设在缓解体育服务供给不足、推进结构性改革中的巨大价值和作用。

第二节　国内外学术研究进展

一、产业链构建相关研究

（一）产业链的发展历程

"产业链"这个概念始于西方兴于中国。最早关于产业链的思想来自古典经济学之父 Adam Smith "制针"的分工理论，该理论被称为"产业链"思想的起源。国内关于产业链的研究于 20 世纪 90 年代开始涌现，并随着改革开放的推进和社会经济的发展而越发深入，产业链的理论和实践研究成了学者们的研究热

点方向。学者傅国华作为"产业链"的首位提出者,在研究海南热带农业发展课题中对产业链的阐述为后续的理论与实践研究起到了重要的指引作用。

回顾国内产业链相关研究,大体可分为以下阶段:第一阶段(1986—1996年),"产业链"一词已被提出,但是鲜有学者对其进行详细地理论研究与学术定义,没有体现"产业链"的重要性,且主要是从农业产业化的角度研究农林业的发展。第二阶段(1997—2000年),对产业链的研究发展迅速,学术界和企业正重新评估产业链对经济发展的重要性,产业链的研究范围从最初的种植业、林业延伸至畜牧业、科技业等。因此这个阶段是我国产业链研究的初步发展阶段。第三阶段(21世纪以来),产业链已成为学术界和商业界普遍关注的研究主题,对产业链理论的研究越来越深入和透彻,取得了重要的理论成果和实践经验,通过分析产业链发展历程可知,我国产业链研究主要分为理论研究和应用实践,理论研究主要集中于产业链类型、产生机制、构建机制以及优化整合等;应用实践主要集中于各个行业中产业链的现状、特征、构建和优化等,以下将对上述方面的国内外相关研究进行详细论述。

(二)产业链的分类

刘大可[①]认为,在产业链中,企业之间的相互依赖程度是不相同的,因此可将公司及其供应商之间的产业链关系分为相互依赖、目标企业垄断、独立竞争和供应商垄断四种类型。潘成云[②]根据产业价值链的适应性,将产业价值链分为刚性与柔性产业价值链;根据产业链价值链的发展过程,将产业价值链分为技术主导性、生产主导型、经营主导型、综合型产业价值链;根据产业价值链的形成诱因,将产业价值链分为政策诱致型与需求内生型产业价值链;根据产业价值链独立性,将产业价值链分为依赖型与自主型产业价值链。刘贵富[③]基于外界因素作用的大小,认为可以将产业链划分为自组织形成的和他组织形成的产业链。李心芹等[④]将企业组建的产业链依据其内部企业之间的供需关系划分为需求型、产品型、资源型和市场导向型产业链。郁义鸿[⑤]基于纵向关系,将产业链划分为产业链Ⅰ型(最终产品)、产业链Ⅱ型(纯粹的中间产品)、产业链Ⅲ型(既能作为最终产品直接面向消费者,也可以作为投入品)。

① 刘大可. 产业链中企业与其供应商的权力关系分析 [J]. 江苏社会科学,2001(3):10—13.

② 潘成云. 解读产业价值链——兼析我国新兴产业价值链基本特征 [J]. 当代财经,2001(9):7—11+15.

③ 刘贵富. 产业链形成过程研究 [J]. 社会科学战线,2011(7):240—242.

④ 李心芹,李仕明,兰永. 产业链结构类型研究 [J]. 电子科技大学学报(社科版),2004(4):60—63.

⑤ 郁义鸿. 产业链类型与产业链效率基准 [J]. 中国工业经济,2005(11):35—42.

蔡宇①根据生产要素的集聚性将产业链划分为以产品和服务市场为主要素的产业链、以某项关键技术为主轴线的产业链、以产品的生产和服务提供过程为主要素的产业链、以某种关键资源的开发和综合应用为聚集要素的产业链。龚勤琳②基于产业链的区域空间背景，将产业链划分为附加价值追加链、劳动力追加链、技术追加链、资金追加链。从以上众多学者的研究中可以看出，学术界主要从产业链的不同主体、关系、应用背景等角度对产业链类型进行划分。

（三）产业链的产生与构建机制

蒋国俊③在当前价值链、产业集群、集群区域和战略联盟等理论基础上，认为集群区域产业链的形成因素有四点：一是当前在国内外市场上的激烈竞争，是网络竞争而非单个公司竞争；二是为了灵活反映顾客的需求；三是社会压力；四是产业链与分散和随机的市场交易相比，在协同合作的同时避免了管理上的庞杂性和纵向整合的僵化。龚勤林④在蒋国俊的研究基础上，对产业链形成机制的企业供需层面进行了深入突破，认为形成的途径有以下三种：一是若干新兴产业部门来自相对成熟的产业，受市场需求的驱动，形成链条式关联集群；二是不同经济地域的各层次专业化产业部门基于提升产业竞争力和加强其前向后向关联关系的考虑，突破地区边界限制，走向链式一体化；三是若干具有专业化分工属性的产业部门在地域空间上相对集中，出于对扩展市场和降低交易费用的考虑而形成产业链。吴金明⑤以"4＋4＋4"模型作为抽象模型，详细阐述了空间链、供应链、技术链、价值链内在本质就是产业链的形成机制。游振华⑥借助辩证唯物主义视角分析产业链，认为产业链的形成机制包括内部动力和外部动力机制。刘贵富⑦利用动机机制理论分析得出，内在动力机制是产业链的自发内力，外在动力机制则涉及自然、经济、政治、市场和社会等方的要素。具体从链接理论来看，将主动轴和链轮1比作核心企业，动轴和链轮2比作节点企业，链条3看作是核心企业和节点企业的纽带。产业链"内

① 蔡宇．关于产业链理论架构与核心问题的思考 [J]．统计与决策，2006 (17)：114－116.

② 龚勤林．产业链空间分布及其理论阐释 [J]．生产力研究，2007 (16)：106－107＋114.

③ 蒋国俊，蒋明新．产业链理论及其稳定机制研究 [J]．重庆大学学报（社会科学版），2004 (1)：36－38.

④ 龚勤林．区域产业链研究 [D]．成都：四川大学，2004.

⑤ 吴金明，邵昶．产业链形成机制研究——"4＋4＋4"模型 [J]．中国工业经济，2006 (4)：36－43.

⑥ 游振华，李艳军．产业链概念及其形成动力因素浅析 [J]．华东经济管理，2011，25 (1)：100－103.

⑦ 刘贵富．产业链形成过程研究 [J]．社会科学战线，2011 (7)：240－242.

含链"的对接过程是在内在动力和外在动力共同作用下完成的。

综上，国内众多学者对产业链构建的内外部动因进行了广而深的讨论，通过现实构建案例总结出产业链健康运行的动力机制，其中也不乏有学者对动力机制进行理论突破与延伸。经过仔细观察，国内对于产业链相关术语仍未制定出统一的使用标准，例如"产业链构建"一词，有称之为"产业链打造"或"产业链培育"等；由此看出，国内产业链研究尚未形成统一的认识和系统的理论，对于产业链各环节之间机理机制相关内容的探讨不够深入全面，并且由于相关术语的模糊使用，给产业链理论的研究带来系统性和条理性的缺失。

（四）产业链的优化整合

在产业链理论的发展过程中，关于产业链构建整合理论也得到了相应发展。产业组织理论将 Adam Smith 的自由竞争理念与马歇尔规模经济之间的冲突作为主要发展路线，直到可行竞争、垄断竞争、有效竞争理论的提出，人们才逐渐放弃了完全竞争市场的假设，从而优化了规模经济与竞争资源配置并寻求平衡点。新产业组织理论（NIO）运用了大量的分析工具，特别是用博弈论来分析企业策略性行为，发现信息不对称在产业链构建整合过程中起着重要的作用。研究显示，上游厂商掌握了供应的绝对信息，如果供应是随机状态，那么下游厂商将会有向后一体化的冲动，以改善和平衡供应市场信息的质量。同时，如果上游供应商和下游生产商同时提价就会出现价格扭曲，整个产业链的利润水平将会降低，相反，纵向一体化带来的利润更为可观，因此产业链纵向关系存在着外部性。随着交易费用理论的发展，学者们开始关注构建和整合产业链中的交易费用问题。著名经济学家 Ronald Coase[1] 提出了交易费用理论，该理论认为市场组织与企业内部经济活动的组织均需要支出成本，从而企业的边界是由这两个成本在边际上对比决定的。Benjamin Kein 等[2]在《纵向一体化、可占用性租金与竞争性缔约过程》中对 Ronald Coase 提出的交易费用理论给予了肯定，并将产业链整合的一体化成本纳入市场机制的成本范畴，补充认为只有市场各方的缔约成本大于产业链整合的一体化成本时，一体化战略才能成为产业或者企业所有者的最佳选择。Grossman 等[3]进一步提出产业纵向整合的发生取决于整合所产生的市场交易成本节约与整合成本之间的比较，因为

① Coase R H. The nature of the firm [M]. Macmillan Education UK，1995.

② Klein B，Crawford R G，Alchian A A. Vertical integration，appropriable rents，and the competitive contracting process [J]. The journal of Law and Economics，1978，21（2）：297－326.

③ Grossman S J，Hart O D. The costs and benefits of ownership：A theory of vertical and lateral integration [J]. Journal of political economy，1986，94（4）：691－719.

一体化虽可以节约机会主义所带来的交易成本，但被合并的一方由于失去了控制权，也就损失了激励。Fukuyama[①]进一步结合了交易费用与规模经济性，认为产业链构建整合的形式具有多样化的特征。Baker 等[②]认为具有不可模仿的能力是企业获取可持续竞争优势的保障，一旦企业的核心竞争能力被削弱，企业纵向分离的可能性将产生。从技术要素的角度，认为技术的变迁对企业效率的边界变化有极大影响，企业实施一体化战略需尽可能地绑定新技术。近年来，更多学者认为产业链构建整合还与企业的能力有关，在动态发展的环境中，产业链构建整合是不少企业的战略选择之一。

国内学者对产业链整合进行了一些有益的探索，其中张绮等[③]将产业链构架下三种基本属性构建成产业价值链最大化的数学模型，对于优化产业价值链以及指导企业实践具有很强的现实意义。芮明杰等[④]的《论产业链整合》考察了产业链在技术层面下的发展变化，从分工角度综合分析了产业链整合分化的微观机理，并提出基于知识共享的产业链整合理论。其中不乏他学者从不同视角分析产业链优化整合，卜庆军等[⑤]运用生物共生理论角度总结出股权并购、战略联盟、产业集群型三种产业链整合模式。在《产业链纵向控制与经济规制》突破传统产业组织理论有关产业链上下游纵向关系的理论，对产业链各个环节的横向方面展开分析，构建了一个相对独立且系统的产业链整合理论。芮明杰[⑥]提出了三种产业链整合的形式，一是通过联盟实现产业链纵向一体化的利润最大化，通过共享价格和客户知识来协调价格策略与细分市场；二是通过供应链管理共享客户信息实现整个产业链的快速响应和准确服务；三是企业的合并（兼并）、合资等等。邵昶等[⑦]认为产业链实际上是具有"波粒二象性"的特殊产业组织，并基于"波粒二象性"论述了产业链的特性和结构，提出从政府角

---

① Fukuyama F. Trust: The social virtues and the creation of prosperity [M]. Simon and Schuster, 1996.

② Baker, G, Gibboos, R, Murphy, K. J. Relational Contracts and the Theory of the Firm [J]. Quarterly Journal of Economies, 2006, (117): 39−83.

③ 张琦，孙理军. 产业价值链密炼机理及优化模型研究 [J]. 工业技术经济, 2005 (07): 111−113.

④ 芮明杰，刘明宇，任江波. 论产业链整合 [M]. 上海：复旦大学出版社, 2006.

⑤ 卜庆军，古赞歌，孙春晓. 基于企业核心竞争力的产业链整合模式研究 [J]. 企业经济, 2006 (2): 59−61.

⑥ 芮明杰，刘明宇. 网络状产业链的知识整合研究 [J]. 中国工业经济, 2006 (1): 49−55.

⑦ 邵昶，李健. 产业链"波粒二象性"研究——论产业链的特性、结构及其整合 [J]. 中国工业经济, 2007 (9): 5−13.

度，制定各种产业政策；从企业角度，与上下游企业构建良好关系。郑大庆等[①]认为，当前现代企业竞争已上升为产业链层面的竞争，迫切需要产业链理论指导，并从产业链整体协同的层面构建了产业链整合理论的初步框架——"5＋4＋3"模型。

纵观国内外学者的研究和相关文献，国外学者提出的产业链构建整合理论是依托于产业组织理论和交易费用理论发展起来的，为今后的理论研究与应用实践指明了方向。产业组织理论认为，企业为获取垄断价格优势而对产业链进行构建整合。新产业组织理论则对产业链构建整合中信息不对称情况进行了考量。但以上两种理论都存在明显的不足，认为产业链构建是零成本的行为，忽略了交易费用的影响。显然，现实的失败案例告诉我们，成本是产业链构建整合的重要因素，企业能力问题以及激励机制的效率同为关键，费用节约的重要性固然重要，但是交易费用理论对其过度重视，忽略了组织在知识积累和生产功能方面所做出的贡献价值，垄断权力所带来的收益没有在考虑范围内，因此导致对产业链构建整合所产生的成本以及收益方面的阐述比较浅显。在企业能力理论的指引下，产业链应在构建整合的过程中考虑宏观、中观、微观企业的众多因素，并时刻关注各因素的发展状态，对构建整合行为进行相应调整。在现有国内的研究成果中，一方面对于如何推进产业链的部分整合，以及在整合产业链之后如何保证产业链的稳定运行、发展和控制方面还缺乏充分的理论和应用研究。另一方面产业链整合的相关研究仍不够细化和深入，尤其鲜有结合国情论述产业链整合与控制的研究。

（五）产业链的应用

产业链的应用实践研究在理论研究不断丰富和深入的基础上得到了一定的发展，国内学者大多从自身学科领域出发选择特定产业或地区的产业链作为研究对象，研究内容主要是分析产业链条的衔接和延伸情况，并提出相应的对策和措施。

总结国内产业链应用研究可知，研究领域主要涉及农业、林业、制造业、工业、第三产业等。郑勇军等[②]通过分析国内沿海地区计算机制造业集群内与集群间产业链的整合情况，认为集群间产业链的整合对于计算机制造业发展非常重要。张利庠等[③]分析了国内农业产业链的发展弊端和难点，运用纵向一体化的方式来构建产业链条，提出应重视企业内部资源与外部环境的有效互动；

---

① 郑大庆，张赞，于俊府. 产业链整合理论探讨 [J]. 科技进步与对策，2011，28（2）：64—68.
② 郑勇军，汤筱晓. 集群间产业链整合：提升产业竞争力的重要途径——以中国沿海地区计算机制造业集群为例 [J]. 工业技术经济，2006（7）：61—64.
③ 张利庠，张喜才. 我国现代农业产业链整合研究 [J]. 教学与研究，2007（10）：14—19.

应借助互联网建立信息共享平台；建立混合纵向一体化连接方式以及"公司＋园区＋农户"的组织形式。孙忠峰等[①]对威海造船业的特点以及产业链整合发展进行了梳理与分析，强调应政策指导、资源重组、技术支持、人力资源、引进外资等。蓝瞻瞻等[②]以"微笑曲线"为理论基础，指出国内林业长期处于价值链的低端，分析现今存在的不足，以跨国企业产业链为参照，结合上中下游环节提出整合的策略。荆会云[③]指出，目前我国农产品产业链依旧是按照传统模式运行的，认为传统模式下的农产品产业链无法满足现代产业链的要求，提出应充分利用科学技术整合农产品产业链，从而达到提高市场竞争力的目的；应因地制宜，根据地区选择合适的整合模式；应注重农产品品牌建设；应加强监管，完善奖励机制。综上，产业链的相关理论广泛应用于各地区、各行业产业经济发展决策和规划中，现有的产业链应用研究更多地关注产业链的表面，内部深层次的论述与分析较为笼统。综合来看，产业链仍是国内研究的热点问题，但其理论与实践研究仍较为粗浅，产业链的构建、运行和培育等更深层次的问题有待进一步探究。

二、运动休闲特色小镇相关研究

国内关于运动休闲特色小镇产业链的研究起步较晚，相关研究成果在近些年呈现出井喷的态势。从已有研究来看，探索不断趋于理性、科学化和自主性，经历了"经验介绍→横向移植→自主延伸"三个过程。

（一）经验介绍

此部分研究成果主要集中于体育小镇的起步阶段，重点是引进与介绍国外成熟体育小镇体育产业链的发展经验。石秀廷[④]通过对国外成功体育小镇运行模式的介绍，从主题选择、模式建构、运作方式等多个角度，提出了奥林匹克体育小镇发展的新思路。分析了国外成熟体育小镇的整体化发展模式，从体育产业与旅游产业、体育文化与奥运精神、生态环保与经济发展相结合的角度，提出了体育与旅游休闲二重唱的运动休闲社区发展方向。瞿昶[⑤]在借鉴新西兰

---

① 孙忠峰. 威海区域造船产业链整合发展分析 [J]. 东岳论丛，2009 (3)：176—178.
② 蓝瞻瞻，王立群. 我国林业产业链整合研究 [J]. 北京林业大学学报 (社会科学版)，2011，10 (1)：70—75.
③ 荆会云. 我国农产品产业链整合模式的比较与选择 [J]. 农业经济，2019 (12)：131—132.
④ 石秀廷. 体育特色小镇建设的国际经验及其启示 [J]. 广州体育学院学报，2018，38 (02)：39—42＋67.
⑤ 瞿昶. 基于市场化导向的旅游型特色体育小镇构建探索——以新西兰皇后镇为例 [J]. 南京体育学院学报 (社会科学版)，2017，31 (05)：59—63.

皇后镇等国外成熟山地体育小镇的基础上，提出了我国山地体育特色小镇整体设计的新思路。李明[①]认为，由社会资本与地方政府合作的体育特色小镇项目应该重点关注体育产业链的整合，冲破由地方政府负责项目开发的传统桎梏，在前后阶段的相关事项允许互换实施。李庆峰[②]提出，将互联网作为产业链发展的中介，对收集的数据进行存储、整理和分析，运用在体育小镇产业链的构建和发展中，这样的技术手段能够为促进产业融合提供决策依据以及双向智力支持。鲁志琴等[③]提出，意大利蒙特卢纳镇的各类鞋生产企业是以镇区为中心，在半径5km范围内形成产业集聚区。张未靖等[④]则从另一角度提出，在城乡规划以及体育小镇发展规划上，应充分利用地方特色，不必强求体育产业完整的产业链，更不必强求与城市体育产业在经济上同步发展，而是应该追求具有地域性特色的"本地体育产业增长极式发展"。这一层面的研究，虽然还没有深入探究运动休闲特色小镇产业链的内部构建机理，但现有的关于国外体育小镇的先进经验能为后续研究提供重要启示。

（二）横向移植

朱子丹等[⑤]在详尽分析成熟产业圈经验的基础上，论述了构建"环东湖体育圈"的产业链建设基础条件与产业整合发展战略，认为应充分整合体育与旅游产业优势，扩大体育旅游消费渠道，促进区域经济发展。方春妮等[⑥]提出共建旅游产业链的建议，以此吸引相关体育旅游企业与机构集聚，为产业链上的企业提供经营空间和服务便利，促进企业间的竞争、合作、劳动力流动以及信息共享。赵佩佩等[⑦]、陈宇峰等[⑧]均探究了浙江特色小镇的实践，在产业整合

---

① 李明. PPP模式介入公共体育服务项目的投融资回报机制及范式研究——对若干体育小镇的考察与思考[J]. 体育与科学, 2017, 38 (4): 86—93.

② 李庆峰. 互联网＋社会的新型治理模型—以特色小镇为分析对象[J]. 建筑与文化, 2017, 15 (6): 199—200.

③ 鲁志琴, 陈林祥. 国内外体育小镇发展的社会背景比较[J]. 山东体育学院学报, 2019, 35 (03): 32—36.

④ 张未靖, 刘东升. 新时代我国体育小镇发展研究：理念、实践与对策[J]. 沈阳体育学院学报, 2020, 39 (3): 107—115.

⑤ 朱子丹, 黄波. 试论构建"环东湖体育圈"的基础条件、发展战略及对策[J]. 武汉体育学院学报, 2003 (6): 23—26.

⑥ 方春妮, 张贵敏. 我国体育旅游业集群化发展之策略[J]. 上海体育学院学报, 2009, 33 (6): 18—21.

⑦ 赵佩佩, 丁元. 浙江省特色小镇创建及其规划设计特点剖析[J]. 规划师, 2016, 32 (12): 57—62.

⑧ 陈宇峰, 黄冠. 以特色小镇布局供给侧结构性改革的浙江实践[J]. 中共浙江省委党校学报, 2016, 32 (05): 28—32.

与升级的基础上，主张将产业布局集中化、模块化和专业化体现在特色小镇产业链培育上，为运动休闲小镇体育产业链的构建提供了启示。曾江等①研究指出，特色小镇建设需要在考虑历史、区域产业特色的基础上，从小镇本土资源、人口结构等区位因素禀赋出发，根据当地的实际情况构建相互协作的产业链条。白小虎等②探究了特色小镇与产业空间布局，指出城市高端要素扩散并重新组合后会形成新的空间——特色小镇，促使专业化要素与产业相结合，形成产业链主导的高产空间。蒋清等③分析了全域旅游视域下开发特色小镇的价值定位与运营模式，提出应以市场需求为导向，以体育旅游产业为主体，以打通体育与资本链条为基点，探索小镇的特色产业链构建与特色文化培育。付晓东等④认为，发展地区经济需要重视自然资源的开发与利用，地方政府应将其作为发展基础，运用新兴技术并结合市场需求来形成较为完整的产业链。谢宏等⑤认为，特色小镇作为产城融合和产业转型升级的新载体，需通过产业集群创新实现要素高阶化和产业集群价值链攀升。赵雯婷等⑥认为延伸产业要遵循"土豆效应"，主导产业被打造出来后必须实现跨界发展，使其形成长而全的产业链，从而才能实现特色小镇的可持续发展。李国英⑦认为，特色小镇的产业业态不应是亘古不变的，完整的产业链布局并不是其唯一选择，也可在产业链上一个或几个关键节点上形成对核心城市产业的延伸和补充。黄弘等⑧强调国内陶瓷小镇应以特色产业引领集聚，以陶瓷产业为主线，以小镇为平台将其他产业有机地组合起来，构建全新的特色小镇产业链，并使产业、人才、文化、生态实现有机融合与聚集。陆维仪⑨认为，新闻出版特色小镇的发展应瞻前顾后，学习已有的其他特色小镇的发展经验，同时也要对未来发展做好前瞻性规

① 曾江，慈锋. 新型城镇化背景下特色小镇建设 [J]. 宏观经济管理，2016 (12)：51—56.
② 白小虎，陈海盛，王松. 特色小镇与生产力空间布局 [J]. 中共浙江省委党校学报，2016，32 (5)：21—27.
③ 蒋清，敬艳. 全域旅游视域下体育特色小镇的开发 [J]. 开放导报，2017 (5)：92—95.
④ 付晓东，蒋雅伟. 基于根植性视角的我国特色小镇发展模式探讨 [J]. 中国软科学，2017，No. 320 (08)：102—111.
⑤ 谢宏，李颖灏，韦有义. 浙江省特色小镇的空间结构特征及影响因素研究 [J]. 地理科学，2018，38 (08)：1283—1291.
⑥ 赵雯婷，丁怡清，封英等. 聚力探索特色小镇 开辟体育产业全新格局——北京大学第9届中国体育产业高峰论坛综述 [J]. 北京体育大学学报，2019，42 (02)：95—102.
⑦ 李国英. 构建都市圈时代"核心城市＋特色小镇"的发展新格局 [J]. 区域经济评论，2019 (6)：117—125.
⑧ 黄弘，张诚，许德. 我国陶瓷特色小镇发展分析研究 [J]. 中国陶瓷，2020，56 (8)：87—93.
⑨ 陆维仪. 特色小镇视域下我国新闻出版产业集群建设机制研究 [J]. 科技与出版，2018 (8)：172—176.

划，将互联网技术融入发展过程中，形成智能化、集约化、协同化的新闻出版产业链。西班牙博物馆小镇的古根海姆博物馆将名人效应运用在运营中，通过聘请大师设计，以市场需求为导向，充分把握消费者需求，推出多元艺术活动和创新旅游商品，由此形成了以博物馆为核心的产业链[①]。这一层面的研究，虽未立足于运动休闲特色小镇体育产业链的实际构建角度来探讨其构建方法，但现有基于成熟特色小镇产业链运作思路和模式的分析，为运动休闲特色小镇产业链的构建指明了方向，具有一定的理论和实践指导价值。

（三）自主延伸

此领域的研究主要是直接定位于运动休闲特色小镇产业链的构建，立足于分析运动休闲小镇的体育特色与资源，力争纵向延伸已有的体育产业链并使之更为科学。谭丽君等[②]基于产业组织理论指出职业体育产业链的组织模式核心是竞赛表演产品，俱乐部与联盟是产业链的核心企业和主导者。马海涛等[③]提出应发展以体育赛事与体育健身休闲为核心的体育产业链，形成核心层、中间层、外围层环环相扣的循环系统，发挥体育产业的关联效应，通过核心产业带动中间与外围产业的发展，促进体育产业链完善与组织机制合理化。钟秉枢等[④]研究认为，休闲体育旅游资源整合要立足于产业可持续性发展的角度，在充分利用地方特色资源与开发条件的基础上，加强旅游业与其他产业的融合与联系，实现休闲体育产业链的价值攀升，以及各区域相关主体利益的最大化满足。李恒[⑤]研究认为，互联网能够贯穿体育核心产业链与外部性产业、附属产业与基础设施之间的关系，以此来重构体育产业，从而实现核心产业链价值最大化的目标。李燕领等[⑥]研究认为，政府在体育产业"链式"发展过程中应整合投融资环境、空间布局等。体育场馆业需要打造本体产业突出的一体化模式，体育竞赛业与体育用品业要创建联赛核心产品品牌，体育健身企业要融合

---

① 万树，徐玉胜，张昭君，张欣. 乡村振兴战略下特色小镇 PPP 模式融资风险分析 [J]. 西南金融，2018 (10)：11—16.

② 谭丽君，秦椿林，靳厚忠. 职业体育产业链的组织模式研究 [J]. 武汉体育学院学报，2010，44 (1)：46—50.

③ 马海涛，谢文海. 国际大都市体育产业组织路径的经验与启示 [J]. 世界地理研究，2012，21 (2)：112—117＋96.

④ 钟秉枢，鹿志海，李相如，杨铁黎，吴昊，郝晓岑，邢晓燕. 中国中小城镇体育休闲旅游资源的整合与优化：以北京市房山区张坊镇为例 [J]. 首都体育学院学报，2014，26 (5)：388—393.

⑤ 李恒. 互联网重构体育产业及其未来趋势 [J]. 上海体育学院学报，2016，40 (6)：8—15.

⑥ 李燕领，王家宏. 基于产业链的我国体育产业整合模式及策略研究 [J]. 武汉体育学院学报，2016，50 (9)：27—33＋39.

相关产业进行产品、服务与营销组合。沈克印等[1]研究指出，建设运动休闲特色小镇要坚持以市场为主导，以企业为主体，优化资源配置，树立产业链思维，在科学规划、产业定位、跨界融合的基础上实现、体育产业转型升级与有效供给。叶小瑜[2]总结了国外运动休闲特色小镇的建设经验，从宏观层面分析，为达到开拓盈利空间的目的，应以体育项目为龙头，建立以"体育＋"为核心的市场化运营模式，从而形成产业链。从微观层面分析，运营模式和盈利方式应以"体育"为主植入多元产业，使得消费链具有多元化性质的"体育特色"，引导体育产业与医疗、康复、美食等产业形成相互联系的产业链。王志文等[3]提出，应以体育产业和区位特征为前提，共同形成"体育＋旅游"产业价值链，同时还要遵循构建链、补充链、延长链的原则，从而延展产业价值链的长度和宽度。白惠丰[4]从企业角度提出，企业应在运动休闲特色小镇建设中遵循自然规律，立足于当地地理区位资源来进行特色定位，因地制宜地培育特色鲜明的体育产业，深挖地域文化资源，突出地域人文特色，促进人文消费。这一层面的研究，不仅明确了运动休闲特色小镇建设的关键就是以体育元素为核心的产业链的构建与运行，而且就产业链的构建方法、模式、特征、要点等进行了较为深入的研究，为运动休闲小镇的科学化发展奠定了基调。

三、文献述评

本节对产业链、运动休闲特色小镇产业链的研究文献进行了回顾，内容包括：产业链的构建机制与优化整合、运动休闲特色小镇产业链的构建。国内有关运动休闲特色小镇产业链构建的研究更为关注发展过程，将其分为经验借鉴、横向移植、自主延伸三个过程。以体育小镇与其他特色小镇的成功建设经验为背景，进行经验借鉴与移植，分析运动休闲特色小镇产业链的构建，并通过企业、政府、科技发展等视角探究延伸产业链的可行性、必要性。整体来看，与特色小镇相比，体育小镇产业链相关研究的全面性、系统性虽有待完善，但现有的经验借鉴、横向移植、自主延伸相关研究为后续开展运动休闲特

① 沈克印，吕万刚．体育产业供给侧改革的现实诉求与实施策略——基于资源要素的视角［J］．西安体育学院学报，2017，34（6）：641－646．

② 叶小瑜，谢建华，董敏．国外运动休闲特色小镇的建设经验及其对我国的启示［J］．南京体育学院学报（社会科学版），2017，31（5）：54－58．

③ 王志文，沈克印．产业融合视角下运动休闲特色小镇建设研究［J］．体育文化导刊，2018（1）：77－81．

④ 白惠丰，孟春雷．新常态背景下运动休闲特色小镇创建问题及路径研究［J］．体育文化导刊，2018（3）：87－91．

色小镇产业链构建工作提供了重要的思路。

具体来看，现有研究仍存在以下问题：第一，目前国内关于运休闲特色小镇产业链构建的研究实际上仍处于起步阶段，从目前所能收集到的文献来看，大部分文献对相关产业链构建的研究也仅限于表面的浅析，没有围绕其进行深入了解。虽看似表象繁荣，但实际上大多数研究只是浅尝辄止，未得到具有公共认知性的建设思路与建设模式。第二，产业链构建是涉及方方面面的系统工程，需要综合考量人文、地理、自然环境、企业、政府等一系列关联主体的情况，需要依赖地理环境分析、人文关系厘定、系统仿真演化等一系列大数据方法。然而当前研究往往采用文献资料法、社会调查法等传统研究方法，难以从系统的角度出发，在深入分析系统内部关系的基础上构建科学的产业链。第三，研究技术的不合理，当前针对运动休闲特色小镇产业链构建的研究并未从产生机制出发探寻构建机制、运作机制和一体化机制。

根据以上分析结果，确立了本书的研究重点：运动休闲特色小镇产业链的生成机理，运动休闲特色小镇产业链的构建机制，以及产业链构建的自适应模型仿真与决策。本书站在"小镇、人文、产业"三位一体的综合化视角，遵循逐层深入探究的逻辑结构，综合运用扎根理论、地理信息系统、层次分析法、系统动力学以及多智能体系统方法等一系列科学方法，全面分析我国运动休闲特色小镇产业链构建的理论基础与机理机制，深入探寻基于产业基础、区位资源规划、主体交互关系、复杂适应机理和动态系统机制演化的产业链构建路径，从而给出我国运动休闲特色小镇产业链构建的完整模式。与传统研究相比，从方法论到研究方法，再到研究技术路线上都有了质的转变，力求在学术价值与应用价值上实现新的突破。

第三节　本书进行的工作

一、本书的思路

根据研究内容和研究目标的需要，结合本书的研究技术路线，整个研究将按照"一个中心，两个系统，三个层面，四个环节"的思路展开研究。

"一个中心"是指研究始终坚持在社会效益驱动下，实现运动休闲特色小镇产业链的可持续发展。

"两个系统"是指基于复杂自适应系统理论，坚持运动休闲特色小镇产业链系统的自组织演化态势，坚持运行主体子系统与外部环境子系统的相互动态学习与适应。

　　"三个层面"是指产业链按照价值定位层面、空间结构层面与组织形态层面的逻辑进行构建，确保构建的整体性、科学性与可行性。

　　"四个环节"是指在产业链构建的路径上，着重实现产业链构建的柔性化、模块化、标准化与可控化环节，为产业链构建提供建设标准。

二、本书的主要内容

　　本书对于我国运动休闲特色小镇产业链构建的机理及实现路径研究将按照如下框架展开，全书共分为九个部分。第一部分为绪论，其内容主要包括运动休闲特色小镇建设的时代背景、国内外学术研究进展、本书进行的工作阐述。第二部分依据复杂适应系统理论、可持续发展理论、产业组织理论等，建立运动休闲特色小镇产业链构建的理论分析架构，其内容主要包括运动休闲特色小镇产业链的相关概念界定、运动休闲特色小镇产业链概述、运动休闲特色小镇产业链的基本特征、运动休闲特色小镇产业链构建的理论基础。第三部分为运动休闲特色小镇建设的经验、现状与模式，主要内容包括运动休闲特色小镇的建设经验、运动休闲特色小镇的建设现状运动休闲特色小镇的建设模式、运动休闲特色小镇产业链的空间结构与产业基础。第四部分为运动休闲特色小镇产业链的生成机理，主要内容包括运动休闲特色小镇产业链的成本推动机理、运动休闲特色小镇产业链的效益拉动机理、运动休闲特色小镇产业链的供需机理、运动休闲特色小镇产业链的内生机理。第五部分基于扎根理论，探究运动休闲特色小镇产业链的增值机理，主要内容包括运动休闲特色小镇产业链节的增值机理、运动休闲特色小镇产业链延伸的增值机理、运动休闲特色小镇产业链整合的增值机理、运动休闲特色小镇产业链联动增值机理。第六部分为运动休闲特色小镇产业链的构建机制，主要内容包括运动休闲特色小镇产业链的动力机制、运动休闲特色小镇产业链的运行机制、运动休闲特色小镇产业链的协同机制、运动休闲特色小镇产业链的竞争机制。第七部分为运动休闲特色小镇产业链的演化过程与发展模式，主要内容包括运动休闲特色小镇产业链的复杂适应系统特性、运动休闲特色小镇产业链的自适应演化过程、运动休闲特色小镇产业链的结构模型、运动休闲特色小镇产业链的运作模式。第八部分基于上述研究，运用群组决策层次分析法构建了运动休闲特色小镇产业链运行评价指标体系，内容包括运动休闲特色小镇产业链运行的评价指标体系遴选、评价模型构建、评价指标权重。第九部分则依托系统动力学方法，进行运动休闲特色小镇产业链构建的自适应模型仿真与决策，以此探究运动休闲特色小镇产业链构建的实现路径。具体如图 1-1 所示。

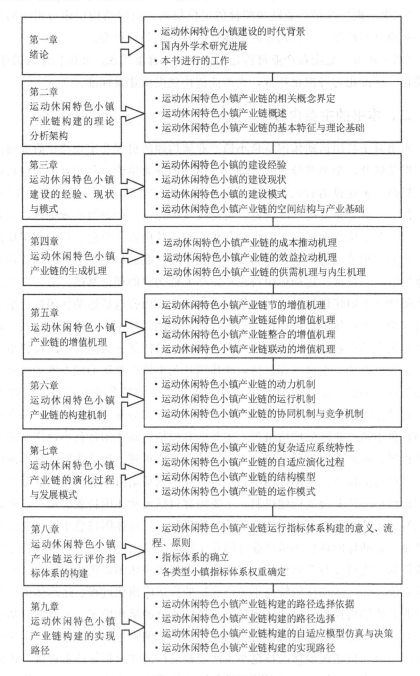

图 1-1　本书框架结构

三、本书的方法体系

（一）空间信息系统方法群

地理信息系统（geographic information system，GIS）是一种用于采集、存储、管理、分析和表达空间数据的信息系统，它既是空间数据处理分析的工具，也是空间信息处理与空间资源分析的科学技术。本书基于 ArcGIS 等定量分析方法从空间角度探索我国首批 96 个国家级运动休闲特色小镇的分布特征，一方面可以探究小镇"点、线、面"三者的协同作用，另一方面能够剖析影响小镇区位选择的自然及人文影响因素，对于提高我国体育人口及协调发展具有重要意义。以期为优化我国特色小镇空间发展格局、整合省际资源及发展要素、发挥区位特色优势、建设强竞争力的运动休闲特色小镇提供理论及可落地建议。

（二）扎根理论研究法

扎根理论（grounded theory，GT）是一种定性研究的方式，其主要宗旨是从经验资料的基础上建立理论。扎根理论是社会学者格拉斯（Glaser）和斯特劳斯（Strauss）在 1976 年提出的[①]，其是针对某一现象，从一定的原始资料和经验事实中归纳分析从而形成理论，并通过不断比较来修正和完善理论的方法，目的是在文献、资料以及个人经验的基础上寻找反映社会现象的核心概念，概括出理论命题，其核心步骤包括开放式编码、主轴编码、选择性编码三个过程。扎根理论主要分为经典扎根理论、建构型扎根理论和程序化扎根理论，由于程序化扎根理论认为一套在关系命题中相互联系的完善概念体系可用来解释和预测客观现象中的问题，且操作原则、分析步骤和评价标准相对成熟，因此，本书侧重于程序化扎根理论。

（三）层次分析法

层次分析法（analytic hierarchy process，AHP）是将与决策有关的元素分解成目标、准则、方案等层次，在此基础之上进行定性和定量分析的决策方法。这种方法的特点是在对复杂的决策问题的本质、影响因素及其内在关系等进行深入分析的基础上，利用较少的定量信息使决策的思维过程数学化，从而为多目标、多准则或无结构特性的复杂决策问题提供简便的决策方法。尤其适合于对决策结果难以直接准确计量的场合。本书将运用此方法构建运动休闲特色小镇产业链运行评价指标体系。

---

① 费小冬.扎根理论研究方法论：要素、研究程序和评判标准 [J].公共行政评论，2008，(3)：23—43.

（四）系统动力学方法

系统动力学（system dynamics，SD）被称为"战略实验室"，是从复杂系统的动态结构中探寻系统内部要素联结方式与演化过程的科学方法。它以结构—功能模拟为突出特点，以计算机实验方法为工具，从系统微观结构开始建模，构造系统的基本结构，进而模拟与分析系统的动态行为，非常适合复杂系统随时间变化的问题。本书研究中将运用此方法进行产业链构建的形成机理分析，以及运动休闲特色小镇产业链构建的自适应模型仿真与决策。

四、本书的重点与难点

（一）运动休闲特色小镇产业链的价值构建、空间构建与组织构建

真正构建可持续发展的特色小镇产业链，是基于产业价值链分析，通过在组织层面与空间层面上对产业链战略环节进行科学定位、调整和更换，构造具有社会效益与经济价值创造的"城、人、产"三位一体产业链。因此，首先将运动休闲特色小镇产业链价值定位于促进城镇化建设、服务全民健身、发展体育产业的战略高度，其次需要探索如何充分有效配置小镇的资源禀赋，以及全面分析小镇的人文区位要素，找到小镇的比较优势与特色运动项目，形成差异性竞争；最后针对运行主体构建利益最大化的投融资与管理运营选择模式，注重企业、政府等主体之间的分工协作，以及对市场环境动态变化的自适应能力，在空间结构层面实现产业链的柔性化构建。

（二）运动休闲特色小镇产业链构建的形成机理与运行机制

运用系统动力学理论与方法，将小镇产业链系统按一定的边界与规则分成若干既相互独立又相互联结的子系统，在对其产业链静态与动态形成机理系统描述的基础上，明晰运行主体与外部环境之间的子系统边界、关键要素识别、作用方式与机制优化仿真，以此修缮运动休闲特色小镇原有经验式、碎片式、毛坯式的体育产业基础。为运动休闲特色小镇产业链重构，提供人机集成系统的内在结构基础，在组织形态层面实现产业链的模块化构建。

（三）运动休闲特色小镇产业链构建的自适应模型仿真与决策

由多运营主体构成的特色小镇产业链，需要在复杂适应系统理论下，分析政府、企业等适应主体之间的非线性关系以及与环境之间的相互作用，从而在交互关系中"学习"或"积累经验"，并反过来改变自身的结构和行为方式，以适应环境的变化以及与其他主体协调一致。在统筹考虑健身休闲与旅游、文化、健康养老、教育培训的融合、积聚基础上，基于上述产业发展定位与规划布局，理顺产业运行链条以及上下游联动机制，进行动态产业链构建与运营的

多智能体仿真决策,以此提升产业链的标准化程度与自适应水平,降低产业链各环节的管理协调成本,实现产业链的标准化构建。

本书的三个重点步步深入,环环相扣,产业链的价值、空间、组织构建是基础,产业链的机理机制分析是核心,产业链构建的自适应模型仿真与决策是路径提出的关键。这样的技术路线具有相当的前瞻性和突破性,可供借鉴的典范研究还不多,因此这三个重点也是本书的难点所在。

五、本书的主要创新点

(一)研究方向新

总结已有对运动休闲特色小镇产业的研究,不难发现多是基于小镇原有的毛坯式产业基础,进行体育产业链的延伸与经济效益最大化的探究,可持续发展实践的可行性与全民健身的社会效益仍待考究。因此依据国外发展成熟的运动休闲特色小镇产业链的建设流程,在以人为中心的体育战略思想引领下,前瞻性地从理论与实践两个层面给出运动休闲特色小镇的产业链构建模式,不仅体现了寻求社会效益驱动下的小镇产业链可持续发展的科学思想,更是运动休闲特色小镇体育产业发展在学界的研究新方向。

(二)研究方法论与方法新

运动休闲特色小镇产业链构建的研究是跨学科、多领域的融合,本书从系统的方法论视角出发,在将运动休闲特色小镇产业链视为复杂巨系统的基础上,从价值定位、空间结构与组织形态三个层面展开对其内部运行机理、作用机制与实现路径的分析,并且运用空间信息系统、系统动力学与扎根理论方法,实现特色小镇产业链在柔性化、模块化、标准化与可控化构建四个环节上的科学规划。基于此的系统科学方法论与人机结合智能研究方法探究特色小镇建设,无疑是对传统研究的突破与创新。

(三)技术路线新

本书遵循层层深入、环环相扣的逻辑思路,按照"理论分析架构→经验与现状→产业链生成机理→产业链构建机制→产业链演化过程与发展模式→产业链运行评价→实现路径"的技术路线展开研究,与传统经验式、局部式的线性产业叠加的技术路线相比,更符合运动休闲特色小镇秉承"城、人、产"三位一体、发挥整体社会效益价值攀升的时代要求。本书可以为运动休闲特色小镇乃至于其他各类特色小镇的产业链规划建设与决策提供模式参考,其研究结果也可供国家体育总局与小镇建设规划部门制定相应政策与实践时参考使用。应用价值与社会效益不言而喻。

第二章 运动休闲特色小镇产业链构建的理论分析架构

运动休闲特色小镇是我国特色小镇的重要组成部分，它是在推动现代化新型城镇转型过程中依托我国国情和发展现状进行的一项顺应社会经济发展需求的创新实践。由于特色小镇在我国是一个新生的事物，学术界还没有形成一个统一的概念来进行界定，因此运动休闲特色小镇的概念以及运动休闲特色小镇产业链的界定仍然较为模糊。为了正本清源，本书在把握运动休闲特色小镇相关概念内涵的基础上，探究运动休闲特色小镇产业链的构建机理与实现路径。本章将从运动休闲特色小镇产业链的相关概念界定、运动休闲特色小镇产业链概述、运动休闲特色小镇产业链的基本特征，以及运动休闲特色小镇产业链构建的理论基础四个方面展开基础性论述。

第一节 运动休闲特色小镇产业链的相关概念界定

一、特色小镇的概念界定

对于特色小镇的概念界定，曾志敏[①]认为，我国的特色小镇并非新建设的行政建制镇，而是根据区域优势聚集发展特色产业，融合了旅游、文化以及社区等功能的创新创业发展平台。张梦雨[②]认为，特色小镇是强调产业、宜居、文化和环境等要素，集聚了优势资源、土地整理、基础设施建设和产业开发等项目的三区合一、城乡一体化的新城镇化发展模式。陈清、吴祖卿[③]认为，特色小镇是以

① 曾志敏. 避免"穿新鞋走老路"特色小镇建设须走出新路 [J]. 智慧中国. 2017 (7)：82—83.

② 张梦雨. PPP 模式投资建设城市特色小镇的问题研究——以山东省为例 [J]. 住宅与房地产，2017，(23)：23.

③ 陈清，吴祖卿. 福建特色小镇发展建设的"资源＋人才＋创新"策略分析 [J]. 福建论坛（人文社会科学版），2017 (03)：161—166.

其当地特有的特色产业为主导，生成并带动相应的文化及旅游产业，吸引人才聚集的具有明显自身色彩的区域平台。

综上所述，大多数学者以浙江特色小镇的理论与实践为出发点，将特色小镇界定为非镇非区，即不以行政区域单元划分的一种融合了当地特色，包括生态、旅游、文化、休闲、产业、居住等多功能的创新创业发展平台。特色小镇应该是以其主体特色产业为核心，聚焦发展要素并融合了多种优势资源，例如专业人才、生态环境、互联网科技、基础设施建设、政策扶持、文化习俗特色、地域地形优势、自然生态特色、历史优势产业等，从而取得区域经济转型升级的创新性发展平台。

二、运动休闲特色小镇的概念界定

运动休闲特色小镇是我国特色小镇的重要组成部分，它是在推动现代化新型城镇转型过程中依托我国国情和发展现状而进行的一项顺应社会经济发展需求的创新实践。柳鸣毅等从时代背景出发，认为运动休闲特色小镇是在相关政策的引导下发展起来符合客观发展规律的新型产物。张雷认为，运动休闲产业、相关产业以及支撑平台共同构成了运动休闲特色小镇，它是一种以运动休闲产业为主导，聚集了各种产业发展要素的创新发展模式，是与大数据、教育培训、生态等相关产业融合发展的体育产业基地、全民健身发展平台和空间区域[1]。刘灏等[2]认为"运动休闲"的价值取向比"体育"以及"体育健康"的价值取向更加鲜明且具体；其功能定位为"全民健身平台"以及"体育产业基地"。

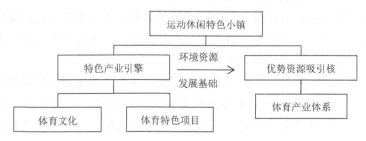

图 2 - 1 运动休闲特色小镇结构

通过梳理以上学者关于运动休闲特色小镇的概念界定，可知学者们基本都是从产业视角出发，对运动休闲特色小镇的概念、外延扩展分析的。如图 2 - 1

---

① 张雷. 运动休闲特色小镇：概念、类型与发展路径 [J]. 体育科学，2018，38（1）：18-26+41.

② 刘灏，张宏杰. 新型城镇化视域下运动休闲特色小镇建设机制及路径研究 [J]. 南京体育学院学报（社会科学版），2017，31（04）：14-17+27.

所示，运动休闲特色小镇应是由特色产业引擎和优势资源吸引核两大部分融合而成的创新性发展平台。其特色产业引擎由体育文化和体育特色项目组成，这是优秀资源吸引核的环境资源和发展基础，而体育特色小镇的体育产业体系作为优秀资源吸引核，能够吸引专业人才、娱乐、互联网科技、医疗、住宿、购物、餐饮等优势资源。在选址方面，运动休闲特色小镇的选址通常会选在基础设施较完善、旅游承载力较强、配套设施和制度较健全的经济发达的城圈周边或者大型旅游胜地附近，这是基于对消费者旅游体验心理、小镇的消费量、产业辐射范围等方面的深入考量。在分类方面，运动休闲特色小镇以特色小镇的整体概念为出发点，根据产业分类与计划目标顾客的差异可以具体将运动休闲特色小镇分为四个大类：康体型运动休闲特色小镇、休闲型运动休闲特色小镇、赛事型运动休闲特色小镇、产业型运动休闲特色小镇。在相关产业方面，运动休闲特色小镇依托良好的生态环境，面向大众集聚了各式各样休闲性、体验性、参与性较强的体育休闲运动项目，并且会充分考虑到不同年龄段消费者不同的需求，具有完备的体育服务体系，以给消费者良好的运动休闲体验。运动休闲特色是小镇发展的重点方向，小镇是运动休闲特色发展的重要载体，二者是相辅相成的关系，并且通过融合发展最终取得一加一大于二的结果。

三、产业链的概念界定

随着社会的不断变化和经济的逐步发展，产业链的运营状态对企业发展的影响日益显著，学者们逐渐重视对产业链的研究。目前，国内许多专家学者都对产业链的概念进行过探讨和研究，不同学者从各种视角出发对产业链进行分析，其探讨视角主要有以下三种类型：产品生产上中下游关系视角、企业战略联盟关系视角、产业组织管理形式视角。

郁义鸿从产业链上中下游关系视角出发，认为产业链即是从原始资源到最终成品所涉及的各个生产加工环节所构成的生产链条。简新华在《产业经济学》中，表明产业链是由产业前后向关联关系构成的，这是从产业链前后关系视角来探究产业链。从企业战略联盟关系视角出发，蒋国俊和蒋明新认为产业链是某产业中具备较强国际竞争力或竞争潜力的企业，与其他相关产业的企业联盟状态[①]。周新生认为，产业链实质是一种技术经济关联链，从结构上讲产业链是由链式结构组成的，具体说来就是在商品或者服务的生产活动中根据其内关系将相关生产过程依次联结起来的链条。首先，产业链有不同层次之分，

---

① 蒋国俊，蒋明新．产业链理论及其稳定机制研究［J］．重庆大学学报（社会科学版），2004（1）：36－38.

需要根据具体的产业范围划分。其次，产业链的长短因不同产业的地位功能、关联度以及价值取向之间存在差异而有所不同[①]。芮明杰等[②]则认为，产业链涵盖了产品以及服务从原始资源到最后成品所经历的所有环节，即企业内部和企业之间，为所生产的最终商品和服务增加价值的过程。针对产业组织管理形式，都晓岩等[③]将产业链界定为新型的企业组织形式，虽然产业链的长短和形式各有不同，但产业链中的相关企业组织在相互承诺的关键领域内像同一公司模式运作，从战略供货领域到核心业务领域都达成了战略联盟关系，最终达成合作共赢的成果。刘贵富等[④]指出，产业链是由具有竞争力的企业，按照特定的时空、逻辑关系组合而成的一个能够增值的链网式企业战略联盟。汪先永等认为，产业活动的统一整体即是产业链，换句话说就是企业生产某商品或服务时，相互作用并能增加其价值的活动集合[⑤]。吴金明等[⑥]从空间维度出发，将产业链界定为由产业上中下游有机组合而成的链条。

总而言之，不同专业领域的学者在各自的专业知识背景下，从特定的视角对产业链进行概念界定并取得了丰硕的学术成果，对产业链的学术发展和产业实践运用奠定了重要的理论基础，也为本文的研究提供了重要的理论借鉴基础。从学科的属性上讲，产业链属于产业经济学，具有较强的实践运用价值，产业链的理论架构也有利于分析我国运动休闲特色小镇的发展问题；从实质上看，产业链的实质是基于业务和价值等方面的基础之上，同一产业中不同环节的企业之间联系而成的链条，产业链围绕一个核心产业，其上游环节、中游环节以及下游环节之间紧密联系为一个统一的整体。

四、运动休闲特色小镇产业链的概念界定

当前社会各界的学者们从不同的角度对"特色小镇"和"产业链"给出了不同的定义，具体可以从三个角度分析并提炼出关于运动休闲特色小镇产业链的概念界定，如图 2-2 所示，包括从运动休闲特色小镇产业链的组成要素角

---

① 周新生. 产业链与产业链打造 [J]. 广东社会科学，2006（4）：30—36.

② 芮明杰，刘明宇. 产业链整合理论述评 [J]. 产业经济研究，2006（03）：60—66.

③ 都晓岩，卢宁. 论提高我国渔业经济效益的途径——一种产业链视角下的分析 [J]. 中国海洋大学学报（社会科学版），2006（3）：10—14.

④ 刘贵富，赵英才. 产业链：内涵、特性及其表现形式 [J]. 财经理论与实践，2006（3）：114—117.

⑤ 汪先永，刘冬，贺灿飞，胡雪峰. 北京产业链与产业结构调整研究 [J]. 北京工商大学学报（社会科学版），2006（2）：16—21.

⑥ 吴金明，邵昶. 产业链形成机制研究——"4+4+4"模型 [J]. 中国工业经济，2006（04）：36—43.

度分析、从运动休闲特色小镇产业链的逻辑角度分析、从运动休闲特色小镇产业链的组织特性角度分析。

组成要素	逻辑	组织特征
● 节点：体育企业、体育产品 ● 联系：资金流、信息流、物流 ● 产业链链头：初始资源（土地、文化、生态） ● 产业链链尾：最终体育成品（实体物品、无形体育服务产品）	● 纽带：产业关联（横向、纵向） ● 导向：增加收益 ● 目标：增强市场竞争力	● 结构：网状结构 ● 联系：共同利益 ● 载体：体育特色产业 ● 模式："体育+"

图 2-2　运动休闲特色小镇产业链概念界定的不同角度

从运动休闲特色小镇产业链的组成要素角度分析，运动休闲特色小镇产业链的节点是体育企业或体育产品，并且不同节点之间以资金流、信息流、物流等的联系组成链条。这条"链"是紧密联系的经济实体，并不是松散的链，运动休闲特色小镇产业链的起始链头是初始资源，链尾是最终体育成品，这种最终成品可以是实体物品，也可以是无形的体育服务产品，例如高尔夫培训、滑雪体验、风景参观等。

针对运动休闲特色小镇产业链的逻辑角度，运动休闲特色小镇产业链中不同节点的体育企业和要素之间有一定的经济联系，产业关联为其重要纽带。这种关联不仅包括同一链条内上下环节之间投入与产出的纵向关联，还包括不同生产链条之间的横向合作关联。此外，运动休闲特色小镇产业链以增加收益为产业链的导向，以增强市场竞争力为主体目标，运动休闲特色小镇产业链之所以能够集聚起来，主要是因为运动休闲特色小镇产业链之间的联系能够规避交易风险，同时降低生产成本，从而在市场竞争中得到更高的利润。

以运动休闲特色小镇产业链的组织特性角度为出发点，运动休闲特色小镇产业链不仅是单独的个体，更是完整的网状组织。企业的相同利益点将每个孤立的环节连接在一起，最终生成一个完整的体系。体育特色产业是运动休闲特色小镇的核心载体，其关键在于"体育＋"模式。运动休闲特色小镇产业链是以当地优势资源为发展引擎、以体育特色产业为载体、以体育产业关联为连接线、以体育产业收益为价值链的导向、以增强竞争力为发展目标，按照特定的逻辑关系形成的新型产业发展模式。

第二节　运动休闲特色小镇产业链概述

关于"产业链"概念最早源于《国富论》里关于分工的研究①。产业链本质是以分工协作为基础的功能性网络链结构，各环节之间紧密联系，通过分工协作和资源共享创造价值增长，促进产业进步和区域经济发展。关于运动休闲特色小镇产业链的概述，可从其分类、部门参与结构、具体形态、发展的影响因素这四个方面讲述。

一、运动休闲特色小镇产业链的分类

产业链从不同的视角出发有不同的分类方法，其中包括按产业链层次分类、按产业链龙头企业分类、按产业链行业分类等，这里根据运动休闲特色小镇产业链的核心产业的差异将其分为三大类：休闲型特色小镇产业链、康体型特色小镇产业链、赛事型特色小镇产业链。

休闲型特色小镇产业链是以休闲娱乐产业为核心打造的具有多种体育项目、消费者参与体验度较强的特色小镇产业链，其具体的休闲体育项目包括水上运动、球类运动、家庭户外体验活动、传统武术体育、冰雪体验活动等。休闲型特色小镇产业链围绕着这些产业形成完整的产业链条，给消费者以放松身心的愉快体验，且该产业链的目标群体范围较广，能够满足各种层面的消费需求。康体型特色小镇产业链是建立在高质量的生态环境条件基础上，发展运动养生、康复保健等产业的特色小镇产业链，具体包括温泉旅游、医疗康复、瑜伽健身等产业，与休闲型特色小镇产业链相比，该产业链的发展更加注重在养生、康体、修养等方向上的延伸，其面向群体也有所不同，康体型特色小镇产业链更加侧重于满足中老年、亚健康、养生人群的需求。赛事型特色小镇产业链是以某项体育赛事为核心，例如山地自行车比赛、赛车比赛、酷跑比赛、足球比赛等，并融合了与赛事相关的各类产业链的特色小镇产业链。该产业链面向的群体主要为具有冒险、竞技精神的青年和对特定体育赛事项目有独特情怀的参与者。在吸引来自全国各地的赛事参与者加入比赛、推广比赛的同时，能够为特色小镇树立鲜明的体育形象，促进赛事型特色小镇产业链的进一步延伸与发展。

二、运动休闲特色小镇产业链上中下游的部门参与结构

图 2-3 表明了一个运动休闲特色小镇产业链从产业链上游到产业链下游

---

① 游振华，李艳军. 产业链概念及其形成动力因素浅析 [J]. 华东经济管理，2011，25 (01)：100-103.

过程中各参与部门的结构。产业链上游的主要参与部门有大型企业、投资机构、第三方体育服务机构、体育科研院所。产业链中游的参与部门包括体育小镇服务机构、体育产业创新小镇。产业链下游主要由各类型的体育创业公司组成。从图2-3可知，运动休闲特色小镇产业链的上、中、下游的参与部门众多，分支部门也涵盖了众多类型的机构、企业等，各部门共同链接为一个统一的整体，相互协调推动运动休闲特色小镇产业链的发展。

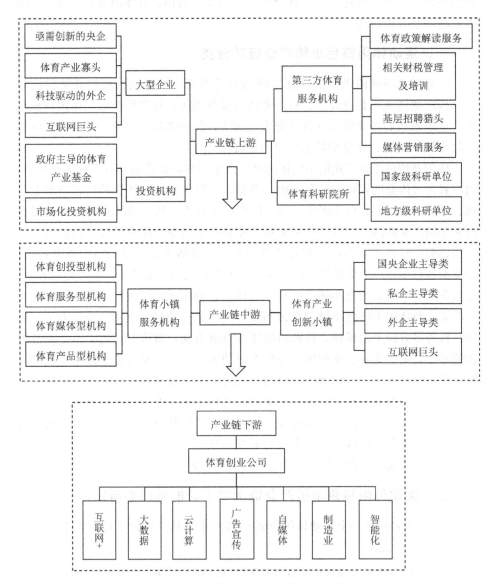

图2-3　运动休闲特色小镇产业链上中下游的部门参与结构

三、运动休闲特色小镇产业链的具体形态

运动休闲特色小镇产业链可采用传统制造业从上游投入到下游产出的方式，因为这种方式能够最直观地反映出物质、信息等要素的投入与产出的主体以及顺序关系，并且，在研究中需要详细考察相关体育产业部门在运动休闲特色小镇产业链上的位置，以此体现出体育产业体系的层次性。需要分析从上游各类产业资源的开发到下游运动休闲产品的消费中，物质、信息投入与产出的关系，以及与这一过程中涉及的相关部门共同构建的链条体系。根据这一思路，可从运动休闲特色小镇产业链上游的设计开发、中游的产品生产到下游的销售、最终消费者的动态联系，描绘出其核心产业链。如图 2-4 所示。

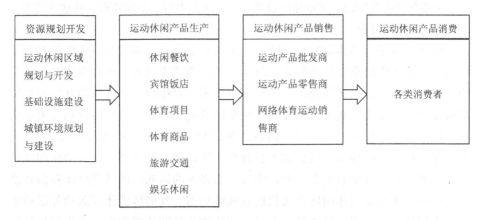

图 2-4　运动休闲特色小镇核心产业链

运动休闲特色小镇核心产业链由四个部分组成：资源规划开发、运动休闲产品的生产、销售以及消费。其中，上游发展的基础为第一环节，即资源规划开发环节，因为运动区域、基础设施、城镇环境都是提供运动休闲产品生产的重要资源，所以从事这类资源规划开发的企业或机构都隶属于这一范畴内，其相关产业链的具体业务包括规划咨询、通信、建筑、建材、环保、林业、水电等。作为第二环节的运动休闲产品生产是根据运动休闲特色小镇的资源优势和环境特征进行生产的，包括了娱、体、住、行、游、购等生产企业，所涉及相关产业链的行业有商业、文化体育业、娱乐业、房地产业、农业、渔业、园林、畜牧业、交通运输业，以及食品加工业等。这类企业之间的联系是建立在运动休闲产品组合生产基础上的并列结构，可具体依据消费者需求进行搭配。第三个销售环节是连接生产企业和消费者的中间环节，由前者根据后者的个性需求对运动休闲产品进行组合再销售，其主体包括中介、网络代理销售商等，在这

一环节中会涉及相关产业链的互联网、金融、保险等业务。经过了销售环节，运动休闲特色小镇产业链最后一环节，即各类运动休闲产品呈现在消费者面前，供消费者自由选择，例如对租赁服务、公共服务以及医疗卫生服务的选择。

综上所述，从运动休闲特色小镇产业链上游到下游的生产过程中，第一、第二以及第三产业的各种相关部门共同组成了完整的产业链。并且其核心产业链与其他相关产业链之间存在长期的物质、信息传递关系，并维持着稳定的合作交易，使得产业链呈现出网状结构。

四、运动休闲特色小镇产业链发展的影响因素

运动休闲特色小镇规模虽小，但却具有完整的产业链，而影响产业链发展的因素主要包括体育资源、运动休闲设施、运动休闲项目、空间要素、其他支持等。

（一）体育资源

体育资源是运动休闲特色小镇产业链的基本要素，通过对该资源的整合使得其向产业链中的重要环节汇集，形成重要的领域影响力。体育资源可具体分为体育产业资源、人文资源以及生态环境资源。对体育产业资源的开发与利用的效率很大程度上影响了运动休闲特色小镇的资源转化率，具体包括大力吸引各主体的投资、拓宽融资渠道、创新产业机制、增强体育产业品牌建设力度、改善体育产业的结构和布局、加大科技投入等措施。人文资源对运动休闲特色小镇产业链的建设也有重要影响，中国具有强大的运动休闲消费群体和消费潜力，可通过举办运动休闲体育文化展览或博物馆、发展传统体育运动等活动来强化人们的运动意识，刺激其产生对运动休闲产品的消费欲望。而生态环境资源作为运动休闲特色小镇产业链可持续发展的保障，需要小镇在将自然环境融入体育产业发展的同时加重对生态环境的监督与保护。

（二）运动休闲设施

随着经济条件的发展、人们生活水平的提高以及价值观念的变化，人们日益注重保持运动健康的生活状态，对健身休闲的设施要求也逐渐提高。标准低、环境差、配套设施不健全的运动场所已经不能满足人们的需求，需要小镇转变规划发展，建设类型多样、设施条件标准高、配套服务健全的运动休闲设施，进而更好地贯彻全民运动健身的国家策略。在投资方面，政府管理机构也可适度放开权力，由政府提供公共服务转向鼓励社会投资建设、政府监督管理的模式，激发市场经济活力，建设高质量的运动休闲设施。

（三）运动休闲项目

在运动休闲特色小镇产业链的构建过程中，不可忽视的影响要素就是运动休闲项目的选择，这是关系到小镇未来长期发展的重要选择，需要在充分考虑

该地的历史文化特色、相关政策、传统体育项目、消费者的喜好、环境特色等因素的基础之上做出项目选择。可以建设以某一体育项目为主题的运动休闲特色小镇，也可将两种体育项目融合在一起发展，例如将山地自行车运动与户外素质拓展运动结合起来，也可以多体育项目同时发展，以供消费者自由选择。

（四）空间要素

空间要素是运动休闲特色小镇产业链构建的重要前提，需要小镇在对建设区域的承载能力、开发潜力、现有资源状况、交通状况、区域经济水平等进行综合评估后，合理规划运动休闲特色小镇产业链的产业结构和发展分布区域，合理地规划空间、突出重点、扬长避短，形成高效益的运动休闲特色小镇产业链的空间集聚区。

（五）其他支持

运动休闲特色小镇产业链的构建也离不开其他支持，具体包括政策支持、社会支持、产业支持、文化支持。首先，政府作为运动休闲特色小镇产业链的构建引领者，通过出台相关的政策、方案给予小镇建设的发展建议和行政支持。其次，运动休闲特色小镇产业链作为一个面向社会的开放产业链，社会各主体的参与对其发展有重要影响。其中，政府需要做好顶层决策，并在各类制度方面为产业链发展提供保障；市场需要充分发挥其对于产业链发展的决定性作用，优化其市场资源的配置状况；产业链中的相关企业之间通过互动合作促进产业链的转型升级；消费者在享受运动条件优化的同时积极参与到小镇的发展建设中来。再次，运动休闲特色小镇产业链的动力来源就是相关体育产业，这是产业链价值增值的重要支撑。最后，体育文化的支持对运动休闲特色小镇产业链的构建有重要影响，是产业链创新的动力，也是体育产业焕发生命力的源泉。以上这四类支持并不是相互割裂开来的，它们之间会相互影响和作用，例如产业支持会为政府的决策提供思路，政府的政策支持会影响社会各主体的参与，社会的支持能够营造出新的文化支持，最后促进运动休闲特色小镇产业链的发展建设。

第三节　运动休闲特色小镇产业链的基本特征

基于动态发展视角的运动休闲特色小镇产业链具有以下六个基本特征。

一、主题鲜明性

运动休闲特色小镇产业链具有主题鲜明性，是以因地制宜的体育特色为主题，融合休闲、健康、旅游、娱乐等相关元素发展而成的产业链结构。以位于内江市永安镇的尚腾新村为例，它是一个融合了农业体验、文化特色、农村观光等要素的农业文化旅游综合体的运动休闲特色小镇产业链，是一个以"四园"融合、文化旅游一体化为主题的"农业旅游融合体、文化旅游同发展、旅游促农业"的特色小镇示范区。该运动休闲特色小镇产业链鲜明独特的主题就是融合了旅游、农业、文化为一体，根据其当地特色发展起来的产业链，其主体的鲜明性正是其市场竞争力所在。尚腾新村体育休闲特色小镇产业链在建设发展的过程中，坚持"体育＋旅游"的发展思路，不断升级发展其特有的体育项目分布，努力提高与内江市市场经济结构的适应度，起到以点带面、带动城市周边和其他产业协调发展的效果。到 2020 年为止，该运动休闲特色小镇被建设成具有鲜明的体育主题特色、浓厚特色文化氛围、体育产业协同发展、文明健康生态旅游的知名运动休闲特色小镇，享誉"市民的后花园"称号，不仅提高了群众体育活动的参与度，还给当地人民带来了极大的幸福感和荣誉感。

又如黔西南州贞丰县的三岔河户外运动休闲特色小镇，这是一个以"露营"为其鲜明主题而发展起来的特色小镇产业链，其产业链的组成体系充分利用了当地的优势资源和基础设施建设，具体包括传统文化习俗体验、运动休闲保健活动、户外综合素质拓展活动、户外露营区域、旅游度假、水上休闲运动等。随着当地经济的发展和基础设施的完善，该运动休闲特色小镇的产业链已经较为完善，可以为消费者提供完备的体育产品装备以及各类服务，例如提供销售或者租借露营帐篷、特色酒店、当地特色户外餐饮、租借越野车、户外娱乐体育器材、晚会表演活动等。运动休闲特色小镇产业链以鲜明的主题性从根基上打破了传统旅游的界限，在旅游中加入了户外运动体验的特色，从较浅显的被动灌输参观转变为深刻的主动参与运动模式，为前来体验当地文化休闲娱乐的消费者提供了非常独特的旅游体验。

类似具有鲜明主题特色的运动休闲特色小镇产业链还有许多，这里就不再一一赘述。国内各个地区以国家和地区政策为出发点，结合各自的本土特色和自然资源优势塑造具有鲜明主题的运动休闲特色产业链，能够更好地促进地区产业结构的转型升级。需要注意的是，不同的运动休闲特色小镇产业链各有其特色，不同地区的产业链构建发展需要以自身的特色资源为出发点，形成自身鲜明的主题特色，无法直接照搬其他运动休闲特色小镇产业链的构建模式。

二、环境选择性

运动休闲特色小镇产业链的发展必然受到社会分工、产品生命周期、政策制度、市场环境等各种宏观与微观因素的影响。一方面，各产业组织会自主选择适合发展的环境，自发形成产业链；另一方面，产业组织会受到外界环境的影响，或将被淘汰，又或将得到进一步的发展。只有当运动休闲特色小镇产业链的运行与外部环境达到较稳定的匹配状态时，才可实现产业链的最佳效益。

例如位于德阳市罗江县的白马关运动休闲特色小镇，该小镇具有鲜明的环境选择性。因为它具有典型的浅丘地貌，当地的地形坡度大都在十五度以下，其波状起伏的地形特征正是建造专业体育赛事场地以发展户外运动的优势所在。该地的运动休闲特色小镇产业链正是在此基础上发展起了至少三十项"体育＋旅游"模式的户外体验休闲活动项目以及各式各样的运动赛事，包括真人CS（射击游戏《反恐精英》）竞技、养生健康项目、户外拓展活动、摩托车竞技、攀登、山地自行车竞技、赛车活动、定向越野赛事、传统武术项目、高尔夫活动等。目前，白马关运动休闲特色小镇依托当地环境优势和经济扶持大力发展其运动休闲特色小镇产业链，每年定期举办各类体育赛事吸引了全国各地体育运动爱好者的关注，并推动了当地居民积极参与进体育项目中，不仅提高了人们的身体素质，更促进了当地运动休闲特色小镇产业链的发展。又如在自然环境方面，被誉为"人间天堂"的广东省茂名市高州的马贵高山草甸运动小镇，小镇具有良好的自然生态环境以及丰富的山水资源，犹如世外桃源。在气候方面，该小镇位于低纬度的高山地区，气候湿润怡人，十分受人们的喜爱。以当地的自然优势为出发点，结合绿色生态环境、运动休闲健身、健康娱乐度假等先进理念，小镇被打造成以高山休闲运动为主题，延伸出高山飞行、自驾环游、山地赛车竞技、特色主题公园、农作物种植体验、避暑度假旅游等活动环节的运动休闲特色小镇，并建设了多元化、高质量的运动公共服务体系，为消费者的运动休闲体验保驾护航。

三、网状结构性

从组织形式看，运动休闲特色小镇产业链有投入与产出的线性结构，也存在因相关产业链之间相互合作而关联与整合而成的非线性结构，整体上看运动休闲特色小镇产业链是成网状结构的。运动休闲特色小镇产业链并不是一个孤立的产业链，而是与许多不同类型、行业的产业链融合发展起来的网状结构产业链。各种行业产业链因其具有的各项优势而纷纷融入运动休闲特色小镇产业链中，彼此之间具有千丝万缕联系，共同形成多方产业链协作发展的网状综合性运动休闲特色小镇产业链。

四、协同合作性

因为运动休闲特色小镇产业链是融合了各种不同行业产业链的网状结构产业链，必然存在运营中的摩擦与融合。而在其建构过程中，只有各相关体育组织协同合作克服困难，才能推动产业链向更高级别演化。

在运动休闲特色小镇产业链的构建过程中，通过政府、社会组织以及相关机构的公开评估，相关企业会对特色小镇的现存资源有一定的了解，得知运动休闲特色小镇中可开发的自然资源、人才资源、交通运输资源等都是有限的。而企业的发展都是以营利为目的的，为了占据较大的市场竞争优势，便会出现企业之间相互争夺资源、破坏生态环境、进行价格大战以及大企业吞并小企业进行垄断发展的现象。在这种恶性竞争的环境下，不仅运动休闲特色小镇产业链无法实现健康的高质量发展，而且会极大地损害当地群众的权益，消费者的合法利益也无法得到有效的保障。这就表明要想使产业进行升级演化，就需要产业链中的各相关体育组织以及体育企业之间进行协同合作，共享当地有限的资源、营造良性竞争的环境。具体可通过各企业之间派代表进行合理协商组建一个公认的管理联盟组织，专门负责合理规划和分配开发资源，制定严格的协调合作机制以及破坏协议的惩罚机制，这样才能有效避免个别企业为了谋求更高的利润而无视可持续发展理念进行激进的开发，对环境造成无法修复的破坏。只有这样才能充分发挥产业集聚的优势，促进企业之间的集体协作，更加合理地利用基础设施，促进产业的高质量健康发展，加快运动休闲特色小镇产业链的转型升级。并且，通过企业之间相互合作沟通，能够打破市场的壁垒，学习和吸收其他企业的新知识、新技术、新设想，降低交易风险、创新风险，取得协作经济效益最大化的成果。

运动休闲特色小镇产业链构建过程中各企业进行协同合作是重要且必要的，不仅能助力产业链在激烈的市场竞争中取得一席之地，还能够增加企业的经济利益、促进企业自身的创新发展，并且在一定程度上缓解政府部门、环境保护机构、相关监督机关的工作压力，使得这些机构和部门能够分配出更多的精力在促进运动休闲特色小镇产业链的发展上，反过来也对企业的发展起到了极大的促进作用。

五、组织演化性

市场、企业、政府、金融机构、中介服务机构、其他利益相关者等会在运动休闲特色小镇产业链的发展过程中相互适应并不断优化发展，以此推动产业链的升级演变。运动休闲特色小镇产业链的组织演化主要包括五个阶段：运动休闲特色小镇核心体育产业的选择、体育产业的规划发展、相关体育产业的培育建设、各行业产业链的融合集聚、塑造运动休闲特色小镇产业品牌。如图 2-5 所示。

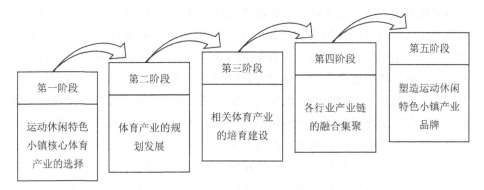

第一阶段

运动休闲特色
小镇核心体育
产业的选择

第二阶段

体育产业的规
划发展

第三阶段

相关体育产业
的培育建设

第四阶段

各行业产业链
的融合集聚

第五阶段

塑造运动休闲
特色小镇产业
品牌

图 2-5　运动休闲特色小镇产业链的组织演化过程

　　一个成熟的运动休闲特色小镇产业链在开发建设的第一阶段必然需要进行专业的论证，在尊重自然规律和现实情况的基础上，根据市场对运动休闲特色小镇产业链的需求做出科学的选择，合理地选择出其产业链的核心体育产业，在这一前提下推动运动休闲特色小镇产业链进入下一阶段的演化发展。在第二阶段中，需要对上一阶段选择出来的体育产业进行合理的规划发展，具体包括把握好产业未来发展的战略规划、体育产业的空间分布规划、体育产业发展的阶段性目标规划等。在第三阶段中，就要将前期所积累的科学理论规划落实到实践行动中来，通过大力发展核心体育产业，培育成熟的产业机制和开展龙头企业招商等活动，努力打造完善的相关体育产业链，充分发挥体育产业的支撑职能。有了体育产业这一主心骨后，就进入到第四阶段，需要围绕其主导产业链为运动休闲特色小镇产业链补齐各行各业的产业链，以期融入并健全体育产业，强化运动休闲特色小镇产业链的以点带面的辐射功能，促进区域经济发展。组织演化的最后阶段就是塑造良好的运动休闲特色小镇产业品牌，通过营造良好的文化氛围，在提高小镇整体形象的同时，也可增强产业链的市场竞争力。

六、多样共生性

　　资金、人才、交通、土地、基础设施等硬件要素以及历史文化、市场结构、社会网络等软件要素的集聚是运动休闲特色小镇产业链的成长土壤。以体育特色为核心的运动休闲特色小镇产业链，可以结合其他产业优势多样化扩展产业结构，使得运动休闲特色小镇产业链不局限于"体育运动"。

　　例如位于珠三角地区的广东省惠州市白鹭湖特色小镇，该小镇围绕其核心产业，通过结合当地资金、人才、交通、土地、基础设施、历史文化等优势，发展出了更多共生产业链。其一是利用优美的山水资源、广大的水库面积、辽阔的绿植覆盖、健全的基础设施建设等优势，吸引了高端的户外运动体育旅游项目入驻惠州白鹭湖休闲度假基地。并且白鹭湖体育健康特色小镇所在地汝湖，本身就是一个具有当地农业特色的小城镇，每年盛产火龙果、荔枝、玉米、番石榴等特色农业产品，通过完善的交通干道路线将其农产品销往各地，为广东惠州打造一个靓丽的特色小镇形象。其二是建立在历史优势产业的基础上进一步发展生态科技园。该小镇不仅是一个具有农业特色的传统小镇，也是一个著名的照明电器品牌基地，照明行业的龙头企业雷士光电的总部就坐落于此地。该企业配备了能够与国际水平接轨的研发试验中心、质量检测中心、器材实验室等。有高新科技产业的有力支撑，汝湖镇进一步提出打造照明科技小镇的构想。其三是结合当地的汽车产业打造一条汽车特色小镇产业链，其设想分为三个阶段。第一阶段是以当地基础设施为依托，建设并完善汽车制造、销售的产业链条。第二阶段是与白鹭湖休闲度假基地结合，开设汽车体验中心、举办汽车文化展示、建设专业赛道、举办赛车竞技比赛等，使得消费者在体验到休闲娱乐的同时，加深对汽车文化的理解，促进汽车产业的发展。第三阶段是将汽车特色小镇产业链扩建至惠州市汝湖镇，充分利用当地的民间住宿资源发展旅游住宿产业，促进产业链的进一步转型升级。

综上，可知运动休闲特色小镇产业链不仅仅可以包括与体育运动相关的产业链，还可以充分利用当地各种硬件或者软件的特色优势发展多种产业链共生的综合性产业链组织体系，共同促进当地运动休闲特色小镇产业链的升级发展。

第四节　运动休闲特色小镇产业链构建的理论基础

一、复杂适应系统理论

复杂适应系统理论（CAS）是一个开放的、不断演化完善的综合性科学研究理论[①]，最早是由霍兰教授在1994年提出，该理论从微观的角度分析了系统复杂性的成因，还有行为主体的特征与系统的宏观状态之间的联系，认为系统内的行为主体是动态变动的，不仅能够与系统内部的其他成员进行互动，还能够通过不断调整自身的状态以适应环境和其他成员的变化，使得系统逐渐演变成具备良好协同性能的全新系统[②]。

---

① 谭跃进，邓宏钟. 复杂适应系统理论及其应用研究 [J]. 系统工程，2001（05）：1—6.
② 胡永. 复杂适应系统视域下高职院校课程体系研究 [J]. 黑龙江高教研究，2023. 41（06）：139—144.

该理论包含了七个基本点，其中有三个机制：内部模型、标识、积木，以及四个特性：多样性、非线性、流，以及集聚。其中，内部模型是指系统内部各个不同的行为主体通过不断调整自身内部的模型、改变组织结构以便对外部环境的变化做出恰当的反应，实现系统内部协同。标识是为系统进行筛选活动和协作运行的隐藏机制。积木是重要的基本零件，复杂适应系统的发展必然需要对原积木块进行重新组合才能建立新系统。多样性是指复杂适应系统经过多次分化、重组形成的一个在微观和宏观方面都具有多样性的系统。非线性是指行为主体之间、环境之间、行为主体与环境之间遵循的是随机变动的非线性关系，而不是有迹可循的线性关系。流是指行为主体、环境之间存在的信息流、能量流以及物质流，这些因素的变动状况会对系统运行产生直接影响。集聚是指行为主体为了实现系统的最终目标，自主地集聚成团体、联盟。

二、可持续发展理论

20 世纪 80 年代，人们出于对资源与环境的危机思考，产生了可持续发展理论，强调"资源、环境、人口、发展"四位一体的总协调[①]。具体可将可持续发展理论总结为：具有发展性、包容性、安全性、合理性、规划性这五个基本特征的，能很好地满足当代人生活生产需求，又能不损害后代人满足其生活生产需求，并且能够很好地利用资源、合理规划投资发展、促进科学技术创新、协调产业发展的可持续发展方式。在现代化社会发展过程中，生活质量提高后人们越来越关注生态环境的发展，可持续发展研究体系为运动休闲特色小镇产业链构建提供了强有力的指导，尽管后者基于特色小镇的发展而存在，但其目的也是建立可持续发展的创新性产业生态系统。

三、产业组织理论

20 世纪 40 年代西方逐渐发展出一个以微观经济学原理为基础的新型应用类经济学理论：产业组织理论[②]。该理论通过分析市场中企业、市场、产业之间的竞争、合作以及垄断关系来为政府的政策选择提供具体的理论依据和实践指导方向。在西方，马歇尔的规模经济性问题与亚当·斯密的自由竞争思想存在矛盾的统一性和特殊性，共同组成了产业组织理论的主干结构。

---

① 张晓玲. 可持续发展理论：概念演变、维度与展望 [J]. 中国科学院院刊，2018.33 (01)：10−19.
② 吴汉洪. 西方产业组织理论在中国的引进及相关评论 [J]. 政治经济学评论，2019，10 (01)：3−21.

　　该理论的研究重点在于如何使有限的资源在存在竞争关系的各企业之间得到合理的分配，企业、市场、产业之间是如何联系起来组成一个能够影响市场经济运行状况的组织。在当代，产业组织理论经过数年的成长积淀，已经在理论和实践中获得了丰硕的研究成果，对研究特定产业发展问题具有非常重要的理论依据性和实践指导性，有助于产业在市场竞争中获得较强的竞争优势，使其企业管理层的决策选择有所依托。简单说来，市场内部的某一主体企业逐步兼并其竞争对手，进行产业链整合的目的之一是在市场上逐渐形成垄断能力，以高于市场平均成本的售价出售其产品，以此获得主体企业的垄断利润。在这一过程中，形成垄断能力的途径有许多，其中包括战略联盟产业链上的各类企业提高市场集度、纵向一体化合力影响整个产业链，而对这一过程中所涉及的理论研究部分就是产业组织理论研究。产业组织理论在运动休闲特色小镇产业链中的应用如图 2-6 所示。

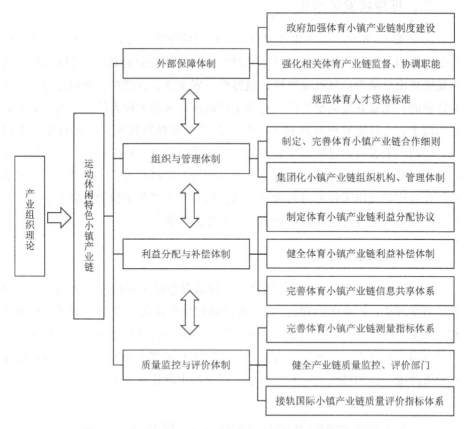

图 2-6　产业组织理论在运动休闲特色小镇产业链中的应用

如图 2-6 所示，在经济全球化背景下，基于产业组织理论，要想促进产业链的整合，增强产业链的协同能力，从整体上促进运动休闲特色小镇产业链的进一步发展。可从以下四点构建运动休闲特色小镇产业链：构建全面有效的运动休闲特色小镇产业链外部保障体制、构建高效的运动休闲特色小镇产业链组织与管理体制、构建公平合理的运动休闲特色小镇产业链利益分配与补偿体制、构建科学合理的运动休闲特色小镇产业链质量监控和评价体制。

第一，构建全面有效的产业链外部保障体制。首先，政府应当加强体育小镇产业链制度建设。一方面，需要完善相关法律制度。其中包括：明确各主体的责任，重视体育企业的作用、扩大其自主权。另一方面，需要完善运动休闲特色小镇产业链中各体育企业的激励政策。具体包括减免税收、提高创新科技投入等。其次，强化体育产业链中各行业主管部门的监督、协调职能。对其政策、措施的实施进行有效的监督和规范。另外，人才资源是运动休闲特色小镇产业链的重要资源之一，需要相关行业及时发布人才需求信息并规范资格标准，给予产业链运营的相关保障。例如体育运动教练员资格、医护人员资格、营养师资格等。

第二，构建高效的产业链组织与管理体制。产业组织理论中的合作性策略即：为了增加集体以及个人的利润而采取的限制产品数量、抬高产品市场价格等行为。要促进运动休闲特色小镇产业链中各企业之间采取合作性策略，一方面，需要制定和完善各体育小镇产业链的合作细则，在现有章程的基础上，根据行业的新发展以及国家发布的相关政策和战略实施为主要导向，进一步健全相关的实施与管理细则。另一方面，采用集团化小镇产业链组织机构与管理体制。设置专门的管理机构负责运动休闲特色小镇产业链中各企业的合作管理，并设置具体部门分别管理和监督其运行中的各项事务。

第三，构建公平合理的运动休闲特色小镇产业链利益分配与补偿体制。从产业组织理论出发，行业内存在竞争关系的企业会为了获得更大的市场而采取压低商品价格等策略，会导致运动休闲特色小镇产业链中各企业所占据的市场势力较小，甚至难以占据市场势力。而作为同一产业链上的不同企业，其根本利益和发展目标在本质上是相互依存的。所以需要重视利益分配和补偿体制的构建，具体包括：以互利共赢为宗旨，合理制定体育小镇产业链利益分配协议、健全体育小镇产业链利益补偿体制、完善体育小镇产业链信息共享体系。

第四，构建科学合理的运动休闲特色小镇产业链质量监控和评价体制。要使运动休闲特色小镇产业链进行高质量发展，就需要对产业链中各企业的运营机制进行监督反馈。首先，在坚持可操作性、可量化性原则的基础上，完善对各体育小镇产业链全面而具体的测量指标体系，具体包括：运动休闲项目的风险监控、人才培养、餐饮安全、环境污染等。其次，健全体育小镇产业链质量监控和评价的部门。由运动休闲特色小镇产业链中各企业共同组成质量监督与评价委员会，根据监督与评价细则对参与企业进行定期的评价、考核，一旦发现问题要及时与相关企业部门进行有效沟通。最后，要与国际体育小镇产业链的质量评价指标体系接轨，吸收国外成熟经验。

总而言之，将产业组织理论应用于运动休闲特色小镇产业链中，可以开拓创新思维。同时，促进产业链的融合发展。

四、其他主要相关理论

运动休闲特色小镇产业链构建的理论基础除了上述的理论外，还包括价值链理论、供应链理论、利益相关者理论、博弈论。

(一) 价值链理论

企业的价值创造主要集中于产品的生产、运输、销售以及后期服务等基本环节上，与这些基本环节联系紧密的是原材料的供应、科学技术的投入、人力资源管理、财务管理等活动，上述相互融合的活动共同构成了一个企业价值创造的完整链条，也就是价值链[①]。该理论也被称为传统价值链，经过时代和社会的多年检验成为研究竞争优势的重要理论工具。但是价值链不只是一个孤立的链条，它存在于一个企业内部的同时，也与其他经济单位的各类价值链相互联结，共同构成一个由众多价值链相连而成的、对企业市场竞争力有重大影响的价值体系。新的价值链观点将价值链看作是群体共同工作的一连串活动过程，活动主体在这一过程中坚持进行创新，不只是为了给企业的发展增加价值，更是为了给服务对象创造新价值。因此，通过价值链理论可确认企业核心竞争力的特定优势来源及其发展过程中创造出来的价值量。

在运动休闲特色小镇产业链中，生产商、供应商、中间商、客户、内部经营链条相互影响并协同合作，共同创造价值。对运动休闲特色小镇产业链的研究离不开价值链的价值创造以及价值增值，这是产业链发挥作用的重要前提，也是其竞争力所在。价值链中的战略思想对运动休闲特色小镇产业链的研究有

---

① 丁涛，贾根良. 新李斯特经济学的全球价值链理论初探 [J]. 社会科学战线，2017，No.266 (08)：23—32.

重要的参考意义，要想培育、延伸产业链以及强化运动休闲特色小镇产业链的竞争力，需要依托价值链理论的指导。为了取得和维持运动休闲特色小镇产业链的竞争优势，不但要深入研究其链条上各个体育企业的价值链，正确处理单个公司竞争与产业链竞争的关系、竞争与合作的关系，还要了解相关体育企业应该怎么做才能更好地适应整个价值系统。

（二）供应链理论

作为先进经营运作模式的理论基础，供应链理论从微观角度考察企业之间联系，更加强调各个企业之间的协调与合作[①]。它认为在当前经济全球化以及知识经济的大环境下，企业想要获得较强的竞争优势，必须将企业的特点和环境特点作为出发点，致力于经营与管理企业的核心业务，并将其非核心业务通过企业之间的战略合作方式进行外包，以增强其核心竞争力。供应链理论对产业链理论的研究分析具有重要的指引、借鉴意义，可以给企业带来价值链整合效应、协同效应以及流程综合经济效应等，这都是单个企业无法实现的。

运动休闲特色小镇产业链中的各体育企业需要凝聚自身的核心能力，并通过与其他体育相关企业建立战略合作关系以及外包等方式，形成产业链中各体育企业间"竞争—合作—协调"机制，既强调竞争，又不忘合作。最终实现"双赢"。在运动休闲特色小镇产业链中，体育企业通过供应链战略的合作实现双赢后，就会发现合作中存在一个利益分配的问题，供应链管理成功与否的关键点在于合作双方的企业是否有合理的利益分配机制。运动休闲特色小镇产业链中各体育企业的供应链能否协调运作，重点在于后者做出经营决策时，是否能够以供应链整体的利润最大化为其决策基础。

（三）利益相关者理论

20 世纪 70 年代左右，企业所面临的经营环境日益复杂化，为了更好地提高自身的市场竞争力，企业不得不分散一部分精力集中处理企业的社会责任、生态环境保护、企业伦理等摆在眼前的现实问题，西方国家开始出现对利益相关者理论的研究，至今为止，利益相关者理论在分析框架、研究方法以及理论基础等方面都获得了先进的成果。受企业影响或可以影响企业的相关供应商、员工、当地社团、竞争者、投资者、消费者等一系列个体都可统

---

① 周红利，陈华政．供应链理论视角下的产业学院研究［J］．职教论坛，2020，36（06）：20－24．

称为利益相关者，其存在价值在于助力企业实现盈利的目标[①]。该理论认为一个企业未来发展的好坏很大程度上受到企业管理层能否很好地回应社会对企业期望的满足程度，具体说来就是企业对其利益相关者利益诉求的反馈质量。利益相关者网络的中心是组织，它是协调各利益相关者利益的一种工具，通过构建联合各方利益的有力机制，降低相关企业的环境不确定性，达成共同目标。

在运动休闲特色小镇产业链构建过程中，将利益相关者理论纳入体育企业治理结构中会有以下几个方面的优势。首先，运动休闲特色小镇产业链中相关体育企业的决策者在进行顶层决策时会更多地将其他利益相关者的利益纳入考量范围内，并且利益相关者之间能够以共同利益为根基，进行深度的交流合作，形成稳定的战略合作关系，进而减少交易成本。其次，重视利益相关者理论的体育企业更加追求长期目标，注重运动休闲特色小镇产业链的长期发展，这就为企业获得长期收益奠定了坚实的基础。最后，在这种合作模式下，不仅利益相关者的利益能够得到有效的保障，还能够促进社会财富的公平分配、推动市场经济的发展。

（四）博弈论

用以研究博弈者在进行博弈的过程中各自战略选择的一门科学即博弈论[②]。因其成熟科学理论体系的客观存在，该理论被广泛应用于政治领域、军事领域、经济领域、管理科学领域、生物领域以及计算机领域等研究中。在博弈论中，主要包括了四个主要部分：作为主体的局中人、作为目的的利益支付，作为实现目的的条件和手段的信息以及行动策略。由于博弈论中的每位局中人都是以理性追求利益最大化为目标的，评价其博弈能力高低的标准即是如何在特定的外部信息条件下，选择一个最优的路径以取得最大限度的收益。

从博弈论的视角看，运动休闲特色小镇产业链中的企业为了分享市场份额、提高彼此的竞争力、实现共同利益最大化而结成同盟，明显是一种合作博弈。作为同一产业链上的相关体育企业，虽然企业之间存在竞争关系，各企业在必要的合作过程中都有所保留，但是每个企业在市场竞争中所能获得的信息是有限的，要获得较完全的信息也需要付出昂贵的成本。因此，在运动休闲特

[①] 童卫平，张璐，施俊庆. 利益与合力：基于利益相关者理论的产教融合及其实施路径［J］. 教育发展研究，2022，42（17）：67－73.

[②] 南江霞，王盼盼，李登峰. 基于 CIS 值的非合作—合作两型博弈的理论研究［J］. 控制与决策，2020，35（06）：1427－1434.

色小镇产业链构建过程中，相关企业首先需要意识到合作博弈形式的必要性，通过达成有约束力的协议，促进体育企业之间相互信任，才能够获得更多的市场信息以实现合作共赢。

第三章　运动休闲特色小镇建设的 经验、现状与模式

运动休闲特色小镇的建设与健康中国、新型城镇化、供给侧结构性改革、乡村振兴战略等新的时代使命紧密相关，同时也对推动城乡一体化、产业结构模式转变、区域经济转型升级及可持续发展有着重大意义。自 2016 年起，中央及地方政府陆续发布关于运动休闲特色小镇发展的相关文件，大力推进小镇建设，全国各地闻风而动，积极投入到小镇的创建中来。2017 年 8 月，体育总局公布了首批运动休闲特色小镇试点名单，共 96 个小镇，分布于全国 31 个省区市（不包含港澳台地区）。2018 年体育总局再次颁布了《关于推进运动休闲特色小镇健康发展的通知》，阐述小镇建设现状，提出新的指示。在全国运动休闲特色小镇轰轰烈烈的创建进程中，一些小镇卓有成效，但也有部分小镇存在政策落实不到位、人才缺失、建设规划模糊、环境过度开发、房地产化、同质化现象等问题，使小镇建设不能沿着健康、规范、高质量的方向发展。为了深入剖析运动休闲特色小镇建设现状，本章将从运动休闲特色小镇的建设经验、建设现状、建设模式和产业链空间结构四个层面展开阐述。

第一节　运动休闲特色小镇建设经验

一、运动休闲特色小镇建设的国内比较

随着我国社会生产力的不断发展、经济结构的优化调整，特色小镇在提高经济效益、促进产业结构转型升级等方面扮演着越来越重要的角色。伴随党中央扶持政策推广落地，各类特色小镇建设呈井喷式发展，不断有包括旅游小镇、特色农业小镇、互联网小镇和运动休闲特色小镇等的新型特色小镇涌现。而运动休闲特色小镇在发展上相较于其他类型的特色小镇有着自身的特点，主

要可以从宏观和微观两个方面来比较。

(一) 宏观比较

浙江省在 2014 年最先提出了特色小镇这一概念，随即小镇的建设工作便在全省范围内迅速开展。在当前国家级、省级特色小镇的创建名单中，浙江全省共有多个特色小镇榜上有名。2016 年，住建部公布了 127 个第一批国家级特色小镇的名单。到 2018 年年底，全国共有国家级特色小镇 403 个，省级特色小镇 996 个。通过对全国 31 个省区市（不包含港澳台地区）的特色小镇产业规划进行汇总分析，可以发现 2020 年特色小镇总规划建设 2 698 个。

相比之下，运动休闲特色小镇的发展整体较为缓慢。2014 年我国运动休闲特色小镇刚刚起步时，全国共有 21 个运动休闲特色小镇，2015 年这一数字有所上升达到 47 个，而到 2016 年时运动休闲特色小镇的数量仅有 81 个。2017 年 5 月，体育总局印发《关于推动运动休闲特色小镇建设工作的通知》，第一批国家级运动休闲特色小镇试点共有 96 个，从那以后特色小镇的热潮便不断高涨。然而在这 96 个试点中，有 34 个小镇被整改淘汰，截至 2018 年 12 月 31 日，暂时只有 62 个国家级运动休闲特色小镇被保留下来。虽然运动特色休闲小镇的数量在不断攀升，但与其他类型的特色小镇相比还是有着明显的差距。真正较为成熟的特色小镇，其发展都经历一个长期、系统的过程。在某一时间节点上将小镇数量进行对比，也能够从侧面反映出小镇的整体发展状况和社会关注度的高低。

从地域分布方面来看，在第一批住建部公布的 127 个国家级特色小镇名单中，有近三分之二的小镇遍布于我国南方省份，北方省份的数量只有 52 个，这其中江浙沪皖四省就分布着 23 个特色小镇，将近占到第一批次小镇数量中的 20%。而在第二批特色小镇名单公布以后，目前我国的特色小镇主要集聚在环渤海、长三角、珠三角等大城市集聚区域。这也在一定程度上反映出，特色小镇（互联网小镇、基金小镇等）的开发与经营对城市资源的依存度较高，无疑对城市发展提出了更高的要求。随着国家政策的逐步落实和完善，运动休闲特色小镇的发展热潮不断高涨。同样，运动特色休闲小镇也是集中分布于我国的浙江、江苏、河北和贵州等省份。其中，华东地区的运动休闲特色小镇数量可达到全国的 42%；其次是我国的西南和华北地区，分别拥有 20% 和 15% 的运动休闲特色小镇数量。而长江沿岸部分城市，也都将发展运动休闲特色小镇视为促进消费进而带动经济增长的重要手段。综合来看，我国运动休闲特色小镇主要集中于江浙一带的华东地区。然而长江沿岸以四川、重庆为代表的黔西南地区以及京津冀为首的华北地区由于在民族传统体育文化以及经济发展等方面特点突出，所以运动休闲特色小镇的建设情况相对较好。在一定程度上，这也反映出影响运动休闲特色小镇发展的因素较多，除经济基础之外，传统文化、生态环境和社会需求等也会起到一定的影响。

从 2016 年国家住建部等多部门联合发布《关于开展特色小镇培育工作的通知》以来，各地政府也积极响应党中央国务院的号召纷纷出台政策文件，加速建设运动休闲特色小镇。但受制于经济发展状况以及政府工作目标等因素的影响，各地区在扶持力度上也有明显差距。浙江作为我国特色小镇的发源地，在特色小镇的发展建设工作方面，浙江省一直堪称在全国范围学习的对象。浙江省政策文件颁布时间较早、数量较多。同时，全国最早一批公布省级特色小镇名单的省份也是浙江省。2015 年 4 月，浙江省政府就出台了《浙江省人民政府关于加快特色小镇规划建设的指导意见》，这比国家政策提前了一年半的时间。

江苏省同样堪称我国特色小镇建设的模范省份，为了给予小镇建设足够的资金支持，2018 年 5 月江苏省出台了《江苏省省级特色小镇奖补资金管理办法》（以下简称"办法"），用以特色小镇奖补资金管理，提高资金使用效益。在该"办法"中也曾明确提到，对经考核合格的省级特色小镇，在创建期间及验收命名后累计 3 年内，省财政给予每年 200 万元奖补，总额 600 万元。除此以外，云南省楚雄州人民政府也曾颁布特色小镇创建考评激励办法。对新列入州级示范特色小镇的创建方案进行严格审查并达到标准的，先期给每个小镇安排 200 万元的前期工作经费。在鼓励所有特色小镇争取进入省级奖补命名行列的同时，州财政在创建期每年安排 1 亿元专项资金，采取以奖代补的形式给予激励。

（二）微观比较

当然，我们也可以从产业模式、产业内容以及主体合作差异等微观角度，从运动休闲特色小镇的自身因素来出发，发现运动休闲特色小镇与其他类型特色小镇的异同。

在产业模式方面，当前诸多特色小镇在依托于原有的地方产业特色或经济发展基础上，融合一种或多种业态，从而形成一种具有全新产业发展模式的新型小镇。作为六大名镇之首的旅游胜地乌镇，以世界互联网大会为契机，通过与高新科技与旅游的互动，深入挖掘小镇的发展潜力，将其打造成了"旅游+互联网"小镇，形成了良好的发展态势。同样，运动休闲特色小镇的建设是通过实现运动休闲项目和其他产业的深度融合挖掘产业潜力，通过产业集聚实现自身发展的同时加快地方经济结构优化调整和产业结构转型升级，进而促进地方经济发展。在小镇的发展过程中，从运动休闲的角度出发，逐渐形成包含地方文化特色又能产生经济效益的运动休闲项目的产业平台。群众来到小镇，在体验运动休闲乐趣的过程中，感受来自体育的魅力，同样能带动体育相关配套服务的产业发展。莫干山"裸心"运动休闲特色小镇通过体育＋多种业态的融合，打造户外运动、休闲骑行等小镇特色项目，从而实现三生融合（生产、生活、生态）项目的发展。

在产业内容方面，特色小镇通过特色产业和新兴产业的叠加，实现各类发展要素的汇合，以实现生产、生活、生态为发展目标。作为一种具备可借鉴性与可扩散性的发展范式，对实现经济结构转型升级与探索新型城镇化的顶层设计具有重要意义。例如保利音乐小镇，该小镇基于自身在自然、交通等方面的优势，摇身一变成为著名的"鱼米之乡"。同时这里也是中国近代音乐家冼星海的故乡，以"冼星海"作为文化品牌也产生了足够的吸引力。保利音乐小镇正在"农业＋文化＋旅游"的产业模式上飞速发展。运动休闲特色小镇与其他特色小镇的一个重要区分点在于"＋"的不同。它在原有的地域传统文化基础上附加符合当地实际情况、可以进行可持续发展并可以带来经济效益的体育文化，从而形成一种新的发展业态。运动休闲特色小镇，让"体育＋"焕发新的生机，将体育、文化、旅游相结合，在"健康中国，全民健身"的大背景下，依托政府出台的各种有关健身休闲的政策，催生了部分新兴与"体育＋"融合的新业态，这种新业态也在逐渐形成一种独特的体育文化和体育产业。比如：体育＋旅游，阳宗海国家级旅游度假区利用当地特有的温泉资源，紧跟时代步伐，提出"温泉＋康体运动"，形成体育＋旅游的康养旅游体育产业模式，使休闲健身与身心放松相结合。体育＋赛事，临汾市打造"六张体育名片"——"世界飞镖故里""中国围棋之乡""沿黄网球名城""三晋射击强市""区域冰雪中心""航空运动佳地"。体育＋时尚运动，香港户外品牌CLOUDROUTE对此有着独特见解，将时尚元素融入产品设计中，受到了都市年轻人的喜爱，产品卖得好，品牌知名度也得到了提升。体育＋养生，南京高淳慢城桠溪体育健康特色小镇修建健身步道、自行车、卡丁车等健身休闲用品的覆盖率达68.8％，逐步实现了慢运动、慢产业、慢文化"三位一体"的发展布局。

在多主体合作方面，特色小镇该采取哪种产业模式进行运作、政府和社会在特色小镇的建设中应该作为哪种角色而存在，北京市社会科学院副院长赵宏指出，从全国范围看，特色小镇的建设主要有三种模式："政府引导、企业建设"政企合作、联动建设"和"政府建设、市场招商"①。第一种模式：政府引导、企业建设。即政府在特色小镇的建设中起牵头和引领作用，企业在政府的引导下完成小镇的建设。在这种模式下政府处于主动地位，具有更多的主动权，企业在特色小镇的建设过程中则需要考虑更多的利害关系，在特色小镇的建设过程中容易感到束手束脚。但是在这种模式下的特色小镇在建设的过程中资金需求比较容易满足，也在一定程度上给予特色小镇更多的政策性优惠，从国家层面给予小镇建设更多的保护。比如按照密云区的城镇发展规划以及布局要求，在此基础上由中青旅牵头建立了北京密云北水古镇。第二种模式：政企合作、联动建设。在这种模式下，政府和企业是一种相互依存的合作关系，二者在各种领域运用自身长处为特色小镇的建设发挥作用。这种模式下企业拥有更多的自主权，在政府的配合支持下能更高效地完成小镇建设。第三种模式：政府建设、市场招商。市场是投资主体，是建设资金的提供者，政府运用自身职能，从而实现特色小镇的高质量建设。以特色小镇概念的兴起地浙江省为例，从特色小镇建设来看，政府只负责了 10%～30% 的资金投入，其他资金要由企业自行承担，这对当地的社会资本提出了要求。在浙江省的固定资产投资中，民间资本占比超过 55%，全省 60% 以上的税收、70% 以上的生产总值、80% 以上的外贸出口、90% 以上的新增就业岗位来自民营经济，具备雄厚投资基础。这也是浙江省在特色小镇的建设中处于领先位置的重要原因，也是这种模式成功的典例。体育小镇的建设虽然也采取政府、企业和社会资本协作，但是与特色小镇的建设相比，三者的融合度和配合度仍有待提高。在体育产业进行供给侧改革的背景下，解决体育小镇在建设过程中遇到的制度问题是我们需要解决的一个重要任务。如何做好体育产业的跨界合作，形成更好的产业融合效果，是未来相当长一段时间我们需要注意的问题。政企融合、产城融合、行业融合以及进行产业链整合将在运动休闲特色小镇未来的发展中占据重要地位。

三、运动休闲特色小镇建设的国外比较

运动休闲特色小镇当前正处于高速发展阶段，正可谓是一项朝阳产业。然而同国外诸多知名运动休闲特色小镇相比，我国的运动休闲特色小镇无论是在发展时间、地域资源分布、小镇文化特色和专业程度等方面有着明显的差异。

---

① 车雯，张瑞林，王先亮．文化承继与产业逻辑耦合：体育特色小镇生命力培育的路径研究[J]．体育科学，2020，40（01）：51—58．

从发展时间上来看，我国第一批国家级运动休闲特色小镇诞生于 2017 年。由此开始，我国运动休闲特色小镇便步入高速发展的时期。不过由于存在经营不善的问题，有些小镇还是被迫整改或淘汰。与之形成鲜明对比的是，国外运动休闲特色小镇起步早、模式成熟。法国霞慕尼小镇堪称运动休闲特色小镇的鼻祖，自 1786 年当地猎人巴尔玛和医生帕卡尔两人首次登上勃朗峰后该小镇就已经开始发展。美国尤金、英国温布尔登等世界著名体育特色小镇也是起步于 19 世纪。由此可见，这些世界著名运动休闲特色小镇的发展史已经长达二三百年，我国的运动休闲特色小镇已经被拉开了较大的差距。

从地域资源分布比较，我国是一个地域辽阔、物质资源丰富的发展中大国。但是事实上我国人口、物质资源分布整体上并不均匀，从而在一定程度上影响了运动休闲特色小镇的建设和发展。从第一批国家级运动休闲特色小镇分布情况来看，除了沿海地区和主要河流沿岸等人口及物质资源分布较为集中的地区，有些小镇也是地处西部偏远地区。在物质资源较为紧缺的情况下，这些运动休闲特色小镇的生存难度无疑更大。然而物质资源上的差异无疑给这些小镇的稳定发展提出了巨大的难题。在社会资本和市场资金来源不足的情况下，若是一直依靠政府财政支出，无疑是会增加政府财政风险。政府如果长期处于负债累累的情况下，那么小镇能否得以生存就是一个值得深思的问题。相较于国内，在运动休闲特色小镇发展较为成熟的欧美国家，通常都将小镇作为基本单位。在后工业时代，伴随经济社会发展到一定程度、文化不断积累、传承和演变，外加一些自身条件因素，从而逐步取得了今天举世瞩目的成就，尤其在欧洲城镇化进程中，各大中小城市形成了城乡均衡发展、分散分布的格局特点，物质资源及人口分布差异较小，这为集中力量发展体育产业创造了条件。新西兰皇后小镇，是一个被南阿尔卑斯山包围的运动休闲特色小镇。该小镇凭借宜人的气候和优质的自然地理资源，现在已经发展成为世界知名的户外运动体验圣地。如此独一无二的地理环境，延伸出的滑雪、跳伞、蹦极、漂流、热气球、喷射快艇、高空滑索、滑翔伞等惊险刺激的冒险项目都可以在皇后镇体验到。诸如新西兰这种国土面积有限，但人口、资源分布集中的国家，能够充分利用自身地理自然资源来发展运动休闲特色小镇，这是我国运动休闲特色小镇在建设过程中也应着重考虑的要素。蒙特贝卢纳小镇坐落于意大利北部的特雷维索省，19 世纪时这里就以手工制鞋和冰雪运动而闻名。当前，该小镇坚持以体育用品制造为中心，特色鲜明、定位准确。同时政府和市场协同运作，不断吸引企业入驻体育制造产业。再通过企业之间的良性竞争培养人才，利用科技创新提高质量。紧紧抓住地方特色产业的优势来建设运动休闲特色小镇，也未尝不是我国可以借鉴的发展方式。

从文化特色比较，历史文化积淀是特色小镇形成与发展的核心要素。在某种意义上，文化特色正是特色小镇的灵魂所在。那么运动休闲特色小镇的文化特色该怎样实现它真正的意义呢？这是摆在我国诸多小镇面前的一道难题，许多特色小镇正是在文化特色的定位上迷失了方向。例如我国的环青海湖国际公路自行车比赛已经举办过多次，也是目前我国主办规模最大、品牌效应最好的自行车赛事。而且自行车运动也早已成为最受当地百姓欢迎的运动项目。然而青海湖周边却至今都没有打造出一个著名的运动休闲特色小镇。据说这是因为当地政府为了保护环境而禁止开发建设，但是这一举措可能会阻碍运动休闲特色小镇的开发与建设。围绕自行车运动的文化氛围，融合旅游产业打造全新"体育＋旅游"的特色小镇，可以有效地发展当地经济，同时保证环境不会受到不良影响。在小镇的建设决策方面，当地政府应该进行更深层次的思考，而不应该只是将眼光局限在某一方面。以赛事闻名的国外运动休闲特色小镇不计其数，这些小镇正是紧紧抓住赛事文化这一显著优势，同时与旅游、装备制造等产业融合而不断壮大。著名的温布尔登网球小镇，依靠网球四大满贯赛事之一的"温网"红遍全球。纵观温布尔登小镇近 150 年的发展历史，先有小镇后有温网，由一个伦敦西南部的社区联赛发展成为今天的四大满贯赛事，观光、餐饮、住宿等已经成为该小镇当前的重要收入来源。温布尔登网球小镇堪称"小镇生长模式"的典范。通过对比，可以清晰地看出国内外对于运动休闲特色小镇文化特色的重视程度。文化特色本身虽然不能给小镇带来直接的经济效益，但是以文化特色为出发点，融合其他产业类型（尤其是旅游）之后，运动休闲特色小镇才能逐渐步入健康发展轨道。

从专业程度和服务质量比较，可持续发展是运动休闲特色小镇一直追求的发展目标，这需要破除各种壁垒，寻找属于自己的发展模式，使产、城、人、文融合发展。同时，运动休闲特色小镇从某种程度上讲还是以提供产品或者服务来作为主要经营内容。那么小镇发展能否长久无疑在一定程度上与其提供的服务质量好坏有关。国外运动休闲特色小镇的发展目的主要是提升体育运动项目成绩和满足广大游客休闲娱乐的需求，所以发展规划中更加注重项目竞技水平和游客体验满意度的高低。比如位于瑞士的圣莫里茨小镇因冬奥会而闻名，每年举办的圣莫里茨雪地马球世界杯进一步提升了小镇的声望。该小镇不仅拥有得天独厚的气候、便利的交通和舒适的住宿条件，关键是拥有相当完善和优质的滑雪设施。让游客利用在冬奥会的场地设施来体验滑雪，仿佛自己就置身于冬奥赛场。因此，小镇每年都会吸引世界各地的冬季运动爱好者前往。圣莫里茨乘着举办两次冬季奥运会之风，将部分冰雪运动发展到其他小镇难以达到的高度。与经济的高质量发展相配套的是要满足人民的物质和精神需求。浙江百丈时尚运动休闲特色小镇是浙江省唯一一个以时尚命名的小镇。百丈凭借飞云湖这一独特的水域资源，大力发展水上运动，不仅作为国家水上运动训练基地、辽宁省冬训基地，同时这里可以进行专业皮划艇和赛艇训练，因此也吸引了许多业余选手和游客到此体验。彩绘跑道、山上的飞拉达等运动休闲时尚项目正在建设，未来的百丈有无限的发展可能。圣莫里茨小镇与百丈时尚运动休闲特色小镇在产业内容上虽然有所不同，但是二者都是通过利用自身产业专业性的优势，再融合周边产业组成相对完整的产业链。由此可以吸引更多的游客，使小镇本身的造血功能不断强化。专业程度，也是许多运动休闲特色小镇应该着重关注的方面。

从主体合作差异比较，我国的运动休闲特色小镇通常以政府与企业合作的形式来运行。但同国内相比，国外运动休闲特色小镇的运作模式略有不同，而这或多或少地要受到各国不同政治体制与国情的影响。在欧美国家，其城镇发展主要是以市场为主导，政府出台相关协调措施来维持市场秩序，地方上给予高度自治权。政府通过产业引导、财政补贴、税收优惠、技术支持等方式鼓励在中小城市和乡镇发展产业，同时也会注重小城镇的基础设施建设。通常情况下，政府往往扮演宏观调控的角色，主要依靠企业和社会体育组织在市场化的运作模式下，对小镇进行日常管理。这既有助于实现信息互通和社会市场协作，也能在最大程度上实现经营利益的最大化。

三、运动休闲特色小镇产业链发展的国内比较

当前，运动休闲特色小镇产业集聚和产业链构成是我们重点关注内容。运动休闲特色小镇产业链往往是一种网状结构，每个环节都是一个独立的产业，其共同利益将每个孤立的环节联系起来，形成一个互联的系统。与国内其他类型特色小镇相比，运动休闲特色小镇无论是在产业链的部门参与结构、具体形态还是未来发展等方面都有所不同。在一个完整的产业链上、中和下游分别存在各种类型的企业，而整体上来看这些企业将分别承担着不同角色。

（一）产业型特色小镇比较

产业型运动休闲特色小镇与其他产业类型特色小镇在产业模式的打造上有着诸多的相似之处。都是围绕核心产业内容，配套以相关服务产业的融合，进而组成一个闭合完整的产业链。位于浙江平阳的宠物小镇，这是我国一所以宠物为主题的知名特色小镇。该小镇不仅拥有专业的宠物用品制造研发基地，将

宠物主题下的文化时尚视为产业核心，同时与南雁休闲旅游景区进行产业配套，打造"宠物＋旅游"的完整产业链。从产业链的上游来看，平阳宠物用品产业起步于 20 世纪 90 年代，由于起步时间早且各种配套服务完备，现在早已成为小镇具有显著特色和竞争力的优势产业。温州宠物用品研发制造基地当前正逐步吸引宠物用品龙头企业集聚于此，如此以来，不仅促进了市场占有率规模的进一步扩大，更使其成了宠物用品行业标准、规范制定方面的风向标。同时小镇着重强调宠物用品技术研发、食品检测、创意设计等方面的能力提升，构建全产业链的宠物用品产业体系。在中、下游部分，通过加强宠物产业与旅游服务业的联系，沿着"宠物＋旅游"的路径发展特色小镇产业链，在不断提升南雁荡山旅游印象的同时，将南雁荡山作为推广宠物时尚的产业名片。重点建设包括宠物时尚主题下的产业园、主题游乐园和综合服务中心等场所设施，打造集休闲娱乐、旅游住宿等服务功能于一体的特色小镇。

当前，我国的产业型运动休闲特色小镇也以产业型特色小镇的发展轨迹为参照。产业型运动休闲特色小镇主题鲜明，其核心产业通常就是体育产品生产制造，以此为基础再以此为基础不断完善相关服务设施。特色小镇的发展往往需要依托城市，所以一般在大中城市的周边分布较多。小镇以核心产业为发展中心，同时再与其他相关服务型企业进行配套，组成相对完整的产业链。位于浙江富阳银湖的智慧体育产业基地，是我国著名产业型的运动休闲特色小镇。从小镇产业链上游的角度来看，富阳区上官乡是我国著名的"球拍之乡"，自 20 世纪 70 年代初生产竹制羽毛球拍开始，至今已有 40 多年历史。中国智慧体育产业联盟、中国智慧体育产业投资基金等项目目前已经成功落户小镇，这极大有利于吸引相关企业落户小镇。这一切都为智慧体育用品制造的核心产业特色打下了坚实基础。不仅如此，项目投资也包括了旅游休闲娱乐业态。如此一来，产业链在中下游的延伸有了资金的支持，小镇逐步从单一的生产研发向外延伸到集创意展示、电子商务、文化旅游、特色运动、休闲娱乐、节庆赛事、健康养生等多业态集合。这些室内外新型智慧体育健身娱乐活动主要是以一种"体育＋互联网"的模式呈现，游客在这里可以尽情体验 3D 视觉下的不同 VR/AR（虚拟现实/增强现实）运动项目体验，包括打 3D 高尔夫、玩 3D 马球等。

（二）赛事型运动休闲特色小镇与文化小镇比较

赛事型运动休闲特色小镇通常都是以有影响力的体育赛事为产业核心，围绕赛事来打造周边的相关配套服务。而文化小镇也是以文化特色、文化影响力为招牌，不断完善和提升服务质量，最后实现产业规模的不断壮大和经济效益的不断提升。例如旧州美食小镇位于我国西南地区的贵州省，这里是我国屯堡文化的发源地和聚集区之一。小镇集中国历史文化名镇等多个头衔于一身，凭借生态环境良好、文化资源较为丰富的优势，毫无意外地成为全国第一批建制镇示范点。借力安顺大屯堡旅游圈战略，不断将古镇旅游产业链进行延伸，实现"文化＋旅游"的高度结合。河北廊坊大厂影视小镇是我国一所以影视作品闻名的文化小镇，在这里曾诞生了《挑战不可能》《国家宝藏》和《欢乐喜剧人》等诸多耳熟能详的节目佳作。影视小镇位于北京国贸正东部，坐拥地处京津冀经济发展热区这一位置优势，小镇目前已吸引各类影视文化创意及周边配套企业上百家，就业人数超过千人，影视产业年收入可超过 30 亿元。影视文创产业的蓬勃发展，使这所"影视梦工厂"正在悄然崛起。为使产业链的中下游得到延伸，小镇以"影视＋"为核心发展方向，不断加强文化、科技和金融等领域融合发展，构建完整的影视产业链条和生态圈，打造世界级文化创意产业集群。

近些年，网球成为国内迅速发展的热门运动之一，在中国，发展网球小镇已经具备了良好的条件。近几年伴随着一些著名网球赛事的持续落地，云南昆明安宁网球小镇的发展规模与知名度也是在不断扩大。这些知名赛事包括亚洲等级最高的男子红土赛事 ATP 安宁挑战赛、ITF 男子和女子的国际比赛，前来参赛的也不乏世界知名球员。依托上游赛事规模及影响力的不断提升，外加逐步完善以网球为核心的周边配套服务业（包括温泉旅游在内），在这种情况下的结果便是小镇的经营收益也持续走高。据不完全统计，历年来安宁温泉镇举办各类国际、国家级赛事 320 场，相关客流超过 25 万人次，社会经济总收益超过 10 亿元。[①] 当前，安宁网球小镇正在运动休闲特色小镇健康发展的快车道上不断前行。赛事型运动休闲特色小镇在产业链的延伸与发展过程中与文化小镇有着异曲同工之妙。赛事型运动休闲特色小镇紧紧围绕产业链上游的赛事规模、赛事文化及知名度等产业核心；在产业链中游加强赛事宣传、赛事运营工作，不断提升赛事的影响力；在产业链下游完善赛事周边产品及服务行业，提高服务质量和游客满意度。如此一来，赛事型运动休闲特色小镇或将拥有良好前景。

（三）运动休闲特色小镇与旅游小镇比较

休闲型运动休闲特色小镇是将体育、文化、旅游等要素融合，进而发展成

---

① 谢尊贤，郭琰. 空间分布视角下健康型运动休闲小镇发展模式探索［J］. 沈阳体育学院学报，2019，38（02）：9—14.

为以休闲运动项目为特色的旅游胜地。从这一角度出发，休闲型运动休闲特色小镇与旅游小镇有着千丝万缕的联系。未来运动休闲特色小镇的发展趋势也将是"体育＋旅游"的融合。广东从化是一个生态资源丰富的地方，这里人杰地灵、空气清新，人文与生态气息浓厚，"徒步休闲小镇"便从中应运而生。从化徒步小镇凭借联溪片区优美的自然风光，通过设计徒步线路巧妙地将三个景观风貌区连接起来。这种"旅游观光＋运动休闲"的模式吸引了诸多游客慕名而来，同时小镇将沿徒步线路配套休闲、餐饮和住宿等设施。而在建筑风格的选择上，也是充分结合村落的现状特点。小镇以打造为联溪户外运动天堂为目标，逐步发展成为广东最美徒步休闲度假小镇。酷玩小镇位于浙江绍兴柯桥区，绍兴以轻纺工业闻名全国，自古便经济繁华，这为小镇的发展奠定了雄厚的经济铺垫。在此之上，酷玩小镇围绕"酷玩"的主题目标定位，打造集运动、休闲和旅游功能三位一体完整产业链，向着"旅游＋运动＋产业"的融合小镇不断发展。最终实现旅游休闲场地的景区化发展，打造运动旅游的休闲生活新方式。无论是"体育＋旅游"还是"旅游＋体育"，对于运动休闲特色小镇和旅游小镇来讲，都将是扩大产业规模、提高自身经营状况的一条重要途径。

（四）康体型运动休闲特色小镇与健康小镇比较

具备一定高质量的生态环境条件，这是发展康体型运动休闲特色小镇的基础条件，也是健康小镇得以发展的自然基础。但二者的不同之处便在于，康体型运动休闲特色小镇是以体育运动和运动康复为发展载体，再配以相关休闲养生服务的产业模式。无论是康体型运动休闲特色小镇还是健康小镇，其都将恢复健康、休闲养生作为发展目标。

浙江温州瓯海生命健康特色小镇是全国有名的医疗健康小镇，它位于大罗山及吹台山之间，紧邻三垟湿地公园和温瑞塘河畔，生态环境优美。不仅如此，小镇拥有多家浙江省属三级甲等综合型医院，这对开展医学科研、进行人才储备和集聚都创造了优越的条件。结合自身生态资源与文化特质，配合小镇周边山林湿地、公园等自然元素，小镇以"大医疗"和"大养生"为两大主线，致力于建设成为集医疗旅游、生态旅游、休闲养生等特色产业链于一体的医疗旅游健康小镇。庐山西海射击温泉康养运动休闲小镇位于江西省九江市，成功入围了全国第一批运动休闲特色小镇试点项目名单。小镇借助庐山西海优势的山水资源，建设发展庐山西海温泉度假村，为游客提供健康养生的绝佳环境。同时吸引省体育局射击中心、游泳和跳水基地建设项目在此落地，结合温泉养生休闲开展融合温泉养生、登山探险、漂流游泳等多样体育运动休闲特色，建设有水上乐园、西海温泉瑜伽基地、中国太极文化国际交流中心（江西）基地和户外拓展基地。为了扩大产业链规模和提高小镇经济效益，定期举办"西海温泉杯"国际瑜伽交流大会，提高游客瑜伽和太极运动兴趣度。结合基础设施提升和体育赛事活动，可以集聚人气，激活体育旅游产业融合发展。综上所述，运动休闲特色小镇在产业链发展的过程中可以借鉴其他类型特色小镇的先进经验和做法，分别在产业链的上中下游不断地进行巩固与提升。究其基本路径还是应该围绕体育这一核心产业，在此基础上不断融合新业态内容，始终坚持走"体育＋"的产业发展模式，进而实现产业规模的不断扩大和经营效益的不断提升。

四、运动休闲特色小镇产业链发展的国际比较

通过借助体育产业链的构建，可以增强运动休闲特色小镇的竞争力。拥有一条完整的产业链将会对运动休闲特色小镇的发展有重要影响。一条完整健全的产业链不仅可以丰富体育产品的供给，而且可以提高产品的竞争力。国外的运动休闲特色小镇同国内相比，在产业链构成方面还是有所不同。以下基于四种类型的国内外运动休闲特色小镇，对其产业链发展进行分析。

（一）产业型运动休闲特色小镇

位于北卡罗来纳州的夏洛特是一座优雅的国际化大都市，这里不仅是美国赛车运动的发源地，而且是惊险刺激的纳斯卡汽车赛的举办地。在这里聚集了纳斯卡联盟总部以及超过 1 000 个车队。基于夏洛特的车队聚集效应，在这里逐渐形成了与赛车有关的几乎完整的产业链。夏洛特作为美国赛车运动的起源地以及纳斯卡汽车赛的举办地为其成为产业型小镇提供了基础，在此基础上衍生出来的零配件研发、测试及生产、赛车模型及设计，赛车的宣传及销售、服装纪念品等组成了夏洛特的中游产业链，依靠原有的赛事基础吸引了大量游客。参赛人员带动了基础设施建设、观光旅游、餐饮住宿以及相关产业的发展，其形成了夏洛特的下游产业链。纳斯卡赛车名人堂和亨德里克之所以可以成为夏洛特的著名景点，一个很重要的原因就在于此。一条完整的产业链对于吸引各类相关赛事有重要作用，还可以带动相关人员就业，从而促进当地的经济发展。在夏洛特我们同样也可以看到其他类型的专业比赛，篮球队夏洛特黄蜂、美式橄榄球队卡罗来纳黑豹以及冰球队卡罗来纳飓风都聚集在夏洛特。

我国的体育产业基础相对比较薄弱，开发时间较晚，在摸索中逐渐形成了属于自己的一套体系。作为典型的产业型运动休闲特色小镇，莫干山"裸

心"体育小镇在发展旅游的基础上开发体育休闲产业。莫干山裸心体育小镇以旅游业和民宿为基础或者说是以旅游业中的民宿为基础来发展当地的经济，这也是莫干山裸心体育小镇发展产业型小镇最重要和最基础的环节。如何与当地的旅游业融合，形成以体育产业为主导的发展模式，避免产业链断裂是莫干山"裸心"体育小镇发展过程中需要考虑的问题。一条成熟完整的产业链有以下模式："核心体育资源"＋"相关体育产业"＋"配套城市功能"。不难发现，在莫干山"裸心"体育小镇发展的过程中仍然是以吸引游客为主，存在对于体育产业的理解不明晰、体育消费没有完全释放、体育消费观念没有改变、体育产业布局缺乏规划等问题，对于产业型的运动休闲小镇的发展有不利影响。

（二）赛事型运动休闲特色小镇

在建设运动休闲特色小镇的过程中通过构建与完善产业链提升运动休闲特色小镇的竞争力是很多国家在探索中发现的一条道路。在温网成名以前，温布尔登没有其他的支柱工业，温网的出现使小镇出现了新的经济增长点。成倍增长的网球场地以及各类网球赛事尤其是温网，带动了周边的基础设施建设、观光旅游、餐饮活动、体育用品制造等产业生产活动的发展。温布尔登小镇的发展整体上依赖于网球赛事，也因此衍生出了一条相对完整的产业链。从网球场馆建造、基础设施整改、体育用品制造，餐饮住宿服务、赛事宣传与推广、相关周边产品的生产等从无到有形成了一条完整的产业链。在运动休闲特色小镇产业链的发展中可以采用"主体产业＋多元小主体"模式，拓展小镇发展边界与空间。以温网这一体育赛事为主导产业，从而衍生一系列相关产业，这种模式的本质是体育产业的多元化。

在体育强国的背景下，体育赛事，尤其是大型体育赛事受到的关注度不断提升。但是由于赛事型运动休闲特色小镇对场地等各方面的要求很高，因此在我国，赛事型运动休闲特色小镇的数量相对来说较少。赛事型体育小镇在对赛事的举办和推广上有巨大作用，同样它对体育场馆、地理条件、环境和专业人员以及服务能力等有很高的要求。以浙江省百丈时尚运动休闲特色小镇为例，小镇位于浙江泰顺的飞云湖畔，生态环境良好、水域资源开阔，得天独厚的地理位置为百丈发展成为赛事型小镇提供了优势条件。良好的条件吸引了国家赛艇青年队、辽宁省皮划艇和曲棍球队等连年进驻冬训。百丈时尚运动休闲特色小镇已成功举办全国青少年皮划艇和全国露营大会等各类国际国内体育赛事。在百丈时尚休闲小镇的发展过程中，为各类赛事的体育迷提供各类特色服务，场馆运营及维修、体育赛事表演、体育咨询及规划、体育赛事营销及推广、体育用品及配件制造、赛后服务等在小镇的发展过程中形成了一个相对完整的产业链。

（三）康体型运动休闲特色小镇

康体型运动休闲特色小镇最终形成的是一种全新的可以慰藉心灵的健康生活方式，在面向人群上主要针对亚健康、中老年以及热衷于养生的人群，如法国依云小镇依托自然环境，逐步形成了集聚养生保健、旅游观光、运动休闲等为一体的产业体系。我国的江苏南京高淳慢城桠溪体育健康特色小镇同样也是康体型体育小镇。在"金陵天然氧吧"的称号下，这所被誉为"中国慢城"的城市通过养生＋体育旅游的结合将自己建设成了康体型运动休闲特色小镇。通过不严格的行政区划分在区域内尽可能多地融入体育因素和强化体育元素对区域的影响，从而拉长区域的体育产业链，形成相对集中的以体育为核心的消费圈和体育产业项目群。高淳桠溪健康特色小镇打造了多条可以进行康体运动的旅游路线，相继建成了步行道、自行车道等慢行系统，公共体育设施覆盖率达68.8％。通过举办高淳国际慢城马拉松、高淳国际慢城全国（首届）瑜伽健身露营节暨千人瑜伽马拉松挑战赛等达到对桠溪体育文化的宣传，同时带动了当地的观光旅游、餐饮民宿、体育赛事、医疗健康等产业的发展。在桠溪体育健康特色小镇产业链的下游则包含各种特色度假庄园、户外营地、体育装备制造与销售等项目。整体来说，桠溪体育健康特色小镇通过与体育结合，以体育健康为主题将其打造成集健身休闲、运动体验、赛事表演、观光旅游等为一体的康体型的运动休闲特色小镇，带动了当地的经济增长。

（四）休闲型运动休闲特色小镇

新西兰皇后镇被称为"极限运动的天堂"，依靠被南阿尔卑斯山包围的地形优势以及宽阔的湖泊打造各种运动休闲项目。皇后镇是高空弹跳、蹦极等运动项目的发源地，以探险、刺激为核心打造各类极限运动，以蹦极、弹跳为引爆点辅之以文化旅游、观光体验、休闲度假等活动并带动了当地的餐饮住宿、基础设施、装备生产与销售、旅游宣传与推广等产业发展，延长了皇后镇的产业链。皇后镇在发展的过程中尽可能多地覆盖各类人群，充分挖掘各类人群的消费潜力，同时培养各种潜在消费群体。自然资源以及地形优势等是皇后镇成为运动休闲特色小镇的重要因素，多项户外运动休闲项目从不同层面拉长了产业链。通过体育与旅游进行互补，二者共同发展，打造综合性体验式的运动休闲特色小镇。河南登封的嵩山三皇寨依托嵩山的自然资源与社会资源建立起了嵩皇运动休闲特色小镇，并获得了"赛车乐园"的称号。通过少林寺与嵩阳书院等文化旅游胜地带来的流量进行推广与宣传，以吸引更多的游客去体验小镇独特的体育文化。嵩皇运动休闲特色小镇以建立体验式的运动休闲特色小镇为主，不仅包括射击、卡丁车等在大众中流行的传统运动项目，而且根据市场和发展需求开发了赛车体验、热气球体验等具有发展潜力的运动项目。通过设置不同的运动项目，使传统与时代相结合，以达到覆盖不同年龄段、不同类型人群的效果，从而推动嵩皇运动休闲特色小镇的健康有序发展。嵩皇运动休闲特色小镇通过举办各类与汽车有关的赛事（汽车、山地自行车、卡丁车等），以名人效应吸引游客观赛，激发了游客参与体验赛事的欲望，从而拉动了体验式体育产业的发展。其打造了适合不同类型人群的汽车拉力赛道，满足了不同类型人群多样化的体验需求。开发了餐饮住宿、鲜果采摘、湖边垂钓、观光旅游、爬山拓展等为主题的公园，通过营造良好的氛围给予了游客良好的体验，从而保证了让更多的潜在客户群进入。

由此看来，与国内运动休闲特色小镇的产业链发展相比，起步时间早、发展速度快、产业链内容丰富等是国外运动休闲特色小镇的显著特点。我国的运动休闲特色小镇虽然起步较晚，但是发展速度却很快，在产业链内容上也在逐渐丰富和完善。但是与国外相比，我国的运动休闲特色小镇仍有许多需要学习的内容，在充分考虑我国的小镇的发展现状、政策环境、地域资源等条件的情况下，应在保持自身特色的前提下学习国外小镇优势，从而推动我国运动休闲特色小镇的健康发展。

第二节 运动休闲特色小镇建设现状

一、运动休闲特色小镇建设概况

运动休闲特色小镇方兴未艾，除首批名单公布后现存的 62 个国家级运动休闲特色小镇之外，各省市内形形色色的运动休闲特色小镇也如雨后春笋般涌现，在开发建设中各有依托、各有侧重。依据产业类型的不同，可将运动休闲特色小镇划分为产业型、体验型、赛事型和康体型四种类型①。据此，选择银湖智慧体育产业基地、安宁温泉国际网球小镇、即墨温泉田横运动休闲特色小镇及嵩皇体育小镇 4 个不同类型小镇的代表进行剖析。

银湖智慧体育产业基地坐落于富阳银湖新区，规划面积 3km²，建设面积 1km²，基础设施和产业投入超过了 50 亿元，一期工程用地约 0.3km²，投运

---

① 范成文，刘晴，金育强，罗亮.我国首批运动休闲特色小镇类型及其地理空间分布特征［J］.首都体育学院学报，2020，32（1）：63—68+74.

后预计年产值 300 亿元。该小镇除了政府投资外，还得到了中国智慧体育产业投资基金等给予的资金支持。小镇交通十分便利，用智慧产业来打造新型体育健身娱乐活动，是国家运动休闲示范区，是一座建设情况较好的产业型运动休闲特色小镇。

安宁温泉国际网球小镇位于安宁市温泉镇，地理自然环境十分优越，海拔高但气候四季如春，温泉镇有完善的公共服务设施和发达的交通，形成了以国际网球赛事＋顶级红土球场为核心的产业生态链，初步形成了其当地特有的网球文化，小镇渐渐形成了"体育＋温泉＋旅游"的产业融合模式，是一座典型的赛事型运动休闲特色小镇。

温泉田横运动休闲特色小镇位于青岛市即墨区鳌山湾畔，生态资源优异、地理位置极佳、基础设施建设较为完善、交通便利；还有射击、滑翔伞、自行车等运动项目，小镇结合运动、旅游、养生等元素，打造了一个多方位发展的运动休闲特色小镇。政府，社会资本积极参与小镇建设，提供资金，联合举办赛事，是一座建设较好的康体型运动休闲特色小镇。

嵩皇体育小镇建设在河南省登封市，依托嵩山独特的地貌和浓厚的历史底蕴，交通便利，基础条件完善，计划用地达 31km^2。聚焦赛车乐园、汽车拉力等运动项目，以刺激的户外运动吸引游客，创建多功能运动休闲特色小镇。除了河南省政府提供财政补贴等支持外，河南嵩皇体育产业有限公司和河南省锦绣智达置业有限公司共同参与嵩皇体育小镇的建设，是一座体验型运动休闲特色小镇。

二、运动休闲特色小镇建设基础条件

明确运动休闲特色小镇建设的基础条件对其建设和发展有着重要的意义。通过全球运动休闲特色小镇成功案例可以发现，建设小镇必须具备历史文化、自然环境和绿色农业三方面的资源，以此为基础构建的休闲运动基地方能得到市场认可并可持续发展[①]。本节将结合上述案例对国家体育总局和运动休闲特色小镇建设开展情况较好的浙江省、江苏省关于运动休闲特色小镇的申报条件进行分析。依据上述申报条件，我们可以将运动休闲特色小镇建设的基础条件汇总为下五点。

（一）自然环境

山川、森林、海洋、河流、沙漠等各色的生态环境，平原、丘陵、盆地、

---

① 陈丹丹，王玉瑾. 新时代运动休闲小镇发展要素研究［J］. 广州体育学院学报，2020，40（4）：57—59.

高山等多样的地势地貌都是运动休闲特色小镇建设的生态资源。得天独厚的生态环境是开发小镇所必须的条件,大多数小镇都依托 A 级旅游风景区而建设。如上述的安宁温泉网球小镇和温泉田横运动休闲特色小镇都依靠当地的温泉资源进行品牌打造,嵩皇体育小镇则依托于嵩山的独特的地势和山林风貌。不同的气候和地理位置对小镇的建设也颇有影响,例如冰雪小镇多存在于冬季漫长的北方地区,沿海地区多开发帆船、皮划艇特色项目,西部地区则依托独特的地形风貌开展民族特色项目。

(二)基础设施

"以人为中心"是小镇建设中重要的发展理念。小镇在建设发展的过程中应当具有完善的基础设施、配套的公共服务和便民举措,充分考虑到消费者的舒适感与体验感。比如银湖体育产业基地到杭州市区行车只需要半小时,还有杭州地铁 6 号线穿境而过。这样便利的交通条件为银湖体育产业基地带来的不仅仅只有消费者,还让它在未来的建设发展中更具优势。

(三)充足的资金

充足的资金是运动休闲特色小镇建设发展的动力,小镇的建设需要有一定的体育固定资产投资来支撑,并且在之后的运营中,更需要源源不断的资金涌入。不仅在设施建设、环境开发保护、产业融合等方面需要大量资金的支持,更需要充足资金来保证在未来长期发展中的运营、管理、宣传和维护。

(四)核心项目

运动休闲特色小镇一般还要具有重点发展的特色体育运动项目。在规划自身特色项目时融入当地文化因素、利用独特的生态环境、规划具有成熟运作体系的运动休闲赛事活动。才能形成自己的赛事 IP(知识产权)。比如案例中的安宁温泉网球小镇就非常注重自身的网球赛事,斥巨资引进红土、花重金运营与维护,将小镇与网球紧紧融合在一起。

(五)特色产业

运动休闲特色小镇在选择发展的产业时,要综合考量,将最具有发展潜力的特色体育产业作为主导产业,同时联系运动休闲特色小镇的周边环境,融入鲜明的文化因素,结合新兴产业,打造"体育+"特色产业链,使运动休闲特色小镇具有基础扎实、集聚度高、特色鲜明的产业链,形成独特的品牌标签。

三、运动休闲特色小镇建设的参与主体

建设出一个健康发展的运动休闲特色小镇,不可能仅仅让政府作为唯一主

体来参与建设，而是需要多个主体共同参与、通力合作，发挥出各自的优势。在小镇发展的过程中，政府主体负责顶层设计、建立完善的制度规范、挖掘文化因素、保护生态环境；企业主体则主导小镇建设、整合资源、融合本土特色、减轻政府压力、为当地创造就业机会；而与小镇关系更加紧密的当地居民和体育社会组织则对小镇进行日常监督并参与到建设当中来。[①] 温泉田横运动休闲特色小镇举办的马拉松、骑行等活动赛事，就是由当地体育局和体育协会、体育企业联合举办的；小镇建设所需要的体育设施，也是由当地英派斯器材、乐途水上用品等体育制造企业所提供的。

（一）政府

政府是规划的主体。政府负责顶层设计，注重生态环境保护，发掘文化因素，培育特色产业，引导着小镇的建设；通过深入分析当地经济发展，给予小镇制度保障，为其创造有利的政策环境；简政放权，出台切实可行的专项政策措施来激励、引导企业、社会组织等来参与小镇的建设；搭建平台，提供公共服务，协调各方工作，调动参与主体的积极性；同时也对建设小镇的企业进行监督管理，保证小镇的建设质量。

（二）企业

运动休闲特色小镇的建设周期长，企业参与才能为小镇带来源源不断的建设活力。企业的优势在于它不仅拥有雄厚的资金来支撑小镇的建设发展，还可以对资源进行整合，以市场运作将资源进行合理配置。通过培养优秀人才，发挥创新精神，用先进的技术和专业的管理设计出符合需求的新型体育产品，充分利用小镇的特色产业，完善小镇的功能，促进产业融合。同时也会增加社会资本的资金投入，加快小镇的建设速度，保证小镇健康发展。

（三）社会

运动休闲特色小镇的建设需要社会的参与，其中体育社会组织与小镇居民是两个重要组成部分。体育社会组织可以在小镇的选址建设、资源开发、产业与文化因素融合等方面建言献策。通过体育社会组织监督协调，能够减少各主体之间的矛盾，形成较为完善的行为规范，防止企业恶意竞争，造成社会秩序紊乱，避免小镇的建设进程遭到破坏。运动休闲特色小镇开发建设的过程中，当地居民也是非常重要的角色，他们是小镇的受益者、建设者和维护者。小镇的建设能够促进当地经济的发展，解决当地居民就业，提高小镇居民的生活质量。在运动休闲特色小镇发展的过程中，需要当地群众积极

---

① 张敏. 创新生态系统视角下特色小镇演化研究 [D]. 苏州：苏州大学，2018.

主动地加入小镇的治理环节，进行日常监督管理，承担社会监督责任，发挥基层力量。

四、运动休闲特色小镇建设的创新方向

创新是新发展理念之首，是引领发展的第一动力。与传统的行政制建镇、开发区及产业园区截然不同，运动休闲特色小镇是我国体育产业供给侧改革和深化创新驱动战略的产物，其"非镇非区"及"产城人文"相融合的发展模式本就是一种观念上的创新，形成了体育消费新空间。表明我国体育产业从依赖于要素推进发展，逐步转变升级为创新发展。在国家创新驱动发展的局面下，我国体育产业的创新驱动已经表现出了较高水平[1]。但与国外建设完备的运动休闲特色小镇相比，国内小镇的创新驱动还有较大的提升空间。用创新推动小镇的建设，不仅能破解当前高速发展下产生的各种漏洞，更能适应国家战略、实现动力转换的路径选择。其建设的创新方向可以从以下三点窥见一斑。

（一）产业创新

产业是特色小镇的命脉。2014 年到 2019 年间，从国务院 46 号文件到体育强国的系列文件中，都把体育产业与旅游、健康、教育、文化、养老、互联网和金融等产业的融合发展作为体育产业发展的重要方式和内容，致力于"体育＋"工程，打造体育消费新空间。当前，"体育＋"的小镇建设模式已经在全国火热开展。以江苏省 14 个体育健康特色小镇为例，"体育＋旅游"建设模式的有 3 个、"体育＋赛事" 3 个、"体育＋时尚运动" 3 个、"体育＋养生" 2 个、"体育＋文化" 1 个、"体育＋制造" 1 个、"体育＋科技" 1 个，这种将"体育＋"圆满利用的发展模式，既突出了小镇的主题，又很好地拓宽了体育产业融合发展途径，呈现出产业多元融合的创新性发展格局。此外，运动休闲特色小镇的建设也为"十三五"时期中国体育产业的供给侧改革提供了方向和创新实践平台。对小镇本身而言，传统生产性服务要素供给占比过大会限制先进生产性服务的供给水平，导致体育特色小镇生产性服务市场发育步履维艰，难以匹配高端市场需求。因此，政府应在地方主导性体育制造业的基础上，提高生产性服务的供给效率，以最大限度促产业协同的知识溢出与技术耦合，加速生产性服务市场的发育，增加运动休闲特色小镇内部新兴服务业的有效供

---

① 黄海燕，张林，陈元欣，姜同仁，杨强，鲍芳，朱启莹．"十三五"我国体育产业战略目标与实施路径 [J]．上海体育学院学报，2016，40（2）：13—18．

给，引导生产性服务供给向高端体育制造服务流动，为生产性服务市场发展创造公平竞争环境[①]。实践中，小镇可根据中、高端市场的需求，按照集聚理论提出约束条件积极部署业态集聚后能够产生集聚效应的生产性服务业，倒逼体育制造业和服务业加速完成"服务型制造"向"创造型制造"转型[②]。

（二）文化创新

国内大部分运动休闲特色小镇在地域、文化和产业特色的开发利用上与国际知名体育小镇比仍有较大差距。东部地区经济发展水平高，还具有显著的地理区位优势，其产业结构相对完整；中部地区空气纯净、生态禀赋极佳，体育旅游大有可为；西部地区也可以依托独特的人文氛围，克服经济社会发展水平不高的弊端，同样具有极大的发展潜力。

（三）制度创新

运动休闲特色小镇的成功建设重点在于构建出机制灵活的运行模式，以往新城、开发区和产业园区的建设都由政府主导。"先拿牌子、政府投资、招商引资"的传统做法应当受到摒弃，"认真谋划、落实项目、先找企业、先干起来"才是正确道路。在空间规划、基础设施和基本公共服务配套及市场维护等方面，政府作为起引导作用的主体自然责无旁贷。但在其他领域上，政府还是要让市场充分发挥对资源配置的决定性作用。

五、运动休闲特色小镇建设的资金支持

运动休闲特色小镇建设正处于火热的上升期，但小镇在建设发展过程中难免会遇到资金不足的问题，所以在小镇建设的资金方面，国家出台过诸多支持政策，鼓励和引导社会资本参与、共建中国体育特色小镇基金；同时银行信贷、融资租赁、资产证券化等方式也可以为小镇的建设带来资金支持。

（一）资金支持政策

国家对运动休闲特色小镇的建设予以大力支持，中央和地方政府相继出台了资金支持政策，缓解小镇因资金不足而导致的建设滞后问题。中央方面提出，可以申请专项建设基金，各地方政府也颁布了资金支持政策。浙江省作为全国运动休闲特色小镇建设良好的省份之一，对本省的小镇建设给予了极大的资金支持，对建设情况杰出的小镇，在财政上出台优惠政策，将小镇在其建设

---

① 范尧，肖坤鹏，杨志，王亮，侯玺超. 体育特色小镇推进供给侧改革的成绩、经验、问题与策略［J］. 沈阳体育学院学报，2020，39（5）：117－124.

② 白惠丰，孟春雷. 新常态背景下运动休闲特色小镇创建问题及路径研究［J］. 体育文化导刊，2018（3）：87－91.

的空间内新增的财政收入在一定的年限内返还一部分，同时在用地上给也予一定奖励。

（二）基金支持

基金的设立能够更好地解决运动休闲特色小镇在建设中出现的资金短缺问题，能够提供一个资金支持平台。2017 年在国家体育总局社会体育指导中心的指导下，结合中国体育报社总社、北京八号体育有限责任公司等社会战略资源，在北京成立了中国体育特色小镇基金。这个基金集中组建了拥有丰富管理经验、投资经验、运营经验的专业团队，对国家体育总局评选出的运动休闲特色小镇、特色赛事、相关产业等进行投资支持，帮助解决建设过程中资金短缺的问题，以加快小镇建设的速度、提高小镇的建设质量。2017 年西安市印发《西安市特色小镇财政政策实施办法》，实行"三免两减半"税收奖励并设立了50 亿元的特色小镇专项子基金。2019 年浙江省发展和改革委员会同财政厅共同制定了《浙江省特色小镇产业金融联动发展基金组建运作方案》，总规模100 亿，由浙江省转型升级产业基金出资 10 亿元，带动市县以及社会资本共同投资。雄厚的资金支持有力地推动着当地运动休闲特色小镇的产业发展。

（三）银行信贷

在运动休闲特色小镇建设初期，可以通过银行信贷的方式获取足够的资金对小镇的交通、排污、供电等基础设施进行规划建设，缓解财政压力，借此推动小镇创建速度。2017 年国家住建部和建设银行推出了专门的信贷产品，加大了对运动休闲特色小镇的信贷支持，这些贷款可用于基础设施建设、日常运营管理等方面。建设银行将针对不同的小镇给予不同的支持政策，并且对推荐项目优先处理，可以使用信用、碳排放权等多种抵押方式。

（四）融资租赁和资产证券化

融资租赁和资产证券化也是获得资金支持的重要途径。在小镇基础设施的建设中直接购买大型设备会投入巨大的资金，易造成资金紧张的情况，而通过售后回租、租借成本高的大型设备等方式，就可以缓解资金短缺带来的压力，盘活存量资产，使资金的使用更加灵活。资产证券化则是将公共基础设施中的水电设施等小镇基础资产在未来所产生的持续、稳定的现金流作为偿付支持，并通过结构化方式进行信用增级，在此基础上发行资产支持证券[①]，所以可以通过资产证券化的方式来获得资金的投入。

---

① 新华网. 资产证券化大有可为，应正视发展中的问题 [EB/OL]. www. xinhuanet. com. 2016－08－26.

六、运动休闲特色小镇建设的障碍与瓶颈

我国的运动休闲特色小镇还在摸索中建设，经验少、不成熟。随着中央及地方政策的出台、试点名单的公布，小镇的建设开始步入"井喷期"。尽管全国各地大力开展小镇创建工作，并且有一部分小镇的建设成绩斐然，但随之暴露的问题也日益增多。2018年国家级运动休闲特色小镇试点项目建设交流培训会上，就宣布摘除3家小镇的牌子，并对部分小镇提出整改要求[①]。查阅文献和小镇的相关信息后发现，运动休闲特色小镇建设过程中遇到专项政策少，政策较难落实；经济发展失衡，人才相对缺失；建设规划模糊，环境过度开发；产业基础薄弱，小镇消费潜力不足和文化因素缺失，同质化问题严重等障碍与瓶颈。

（一）专项政策较少，政策较难落实

首先，有关运动休闲特色小镇建设的指导性政策多而专项政策较少。运动休闲特色小镇建设时间长、资金投入大、涉及领域多、牵涉的利益主体广，在主导产业发展、投融资金融机制、历史文化保护、环境整治等领域都亟待出台有针对性的专门政策，以规范主体行为[②]。其次，行政部门之间权责关系模糊，不能有效配合工作。同时，运动休闲特色小镇。建设监管机制不完善，对企业的监督检查存在漏洞，进而出现企业恶意竞争，甚至以建设小镇的名义开发房地产的行为，如上文中的温泉田横运动休闲特色小镇，投资商在此修建别墅群，投放大量精力，容易忽略其他产业投入，导致建设过程中出现房地产化现象。最后，运动休闲特色小镇。评估标准不明确，企业危机意识低，这些都会导致运动休闲特色小镇在后续建设中出现政策落实不到位现象。

（二）经济发展失衡，人才相对缺失

我国东部地区比西部地区经济发达，南部地区比北部地区经济发展先进，因为经济发展的不平衡，进而导致人才分布也不均衡。经济发展水平位于前列的地区，产业基础较好、资金供给充足，有体育需求的人较多，为运动休闲特色小镇的发展了带来巨大优势，浙江省的体育小镇能作为运动休闲特色小镇建设较为成功的案例，经济发展得较好就是原因之一。但是对于经济实力较弱的地区，运动休闲特色小镇的发展工作就较为困难。首先相对于物质需求，居民

---

① 车雯，张瑞林，王先亮．文化承继与产业逻辑耦合：体育特色小镇生命力培育的路径研究 [J]．体育科学，2020，40（1）：51—58.

② 叶小瑜．江苏运动休闲特色小镇的建设实践、问题与优化治理 [J]．南京体育学院学报，2020，19（3）：31—36.

对运动、养生的需求并不迫切，加上当地的体育产业发展缓慢，使得运动休闲特色小镇建设的条件并不完美。其次，许多优秀人才会选择留在经济发达地区，因为在工资、福利方面都超过经济较差地区，所以会导致经济发展欠发达地区的运动休闲特色小镇专业人才缺失，阻碍了当地的运动休闲特色小镇的建设，比如云南省安宁温泉网球小镇，受经济水平的制约，交通条件相对落后，人才培养相对欠缺。

（三）建设规划模糊，环境过度开发

运动休闲特色小镇规划不清晰、缺少科学性。首先没有合理安排小镇的基础设施建设，导致基础设施配套滞后，运动休闲特色小镇承受能力有限，不宜居宜业，对当地居民的利益造成了损害，同时有些小镇项目受季节因素影响，比如上文中河南省嵩皇体育小镇夏秋季节游客数量较多，而春冬季节人数少。其次，规划核心项目不明确、定位分析不足，导致盲目建设项目，一味追求项目数量，而忽视项目特色。还有过于重视某一项目而忽略整体发展，上文中提到的安宁温泉网球小镇太重视网球，造成小镇其他项目的发展滞后。再次，对消费人群定位错误，追求高端化，超出消费者承受范围，造成高投入、低回报，追求短期效益，没有将建设体育小镇做长、做久的思想。运动休闲特色小镇不是传统上的乡镇，而是多种发展要素的聚集区域，但是许多小镇依然沿袭传统建设模式，政府主导投资，从而导致政府负债增加，还有，运动休闲特色小镇开发规模较大，原本的生态环境肯定会受到一定影响，加上有的小镇没有对自然资源进行合理开发，导致生态环境过度破坏、村落古迹损毁。

（四）产业基础薄弱，小镇消费潜力不足

由于运动休闲特色小镇正处于初步发展阶段，体育产业缺少长期系统的培育，在选择主导产业时，多以传统产业为主。因而产业基础较为薄弱、体育小镇特色不鲜明、主题不突出、打造品牌的能力弱，出现了"有产业，无品牌"现象。小镇产业集聚度差就会阻碍产业融合，较难形成成熟的体育产业链，同时各个类别的专业人才缺失，对运动休闲特色小镇的运营和管理不到位，导致了小镇特色产业活力降低，竞争力低下，消费者对其的印象不深刻、辨识度低，吸引消费者的能力弱等结果，使得小镇消费导入能力差、消费潜力不足。

（五）文化因素缺失，同质化问题严重

独特的文化赋予了小镇生命，独特的文化资源是小镇的特色标签。然而某些运动休闲特色小镇。只是对文化进行了表层建设，并没有充分挖掘文化因素，没有将民族体育文化、区域文化和体育小镇的建设融合，导致小镇文化特征浅薄，继承和弘扬传统文化能力降低，体育产品创新不足，无法创建特色品

牌。运动休闲特色小镇文化内涵缺失会造成核心项目没有鲜明特色，只是单纯地举办体育运动或者赛事等，导致体育项目同质化、缺少吸引力。小镇对体育产业的挖掘与培育同样缺少特色，直接复制了其他小镇产业，甚至将当地一般产业进行包装，作为主导产业，"挂羊头卖狗肉"，造成产业同质化。运动休闲特色产业缺失"以人为本"的发展理念，注重外在建筑的建设，复制体育基础设施，忽略了消费者对"文化""人性"方面的需求，造成了基础设施同质化。

综上所述，当前运动休闲特色小镇还处在建设和发展的阶段。国家出台多项扶持政策，社会资本积极参与，通过基金、银行信贷等方式，为小镇在土地、资金、人才上提供支持，搭建出了良好的建设环境。小镇则多依托当地的自然生态环境，融合地域的独特文化，吸收资金，创建特色项目和产业，形成了特色鲜明的产业链，推动着当地的经济发展。但是由于我国目前小镇的建设经验不丰富，所以导致在建设的过程中出现了生态环境破坏，过度开发、房地产化等诸多问题。因此，我国运动休闲特色小镇的建设虽然处在高速发展的时期，但同时也处于初级发展阶段。要结合国情和市场环境、不断摸索，积累经验，才能建设出健康发展的运动休闲特色小镇。

第三节　运动休闲特色小镇建设模式

一、运动休闲特色小镇运营模式分析

2017 年 8 月，国家体育总局发布了运动休闲特色小镇的试点清单，标志着运动休闲特色小镇建设热潮的开始。经过三年的不断探索，我国的运动休闲特色小镇的运营模式逐渐丰富起来。通过总结，我们发现目前小镇的运营模式主要有三种。

（一）政府主导模式

该模式主要是指由政府全权负责小镇的投资建设运营。运动休闲特色小镇的建设是推进我国地区发展和城镇化的重要手段之一，即使是在浙江省等社会资本最为活跃的几个地区，政府仍然在某些小镇建设中占主导地位。政府通过直接投资开发建设、颁布各种优惠政策、成立创新平台等方式吸引企业入驻小镇，浙江绍兴上虞 e 游小镇就是例子之一。e 游小镇[1]的建设背景是一批上虞

---

[1]　e 游小镇介绍［EB/OL］e 游小镇官网 2023－2－25，http：//www.egamestown.cn/index/about.

本土上市公司纷纷谋求产业转型升级，当地政府看准机遇，顺势而为，成立上虞区 e 游小镇管委会着手小镇的建设。目前，e 游小镇总面积达 2.8 km²，核心区块 1 km²，打造了"一轴三心四区"的产业格局，即以串联各功能区的复兴路为轴线，以小镇客厅、互联网创新中心、文化竞技中心三个中心为主要抓手，按照"区域联动、中心构筑、轴带串联、水绿渗透"的思路，着力打造游戏综合体验区、互联网创意产业区、文化艺术展示区和生活配套服务区四个功能区域。现已成为引领全国的网络游戏之都、长三角数字内容创意产业中心和全省互联网应用示范小镇。

（二）政企合作模式

在政企合作模式下，政府起导向作用，负责顶层设计、制度建立、执法治理、产业培育、创造环境、建设基础设施、提供公共服务、加强社会治理等。而企业是小镇主体，负责后期建设、运营管理、市场机会寻找、资源整合，以此来发挥自身优势。2018 年 9 月 2 日下午，平城区政府、华体集团、山西三盛源股权投资有限公司三方汇聚在一起，签订项目合作框架协议，组建公司。该公司的建立标志着大同市御河运动休闲特色小镇项目正式落地启动。经过政府顶层设计，小镇特色定位于养生养老型运动休闲特色小镇，顺应了国务院42 号文关于大同市康养城市的定位，促进了大同市转型改革，也丰富了大同市的体育市场。华体集团负责运营管理，以运动健康中心为基础，纵向建立运动食品安全检测中心，配套高端住宅区，开发养老养生度假区域，横向建立体育综合体，包括足球等各类体育项目，使得御河运动休闲小镇的业态布局非常广泛，大同市体育产业与文旅产业得到了广泛的融合。

（三）企业主导模式

企业主导模式是指由一个或者多个企业联合起来进行投资建设、运营管理的模式。例如，云竹湖运动休闲特色小镇由山西景峰投资有限公司独资建设，进行独立运营。圣天湖运动休闲特色小镇由天王合建材集团独立投资运营。这两个小镇的运营模式基本一致，都是企业主导模式，由一家企业独资建设运营。这种小镇的运营模式比较适合资金流充分、稳定，经营能力强的大公司。该模式一方面有利于缓解政府的财政压力；另一方面，企业运作的自由程度较高，能够较好地发挥企业优势、拓展市场盈利空间。

二、运动休闲特色小镇建设模式分析

党的十八大以来，习近平总书记在各个中央会议就体育工作发表了一系列重要讲话并做出了批示和指示，形成了关于体育工作的总体战略思想。2017

年 5 月国家体育总局发布了《体育总局办公厅关于推动运动休闲特色小镇建设工作的通知》，通知中就"运动休闲特色小镇"做出了完整而明确的定义："运动休闲特色小镇是在全面建成小康社会进程中助力新型城镇化和健康中国建设，促进脱贫攻坚工作，以运动休闲为主题打造的具有独特体育文化内涵、良好体育产业基础，运动休闲、文化、健康、旅游、养老、教育培训等多种功能于一体的空间区域、全民健身发展平台和体育产业基地"[①]。2017 年 8 月，国家体育总局副局长、特色小镇建设领导小组组长赵勇同志在全国运动休闲特色小镇建设工作培训会上明确指出：建设运动休闲特色小镇主要是搞"体育＋"，不是"＋体育"，即体育加旅游、体育加文化、体育加健康、体育加养老、体育加装备等，形成体育竞赛表演、体育健身休闲、体育旅游、体育培训与教育、体育用品制造等体育产业和产业链[②]。2018 年 11 月国家体育总局颁布的《体育总局办公厅关于推进运动休闲特色小镇健康发展的通知》中写道：突出"体育＋"，持续培育"体育＋旅游""体育＋文化""体育＋康养""体育＋教育培训"等领域，在融合中引领、在创新中升级[③]。

通过国家颁布的各项政策文件以及国家领导人的讲话可以看出，我国运动休闲特色小镇的建设模式为"体育＋"模式，即以体育为核心要素，融合其他领域内容。通过对我国已有的运动休闲特色小镇进行研究，根据产业类型的不同，现将其建设模式分为四类：体育＋N、体育＋旅游、体育＋养生养老、体育＋智慧产业，每一种模式下又有不同的细分类型。

（一）体育＋N

"体育＋N"型运动休闲特色小镇是指以生产制造体育用品或设备为核心，纵向延伸产品的研发设计、交易、货运物流等，横向与教育培训、文化、影视、赛事等产业结合，形成多产业融合发展的产业集聚区，实现小镇三产化、融合化、体验化、消费化。该类型的小镇以生产制造其核心产品和休闲体验消费为主要功能，依托周边城市而发展。其产业在空间分布上呈现"一中心、多散点"或"大分散、小集中"的结构。该类型小镇的打造要点有两个：第一，纵向上要找准优势产业资源，确定核心产业类型，明确小镇产业打造方向，集

---

① 体育总局办公厅关于推动运动休闲特色小镇建设工作的通知［EB/OL］. 国家体育总局 2017－7－31，https：//www.ndrc.gov.cn/xwdt/ztzl/xxczhjs/ghzc/201707/t20170731＿972142.html.

② 《赵勇同志在全国运动休闲特色小镇建设工作培训会上的讲话》［EB/OL］. 国家体育总局 2017－8－25，http：//www.sport.gov.cn/n317/n10506/c822017/content.html.

③ 《体育总局办公厅关于推进运动休闲特色小镇健康发展的通知》［EB/OL］. 国家体育总局 2018－11－16，http：//www.sport.gov.cn/n316/n336/c882309/content.html.

67

中人力、物力、财力、技术、信息等资源，形成从研发设计到最终递交到客户手中的完整的产业链。第二，横向上要找准融合点，融合文化、影视、赛事、教育培训等其他产业，由制造业向服务业延伸（三产化），注重与大中城市合作，扩大小镇消费群体范围，增加产业总体价值。具体如图 3-1 所示。

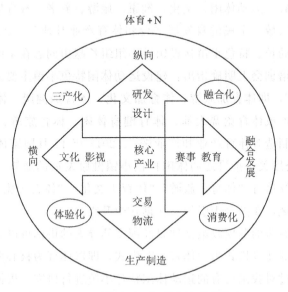

图 3-1　"体育＋N"型小镇建设模式

（二）体育＋旅游

"体育＋旅游"型运动休闲特色小镇是指以良好的环境为基础，以群众参与性与体验性较强的多样运动项目集聚为特征，面向全范围消费群体的体育小镇。良好的环境不仅是指气候、地理等自然生态环境，还应包括完善的基础设施、浓厚的体育文化氛围等等。运动项目可以包括多种类型，例如各种球类运动、冰雪、山地、水上运动、传统体育运动等等。但需要注意的是运动项目应以休闲娱乐类的户外运动项目为主，不宜选择竞技性较强的运动项目，以避免悖于小镇以"旅游"为主的建设模式，造成各个年龄段消费群体的消失。面向全范围消费群体是指小镇的建设要覆盖老、青、幼等不同年龄阶段人群的体育需求，并且对小镇内基础设施、体育设施的完善程度、直观度、可操作性、承载量都有较高的要求，都必须适用于所有群体。"体育＋旅游"型运动休闲特色小镇一般依托旅游与景区相结合而发展，以一个或几个核心资源项目为特色经营项目，打造融合体育、休闲、娱乐等各种元素的、拥有完善配套服务的项目集聚区。具体如图 3-2 所示。

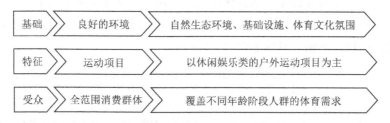

图 3 - 2 "体育 + 旅游"型小镇建设模式

现阶段，我国社会主要矛盾已经转化为人民日益增长的美好生活需要和不平衡不充分的发展之间的矛盾。得益于我国社会经济的发展以及社会生产力水平的提高，人们的闲余时间越来越充足，对美好生活的需要越来越强烈，人们在工作之余选择投入到休闲、娱乐、旅游中去。作为我国体育供给侧的"体育 + 旅游"型运动休闲特色小镇将会是人们回归自然与乡野、体验生活、放松自我的绝佳选择。"体育 + 旅游"型运动休闲特色小镇将文化、旅游、健康、休闲与体育有机结合起来，形成以休闲体育运动项目为核心的旅游胜地，必将带动旅游、教育、医疗等相关产业的发展。

（三）体育 + 养生养老

闲暇时间缺乏造成了很多问题。例如巨大的工作压力导致身体亚健康等等，也使我们更加注重身体养生，"体育 + 养生养老"型运动休闲特色小镇正是在"人民健康关口前移"这一背景下产生的。"体育 + 养生养老"型运动休闲特色小镇是以高质量的生态自然人文资源为基础，以体育运动项目与体育康复服务为载体，以健康养生、运动康复为主要目标，并结合旅游、度假、医疗等休闲养生形式而形成的养生养老度假型特色小镇。

引入"养生养老"的元素后，对小镇建设的方方面面都提出了较高的要求。高质量的自然生态资源和人文资源是"体育 + 养生养老"型运动休闲特色小镇的基础，自然生态资源主要是指温泉、山体、森林、负氧离子等养生资源，人文资源主要是指瑜伽、禅修、武术、太极拳等传统康养人文资源。小镇的建设要紧扣体育运动项目和体育康养服务这两个载体。体育运动项目应尽量挑选低运动量、低强度、低负荷、低风险的项目，注重养生养老、修心等方面的功能；体育康养服务则要具备专业性、针对性、完善性等特征。小镇的受众群体主要是中老年人、高端人群等，该类人群注重养生且普遍有健康问题，虽然这部分人群基数相较于其他类型小镇的受众人群基数来说较小，但其消费的频率与总额较高，且比较固定，故其建设模式应充分考虑该类人群的消费特点。最后，小镇的建设还应结合休闲度假、医疗等养生元素，打造一个包含养生环境、养生体育项目、养生服务、养生居住四大体系的"体育＋养生养老"型运动休闲特色小镇。具体如图3-3所示。

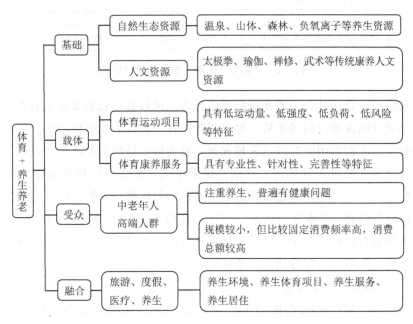

图3-3 "体育＋养生养老"型运动休闲特色小镇建设模式

（四）体育＋智慧产业

当下作为一种技术要素的网络与数字技术不仅促进了社会生产率的提升，还以一种新经济发展模式和思维方式的形式塑造了新的经济社会形态[1]。将科技智慧元素融入运动休闲特色小镇的建设是一种创新，更是一种潮流趋势。"体育＋智慧产业"型运动休闲特色小镇是指以大数据、3D/VR/AR等高科技为手段，服务于体育运动项目和体育服务，从而提升消费体验、提高服务效率，促进小镇持久发展的一种建设模式。"体育＋智慧产业"型运动休闲特色小镇可以分为两种模式：一种是运用3D/VR/AR等技术提高消费体验的"体育＋科技"型小镇；一种是借助大数据提高体育服务效率的"体育＋互联网"型小镇。

前者应注重开发各种新型户内户外智慧体育娱乐项目，比如游客可以体验打VR高尔夫、玩3D马球、蹬VR/AR自行车等各种体育科技智慧项目，突

出智慧体育产业特色，缓解小镇周边城市"运动场地少、体育氛围不浓厚"的尴尬状况。此外，由于各种科技设备具有造价高、维修成本大等特点，小镇在建设时可以引入国家政策，比如智慧体育产业投资基金等项目，带动相关企业在小镇落户，缓解小镇建设压力。后者在建设时可以与国内外领先的大数据机构合作，从而获得技术支持，建立核心运动项目数据库。通过线上和线下平台，为广大核心运动项目迷提供前沿体育内容，全面覆盖小镇居民和游客的多种需求。此外，小镇还应充分利用这一平台收集的各种资源，通过大数据分析，形成规模化、价值化的市场资源，从而有针对性地提供服务，提高体育服务效率和小镇收益。具体如图3－4所示。

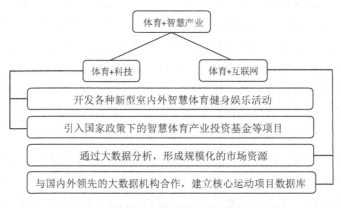

图3－4　"体育＋智慧产业"型小镇建设模式

国家体育总局前副局长、特色小镇建设领导小组组长赵勇同志在全国运动休闲特色小镇建设工作培训会上提道：运动休闲特色小镇的建设，是一项开创性工作，没有现成的模板套路可以遵循，没有现成的教材和案例可以借鉴，不能照搬国外的思路办法，必须在探索中不断实践、在实践中不断创新、在创新中不断完善。上文一共列举了四种小镇建设模式，每个模式都有各自的建设特点和建设要求，但现实生活中小镇的建设模式往往并不是独立的、单一的、严格分界的，每种小镇的建设模式都是集聚了各种特色为一体的综合特色小镇，也正是因为这样，才能保证小镇的可持续发展，提高风险抵抗能力。"体育＋"模式是一种"建设思路"，而不是"建设套路"。我们应积极探索、勇于尝试、敢于实践、脱坡常规思维，突破制约运动休闲特色小镇建设发展的旅游化、同质化、房产化、片段化、"＋体育"化等问题，为我国城镇化建设和经济高质量发展贡献"体育"力量。

三、运动休闲特色小镇盈利模式分析

(一) 政府盈利模式分析

政府在小镇的建设上起导向作用，负责顶层设计、制度建立、执法治理、产业培育等。通过运营，小镇将为政府带来经济效应社会效应的"双丰收"。

(1) 税收收入。运动休闲特色小镇以体育产业为核心，集聚了产业链横向、纵向的各个企业，包括体育用品商、体育器材商、体育服装商、体育广告商、体育赞助商和体育保险商等等。这些企业的运营盈利将会给政府带来巨大的税收收入和就业人口。同时，政府可以将一部分税收收入重新用于小镇的设施建设、制度服务建设，从而吸引更多的企业入驻，形成良性循环。

(2) 土地溢价收入。特色小镇不断发展与成熟，带来的基础设施、配套设施的完善，必将拉动周边土地价格上升，创造土地溢价收益。政府可以通过合同约定或者招标竞争的方式，以更高的价格出售土地，从而获得土地溢价收入。并且随着小镇投入运营一定期后，如果产业得到健康有序发展，必将形成就业、消费、商务、居住的良好氛围，从而带来项目核心区和周边土地的溢价，从而获取更多的盈利。

(3) 无形收益。除了上述两种有形收入外，运动休闲特色小镇还会为政府带来许多无形收益，比如城市影响力的提升、基础设施的完善、生态环境的优化、产业生态圈的聚集、就业的增加、居民生活的改善、身体素质的提高等。这些难以用金钱量化的社会效益也是政府大力推动运动休闲特色小镇发展的不竭动力。

(二) 企业盈利模式分析

企业是小镇的主体，是小镇产业市场的参与者、贡献者、受益者。企业通过寻找市场机会、进行资源整合来发挥自身优势，为小镇发展建设贡献力量。纵观小镇的产业链，无论是横向泛旅游产业链中，涉及旅游、餐饮、住宿、购物、交通的各个公司，还是纵向体育特色产业链中，涉及从运动产品研发制造到最终销售到顾客手中的各个企业，无不从小镇这个"大蛋糕"中获得属于自己的那部分收益。

(1) 建设收益。例如企业通过 BT（建设—移交模式）获得小镇某项目的建设权，被允许在一定时期内筹集社会资金建设某一基础设施，经过验收合格后移交给政府，政府再以分期或一次结清等合同约定方式向企业支付项目费用以及合理回报，企业从而盈利。比如政府委托华夏幸福对小镇范围内的土地进行统一征地、拆迁、安置、补偿，并进行适当的配套基础设施建设，将毛地变为熟地后，通过政府回购获得盈利。

（2）项目运营收益。包括体育产业链公司的门票、服务费、销售收入等，以及餐饮、住宿、交通、商场等泛旅游产业链公司的各种盈利，这些是小镇最主要、最长久的收益来源，源源不断地为小镇的运营提供资金。

（3）政策性优惠。政府对于小镇的建设往往有一定的政策导向性资金补贴、土地优惠政策和招商补贴等等。这些政策性优惠，虽然不会以收入的形式进入企业，但却会极大地降低企业前期的投入成本。企业应以政策为导向，积极探索利用政策性优惠的方法，为前期小镇建设缓解资金压力。

（4）地产收益。主要是指房地产开发公司通过土地整理、基础配套设施建设、地产项目销售、持有性物业租赁等多种方式不断收回建设投资，并获得超过投入成本部分的溢价收入。

（5）闲置资金投资收益。特别是在旅游旺季，大量的游客涌入小镇给小镇企业带来了快速、大量的资金流，形成了资金池。抵消日常运营管理等成本后，小镇企业可以充分利用这些闲置资金，投资基金、股票等，从而创造"钱生钱"的良性循环，弥补旅游淡季带来的资金短缺，帮助小镇度过"寒冬"。

四、运动休闲特色小镇融资模式分析

（一）融资模式特点

运动休闲特色小镇的建设是一个既复杂又系统的工程，从前期的规划阶段到中期的建设阶段，再到后来的运营维护阶段，都需要稳定的资金技术支持，这对政府的能力和投资者的信心都是巨大的考验。基于上文提到的运动休闲特色小镇的建设模式，我们认为其融资模式具有以下特点。

1. 资金需求量大、投资见效期长

我国的体育特色小镇多是以政府规划设计为先，根据自然资源选择适宜的运动项目，准确定位小镇特色，然后顺势打造小镇体育 IP，这一点与国外运动休闲特色小镇的发展路径不同，国外一般依靠成熟的体育 IP 来拓展小镇其他产业。受诸多政府利好政策以及社会舆论热点的推动引导，我国运动休闲特色小镇一直备受青睐，于是大量企业涌入小镇市场。但是小镇的建设是一个庞大而复杂的工程，且不谈人们需要时间转变消费观念，光是大量的体育场馆、体育设备等基础设施的配备建设，就会产生巨额资金需求。据分析，到 2020 年，在我国培育的 1 000 个特色小镇中，将会有 100～150 个

小镇是运动休闲特色小镇，其总投资额将在 5 000 亿元至 9 000 亿元之间[①]，大量的资金需求使得盲目进入小镇市场的企业不堪重负。此外，小镇的建设周期一般为 2～5 年，且投资见效期甚至更长，这使得许多社会资本感到可望而不可即，最终导致小镇因为融资难而踌躇不前。没有资本的支撑，小镇建设将步履维艰。

2. 收益不稳定、不确定因素多

运动休闲特色小镇的经营通常会受季节、假期安排等因素的影响。例如夏季，我国南方以水上运动为特色的体育小镇客流量显著提高；而当冬季来临时，东北地区的体育小镇则成为人们体验冰雪魅力的最佳去处。接待人数的季节差异直接影响小镇的收入。吉林市北大壶冰雪特色小镇在 2018 年冬季的接待人数及旅游收入几乎与春夏秋三季持平，甚至超过其他三季，北大壶在其他季节的盈利能力较弱。并且某些运动项目对自然资源的依赖度较高，例如依仗冰雪资源发展的小镇，在非冬季只能采取人工造雪的应对方式，造雪机在造雪的过程中消耗巨大，导致小镇亏损严重，而小镇盈利却主要集中在冬季，这就会引发资金链断裂等问题。此外，国家经济的发展状况、政府政策的引导、人们消费观念的改变等等不确定因素，都会使得小镇的收益呈现不稳定性。这些不利因素都是导致小镇融资难的重要原因。

（二）具体融资模式

通过上文分析我们可以发现，运动休闲特色小镇融资模式的合理与否将直接影响小镇未来所有建设工作的进行，如何选择较为合理的融资模式成为小镇建设者必须思考的问题。我国运动休闲特色小镇建设经过三年的探索，已经自发地形成了比较固定的五大融资模式：债券融资、融资租赁、基金、资产证券化、PPP（政府和社会资本合作）融资。除此之外，还有诸如股权融资、收益信托等融资模式。但上述每种政府和社会资本合作的模式都各有弊端：债券融资程序简单，但缺乏灵活性、限制条件多，不能成为小镇稳定的资金支持来源；融资租赁应用面广，但各项成本较高，风险因素多；基金融资方式多样，但不确定性因素多，缺乏稳定性；资产证券化方式在我国属于一种较新颖的融资方式，但其要求小镇需要拥有质量较高的资产，并且可能会引起连锁反应。由于 PPP 融资模式具有较好的优势互补性，故成为现阶段我国运动休闲特色小镇建设主要的融资模式。

---

① 魏婷，张怀川，马士龙，赵文姜，曲淑华. 基于"PPP 创新金融支持模式"视野下我国运动休闲特色小镇建设研究 [J]. 沈阳体育学院学报，2018，37（05）：1－7.

1. PPP 模式概述

PPP 是 public-private partnership 的缩写，指在公共服务领域，政府按照竞争性原则选择具有投资、运营、管理能力的社会资本，政府与社会资本按照平等、互惠互利、协商共赢的原则订立合同，由社会资本提供各种公共服务，政府再依据公共服务的绩效以及评价结果向社会资本支付对价①。PPP 模式是一个相对广义的概念，世界银行对 PPP 做出了具体的分类，主要包括外包类、特许经营权类、私有化类三个分类体系，包括传统的 BOT（建设—经营—转让）、TOT（移交—经营—移交）、BT（建设—移交）等模式，但不限于这几种模式。但无论是哪一种具体形式，其都具有共同的特征：一是政府部门与企业部门共同合作，这是该模式的前提和基础。二是合作的目的是提供包括基建在内的公共服务或产品。三是强调双方利益共享、风险共担，即合作的最终目的是双方实现共赢，同时共同承担风险②。

有关 PPP 模式的产生与应用最早可以追溯至十八世纪的欧洲，但直到二十世纪七十年代，现代意义上的 PPP 模式才逐渐形成与发展。当时，欧美国家为解决经济萧条情况下国家财政收支失衡的问题，将 PPP 模式运用于公共设施建设领域，在公共项目建设运营中引入私人资本参与，同时为规范、推进该模式，出台了一系列的政策，这些政策为日后世界各国发展本国 PPP 模式提供了参考借鉴，并极大地促进了公私合作伙伴关系的发展。我国则是在党的十八届三中全会中明确提出，"允许社会资本通过特许经营等方式参与城市基础设施投资和运营"。我国首次推广使用 PPP 模式是在 2014 年，财政部《关于 2013 年中央和地方预算执行情况与 2014 年中央和地方预算草案的报告》中提出"推广运用 PPP 模式，支持建立多元可持续的城镇化建设资金保障机制"。此后，各级政府开始积极落实相关政策，在实践中引用 PPP 模式下的投融资模式③。起初 PPP 模式在体育领域的应用主要集中于体育场馆的建设，因为其能够在一定程度上解决基础设施建设瓶颈矛盾、缓解国家在体育场馆投资上的资金不足、加快体育产业的发展。后来，其又被广泛应用于运动休闲特色小镇的建设中。截止到现在为止，PPP 模式已成为我国运动休闲特色小镇最主要的融资模式之一④。

---

① PPP 模式（政府和社会资本合作：public-private partnership）［EB/OL］. 百度百科，https：//baike. baidu. com/item/PPP/33908？fr＝aladdin.

② 刘薇. PPP 模式理论阐释及其现实例证［J］. 改革，2015（01）：78－89.

③ 李涛. 经济新常态下特色小镇建设的内涵与融资渠道分析［J］. 世界农业，2017（09）：75－81.

④ 魏婷，张怀川，马士龙，赵文姜，曲淑华. 基于"PPP 创新金融支持模式"视野下我国运动休闲特色小镇建设研究［J］. 沈阳体育学院学报，2018，37（05）：1－7.

2.PPP 模式的优势

对于政府来说，PPP 模式主要有三大优势：第一，基于 PPP 模式的合作机制，政府公共部门与民营企业签订特许权协议，并以此为基础全方面展开合作，社会力量得以参与到小镇的建设中来。将民营企业完善的管理技术和运营能力引入到项目中，有利于提高小镇整体运作效率，弥补政府管理能力的不足，大大降低小镇建设风险，最终实现"1+1＞2"的效应。第二，上文提到，运动休闲特色小镇的建设是一个复杂巨系统工程，从前期的规划阶段到中期的建设阶段，再到后来的运营阶段，无一不需要较为稳定且大量的资金支持，通过运用 PPP 模式，使得政府可以发挥杠杆效应，以较低的资金负担撬动大量社会资本，缓解政府财政收支压力，减少小镇投资风险。第三，在 PPP 模式下，政府角色由过去的管理者变为监督者及合作者，主要负责监管小镇建设运营、提供各种公共服务。这将促使政府方按约办事、平等协商、公开透明，助力解决政府职能错位等问题，推动我国治理能力和治理体系的现代化。

对于企业来说，PPP 模式主要有四大优势：第一，政府与企业通过签订特许权协议建立联系，协议除了明确双方的各项职责和应尽的义务，还会对政府未来回购时间、价格、企业运营收益率、双方违约赔偿做出保证，对于企业来说，这无疑是一份有政府保障的可靠工程。第二，各个省市地区都有相应的小镇建设优惠政策、财政拨款补贴等政策性优惠，虽然不会以收入的形式进入企业，但却会大大降低企业前期投入的成本。第三，PPP 模式能够扩大企业投资领域、丰富企业的投资选择、提高企业投资收入。第四，运动休闲特色小镇的建设是一个系统工程，对企业各方面的管理能力、制度建设都提出了较高的要求。该模式除了能够充分发挥企业优秀的管理能力、高效的运营能力、开放的市场化运作能力、敏锐的市场嗅觉外，还有利于提高企业的知名度和商誉，为企业之后的发展奠定基础。

3.PPP 模式运作机理、各主体构成及职能、收益形式

PPP 模式主要涉及四方主体：PPP 项目公司（SPV 特殊目的公司）、政府部门、社会资本、金融机构。在运动休闲特色小镇的开发过程中，政府与选定的社会资本签署 PPP 合作协议，按投资比例和所分担的责任组建 SPV 公司，并制定公司章程。之后，政府实施机构授予 SPV 公司特许经营权，SPV 公司负责提供小镇建设运营一体化服务方案，负责小镇的建设、运营、维护。小镇建成后，政府再通过购买一体化服务的方式将小镇购回，社会资本退出。具体如图 3-5 所示。

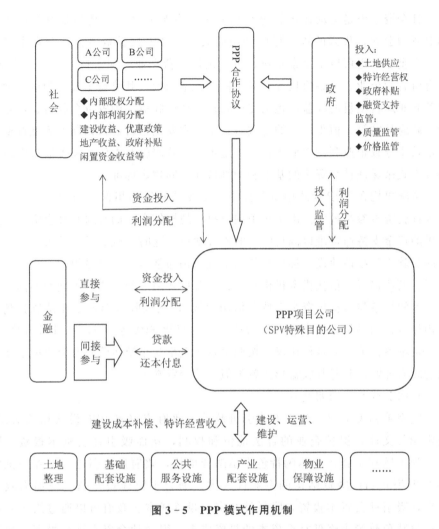

图 3 - 5　PPP 模式作用机制

PPP 项目公司（SPV 特殊目的公司）由政府和社会资本联合组成，是小镇项目的具体实施者，主要负责小镇项目的土地整理、基础配套设施、公共服务设施、产业配套设施建设等，并通过建设、运营、维护来获得相应的成本补偿。政府部门通常是小镇建设的主要发起人，以给予特许经营权的方式来参与小镇的建设，并且其往往会颁布一些扶持政策优惠措施来吸引社会资本，从而促进项目顺利进行。政府部门在该模式中的职能主要体现在招标投标、土地供应、特许经营权的转让、发放政府补贴、提供融资支持、进行质量、价格监管等。其主要收入为非税收收入（如转让土地、土地溢价的收入）和税收收入等。

社会资本也是运动休闲特色小镇的主要发起人之一，其与政府合作成立 PPP 项目公司，投入的资金形成公司的股本，计入权益资本。社会资本可以是一家企业，也可以是多家企业，主要包括私营企业、国家持有控股的企业、混合所有制企业、金融机构等。对于社会资本来说，其收益主要分为运营项目收益和非运营项目的收益，包括建设收益、地产收益、闲置资金收益、优惠政策、政府补贴等。值得一提的是政府补贴，主要是指若运营初期或者低峰期业务量较小导致企业利润率低于合同规定水平，政府就有责任和义务通过财政补贴等方式来保证社会资本的基本利润维持在合同规定标准。

金融机构在 PPP 模式中主要提供资金支持和信用担保，当然，其也可以作为社会资本参与投资。由于小镇项目投资规模较大，而政府和社会资本所能提供的资金支持通常难以满足巨大的资金缺口。这时，就需要广泛吸纳金融机构的贷款用于小镇建设。提供贷款的金融机构通常是国际金融组织、建设发展银行、商业银行、信托投资机构等。其收益形式因参与方式的不同而不同：如果只是间接参与（提供资金支持和信用担保），则其收益形式主要是贷款利息或担保费；如果是直接参与（作为社会资本组建 SPV 公司），则可以与政府、社会资本签订第三方合作协议，按照出资比例享受小镇运营收益分成或上文提到的政府补贴，此时其收益形式就类似于社会资本了。

4. PPP 模式的应用建议

应完善相关法律，建立人才引进政策。政府应完善 PPP 模式相关法律，制定相关文件，保护企业的合法地位和权利，从而吸引社会资本投资。同时，为了顺利实施运动休闲特色小镇融资项目，政府还应引进、培养一批熟悉 PPP 模式和投融资结构的专业性人才，助力小镇建设运营。应加大政策引导，吸引社会资本投资，降低社会资本投资成本。政府可以通过给予一定的税收减免政策来降低社会资本的投资成本，引导社会资本进行投资。比如在建设初期，政府可以出台免征或少征税费的税收减免政策，缓解企业前期的资金压力；在小镇运营时期可以减免小镇企业的房产税等等；还可以通过政策引导商业银行扩大贷款力度和降低贷款利息，从而减轻社会资本的贷款负担，引导、吸引社会资本参与。当地政府应提高行政审批服务的质量与效率。应降低小镇准入、建设门槛，放宽社会资本进入公共体育服务领域的准入限制。应积极落实顶层设计的各项 PPP 公共体育服务项目的扶持政策与配套建设，在运动休闲特色小镇建设中将 PPP 模式的优势发挥到极致。

第四节 运动休闲特色小镇产业链的空间结构与产业基础

一、运动休闲特色小镇空间分异特征

当前学界关于运动休闲特色小镇的相关研究多停留在较为宏观的层面上，学者们多基于已有的成熟理论对我国运动休闲特色小镇的培育发展展开研究，而运用空间探索性分析探究运动休闲特色小镇的地理研究较少，且缺乏基于中宏观层面对小镇内部结构的分析。鉴于此，本部分基于 ArcGIS 等定量分析方法从空间角度探索我国首批 96 个国家级运动休闲特色小镇的分布特征，研究一方面可以探究小镇"点、线、面"三者的协同作用；另一方面能够剖析影响小镇区位选择的自然及人文影响因素，对于提高我国体育人口及协调发展的重要意义。通过本部分的研究以期为优化我国特色小镇空间发展格局、整合省际资源及发展要素、发挥区位特色优势、建设强竞争力的运动休闲特色小镇提供理论及可落地建议。

（一）空间分布数量

詹克斯（Jenks）教授认为，任何数列之间，均存在自然的、非人为设定的转折点与断点[1]，这些转折点与断点均具有一定的统计学意义并可以将研究对象分为性质相似的群组，这些转折点与断点本身就是分级的良好界限，这种方法叫作"自然断点法"。将 2017 年国家体育总局公布的第一批运动休闲特色小镇按照"自然断点法"分为 6 类。

通过制作中国运动特色小镇各省（自治区、直辖市）分布图能够看出，我国各省（自治区、直辖市）运动休闲特色小镇的分布存在较大差异，其主要体现在如下几个部分：（1）空间集聚特征突出，主要集聚在京津冀地区、湖北省中南部及湖南省北部、长三角城市群，此外山东、广东、重庆等地也有明显分布，西部虽幅员辽阔却较少分布。（2）运动休闲特色小镇的南北分布有明显差异，存在一定的不均衡性，南北部 96 个运动休闲特色小镇，其中南部占比近 60%，北部占比近 40%。（3）在三大地带分布上，呈自西向东"梯度递增"的分布格局，其中东部占比 44%，中部占比 29%，西部占比 27%。（4）结合我国著名地理学家胡焕庸先生提出的人口密度的划分线能够发现，超过 90% 的运动休闲特色小镇位于该线以东。

---

[1] 单治超. 全覆盖数列的性质研究 [J]. 数学通报，2023，62（05）：51-52.

（二）空间分布方向

美国南加州大学社会学教授韦尔蒂·利菲弗（D. Welty Lefever）1926 年提出 Lefever's "standard deviational ellipse"（利菲弗方向性分布），又称标准差椭圆（standard deviational ellipse，SDE），主要用于反映地理要素间的空间关系。标准差椭圆能够较好反映地理要素在空间上的方向偏差，通过加权与非加权处理刻画地理要素的均值中心，测算中心、长轴、短轴与方位角等参数分析区域内地理要素的离散程度等，其中标准差椭圆采用的公式如下。

平均中心及椭圆方向：

$$\tan\theta = \frac{A+B}{C}$$

$$A = \left(\sum_{i=1}^{n}\omega_i^2\widetilde{x}_i^2 - \sum_{i=1}^{n}\omega_i^2\widetilde{y}_i^2\right)$$

$$B = \sqrt{\left(\sum_{i=1}^{n}\omega_i^2\widetilde{x}_i^2 - \sum_{i=1}^{n}\widetilde{y}_i^2\right)^2 + 4\sum_{i=1}^{n}\omega_i^2\widetilde{x}_i^2\widetilde{y}_i^2}$$

$$C = 2\sum_{i=1}^{n}\omega_i^2\widetilde{x}_i\widetilde{y}_i$$

$$\overline{X}_\omega = \frac{\sum_{i=1}^{n}\omega_i x_i}{\sum_{i=1}^{n}\omega_i}, \overline{Y}_w = \frac{\sum_{i=1}^{n}\omega_i y_i}{\sum_{i=1}^{n}\omega_i} \qquad (3-1)$$

X、Y 轴标准差：

$$\sigma_x = \sqrt{\frac{\sum_{i=1}^{n}(\omega_i\widetilde{x}_i\cos\theta - \omega_i\widetilde{y}_i\sin\theta)^2}{\sum_{i=1}^{n}\omega_i^2}} \qquad \sigma_y = \sqrt{\frac{\sum_{i=1}^{n}(\omega_i\widetilde{x}_i\sin\theta - \omega_i\widetilde{y}_i\cos\theta)^2}{\sum_{i=1}^{n}\omega_i^2}}$$

$$(3-2)$$

以上两组公式中，x_i、y_i 为研究对象的地理坐标，ω_i 为要素 i 的权重，以 $\overline{X}_\omega$、$\overline{Y}_w$ 为研究对象空间数据集的加权平均中心，θ 为椭圆方位角，$\widetilde{x}_i$、$\widetilde{y}_i$ 为研究对象地理坐标到平均中心的坐标偏差，σ_x、σ_y 为 x 轴与 y 轴的标准差。

经统计测算，我国运动休闲特色小镇分布总体呈东北—西南走向，方位角 θ 为 $50.65°$，标准差椭圆中心点位于河南省南阳市桐柏县附近。按照前文的分类来看（剔除产业型运动休闲特色小镇），赛事型运动休闲特色小镇、康体型运动休闲特色小镇与体验型运动休闲特色小镇的标准差椭圆同样为东北—西南走向，其方位角 θ 分别为 $31.23°$、$57.79°$ 与 $47.71°$，三者的重心分别偏东、偏西与偏南，扁平率从大到小依次为体验型运动休闲特色小镇、康体型运动休闲特色小镇、赛事型运动休闲特色小镇。详细来说，我国赛事型运动休闲特色小镇集中程度较高，主要集中在我国东部地区，其原因可能在于我国东部地区经济水平较高，具有丰富的训练基地，较高的专业性与设施的相对完善吸引了大批运动队深造，运动队的集中学习带动了体育竞赛的发展，长期以来，我国东部地区赛事承办及观众基础较好、竞技体育发展较为完善。康体型运动休闲特色小镇的集聚程度低，在我国东中西部地区都有分布，其原因可能在于康体型运动休闲特色小镇多以较好的生态环境为前提，我国中西部地区生态环境较好，适宜开展低运动量、低风险的运动。此外，我国中西部地区具有丰富的民俗活动，以上两点较大程度上丰富了康体型运动休闲特色小镇的内涵。体验型运动休闲特色小镇标准差椭圆长轴较大，且分布重心偏南。其原因在于可体验的体育项目较为多样，在我国大多数地区均有分布，从东北地区的冰雪运动到西南部的山地户外运动均有涉及，在南方广泛分布的原因可能为南方人口基数大、经济水平较高且能够给体验型运动休闲特色小镇带来较高的收入。此外，南部地区作为我国改革开放的首批区域，对待新事物更具包容性，敢于尝试新鲜事物并积极参与其中。

（三）空间分布密度

核密度指数法是当前空间分析中应用较为广泛的参数估计方法，主要利用移动单元格对整体点与线密度进行估测，其公式为

$$f(x) = \frac{1}{nh} \sum_{i=1}^{n} k\left(\frac{x - x_i}{h}\right) \tag{3-3}$$

上式中 $f(x)$ 为核密度估计值；x_i 为点 i 的地理坐标；n 为我国运动休闲特色小镇个数；$h>0$ 为带宽；k 为权函数，反映估计点的数量及利用程度。搜索半径与密度栅格大小程度决定了核密度的概化程度。

经统计计算，我国运动休闲特色小镇空间分布层次感较强，在空间上形成一个高密度集聚区与三个次级集聚区。高密度集聚区为京津冀地区，其中北京市自 2008 年承办奥运会以来，体育氛围浓厚且体育人口占总人口的 49.8%，市民体质合格率高达 89.2%。在需求导向的指引下，运动休闲特色小镇的密度较高。此外，北京市作为我国政治中心，是众多政策的先行者，具有政策执行力强、落地难度低与实施基础好等特点，由于我国第一批运动特色小镇具备"试点"性质，所以该地多样大量的运动休闲特色小镇发展具备较高的借鉴意义。值得一提的是，北京市同样为我国文化中心，文化遗产、自然景观不胜枚举，"体育＋旅游""体育＋休闲"与"体育＋康养"

等领域融合基础较好，旅客出入境数量庞大，为运动休闲特色小镇的提供了充足的顾客群体，北京市高速公路、铁路与国际机场等公共设施完善且毗邻天津港，交通便利。

次级集聚区集中在长三角地区、长江中游城市群与成渝城市群。长三角地区的苏浙两省钟灵毓秀，山脉、湖泊等自然资源禀赋，旅游业资源丰富。上海作为我国的经济中心而闻名海外，区域内服务业发展水平较高，因临近东海所以水上运动产业发展较好，地理区位优势为承接体育赛事提供了较好基础。长江中游城市群气候温暖湿润、山丘河湖数量繁多、地貌复杂。该区域自然风光优美、旅游资源丰富、体育运动设施完善，推动了运动休闲特色小镇的建设。成渝城市群同样具备良好的生态条件，且历史文化悠久、民俗底蕴浓厚，以此为纽带开展的民族风俗运动休闲特色小镇赢得了体验者的青睐。

（四）空间分布均衡度

1. 最近邻指数

最近邻指数能够反映点在空间上的分布类型、刻画地理空间中点间的相互邻接程度。借助 ArcGIS 测算平均最近邻距离，进一步最近邻距离与理论最近邻距离，计算公式如下：

$$R = r_1 / r_E$$
$$r_E = 1/2 \sqrt{n/A} \tag{3-4}$$

上式中，R 为最近邻距离；n 为我国运动休闲特色小镇数量；A 为研究区域面积，当 $R=1$ 的时，点要素呈随机分布特征，当 $R<1$ 时呈集聚分布特征，反之则呈均匀分布特征。运用上式测得平均最近邻距离为 1.327 2 km，理论最近邻为 1.704 9 km，最近邻指数为 0.778 5<1，说明我国运动休闲特色小镇在空间上呈集聚态势。

2. 不均衡指数

不均衡指数能够刻画各省市运动休闲特色小镇的分布情况，反映其分布的均衡程度，其计算公式如下：

$$S = \frac{\sum_{i=1}^{m} Y_i - 50(m+1)}{100m - 50(m+1)} \tag{3-5}$$

上式中，m 为省市数量；Y_i 为各省（自治区、直辖市）运动休闲特色小镇在全国运动休闲特色小镇的占比，不均衡指数 S 取值在 0～1 之间，$S=0$ 说明体育休闲特色小镇在各省的分布较为平均，$S=1$ 则说明体育休闲特色小镇在各省市的分布极不均衡。测算后得出不均衡指数结果 $S=0.29$，此结果说明我国运动休闲小镇在省域分布的均衡性较差。

3. 地理集中指数

地理指数常用于衡量不同区域研究对象的集中程度，其计算公式如下：

$$G = 100\% \times \sqrt{\sum_{m=1}^{k} \left(\frac{x_m}{T}\right)^2} \quad (3-6)$$

上式中，G 为地理集中指数；x_m 为第 m 个省域的运动休闲特色小镇的数量；k 为省域数量，T 为我国运动休闲特色小镇的总数量，若各省域的地理集中指数高于运动休闲特色小镇的平均分布与全国各个省域的地理集中指数时，说明各区域运动休闲特色小镇集中分布，反之则呈分散分布。通用以上公式能够得出，我国运动休闲特色小镇的地理集中指数为 20.14%，表明我国运动休闲特色小镇分布较为集中。

4. 小镇集聚水平

当前学界通常采用 Moran's I 指数法衡量要素在空间上的集聚情况，Moran's I 指数测算公式如下：

$$I = \frac{\sum_{i=1}^{n}\sum_{i=1}^{n}\boldsymbol{\omega}_{ij}(x_i - \bar{x})(x_j - \bar{x})}{S^2 \sum_{i=1}^{n}\sum_{j=1}^{n}\boldsymbol{\omega}_{ij}} \quad (3-7)$$

其中，S^2 为该样本的方差；$\boldsymbol{\omega}_{ij}$ 为空间权重矩阵，用来测量地区 i 与地区 j 之间的距离；$\bar{x}$ 表示区域运行休闲特色小镇的均值；$\sum_{i=1}^{n}\sum_{j=1}^{n}\boldsymbol{\omega}_{ij}$ 表示所有空间权重之和，空间权重矩阵标准化后，$\sum_{i=1}^{n}\sum_{j=1}^{n}\boldsymbol{\omega}_{ij} = n$。用标准化检验值来判断 Moran's I 值的显著性，当 Moran's I 值大于 0 时，表明高值与高值聚集在一起，低值与低值聚集在一起，呈正相关关系。区域内各省体育运动休闲特色小镇的集聚水平存在一定程度的相似性；当 Moran's I 值小于 0 时，表示数据呈现空间负相关，其值越小空间差异越大；Moran's I 值等于 0，则说明空间分布是随机的，不存在空间自相关。通过计算发现，Moran's I 值为 0.130 261，Z 值与为 2.076 6，P 值为 0.027 530，在 5% 水平上显著，说明我国各省运动休闲特色小镇存在集聚。随后测算局部 Moran's I 指数可以检验某区域附近的空间集聚情况，其公式如下：

$$I_i = \frac{(x_i - \bar{x})}{S^2} \sum_{j=1}^{n}\boldsymbol{\omega}_{ij}(x_j - \bar{x})$$

同样以从业人数为指标测算局部 Moran's I 指数，得到我国 31 个省份

（不含港澳台地区）的局部 Moran's I 指数 I_i 及其检验结果均值，发现我国运动休闲特色小镇高-高集聚在陕西、湖北、河南、安徽、山东、江苏与上海地区，而低-高集聚区域仅天津，说明天津周边省市运动休闲特色小镇的数量均较高，与其差异较为明显。

二、运动休闲特色小镇分布影响因素分析

当前，我国体育人口基数尚不庞大，运动休闲特色小镇在吸引更多人群参与、占据市场份额上所发挥的作用自然不言而喻。长期以来，逐渐形成了依托生态、水系、山地等自然资源及与其他产业相融合发展的态势，这也对运动休闲特色小镇的开发与规划提出了更高的要求。因此，在充分挖掘运动休闲特色小镇本质功能，即体育运动的基础上，还应该考虑空间环境、基础设施、市场要素等诸多方面。展开较为合理的市场定位，进行有效策划、设计与推广。下文基于自然因素与人文因素对运动休闲小镇布局着重展开分析。

（一）自然因素

1. 地形因素

地形在运动休闲小镇的开发过程中发挥着重要作用，其能够直接影响到交通通达度，进而影响企业入驻、客源及市场等。我国运动休闲特色小镇的分布密度与地形关系较为紧密，其布局具有明显的低坡度倾向性，低坡度区域地势相对平坦，有利于运动休闲特色小镇建设及发展，而高坡度区域多高原及山脉，地形气候条件较差，居住适宜性相对较低，不利于运动休闲特色小镇的布局。

详细来说，第一阶梯的高原地域仅有三个运动休闲特色小镇分布，其中两个为康体型运动休闲特色小镇，一个为体验型运动休闲特色小镇，虽然高原地区民族习俗多样且氛围浓厚、自然景观风貌独特，但其地理环境相对独立，给运动休闲特色小镇的开发带来了一定的难度。然而随着交通的不断便利，也出现一批对民俗体育运动具有浓厚兴趣的人群，适量的高原地带运动休闲特色小镇就显得尤为重要。我国二阶梯中分布着较多的运动休闲特色小镇，该区域具有丰富的生态资源与自然景观，吸引了大批参与者。但该阶梯的运动休闲特色小镇分布具有趋近性，其中第一、二阶梯交界处的川西高原，第二、三阶梯交界处的雪峰山地区与山地丘陵较多的苏北、浙北地区运动休闲特色小镇的分布较少，四川盆地、江汉平原、长江中下游平原因地形平缓，成为运动休闲特色小镇在该阶梯的主要分布区域。第一阶梯中运动休闲特色小镇的分布最多，其中三大平原在地形、经济与文化上相较于以上两者具有绝对性优势且地域差异

较小。

2. 河流因素

河流在运动休闲小镇发展中发挥着重要作用,既能够借其发展水上运动,又能够发展生态养生。我国运动休闲特色小镇在三级以上河流 25km 缓冲区内共有 34 个,占总数的 35%,所以河流对运动休闲特色小镇的布局存在一定程度的影响。详细来说,长江、汉江、湘江、洞庭湖等河流湖泊沿岸分布较广,京杭大运河与长江及太湖周边,分布较为密集。

(二)人文区位因素

1. 地理联系率

地理联系率主要反映区域内两要素的联系情况,以相似程度反映空间结构的差异。通过地理联系率测度区域经济情况、人口密度与所占有的运动休闲特色小镇数量的匹配程度,地理联系率越高,说明该区域经济情况、人口密度对运动休闲特色小镇数量的影响越大,反之同理。其计算公式如下:

$$G = 1 - \frac{1}{2} \sum_{i=1}^{m} |S_i - P_i| \qquad (3-8)$$

上式中,G 为地理联系率;m 为我国 31 个省份(不含港澳台地区);S_i 为第 i 个省份与全国运动休闲特色小镇的数量之比;P_i 为第 i 个省市的经济情况、人口密度占全国经济情况、人口密度的比重。代入数据。具体如表 3-1 所示。

表 3-1 经济-地理联系率及人口-地理联系率相关指标 单位:%

地区	小镇数量占比 S_i	GDP 占比 P_i	人口密度占比 R_i	$|S_i - P_i|$	$|S_i - R_i|$
北京	0.062 500	0.033 070	0.015 618	0.029 430	0.046 882
天津	0.010 417	0.021 896	0.011 201	0.011 480	0.000 784
河北	0.062 500	0.040 154	0.054 098	0.022 346	0.008 402
山西	0.031 250	0.018 330	0.026 632	0.012 920	0.004 618
内蒙古	0.020 833	0.019 001	0.018 193	0.001 833	0.002 640
辽宁	0.031 250	0.027 633	0.031 430	0.003 617	0.000 180
吉林	0.020 833	0.017 641	0.019 546	0.003 192	0.001 288
黑龙江	0.010 417	0.018 772	0.027 257	0.008 356	0.016 841
上海	0.041 667	0.036 160	0.017 395	0.005 506	0.024 272
江苏	0.041 667	0.101 364	0.057 759	0.059 698	0.016 093
浙江	0.031 250	0.061 109	0.040 695	0.029 859	0.009 445

续表

地区	小镇数量占比 S_i	GDP 占比 P_i	人口密度占比 R_i	$|S_i - P_i|$	$|S_i - R_i|$
安徽	0.031 250	0.031 893	0.044 997	0.000 643	0.013 747
福建	0.031 250	0.037 989	0.028 135	0.006 739	0.003 115
江西	0.031 250	0.023 616	0.033 250	0.007 634	0.002 000
山东	0.052 083	0.085 740	0.071 981	0.033 657	0.019 898
河南	0.031 250	0.052 592	0.068 766	0.021 342	0.037 516
湖北	0.062 500	0.041 880	0.042 458	0.020 620	0.020 042
湖南	0.052 083	0.040 020	0.049 350	0.012 063	0.002 734
广东	0.052 083	0.105 892	0.080 348	0.053 809	0.028 265
广西	0.041 667	0.021 866	0.035 142	0.019 801	0.006 525
海南	0.020 833	0.005 268	0.006 661	0.015 566	0.014 172
重庆	0.041 667	0.022 930	0.022 121	0.018 737	0.019 546
四川	0.041 667	0.043 653	0.059 723	0.001 986	0.018 057
贵州	0.020 833	0.015 984	0.025 754	0.004 849	0.004 921
云南	0.041 667	0.019 331	0.034 538	0.022 335	0.007 129
西藏	0.010 417	0.001 547	0.002 424	0.008 869	0.007 992
陕西	0.031 250	0.025 850	0.027 588	0.005 400	0.003 662
甘肃	0.010 417	0.008 806	0.018 891	0.001 611	0.008 474
青海	0.010 417	0.003 098	0.004 302	0.007 318	0.006 115
宁夏	0.010 417	0.004 065	0.004 906	0.006 352	0.005 510
新疆	0.010 417	0.012 846	0.017 589	0.002 429	0.007 172

数据来源：自测算。

通过测算得出，我国运动休闲特色小镇经济-地理联系率为 77%，而经济-地理联系率为 82%。由此可知，区域内运动休闲特色小镇的数量与经济水平及人口密度与有着较为紧密的关联性。其中高值区为上海、江苏和广东等地，以上区域位于我国东部沿海，体育产业发展迅速，运动休闲特色小镇一方面可以依靠其优越的区位条件与较为完善的基础设施完善发展，另一方面，也可以与该区域内发展较好的产业进行有效融合。特色小镇作为城市化发展至中后期的一种新型模式，需要充分依托城市经济发展水平进行发展，经济发展水平越高，越能满足运动休闲特色小镇的动态建设要求，而经济欠发达的地区本就拮据，对运动休闲特色小镇的支持捉襟见肘，对该地运动休闲特色小镇的建设力度支持差强人意。而人口因素对运动休闲小镇的布局同样重要,一方面运动休闲特色小镇的发展需要一定程度的劳动力投入,另一方面大量的人口也能够为运动休闲特色小镇提供更多的消费者群体及更大的潜在市场需求。

2. 交通因素

在运动休闲特色小镇的发展过程中,交通因素能够直接影响到客源市场、货物流动、企业入驻等。两大主要交通方式中,公路具有灵活、便捷的特点,往往是短途交通的首选。而铁路运输具有安全稳定的特点,是中长途及长途交通的首选。

我国主要公路、铁路干线集中分布在东部沿海与中部地区,这为运动休闲特色小镇资源要素大规模集聚提供了便利条件,该区域运动休闲特色小镇的分布同样较密集。西部高原地区自然地理状况较差,公路、铁路交通基础设施并不完善,与之相对应的运动休闲特色小镇数量较少。具体来看,位于主要公路25 km缓冲区内的运动休闲特色小镇有59个,有12个运动休闲特色小镇位于25 km与50 km缓冲区之间,占总数的74%。而铁路25 km及25 km到50 km缓冲区内运动休闲特色小镇的数量分别为47与19个,总体占比达69%。以上可以说明,运动休闲特色小镇的规划充分考虑了交通的可达性,保证了充足的客源。反映出运动休闲特色小镇空间分布具有与公路、铁路交通轴线一致的布局特征,说明其对运动休闲特色小镇发展的影响较为明显。

3. 城市因素

运动休闲特色小镇的开发离不开政府引导及市场化作用,市场是小镇办好的重要因素。城市是区域经济的核心引擎,决定了区域内城镇的发展环境,是特色小镇得以发展的重要条件。城市驻地是当前消费群体的重要集中区域,所提供的资本、劳动力与技术等要素能够为运动休闲特色小镇的发展产生重要的推动作用。

总的来说,运动休闲特色小镇的分布较大程度上依托于地级市,而省会城市对其的辐射影响并不大,运动休闲特色小镇主要分布于城市辐射区的外围,在城市外围相交地带集中分布。临近城市的区位优势不仅能够为运动休闲特色小镇带来更多的消费者,还能够为其带来更多的社会资本注入,提供人才、技术、资金、信息等方面支持,从而营造出良好的成长环境。依托于城市较为完善的基础设施,能够为其提供更为高效、集中化与多样化的服务,从而形成特色鲜明的产业。产业与市场密不可分,市场以其特有的创造力与活力,形成多样化的需求,为运动休闲特色小镇的壮大提供导向。因此,运动休闲特色小镇的分布在很大程度上受城市的影响。

4. 景区因素

根据联合国世界旅游组织的数据，体育旅游每年呈现 14% 的增长趋势，是全球旅游市场中增长最快的细分行业。风景秀丽、特色鲜明的自然景观必然是运动休闲小镇开展体育旅游的重要载体。在我国相对完善的旅游景区等级划分中，5A 级景区是旅游景点中翘楚般的存在。在我国国家级 5A 景区 25 km 缓冲区中有 18 个运动休闲特色小镇，25 km 到 50 km 缓冲区中有 28 个运动休闲特色小镇，说明我国运动休闲小镇近半数受旅游景区的影响，两者在空间分布上存在一定程度的耦合关系，以上小镇可根据景区实际科学合理规划布局，形成旅游产业的连带效应，发挥资源优势。体验型运动休闲特色小镇具有强烈的资源依赖性，集中分布在旅游资源丰富的地区，对客源的要求相对较弱，现代交通体系的不断完善，大大压缩了目的地与旅游客源地的时空距离，人口集聚已不再是制约体验型运动休闲特色小镇发展的核心要素。

三、运动休闲特色小镇的特色项目定位与产业布局研究

特色项目定位指小镇依托自身区位、资源及历史等方面的优势，结合本地经济发展阶段，对运动休闲特色小镇的项目进行合理的规划，确立主导及支柱性项目。而特色小镇的产业布局指各产业在空间上的分布及排列组合，小镇的产业布局合理性直接关乎小镇的经营发展状态，合理布局运动休闲特色小镇的内部资源及要素可以有效带动小镇经济的协调与可持续高质量发展。

（一）运动休闲特色小镇分类

参考罗成文[①]的运动休闲特色小镇分类，并结合相关细节进行补充，最终得到了表 3－2 所示的分类。

表 3－2　我国运动休闲特色小镇分类一览表

一级指标	二级指标	简要说明	小镇名称	数量	地区占比	总体占比
产业型运动休闲特色小镇	体育用品生产类	指通过丰富体育用品类型、延长体育用品制造业产业链、生产体育用品以提高经济发展水平的特色小镇	六安市金安区悠然南山运动休闲特色小镇	1	中部 100%	1.04%

① 罗成文. 淮海经济区运动休闲特色小镇发展模式及分类建设研究 [J]. 文体用品与科技，2020，No. 451 (18)：13—14.

续表

一级指标	二级指标	简要说明	小镇名称	数量	地区占比	总体占比
赛事型运动休闲特色小镇	赛事参与类	指赛事系统较为完善,能够承办普适性较强体育项目的特色小镇	运城市芮城县陌南圣天湖运动休闲特色小镇、大同市南郊区御河运动休闲特色小镇、崇明区陈家镇体育旅游特色小镇、潍坊市安丘市国际运动休闲小镇、防城港市防城区"皇帝岭一欢乐海"滨海体育小镇	5	东部40%中部40%西部20%	5.21%
康体型运动休闲特色小镇	生态环境类	指依山傍水、生态水平优异,主要结合旅游产业发展的特色小镇	门头沟区王平镇运动休闲特色小镇、海淀区苏家坨镇运动休闲特色小镇、房山区张坊镇生态运动休闲特色小镇、廊坊市安次区北田曼城国际小镇、张家口市蔚县运动休闲特色小镇、张家口市阳原县井儿沟运动休闲特色小镇、承德市丰宁满族自治县运动休闲特色小镇、晋中市榆社县云竹镇运动休闲特色小镇、延边州安图县明月镇九龙社区运动休闲特色小镇、齐齐哈尔市碾子山区运动休闲特色小镇、奉贤区海湾镇运动休闲特色小镇、扬州市仪征市枣林湾运动休闲特色小镇、南通市通州区开沙岛旅游度假区运动休闲特色小镇、杭州市淳安县石林港湾运动小镇、南平市建瓯市小松镇运动休闲特色小镇、漳州市长泰县林墩乐动谷体育特色小镇、上饶市婺源县珍珠山乡运动休闲特色小镇、郑州市新郑龙西体育小镇、汕尾市陆河县新田镇联安村运动休闲特色小镇、曲靖市马龙县旧县高原运动休闲特色小镇、林芝市巴宜区鲁朗运动休闲特色小镇、兰州市皋兰县什川镇运动休闲特色小镇、海南藏族自治州共和县龙羊峡运动休闲特色小镇	23	东部60.87%中部21.74%西部17.39%	23.96%
	养生类	指以运动保健为主导的特色小镇	梅河口市进化镇中医药健康旅游特色小镇、六安市金寨县天堂寨大象传统运动养生小镇、九江市庐山西海射击温泉康养运动休闲小镇、青岛市即墨区温泉田横运动休闲特色小镇、渝北区际华园体育温泉小镇、南川区太平场镇运动休闲特色小镇、昆明市安宁市温泉国际网球小镇	7	东部14.28%中部42.86%西部42.86%	7.29%

续表

一级指标	二级指标	简要说明	小镇名称	数量	地区占比	总体占比
体验型运动休闲特色小镇	山地户外类	指依靠山地及高覆盖率的森林环境展开一系列体育运动的特色小镇	延庆区旧县镇运动休闲特色小镇、门头沟区清水镇运动休闲特色小镇、蓟州区下营镇运动休闲特色小镇、承德市宽城满族自治县都山运动休闲特色小镇、呼和浩特市新城区保合少镇水磨运动休闲小镇、衢州市柯城区森林运动小镇、泉州市安溪县龙门镇运动休闲特色小镇、赣州市大余县丫山运动休闲特色小镇、烟台市龙口市南山运动休闲小镇、信阳市鸡公山管理区户外运动休闲小镇、驻马店市确山县老乐山北泉运动休闲特色小镇、宜昌市兴山县高岚户外运动休闲特色小镇、达州市渠县龙潭乡赛人谷运动休闲特色小镇、德阳市罗江县白马关运动休闲特色小镇、遵义市正安县中观镇户外体育运动休闲特色小镇、黔西南州贞丰县三岔河运动休闲特色小镇、商洛市柞水县营盘运动休闲特色小镇	17	东部41.18% 中部23.53% 西部35.29%	17.71%
	水上运动类	指周边具备空旷水域、适宜风力与气候的特色小镇	赤峰市宁城县黑里河水上运动休闲特色小镇、大连市瓦房店市将军石运动休闲特色小镇、青浦区金泽帆船运动休闲特色小镇、日照奥林匹克水上运动小镇、荆州市松滋市洈水运动休闲小镇、益阳市东部新区鱼形湖体育小镇、长沙市望城区千龙湖国际休闲体育小镇、长沙市浏阳市沙市镇湖湘第一休闲体育小镇、常德市安乡县体育运动休闲特色小镇、湛江市坡头区南三镇运动休闲特色小镇、北海市银海区海上新丝路体育小镇、三亚市潜水及水上运动特色小镇、彭水苗族土家族自治县万足水上运动休闲特色小镇	13	东部38.46% 中部38.46% 西部23.08%	13.54%

续表

一级指标	二级指标	简要说明	小镇名称	数量	地区占比	总体占比
体验型运动休闲特色小镇	球类运动类	指具有浓厚球类运动氛围、较好球类发展基础的特色小镇	荆门市京山县网球特色小镇、郴州市北湖区小埠运动休闲特色小镇、梅州市五华县横陂镇运动休闲特色小镇、中山市国际棒球小镇、海口市观澜湖体育健康特色小镇	5	东部60% 中部40% 西部0%	5.21%
	冰雪运动类	指区域具有较为完善的雪场、滑道，并以其展开业务的特色小镇	顺义区张镇运动休闲特色小镇、营口市鲅鱼圈区红旗镇何家沟体育运动特色小镇、广元市朝天区曾家镇运动休闲特色小镇、银川市西夏区苏峪口滑雪场小镇、乌鲁木齐市乌鲁木齐县水西沟镇体育运动休闲小镇	5	东部40% 中部0% 西部60%	5.21%
	民族传统体育类	指具有强烈民族文化氛围，并发扬民族传统体育运动的特色小镇	池州市青阳县九华山运动休闲特色小镇、河池市南丹县歌娅思谷运动休闲特色小镇、内江市市中区永安镇尚腾新村运动休闲特色小镇、迪庆州香格里拉市建塘镇体育休闲小镇、红河州弥勒市可邑运动休闲特色小镇、宝鸡市金台区运动休闲特色小镇	6	东部0% 中部16.67% 西部83.33%	6.25%
	特殊运动类	指依托区域独特的资源合理发展特殊运动的小镇	保定市高碑店市中新健康城·京南体育小镇、丹东市凤城市大梨树定向运动特色体育小镇、崇明区绿华镇国际马拉松特色小镇、徐州市贾汪区大泉街道体育健康小镇、苏州市太仓市天镜湖电竞小镇、金华市经开区苏孟乡汽车运动休闲特色小镇、临沂市费县许家崖航空运动小镇、荆门市漳河新区爱飞客航空运动休闲特色小镇、孝感市孝昌县小悟乡运动休闲特色小镇、孝感市大悟县新城镇运动休闲特色小镇、佛山市高明区东洲鹿鸣体育特色小镇、南宁市马山县古零镇攀岩特色体育小镇、万盛经开区凉风"梦乡村"关坝垂钓运动休闲特色小镇、渭南市大荔县沙苑运动休闲特色小镇	14	东部57.14% 中部21.43% 西部21.43%	14.58%

注：采用《中国卫生统计年鉴》划分我国东、中、西部地区，东部地区包括北京、天津、河北、辽宁、上海、江苏、浙江、福建、山东、广东、海南11个省（直辖市）；
中部地区包括黑龙江、吉林、山西、安徽、江西、河南、湖北、湖南8个省；
西部地区包括内蒙古、广西、重庆、四川、贵州、云南、西藏、陕西、甘肃、青海、宁夏、新疆12个省（自治区、直辖市）。

（二）康体型运动休闲特色小镇产业定位分析

随着我国老龄化、食品安全、生活压力等问题的不断加深，居民对身体健康的需求越来越高，康体型体育小镇应运而生。康体型体育小镇以温泉、负氧离子等独特的康养自然资源或太极拳、瑜伽、禅修等传统的康养人文资源为基础，打造以康体、养生、修心、教育等为核心的体育项目集聚区。相较于其他运动休闲特色小镇的特色体育项目，其具有低运动量、低运动频率、低风险的特征，更加注重康体、养生、养心、养颜等方面的功能，多面向较为高端的人群，虽然客源基数较小，但消费频率及消费总额较高。

康体型体育小镇的开展主题是营造一种新型的健康生活方式，其客源主要为养生人群、亚健康人群及中老年人群，小镇需形成具有针对性的、完善的健康硬件配套设施及健康服务。最终形成具备养生环境、养生运动项目、养生服务及养生居住四大体系的度假综合体。康体型运动休闲特色小镇的产业定位是在产业的发展趋势、所处环境及自身优势的基础上对产业的合理规划，以及对产业体系进行构建与主导产业的选择。

1. 康体型运动休闲特色小镇产业功能特征

由于康体型运动休闲特色小镇自身所具有的独特特点，与其他类型的运动休闲特色小镇具有明显差异，而欲真正突出特色、增强小镇竞争力，就必须使功能多样化，以满足游客的需求。小镇功能的多样化主要依托于不同产业，因此下文对康体型运动休闲特色小镇的功能特征展开分析。

（1）康体功能主导化。前文中，我国运动休闲特色小镇分为康复型与生态型运动休闲特色小镇，依据不同资源，分为医养结合、文化康体及生态康体型运动休闲特色小镇等，但是康体型运动休闲特色小镇的落脚点还是发展康养功能，小镇需要根据不同资源与形式突出康体养生的主体，如森林康体型运动休闲特色小镇就可以依托森林资源开发打造养生、养心及养老等业态，具体可依靠森林运动、旅游及养老等产业挖掘康体功能。

（2）多功能一体化。小镇欲提高吸引力就要突出特色，而提高竞争力就必须依托于独特而强大且功能多样的产业支撑，由于产业的独特性其往往仅能承担一种功能，这就需要康体型运动休闲特色小镇的相关产业中除了主导产业外，还需与之形成与配套的其他产业，从而构建产业体系，以达到多功能一体化的目的。

2. 康体型运动休闲特色小镇发展特征分析

产业经济学中，产业主要涵盖产业组织、联系与结构三大方面，但运动休闲特色小镇中，产业是其核心，产业结构合理程度能够直观体现小镇的产业发展程度，从而推动产业的可持续发展，下文聚焦产业的结构与功能两个方面。

康体型运动休闲特色小镇产业的结构特征。产业结构即区域内一二三产业占经济的比重，产业结构愈发高级化与合理化，对区域经济的发展影响作用越大，康体型运动休闲特色小镇的产业机构特征如下：（1）产业结构升级化。运动休闲特色小镇作为一种服务综合体，要想使小镇实现该功能，就必须使产业不断提升以达到升级转型。康体型运动休闲特色小镇对环境要求较高，其主要分布于风景秀丽的景区周边及乡镇，随着康体型运动休闲特色小镇的建设，以往的产业结构难以支撑小镇的建设，所以必将推动产业升级。如依托湖泊河流发展的区域，将主导产业由原来的渔业升级为水上运动、垂钓及泛舟等服务业，重塑了附加值较高产业链。（2）产业结构多元化。产业多元化指充分结合产业特性，对能够融合的产业进行科学组合，从而实行多元化发展，多元化的产业结构是当前发展的趋势，对于推动经济发展有着重要的作用。建设康体型运动休闲特色小镇的主要目的是为社会提供康复及养生产品与服务，根据其提供的产品与服务的不同，可以将其分为康体旅游、康体地产、康体服务、康体产品制造及康体运动五大类，康体型运动休闲特色小镇可根据发展时期及自身特点着重选择某一产业重点发展，也可与其他产业同步发展。（3）产业结构均衡化。康体型运动休闲特色小镇本质上为具备康体条件的村镇，原本的产业结构普遍存在失衡的问题，例如第一产业发达，第二三产业萎缩，导致经济发展停滞。小镇的产业发展必然是产业结构均衡化的过程，如以原生生态农业为主导项目的康体型运动休闲特色小镇可以酌情发展康体产品及观光产业带动产业结构均衡。

3. 康体型运动休闲特色小镇产业体系的确立

产业体系指不同地位、类型的产业构成的体系，其包括主导产业、支柱产业与培育产业等。康体型运动休闲特色小镇要实现全面协调发展，需确定产业体系。

首先，康体型运动休闲特色小镇产业体系确立的指导思想。当前我国康体型运动休闲特色小镇的产业体系较为单一，多围绕现有资源进行展开，而小镇的产业体系构建应当满足如下的条件：（1）符合康体型运动休闲特色小镇目标，有助于实现多功能发展；（2）产业体系结构合理，有助于产业协调发展；（3）对传统产业进行升级，增强科技研发投入，促进现代化发展。康体型运动休闲特色小镇的产业体系构建，既要促进小镇经济的可持续发展，也要促进满足游客需求的配套产业发展，重点打造康体产业，实现产业间的相互联系，推动产业相互融合趋势。

其次，康体型运动休闲特色小镇产业体系的构建。在当前学界的相关研究中，产业体系的组成部分分为主导产业、支柱产业、培育产业与关联产业。由于康体型运动休闲特色小镇的主导产业与支柱产业存在一定的重复性，因此将二者合并为主导产业，并结合培育产业与关联产业进行分析。主导产业是在区域内起主导的产业，在产业体系中处于支配地位，能够对其他产业产生促进作用，康体型运动休闲特色小镇作为运动休闲特色小镇的一种，其主要功能与特色多以生态环境为基础，以体育活动为载体，结合旅游、度假等多种形式使人体处于一种良好的状态。当前康体产业可进一步分为康体旅游业、康体产品制造业、康体地产业、康体服务业及康体农业等，但小镇应当着重发展何种产业还需进一步分析。

培育产业指产业符合长期发展需求，与未来发展趋势契合，具有广阔的发展前景，但发展较为薄弱而需要重点发展的产业。虽然康体型运动休闲特色小镇所处地域、所有资源及发展基础存在差异，但也存在一定共性。培育产业与主导产业存在一定程度的关联性，关联产业在投入、产出与技术等方面与主导产业存在密切相关的产业，是围绕主导产业而发展起来的辅助性产业，康体型运动休闲特色小镇中较为常见的关联产业有医疗服务、健康管理业等。

（三）体验经济是体育旅游的本质特征

体验型运动休闲特色小镇强调的是参与者在体验的过程中获得情感、知识与技能。体育旅游目的地在体育内容的基础之上，提供各种旅游体验产品，不仅为游客提供了与自然和谐相处的良好模式，还能提高游客与自然的深度互动体验。如通过户外拓展让游客领会团结协作以及对自然的敬畏；探险会让游客感受大自然的奇特和自身的无限潜力；通过夏令营让青少年学会独立自主与养成爱好运动的习惯，通过体育旅游能让消费者在运动体验的同时，更能全面地了解自我、深层次地欣赏体育旅游目的地乃至大自然的魅力，并形成一段难以忘怀的美好记忆。正是因为体验经济的存在，才致使人们更愿意或更倾向于为体验付费。因此，体验经济是体育旅游的本质特征。

体育旅游是一种综合性很强的社会活动，随着社会的不断进步和发展，体育渐入人心，体育旅游范围宽广、内容丰富多样。在体育特色小镇中，多以"体育＋"或"＋体育"等业态为主进行运营，如体育培训、日常户外运动、体育赛事、体育商务、民俗体育等等业态，而这些业态中，基本上都是以体育旅游为依托而展开的。换言之，体育特色小镇的业态要围绕体育旅游展开，从而形成产业链，实现体育特色小镇良性循环。因此，体育旅游是体育特色小镇建设的重要根基。若无此根基，体育特色小镇将无生机与活力，将很难实现

"造血"功能。

在体验经济时代，随着体育消费需求不断追求个性化与体验化，对体育特色小镇所供给的服务提出了更高的要求。体育特色小镇作为大型的体育服务综合体，其在提供多样化、个性化服务方面起着重要作用。体育特色小镇要实现可持续发展，就必须加强产品服务的吸引力，以拉动游客主动参与消费，然而带动游客参与性的关键在于游客对产品服务的体验效果。正因为体验经济的存在，人们才愿意为体育特色小镇所提供的产品、服务买单。因此，体验经济是体育特色小镇可持续发展的重要经济形态。在对运动休闲特色小镇的特色项目进行定位后，应当酌情对基础设施及相关服务进行细致的规划，对已有的基础设施与服务进行优化。详细来说，吃、住、行、游、购、医以及安保问题都需完善。如此一来，方能为游客提供优质的服务，提升其反复性消费能力，增强顾客黏性。应加大对运动休闲特色小镇特色项目的品牌推广，将其作为小镇的重要 IP。应加强项目的运营及相关产品开发，特色体育运动开展形式的多样化、多层次化也能提高游客的体验感，从而有助于小镇树立形象、提升品牌印象和宣传效果，为小镇带来更多的客源，从而创造更高的经济效益。

1. 体验型运动休闲特色小镇的开发原则

体验型运动休闲特色小镇的开发应当遵从参与性原则、挑战性原则，以上原则能起到指导体验型运动休闲特色小镇开发、提高游客体验效果、促进运动休闲小镇高效运营的效果。

（1）参与性原则

体验型运动休闲特色小镇的吸引力就是参与性，提高游客的体验效果是最主要的目的。参与是体验的前提，体育项目需要与游客之间形成良好的互动，从而产生活动经历，而这种活动经历正是参与者希望得到的。游客没有参与，就与体育氛围、体育产品与周边环境缺乏一定共性，没有交流就难以使游客在身体与精神上产生满足感。因此，体验型运动休闲特色小镇的项目开发应当提高大众参与度，充分考虑游客的差异性，开发出被游客所接受的体育项目。此外，还需对游客群体的性别、年龄段进行划分，对体育项目进行体验性革新，降低项目的参与性门槛，同时增加娱乐性与趣味性，减少经济性因素，从而达到吸引游客的目的。

（2）挑战性原则

随着社会节奏的不断加快，人们的压力不断增大，人的个性在不断被抑制，长期下来，人的情绪、心理往往会处于崩溃的边缘，这就需要一定的方式来释放压力，而参与富含挑战性的体育项目就是极为有效的方式之一。挑战性运动能够使游客从职场、家庭的压力中解脱出来，突破束缚，甚至突破心理障碍以获得成就感，这也是挑战性项目近年来深受游客青睐的原因之一。而体育项目的品质关乎着游客的实际体验，难度过低影响吸引力，难度过高则会使游客产生畏惧心理或产生挫败感。因此，在充分考虑安全因素的情况下，应当对体育项目打造适宜的难度，才能使游客的体验质量达到最好，所以要把握好项目的难度，进行梯度化划分，才能提高游客的驻足率与重复体验次数。

2. 体验型运动休闲特色小镇的开发策略

（1）深入挖掘资源

我国当前共有 96 个运动休闲特色小镇试点，其彼此之间存在竞争关系，但也伴随着特色不鲜明、同质化严重的现象，部分运动休闲特色小镇往往只停留在对已存在的资源进行粗浅的加工，以至于该运动休闲特色小镇吸引力不足，难以在众多特色小镇中脱颖而出。因此，对运动休闲特色小镇的资源挖掘就显得尤为重要。运动休闲特色小镇的资源主要集中在自然资源与人文资源。首先需要对自然资源进行充分的挖掘，即对该区域的地貌特征、水域资源、森林资源、气候等其他资源进行持续性开发，而人文资源的开发主要涵盖区域的自身文化与体育文化，主要包括民风民俗、历史遗迹及非物质文化遗产，体育文化的提取应当基于地区传统文化、民族传统体育项目及当地的体育人物、体育事件等。文化作为运动休闲特色小镇的软实力，能够凸显小镇的内核，关乎小镇产业发展的生命力，如此一来，既能彰显小镇的地域性又能促进文化的传承与创新。

（2）凝练特色主题

运动休闲特色小镇的特色项目是小镇的灵魂所在，也是区分与其他运动休闲特色小镇的主要依据，特色项目通常反映了运动休闲特色小镇的形象，特色项目可以是文化项目，也可以是运动项目，也可以是与核心产业有关的项目，要围绕主题进行统筹规划设计。此外，要将运动休闲特色小镇的主题进行凝练，便于传播与塑造小镇整体形象。

（3）合理引进活动项目

体验型运动休闲特色小镇的特色就是使游客获得较好的体验，那么如何增强项目的体验效果就是重中之重，因此，运动休闲特色小镇在发展特色项目的同时应当合理引进其他项目，以满足不同层次游客的体育需求，从而提高其参与度。具体而言，应当基于小镇的地貌特征及气候因素因地制宜地引进活动项目，从而保证运动休闲特色小镇的可持续发展，此外，应当充分考虑到游客的差异性，开展难易程度不同的挑战性活动，以增强游客的体验。

（4）营造浓厚体育氛围

运动休闲特色小镇应当充分体现体育氛围，在衣食住行上应充分体现体育元素，例如，小镇应建设体育主题酒店及露营地，在小镇主要地区播放体育新闻赛事信息等。

3. 传统体育运动休闲特色小镇发展规划

运动休闲特色小镇的发展必须注重特色，我国西部及南部地区民族传统文化氛围浓厚，其可作为当地运动休闲特色小镇发展的总抓手进行着重发展。如此一来，既可以彰显运动休闲特色小镇的特色又能够迎合消费者猎奇的喜好。要将民族传统体育文化融入体育特色小镇建设，民族传统体育文化资源就显得尤其重要。我国西南部自然风景秀丽、生态环境优美，民族传统体育项目不仅数量众多而且形式多样，既有观赏性较强的民俗舞蹈，如舞龙舞狮、腰鼓、秧歌等，又有参与性较强的运动，诸如马术、龙舟、木球等，民族传统体育文化能够展现城市独特的底蕴、风俗、宗教、生活特征，将各地独具特色的民族传统体育项目融入至运动休闲特色小镇的发展中，可以与当地的自然景观形成互补，让消费者在观赏自然景观的同时感受到浓厚的民俗氛围，同时可以提高消费者的参与度，可以弘扬我国民族传统体育文化。独特的人文资源与自然资源的有机组合，使运动休闲特色小镇的发展焕发卓越的生机

当前，随着人们视野的不断开拓及品位的不断提升，人们对旅游的需求已不再是简单的"一饱眼福"，更多的是更高层次的精神享受，在此条件下，以"体育+旅游"为特色的运动休闲小镇的开发更应注入文化因素。如此一来，民族传统体育项目与旅游的结合就更为重要，民族传统体育项目具备参与门槛较低的特性，集娱乐、艺术、文化为一体，使参与者能更好地感受民族风貌，融入其中，从而放松身心，这也是旅游者参与运动休闲特色小镇体育项目的初衷。欲将民族传统文化融入运动休闲特色小镇的发展，首先应当充分挖掘民族传统体育项目，并针对该项目展开着重培养，由于民族传统文化自身所固有的时代性特征，其所包含的部分内涵可能不适应当前的需求。因此，需要将民族传统文化进行重铸，取其精华去其糟粕，将符合时代特征的因素保留以迎合人们的需要，将与时代特征相悖的因素酌情剔除，以保证其茁壮发展。

传统民族文化不仅要融入运动休闲特色小镇的项目中，还应与小镇的相关产业进行有机结合，一方面能够保护、弘扬民族传统体育文化，另一方面还可以促进小镇文化、培训、服务业、餐饮行业等行业的发展，此外，应将民族传统体育文化知识印刷在小镇较为显眼的地方，使旅游者能够开阔眼界、了解相

关知识，做好民族传统体育文化的传播。还应将民族传统体育文化中的相关服饰、器械酌情引进，引进民族传统特色美食，如此一来，民族传统体育文化及项目能够让运动休闲特色小镇彰显独特的魅力。器物是最能体现文化的一种方式，是文化的记忆，民族传统体育文化的器物包括体育装备、体育书籍、雕塑壁画等。民族传统体育文化器物应当与运动休闲特色小镇之间形成有效对接，应在运动休闲特色小镇中规划专门的民族运动休闲传统文化展览区、体验区与销售区，形成一站式服务，应配备专门的民族体育传统文化解说员，以助于游客了解民族传统文化的历史变迁。

民族传统体育精神是民族传统体育文化赖以生存并得以延续的重要保障。纵观体育特色小镇建设的全过程，融合西方体育竞技文化元素的小镇相对较多，而引入传统体育精神文化因素的运动休闲特色小镇较少，运动休闲特色小镇的建设偏向于休闲化、娱乐化，以引导游客体验。而我国民族传统体育项目多以修身、康养、强健体魄为建设目的。因此，我国传统体育精神应当与西方体育精神适度融合，在坚守传统体育文化本源的原则下，适当引入西方竞技体育文化元素，达到文化共生。

四、运动休闲特色小镇产业的要素分析

就运动休闲小镇的发展而言，优异的自然与人文资源固然重要，但小镇的可持续发展仍然要依托产业。而就运动休闲特色小镇这一体育服务综合体而言，产业集聚会将其服务作用发挥得淋漓尽致。小镇的产业集聚必须要走高端集聚路线，方能提升小镇综合竞争力，当前关于运动休闲特色小镇的要素研究多包括：政策、人才、需求、创新等，而基于产业集聚方面的要素研究较少，下面就运动休闲特色小镇产业集聚的各要素进行分析。

(一) 体育产业品牌

运动休闲特色小镇的发展必然带来庞大的人流量，其消费能力不可言喻，小镇体育产业品牌集聚一方面能够为游客提供更高品质的服务，另一方面也可根据其需求实时调整。当前我国运动休闲特色小镇建设仍处于初级阶段，建设经验多借鉴国外或自行摸索，基础薄弱，小镇无意识地发展成了"＋体育"型小镇，而小镇的业态也多偏向于服务业。这逐渐偏离了小镇的发展主题，小镇还是应当充分利用资源优势与体育氛围，整合小镇的体育文化特征，聚集体育赛事、培训及健身服务等产业，并依托于庞大的需求人群逐渐发展体育产业品牌。

（二）体育人才

产业的发展离不开人才，随着运动休闲特色小镇的发展日趋完善，对体育人才的需求也更为迫切，中端人才对产业的管理更为科学，而高端人才则为小镇的建设提出意见。当前，懂体育与会经营的人才相对较少，各省应当在运动休闲特色小镇的人才引进上加大扶持力度，下足功夫，要对具有真材实料的人才特殊照顾，不断改善高端人才的福利制度与相关待遇，使其全心全力为体育产业做贡献。

（三）赛事活动

体育赛事活动在体育产业中具有举足轻重的地位，其标志着体育产业的成熟，更是体育彰显辐射力与影响力的形式之一，能够为参与者带来精神上的满足，随着我国体育人口的不断增加，必然会对体育赛事有着更高的需求，运动休闲特色小镇通过举行或大或小的赛事，既能提高小镇知名度，也会带动相关服务业的发展。

（四）社会资本

运动休闲特色小镇的发展必然需要社会资本的支持，而小镇的资金来源则主要包括企业、政府投资与市场运作，政府前期通过基础设施建设、基础设施的投入、投融资平台的建设、要素聚集利好政策的制定与发布、PPP 模式的开展，可充分调动社会资本的参与和高端生产要素的聚集。而市场运作指投资方采用成熟的市场化资本运作方式进行融资。

（五）创新平台

创新是运动休闲特色小镇发展的不竭动力，小镇通过升级以维持其优势，但是小镇本身难以创建创新平台，所以小镇创新平台的搭建前期可以由政府参与规划建设，小镇进行资源整合，从模式、项目、产业等方面进行创新。在后期应酌情引入体育企业，形成集聚效应，依托市场完善创新平台的建设。

第四章　运动休闲特色小镇产业链的
生成机理

随着国家对特色小镇土地政策与用地方案的不断完善，运动休闲特色小镇用地也得到了各地方政府的补偿，享受到了优惠，从而降低了运动休闲特色小镇的建设成本，但是如何提高小镇经营的效率和效果一直是困扰政府及各个小镇的难题。事实上，如果推动运动休闲特色小镇主营项目与周边产业、自然资源、当地文化产业相互适应、相互协同，最大限度地挖掘运动休闲特色小镇的产业价值。以此目标为导向建立的运动休闲特色小镇适应网络，会促使每一种类型的运动休闲小镇的主营产业与相关配套产业建立上下游合作关系，以达到用有限的成本创造最大价值的效果。如果运动休闲特色小镇主营产业不与其他产业建立协同关系，它将面临两种情况，一是小镇自行对相关配套的上下游产业进行管理和经营，二是只发展核心产业不进行上下游产业配套。第一种情况，将会大大增加运动休闲特色小镇基础设施建设和人员管理成本，对小镇来说负担过重；第二种情况，则会限制运动休闲特色小镇未来的发展，导致运营失衡，这一些成本都是在不加入适应网络的情况下出现的，也称作非合作成本。若运动休闲特色小镇产业链内部产业以功能为枢纽，使内部各产业间不断竞争、协作、创新，使得信息、技术、服务资源整合共享，将运动休闲特色小镇产业链内部各种功能聚集在适应网络平台上，可以实现多方合作的协同效应。本章将从运动休闲特色小镇产业链的成本推动机理、效益拉动机理、供需机理和内生机理，探究运动休闲特色小镇产业链的生成机理。

第一节　运动休闲特色小镇产业链的成本推动机理

运动休闲特色小镇产业链的形成是一个复杂过程，不仅受到内部因素的影响，还与外界环境因素息息相关，如图 4 - 1 所示。实际上，主体与环境的交互适应是运动休闲特色小镇产业链形成的核心内容，小镇主体与外界环境一旦建立协同发展的关系，也就意味着运动休闲特色小镇产业链已经构成；运动休闲特色小镇产业链主要通过建立支撑产业与关联产业的协同关系来克服产业发展瓶颈，以求最大限度地创造价值。因此，在本部分中主要从自适应网络角度对运动休闲特色小镇产业链生成的成本推动机理、效益拉动机理、供需机理以及内生复杂性机理等方面进行研究。

图 4-1　运动休闲特色小镇产业链的生成机理

一、运动休闲特色小镇产业链的成本构成

运动休闲特色小镇产业链对外表现为一个多种产业联盟的大系统，其内部各子系统处于相互协同的状态，产业互相协作，共同克服困难，最大限度创造价值；对外则表现为各自独立的产业，独立经营管理，通过交易成本的差值获取利益。因此，虽然运动休闲特色小镇对外表现为一个整体，并以整体的形式追求利益最大化，但是它内部的各个产业也是一个相对独立的个体，各产业间仍然存在交易成本与价值的转移。运动休闲特色小镇产业链面临的交易成本主要包括以下几种，如表 4-1 所示。

表4-1 运动休闲特色小镇产业链的成本构成

序号	名称
1	土地成本
2	基础设施成本
3	人力资源成本
4	计划调度成本
5	风险成本
6	时间成本
7	环境成本
8	信息成本

运动休闲特色小镇产业链上游下游各产业之间的联系产生了一系列的成本，在这一些成本中，有些属于运动休闲特色小镇运营过程中所必须支付的成本，并且随着业务的增加成本随之逐渐增大，即可变成本；另外一些则不受运动休闲特色小镇的运营变化影响，即固定成本。根据表4-1，运动休闲特色小镇产业链的成本构成主要包括土地成本、基础设施成本、人力资源成本、计划调度成本、风险成本、时间成本、环境成本和信息成本8个方面。其定义如下。

（1）土地成本，运动休闲特色小镇建设需要集中一定规模的土地，小镇大多位于农村或城郊地区，这些地区土地权属结构复杂，并且分布也比较零散，对土地的收购存在一定的困难。通常都是由政府直接投资、政府引导企业投资、政企共同投资来对土地进行收购，收购完成后还需要考虑对当地居民的安排，避免产生运动休闲特色小镇运营隐患。

（2）基础设施成本，主要由基础设施（包括交通、信息、能源、体育场地设施、生活服务设施等）和公共服务（教育、医疗卫生、社会服务等）的建设投入构成，是保证运动休闲特色小镇稳定运行的主要因素。

（3）人力资源成本，对保证运动休闲特色小镇建设、运营的高素质人才的引进所需要的安置、培训、奖励、保障以及离职的花费，构成了运动休闲特色小镇的人力资源成本。

（4）计划调度成本，由于运动休闲特色小镇主要以体育赛事、体育培训、体育娱乐产业、体育健康产业、体育智能制造业中的一个产业为主营业务，这就使得某一项主营项目会受到季节、气候以及产业淡季的影响。为减少损失，往往要求运动休闲特色小镇产业链管理人员对其进行协调，这种协调往往表现为对各季节的主营项目和目标消费人群的调整。如：滑雪小镇在冬季主营滑雪项目，而在非雪季则运营滑草、徒步登山、山地高尔夫等项目。

（5）风险成本，对于运动休闲特色小镇产业链来说，适应网络的稳定性和安全性非常重要。在运动休闲特色小镇产业链中，当消费者需求发生改变时，势必会影响小镇各产业的运营，也将会增加小镇各产业的交易成本。若运动休闲特色小镇产业链的某一环节发生断裂，则会促使该产业链陷入瘫痪状态，损失也将是无法估计的。因此，一些潜在的风险会给运动休闲特色小镇产业链带来高昂的交易成本。

（6）时间成本，在此，时间成本分为两部分，一是消费者体验时间，即消费者获得所期望的体验和服务所必需消耗的时间，节约消费者的时间和精力是提升满意度的主要途径[①]；二是小镇建设时间，特色小镇建设从规划到运营大致需要 20 年时间[②]，这是一个漫长的过程，如若规划不合理将需要更长的时间，也必将花费更多的资金在运动休闲特色小镇的建设中。

（7）环境成本，其是由于运动休闲特色小镇中一系列经济活动所造成的环境污染和生态破坏的治理所需要的全部费用。如：小镇建设初期对当地环境和生态的破坏，产生了生态修复投入；小镇运行过程中对所制造的生活废物的处理费用等，都将增加小镇的交易成本。

（8）信息成本，指获得消费者需求偏好信息以及小镇宣传所需要的成本。它包括运动休闲特色小镇产业链潜在交易对象之间交流的费用，收集消费者消费偏好的费用、以及控制宣传广告质量所需要的费用。

上述成本在运动休闲特色小镇产业链中出现的情况如图 4-2 所示。

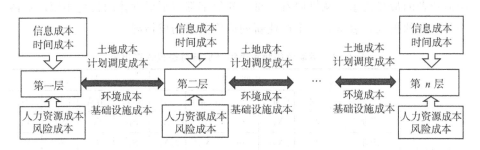

图 4-2　运动休闲特色小镇产业链成本分布图

从图 4-2 中可以看出，土地成本、计划调度成本、环境成本、基础设施成本出现在运动休闲特色小镇产业链上下游之间的链接过程中，而信息成本、时间成本、人力资源成本和风险成本则出现在运动休闲特色小镇产业链各层级内部。

---

① 孙凯，邱长波. 基于价值——关系视角的顾客满意度驱动模型研究 [J]. 现代管理科学，2016（7）：30-32.

② 陈青云，任兵，王政. 特色小镇与 PPP [M]. 北京：中国市场出版社，2017：217.

二、运动休闲特色小镇产业链投入产出机制

运动休闲特色小镇投入产出模型按照分析时期的不同可分为静态模型和动态模型两大类[①]。静态投入产出就是指在分析的过程中不考虑时间因素，不把固定资产投资进行列示，同时也不能看出它们与生产发展的关系，只反映一个时间段内的情况。动态分析则主要针对投资与生产发展的关系进行研究，同时也能够反映运动休闲特色小镇产业链的发展过程。在本研究中分别对运动休闲特色小镇产业链投入产出静态模型和动态模型进行探讨。

（一）运动休闲特色小镇产业链投入产出静态模型

运动休闲特色小镇产业链投入产出核算是小镇经济体系的重要内容，投入产出表是运动休闲特色小镇宏观经济分析和调控的重要工具，在此用价值型投入产出表来记录，运动休闲特色小镇产业链的总产品价值、最终产品价值、中间产品价值和新创造产品价值，如表 4-2 所示。在表中，X_{ij} 表示 j 产业在运营过程中消耗 i 产业产品的价值量，Y_i 表示 i 产业最终产品价值量，X_i 表示 i 产业的总产值，D_j 表示 j 产业的固定资产折旧成本，V_j 表示 j 产业的劳动报酬，M_j 表示 j 产业向运动休闲特色小镇产业链提供的纯经济回报。

从横向来看，表 4-2 中的每一行数字都表示运动休闲特色小镇中每一个产业生产的产品作为中间产品卖给谁、卖了多少、最终有多少产品满足运动休闲消费者的最终需求。从纵向看，每一列数字都包括运动休闲特色小镇产业链中各产业的投入，表示每一个产业新创造价值的构成情况。

表 4-2 运动休闲特色小镇产业链静态投入产出表

		中间产品					最终产品			
		产业 1	产业 2	...	产业 n	合计	积累	消费	净利润	合计
物质消耗	产业 1	X_{11}	X_{12}	...	X_{1n}	$\sum X_{1j}$	S_{11}	S_{13}	S_{13}	Y_1
	产业 2	X_{21}	X_{22}	...	X_{2n}	$\sum X_{2j}$	S_{21}	S_{23}	S_{23}	Y_2
	...	...	...	...	...	...	...	...	...	...
	产业 n	X_{n1}	X_{n2}	...	X_{nn}	$\sum X_{nj}$	S_{n1}	S_{n2}	S_{n3}	Y_n
新创造价值	折旧	D_1	D_2	...	D_n	$\sum D_j$				
	劳动报酬	V_1	V_2	...	V_n	$\sum V_j$				
	社会纯收入	M	M_2	...	M_n	$\sum M_j$				
总产值		X_1	X_2	...	X_n	$\sum X_j$				

① 赵玉林，汪芳. 产业经济学：原理及案例 [M]. 北京：中国人民大学出版社，2020：190.

从横向看，运动休闲特色小镇各产业总产值＝各产业中间产品价值＋各产业最终产品价值。

$$\begin{cases} X_{11}+X_{12}+\cdots+X_{1n}+Y_1=X_1 \\ X_{21}+X_{22}+\cdots+X_{2n}+Y_2=X_2 \\ \vdots \\ X_{n1}+X_{n2}+\cdots+X_{nn}+Y_n=X_n \end{cases}$$

简记为

$$\sum_{j=1}^{n} X_{ij} + Y_i = X_i (i=1,2,\cdots,n) \tag{4-1}$$

从纵向看，运动休闲特色小镇各产业总产值＝各产业消耗的中间产品价值＋各产业新创造价值。

$$\begin{cases} X_{11}+X_{12}+\cdots+X_{n1}+D_1+V_1+M_1=X_1 \\ X_{12}+X_{22}+\cdots+X_{n2}+D_2+V_2+M_2=X_2 \\ \vdots \\ X_{1n}+X_{2n}+\cdots+X_{nn}+D_n+V_n+M_n=X_n \end{cases}$$

简记为

$$\sum_{i=1}^{n} X_{ij} + D_j + V_j + M_j = X_n (j=1,2,\cdots,n) \tag{4-2}$$

将运动休闲特色小镇产业链中，某一个产业的横向数字和纵向数字联系起来看，可得

$$\sum_{i=1}^{n} X_{ij} + D_j + V_j + M_j = X_n (j=1,2,\cdots,n) \tag{4-3}$$

对于整个运动休闲特色小镇产业链来说，横向总产值和纵向总产值一定是相等的。将方程组中的 n 个方程连加可得

$$\sum_{i=1}^{n} X_i (\sum_{j=1}^{n} X_{ij} + Y) = \sum_{i=1}^{n} X_i (\sum_{i=1}^{n} X_{ij} + D_j + V_j + M_j)(i=1,2,\cdots,n)$$

$$\tag{4-4}$$

即

$$\sum_{i=1}^{n} Y_i = \sum_{j=1}^{n} (D_j + V_j + M_j)(i=1,2,\cdots,n)$$

$$\sum_{i=1}^{n} I_{ij} = I_{i1} + I_{i2} + \cdots + I_{in} \tag{4-5}$$

（二）运动休闲特色小镇产业链投入产出动态模型

在上述运动休闲特色小镇产业链投入产出静态模型的分析中没有包括时间

因素，并且最终产品也只分为积累、消费两部分，未单独列出固定资产投资，只能反映产业一段时间内的情况。在下列研究中将对运动休闲特色小镇产业链动态模型进行分析，深入探讨运动休闲特色小镇投资与运营发展的关系。如表4-3所示。

表4-3 运动休闲特色小镇产业链动态投入产出表

		中间产品				最终产品				
		产业1	产业2	...	产业 n	投资产品				最终净产品
						产业1	产业2	...	产业 n	
物质消耗	产业1	X_{11}	X_{12}	...	X_{1n}	I_{11}	I_{12}	...	I_{1n}	S_1
	产业2	X_{21}	X_{22}	...	X_{2n}	I_{21}	I_{22}	...	I_{2n}	S_2
	...	...	...	...	...	...	...	...	...	...
	产业 n	X_{n1}	X_{n2}	...	X_{nn}	I_{n1}	I_{n2}	...	I_{nn}	S_n
新创造价值	劳动报酬（V）	V_1	V_2	...	V_n					
	社会纯收入（M）	M_1	M_2	...	M_n					
总产值		X_1	X_2	...	X_n					

在运动休闲特色小镇产业链动态投入产出表4-3中，研究假设运动休闲特色小镇最终产品为两部分：一是投资成本（I）；二是最终净产品（S）。假定运动休闲特色小镇中某一产业的成本合计（$\sum_{i=1}^{n} I_{ij} = I_{i1} + I_{i2} + \cdots + I_{in}$）等于下一年该产业的新增生产能力，用 X_i 表示。

横向看表4-3，可得到以下方程组：

$$\begin{cases} X_{11} + X_{12} + \cdots + X_{1n} + I_{11} + I_{12} + \cdots + I_{1n} + S_1 = X_1 \\ X_{21} + X_{22} + \cdots + X_{2n} + I_{21} + I_{22} + \cdots + I_{2n} + S_2 = X_2 \\ \vdots \\ X_{n1} + X_{n2} + \cdots + X_{nn} + I_{n1} + I_{n2} + \cdots + I_{nn} + S_n = X_n \end{cases} \quad (4-6)$$

简写为

$$\sum_{j=1}^{n} X_{ij} + \sum_{J=1}^{n} I_{ij} + S_i = X_i (i = 1, 2, \cdots, n) \quad (4-7)$$

依据表4-3计算运动休闲特色小镇当年运营和成本需求的直接消耗系数

$$a_{ij} = \frac{X_{ij}}{X_j} \quad (4-8)$$

$$b_{ij} = \frac{I_{ij}}{\Delta X_j} \qquad (4-9)$$

将这两个直接消耗系数代入（4-7），可得

$$\sum_{j=1}^{n} a_{ij} X_j + \sum_{j=1}^{n} b_{ij} \Delta X_j + S_i = X_i \quad (i=1,2,\cdots,n) \qquad (4-10)$$

三、运动休闲特色小镇产业链成本收益分析

通过降低成本、提高收益改善运动休闲特色小镇生态环境，来获得经济收益和环境收益，打造具有独特体育文化内涵、集多功能于一体的空间区域是运动休闲特色小镇建设的初衷[①]。为使运动休闲特色小镇产业链既能获得经济收益，又能改善小镇生态环境，本研究将从如何降低各产业的运营成本和交易费用两个方面进行分析。

（一）追求低运营成本的动力

首先，需要降低运输成本，运输成本即运动休闲特色小镇与体育消费者之间的距离差距造成的成本[②]。根据运动项目和相关产业的不同，消费者的体验频率也存在差异，同时也会极大程度地影响运输成本。解决这一问题最好的办法就是促进运动休闲特色小镇进行产业集聚，形成产业链，通过产业集聚的方式将生活服务业与体育服务业等关联产业结合，不仅能提升消费者的体验还能促进运动休闲特色小镇支持产业和附加产业的发展。在运动休闲特色小镇内，由于教育、培训、餐饮服务等体育关联产业聚集和协同现象的存在，使得各种服务无缝衔接，消费者可以根据自身喜好挑选不同的服务项目，达到真正的运动与休闲的目的。由于运动休闲特色小镇各关联产业的聚集，会缩短产品在各产业和市场的运输时间，同时也能够降低消费者的时间成本，这种既能降低企业运营成本又同时降低消费者消费成本的现象，在各产业分散的情况下是不可能实现的，这也将会是运动休闲特色小镇各关联产业加入产业链网络的原因之一。

其次，必须提高运动休闲特色小镇土地资源的利用效率，2017年国家发展和改革委员会、国土资源部、环境保护部、住房城乡建设部联合发布了《关于规范推进特色小镇和特色小城镇建设的若干意见》中指出，合理控制特色小

---

① 张雷. 运动休闲特色小镇：概念、类型与发展路径 [J]. 体育科学，2018，38（1）：18-26+41.
② 鲜一，程林林. 体育特色小镇业态选择——基于产业集聚与区位理论视角 [J]. 体育与科学，2018，39（3）：60-68.

镇四至范围，规划用地面积控制在 3 km² 左右①。从政策文件中可以看出，必须合理规划运动休闲特色小镇支撑产业与附加产业用地，提升土地利用效率，使其形成一个产业高度聚集的综合体。但是从表 4-4 可以发现，运动休闲特色小镇根据主营项目以及地方支持力度的不同，小镇建设用地情况也不同。并且对我国特色小镇建设土地利用情况进行调查，也发现一些不足之处，如：土地利用规划管控不足、土地节约集约度较低、土地利用结构失衡、土地利用政策有待完善等问题②。这一些问题也是导致运动休闲特色小镇土地成本提高的关键因素，为充分利用多余的土地资源、节约成本，就需要对土地的功能进行划分，明确土地的用途、完善用地政策，严控以开发小镇的名义开发房地产，推动产业集聚。

表 4-4 运动休闲特色小镇用地面积一览表

序号	名称	所在地	占地总面积 /km²	占地总面积/km²		
				基础设施	支撑产业	附加产业
1	安宁温泉国际网球小镇	云南	41.67	20.67	11	10
2	莫干山"裸心"体育小镇	浙江	3.43	0.12	2.81	0.5
3	崇礼太舞滑雪小镇	河北	40		4	
4	清远自行车主题运动休闲特色小镇	广东	1.5			
5	青岛西海岸山地运动休闲特色小镇	山东	1.67			
6	武安九龙山户外运动休闲旅游特色小镇	河北	2.67			

最后，提高资源利用效率，降低副产品处理成本。在运动休闲特色小镇产业链中不仅仅只有体育服务类产业，还有运动休闲用品制造业和运动休闲贸易业为主营产业。这一类的运动休闲特色小镇需要投入大量资金在原材料的采购、运输以及对生产废物的处理等方面，这样不仅增加了工业废物的处理成本，还是对资源的一种浪费。当企业加入到运动休闲特色小镇产业链网络中来，促使更多的相关产业集聚，这样就可以在很大程度上降低运动休闲用品制造业对原材料的采购成本，上游企业的生产废物经过一定的处理也可以成为下游企业的原材料，这样的原材料价格通常都比较低廉，这样的产业集聚

① 中华人民共和国国家发展和改革委员会.国家发展改革委、国土资源部、环境保护部、住房城乡建设部关于规范推进特色小镇和特色小城镇建设的若干意见 [EB/OL]. https：//www. ndrc. gov. cn/xwdt/ztzl/xxczhjs/ghzj/201712/t20171205_972181.html.

② 强海洋，谢海霞，刘志超.特色小镇建设土地利用问题浅析 [J]. 中国土地，2017 (9)：31—32.

不仅可以减少上游企业的废物处理成本，还能缩减下游企业的原材料采购成本，与此同时还能减少对生态环境的破坏。意大利的蒙特贝卢纳镇就是一个非常成功的案例，这里出产占全球产量 80% 的赛车靴、75% 的滑雪靴，以及 65% 的冰刀鞋和 55% 的登山鞋。从图 4-3 中可以看出，蒙特贝卢纳镇围绕运动鞋，集聚了研发、设计、制鞋机器、制鞋材料相关的运动鞋产前配套产业，还有营销、媒体、配送等运动鞋产后配套产业的集聚，还培育出了属于自己的品牌。

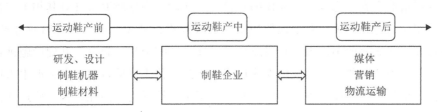

图 4-3　蒙特贝卢纳镇产业分布图

（二）降低交易费用的动机

交易费用是影响运动休闲特色小镇产业链产业协同的重要因素，任何企业都偏好于追求低交易费用，各种运动休闲产业聚集在运动休闲特色小镇中，在资源利用、公共服务、信息传递以及副产品利用方面都建立起联系，有助于降低交易成本。对于运动休闲特色小镇产业链来说，降低交易费用的主要途径为以下几个方面。

1. 有形资产的专用性

在运动休闲特色小镇产业链中有需要进行废物交换的企业，它们通常会寻找一家符合自己要求的上游企业对自己进行原材料供给，或者寻找一家下游企业接受自己的生产废料，并且对原材料数量和质量的供给也有一定的要求。对于这一些企业来说，如果不通过运动休闲产业集聚的形式在市场寻找一家满足要求的企业作为合作伙伴，就会增加彼此的运输成本、信息成本、风险成本以及其他成本。如果不能找到合作伙伴，体育制造企业对生产废料的处理也需要建设处理场地和购买处理设备，这无疑增加了体育制造企业的生产成本，并且这一些设备专用性较强，无法适用于其他体育用品的生产。正是由于这一些原因，有副产品交易的体育制造企业都希望与下游产业进行稳定合作，以此降低资产专用性成本。

2. 交易的频繁性

对于运动休闲特色小镇产业链而言，若运动休闲产业间交易次数很少或者不进行交易，这样无疑会增加小镇的单位投资成本，使得投资活动缺乏意义。因此，就需要运动休闲特色小镇内各产业间有较强关联度，促进企业间副产品的交易，扩大交易规模和交易频率。这样运动休闲特色小镇产业链中的企业只要不停止生产运营活动，就不会有交易的中断，稳定的交易渠道也会降低企业风险，减少企业投资成本。

3. 优惠政策的专有性

以运动休闲特色小镇为基础，使一些运动休闲相关产业集聚，这样更有助于政策精准实施。为鼓励运动休闲特色小镇建设，当地政府会针对其相关产业制定相应的优惠政策，对土地使用费、税收等进行减免，还会进行财政补贴。并且在一些成熟的小镇内，政府还会对交通、医疗卫生、教育等基础设施进行建设和管理，既能够达到吸引人才也能够达到留住人才的目的，在无形中为运动休闲特色小镇产业链中的一些企业节省了重复性开支。因此，这一些运动休闲相关产业在运动休闲特色小镇内集聚，有助于产业链的发展，可以节省企业和政府的管理成本，也有助提升政策的实施效果。

通过上述分析可以发现，促使运动休闲特色小镇形成产业链适应网络的原因有很多，其中降低成本和缩减交易费用只是两个比较重要的因素。即使运动休闲特色小镇中各产业运营过程中会存在一定的成本与交易费用，但是通过对关联产业的集聚会极大程度地降低成本，有助于政策的精准实施。因此，运动休闲特色小镇产业链依靠众多的关联产业集聚成了一个"联合型大企业网络群"，从而获得了一定的规模优势，最终达到了降低生产成本的目的。

第二节　运动休闲特色小镇产业链的效益拉动机理

一、运动休闲特色小镇产业布局的驱动效应

产业布局是产业在空间上的结构，指一个国家或一个地区的产业生产力在一定范围内的空间分布和组合①。表现在运动休闲特色小镇中就是各关联产业在小镇范围内的分布和组合，产业布局不仅是运动休闲特色小镇产业链获得效益的基础，还是其经济发展战略的重要组成部分，是运动休闲特色小镇可持续发展的前提条件。

推动运动休闲特色小镇产业链产业布局，需要促进产业增长点或增长极的

---

① 赵玉林，汪芳. 产业经济学：原理及案例［M］. 北京：中国人民大学出版社，2020：190.

发展，使运动休闲产业以点的形式不断向外部扩散。"增长极"这一概念由法国经济学家弗朗索瓦·佩鲁在其研究《经济空间：理论与应用》中提出，并指出增长并不是在任何地方都会出现的，只是根据强度不同先出现增长极和增长点，再由这些点向外扩散，再对整个集团产生差异化的影响。[①] 在运动休闲特色小镇产业链的增长过程中，增长极是围绕运动休闲特色小镇支撑产业而组织的有活力的、高度联合的运动休闲产业群，在运动休闲特色小镇进行产业布局时，首先通过政府规划与政策支持吸引投资，有选择地在特点区位形成运动休闲产业增长极，推动运动休闲特色小镇形成规模经济，充分发挥运动休闲产业增长极的辐射作用，带动周边区域经济发展。

（一）运动休闲特色小镇产业布局影响因素

完善运动休闲特色小镇产业布局，首先需要对运动休闲产业布局的影响因素进行分析，影响运动休闲特色小镇产业布局的因素主要包括环境因素、经济因素和社会政治因素。

1. 环境因素

环境因素是运动休闲特色小镇产业布局形成的前提条件，主要包括运动休闲特色小镇周边的自然条件、自然资源、地理位置因素等方面。自然条件就是运动休闲特色小镇建设的环境，由原始的自然环境和人为改造后的自然环境构成；自然资源也就是在自然资源中被利用的可再生资源和不可再生资源的总称，主要由矿产资源、水资源、风力资源、太阳能、气候资源等构成，其中适宜的气候条件也是运动休闲特色小镇的核心竞争力之一；地理位置因素，随着运动休闲特色小镇地理位置的不同，其主要支撑产业与关联产业也会不一样。环境因素对运动休闲特色小镇产业布局的影响主要表现为以下两个方面：一是自然条件和自然资源的优势对第一、二、三产业布局的影响，气候资源较好的地区更多地偏向于第一与第三产业结合的布局形式，矿产资源丰富的地区更多地偏向第二产业布局，旅游资源较好的地区更多地偏向于发展第三产业；二是经济区位优势对运动休闲特色小镇产业布局的影响，经济区位优势好，市场范围更广阔，运动休闲产业的集聚密度更高。

2. 经济因素

经济因素是影响运动休闲特色小镇产业布局的重要因素，经济发展水平对农业社会的影响可能较低，但是在知识经济时代，经济因素会导致高新技术人才的聚集，以技术为主的高新技术产业布局也向知识密集地区聚集。经济因素

---

① 赵玉林，汪芳. 产业经济学：原理及案例 [M]. 北京：中国人民大学出版社，2020：190.

对运动休闲特色产业布局的影响主要表现在以下几个方面：一是运动休闲特色小镇区域分工对产业布局的影响，以地域优势建立专门化的支撑产业结构，再通过各关联产业的协同合作与交易，构建成完整的生产地域体系（如上文中冰雪产业之都蒙特贝卢纳镇的产业形式）。二是基础条件对运动休闲特色小镇产业布局的影响，首先是交通条件的影响，交通发达的地区运输成本与运输速度都会降低，产业布局也更加灵活，其次是地区区位优势与公共体育服务对高端人才的吸引。三是市场对运动休闲特色小镇产业布局的影响，市场需求决定产业的发展方向，发达的资本市场以及完善的融资渠道能够促使产业布局突破地域的限制。四是科学技术对运动休闲特色小镇产业布局的影响，经济发展能够推动科研人才聚集，对科学技术的发展也有促进作用，同时科学技术也决定着自然资源的利用率以及交通运输方式，还会对产业结构产生影响。

3. 社会政治因素

社会政治因素是运动休闲特色小镇产业布局的基础，经济发展的重要条件是有一个稳定、和平的社会环境为基础，只有稳定的社会环境才能保障产业的正常运营，因此社会政治因素对产业布局非常重要。社会政治因素对运动休闲特色小镇产业布局的影响主要表现为以下几个方面：一是国家政策的宏观调控对运动休闲特色小镇产业布局的影响，政府通过制定有关政策对运动休闲特色小镇区位及发展规划进行调控，正确的政策推动可以促进区位经济发展与产业合理布局，反之会带来消极影响；二是历史布局对运动休闲特色小镇产业布局的影响，一般来说，原有的经济基础好、公共服务基础设施完善、交通条件便利等因素都会对产业布局产生积极的影响，反之会带来消极影响。在对运动休闲特色小镇产业布局时，应该根据具体情况，利用一些积极的因素，促进产业合理布局。

（二）运动休闲特色小镇产业布局规律

1. 运动休闲特色小镇产业布局的地区差异性规律

地区差异性是影响运动休闲特色小镇产业分布的一个重要规律，在特定的生产力水平下，运动休闲特色小镇的产业布局，往往会选择最有利于自身产业发展的区域进行布点，以追求利益最大化。一个地区的产业布局，与该地区的自然、社会、经济等因素密切相关，就崇礼太舞滑雪小镇的产业布局而言，其借 2022 年冬奥会的机遇，拥有便利的交通条件，再结合河北张家口崇礼地区天然的地理优势，建成了集滑雪体验、滑雪旅游、酒店、商业街为一体的运动休闲综合体，也是我国目前最大的综合滑雪度假区。

2. 运动休闲特色小镇产业布局的生产专门化与多样化共生规律

运动休闲特色小镇生产专门化与多样化的共生存在，是产业布局的客观规律。随着经济利益与政策导向的驱动，运动休闲特色小镇中各产业会根据所在地的区位优势进行劳动地域分工，当分工达到一定规模时就会推动特色小镇产业生产专门化的发展，如意大利蒙特贝卢纳镇对运动鞋的生产专门化，通过对当地悠久的手工制鞋历史的传承，形成制鞋产业链，从而降低了鞋子的生产成本、提高了劳动生产率、促进了规模经济的发展，对推动产品数量积累与质量飞跃具有重要意义。运动休闲特色小镇生产专门化的发展，同时也推动了地区生产多样化的发展，各个专门化的生产部门互相协同、纵横交错共同构成了运动休闲特色小镇的产业链网络。

3. 运动休闲特色小镇产业布局的"分散—集中—适度分散"变化规律

运动休闲特色小镇的产业布局遵循由分散到集中，再到适度分散的螺旋上升规律。运动休闲特色小镇的产业布局遵循由分散到集中，再到适度分散的螺旋上升规律。运动休闲特色小镇建设初期，虽然政策极力推动产业在小镇集聚，但是绝大部分产业类型同质化，产业布局也很分散；在运动休闲特色小镇的发展中期，生产专门化是促进产业布局集聚的起点，使得各关联产业依据运动休闲特色小镇支撑产业集中发展，以降低生产成本和提高劳动生产率。随着运动休闲特色小镇产业链的发展，初期进入与后期运动休闲特色小镇发展方向和发展重心不一致的产业，就会出现产业集聚不经济的现象，它们也就会从运动休闲特色小镇产业链中分散出去，也就使得产业布局从集聚向适度分散转变。

（三）运动休闲特色小镇产业布局原则

1. 全局性和长远性原则

运动休闲特色小镇的建设主要是为了满足群众运动休闲需求、培育体育产业市场和推动健康中国建设[①]。因此，运动休闲特色小镇的产业布局也必须从群众需求、产业发展、体育强国建设的战略高度来实施。从运动休闲特色小镇的发展全局来看，应充分发挥当地特色，协调各特色产业与全产业链的相互关系，以发展运动休闲特色产业为目标；从运动休闲特色小镇的发展规划来看，应确定支撑产业与各关联产业布局的长远性，根据各个时期的需求进行产业布局，协调长远利益与当前利益关系，以运动休闲特色小镇长远利益为主要抓

---

① 体育总局办公厅关于推动运动休闲特色小镇建设工作的通知 [EB/OL]. http：// http：// www. sport. gov. cn/n316/n336/c802334/content. html.

手。因此，贯彻落实运动休闲特色小镇产业布局全局性与长远性原则，有利于发挥各地特色，还可以避免布局的盲目性，有助运动休闲特色小镇产业链可持续发展。

2. 发挥地区比较优势原则

由于运动休闲特色小镇所在地的不同，区域地理条件、技术发展、经济水平等因素都会对产业布局产生影响，使得运动休闲特色小镇各产业在空间分布上呈现地区差异性。因此，在运动休闲特色小镇规划及开发时期，需要因地制宜地结合当地经济条件与基础设施条件调整产业布局，发挥地区优势，促进当地特色产业发展。运动休闲特色小镇产业链的比较优势主要体现在以下几个方面：一是市场指向，主要是对当地消费水平与当地消费者偏好的一个评估；二是资源指向，如康养型运动休闲特色小镇的选址对所在地的生态环境和气候要求就高于其他类型的小镇，以运动休闲用品制造业为主的运动休闲特色小镇对当地交通条件的要求更高；三是劳动力指向，以运动休闲用品制造业为主的运动休闲特色小镇更偏向于向劳动力资源丰富和劳动成本低的地区布局。

3. 可持续发展原则

构建产业链的目的就是推动运动休闲特色小镇的可持续发展，其中人口、经济与环境又是影响其可持续发展的重要因素，人口与经济的可持续发展是运动休闲特色小镇可持续发展的基础，人口与环境的可持续发展又是运动休闲特色小镇可持续发展的前提。只有合理布局运动休闲特色小镇各产业，才能实现社会效益、环境效益与经济效益的共同发展。合理的产业布局能够保证运动休闲特色小镇产业链稳定运行，若当地生态环境被破坏必然会影响产业发展，为产业带来不必要的麻烦。在运动休闲特色小镇的布局中必须坚持节约资源、保护环境、与当地居民和谐共处的方针，平衡经济效益、社会效益、生态环境效益对立统一的关系。

二、运动休闲特色小镇规模经济的牵引效应

规模经济是表示在原有技术条件下，在一定的产量范围内产品平均成本下降、收益上升的一种规律性现象，是改善一个企业效率的重要源泉[①]。表现在运动休闲特色小镇产业链中就是随着产业链的各关联产业不断完善、相互协

---

① 陈抗，战炤磊. 规模经济、集聚效应与高新技术产业全要素生产率变化 [J]. 现代经济探讨，2019 (12)：85－91.

114

同，各产业的单位生产成本降低，使其收益不断上升的一种现象。运动休闲特色小镇产业链适应网络的规模经济效益主要表现为，在产业链中的若干关联企业，通过支撑产业的牵引和相互协同作用，将运动休闲特色小镇变成一个"联合的大产业"，并且在需求与供给中获得了"准规模经济效益"，这一种经济效益也是吸引各关联产业加入产业链的动力。

下文探讨规模经济对智能制造型运动休闲特色小镇产业集聚的影响，对其进行估算：若运动休闲特色小镇产业集聚所节约的成本大于运输成本的增加，那么拥有日产量为 M 的支撑产业就会吸引位于距离 d 处日产量为 m 的关联产业。假设运输单位产品的重量为 W，单价为 s，运输的总成本为 $Wdms$，产业集聚所产生的单位成本节约为 $P(M)$。

日产量为 M 的支撑产业节约就为

$$T(M)=MP(M) \tag{4-11}$$

关联产业集聚后的节约量为

$$T(M+m)=(M+m)P(M+m) \tag{4-12}$$

集聚所产生的节约总量（H）为

$$H=(M+m)P(M+m)-MP(M) \tag{4-13}$$

那么，只要 H 的值大于 $Wdms$ 值，产业集聚就发生，也就得出计算运动休闲特色小镇支撑产业吸引力延伸的最大距离范围公式：$Wdms=cT/cM$。从企业的最初状态 0 点到 M 点的集聚节约为 $\int_{0}^{M} f(M)cM = T(M)-T(0) = T(M) = MP(M)$，从而得出一个底为 M、高为 $P(M)$ 的矩形，如图 4-4 所示。

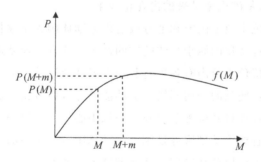

图 4-4 运动休闲特色小镇产业集聚经济函数

从图 4-4 中可以发现，影响集聚经济的因素主要为运输成本与生产密度，运动休闲特色小镇产业集聚也一定是一个日产量较大的产业对另外的小产业的吸引，日产量为 M 的大产业是否会吸引距离 r 以外的小产业（m），主要还是看集聚后的节约总量（H）与运输成本增量（Wdms）的差值，运输成本的增量与企业间的距离 d 呈正比例关系，若（H）＞（Wdms）则会吸引集聚，反之则集聚不能发生。

三、运动休闲特色小镇外部经济的内化效应

产业之间的经济行为是相互影响和制约的，通过供需关系与市场价格波动来发挥这种影响的作用。当经济中存在市场无法反映的影响时，那么市场就存在外部性[1]，这种影响也是来自市场之外的。根据影响的正反面，也将外部性分为正外部性与负外部性，又称作外部经济与外部不经济。对外部性最早的论述是由英国经济学家阿尔弗雷德·马歇尔（Alfred Marshall）于 1981 年在其著作中提出[2]。马歇尔认为，外部经济就是指一个企业的生产规模扩大会促进这一产业的其他企业发展。表现在运动休闲特色小镇产业链中就是产业链中的一个企业生产规模扩大，随之也会带动产业链中的其他企业生产规模增加，这样的一种影响对运动休闲特色小镇产业链来说是内在的，对产业链中的企业来说是外在的。

依据马歇尔的理论，运动休闲特色小镇产业链的企业集聚在同一区域，就会使得该区域的经济环境发生变化，而这一环境中的个人及产业都会获得利益，这就是一种外部经济。外部经济对运动休闲特色小镇产业链中的企业来说是有利的，通过各种渠道为企业提供顺利发展的外部环境，会增强企业的竞争优势。运动休闲特色小镇产业链为企业提供的外部环境效果主要表现在以下几个方面。

（一）完善的基础设施带来的内在化效果

运动休闲特色小镇是国家和地方政府以运动休闲为主题打造的，融良好体育产业基础与体育文化内涵于一体的空间区域、体育产业基地和全面健身发展平台。运动休闲特色小镇内有各种有利于发展体育运动、体育休闲项目的基础设施，主要包括：便利的交通网络、多功能的综合体育馆、健康管理中心、医疗卫生设施、体育项目基础配套设施、信息中心、人员培训中心、水电等基础能源供给、酒店餐饮等基础服务设施。运动休闲特色小镇的管理者会整体上对这一些基础设施进行协调和管理，从而缩减各企业的重复投资成本，促使更多的关联企业在运动休闲特色小镇聚集，降低企业间的交易费用和生产成本，让

① 王兆华. 区域生态产业链管理理论与应用 [M]. 北京：科学出版社，2010：65.
② 朱勇. 新增长理论 [D]. 北京：中国人民大学，1998.

企业能切实感受到由外部经济所带来的内在化效果。

（二）人才集聚的溢出效果

运动休闲特色小镇在吸引大量的关联产业进入的同时，也吸引了大量的体育科研人才、管理类人才、体育技能人才、营销类人才和技术工人等聚集到这里。人才是在运动休闲特色小镇产业链流动的"血液"，运动休闲特色小镇能否获得发展，关键就在于它能否为有关人才提供价值实现的平台，使人才集聚后创造更大的价值。各种专业人才在运动休闲特色小镇内流动，一方面有利于各种专业知识的交流沟通，另一方面也能够为各个企业寻找相关人员节约成本。当然，运动休闲特色小镇产业链产生的外部经济并不只是局限在它的内部，它会辐射到所在地周边的一些经济活动区域中，创造成熟的人力资源市场、便利的交通运输环境、运动休闲相关附属产业等。因此，运动休闲特色小镇通过吸引产业的集聚带动了人才集聚，同时相关人才的集聚所带来的溢出效果，为所有在运动休闲特色小镇产业链中的企业提供了更宽广的发展空间。

（三）知识与技术集聚的溢出效果

运动休闲产业在运动休闲特色小镇中集聚有助于知识和技术的"外溢"，运动休闲特色小镇产业链和技术创新是融合发展的，运动休闲特色小镇产业链能够为体育科学研究提供需要的科研环境，体育科学研究成果的溢出效应也会进一步促进运动休闲特色小镇的发展。在运动休闲特色小镇产业链中，技术集聚所带来的利益，推动着关联产业加入到产业中。运动休闲特色小镇产业链的外溢机理图，如图 4-5、图 4-6 所示。

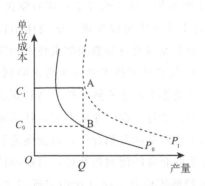

图 4-5 单一产业状态下的成本

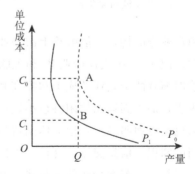

图 4-6 产业链状态下的成本

由图 4-5 所示，若运动休闲特色小镇中只有一个企业 W，依据市场的供给和需求的关系，将产量确定为 Q，现在的单位生产成本为 C_0，成本与产量

的关系曲线为 P_0，此时运动休闲特色小镇的生产和生活对外界环境产生的是负外部性。持续的负外部性会导致生态环境的破环，政府和社会将会对这一种行为进行干预，强迫其将外部不经济进行内化。这样不仅会给运动休闲特色小镇带来不必要的麻烦，还会增加大量的生产废物处理费用，提高了生产成本，此时成本与产量的关系曲线为 P_1。如果运动休闲特色小镇还想达到 Q 的产量就需要把单位成本提高到 C_1。随着成本的增加，企业收益自然下降，从而带来企业利益的损失。

若此时有一个关联企业 M 进入运动休闲特色小镇中，支撑产业 W 和关联产业 M 就组成了产业链。M 产业通过一种技术将 W 产业所产生的废料转化成 M 产业所需要的原料。从图 4-6 中可以看出，P_0 表示 M 企业不加入运动休闲特色小镇时的成本-产量曲线，P_1 表示 M 企业加入运动休闲特色小镇并与支撑产业 W 形成产业链时的成本-产量曲线，此时的矩形 ABC_1C_0 则表示通过技术溢出效应为关联产业 M 所带来的效益。

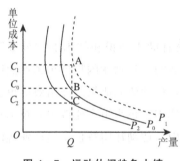

图 4-7 运动休闲特色小镇
产业链利益关系

通过图 4-7 可以看出，在加入关联产业 M 后，支撑产业 W 也得到了技术溢出带来的利益，对比图 4-6 也多了一条成本-产量曲线 P_2。若支撑产业 W 所产生的生产废物以很低的价格出售给关联产业 M，那么支撑产业 W 的生产成本就会降低，还会获得关联产业 M 购买废料所支付的费用，W 企业也获得了技术溢出所带来的利益，也就是矩形 C_1C_2CA 的面积，从而形成了双赢的模式。

通过上述分析可以发现，运动休闲特色小镇产业链的构建，能够给上游企业、下游企业以及自身都能带来技术的溢出效益。图 4-7 中支撑产业 W 和关联产业 M 都获得了技术溢出所带来的利益，都能够缩减两个企业的成本和提高利润。其他相关产业看到这样的高利润也会被吸引，加入到运动休闲特色小镇产业链中，通过关联产业的集聚，技术溢出效果也会更加明显。在运动休闲特色小镇中各产业间互相合作，也会促进员工之间的知识、信息交流，这样可以使得各关联企业间便利地获得该行业的技术发展趋势，了解本行业的竞争状态与市场趋势等信息。通过互相交流与学习，可以促进产业变革，加快运动休闲特色小镇产业链中各产业技术革新，促进运动休闲特色小镇的可持续发展。

第三节 运动休闲特色小镇产业链的供需机理

运动休闲特色小镇产业链的供给与需求机理，是整个小镇支撑产业与关联产业的驱动力。在本小节中运用供求关系分析的方法对运动休闲特色小镇市场情景进行分析，旨在准确把握运动休闲市场变化趋势，了解企业相关产品的价格变化及人力资源投入成本变化等情况。在本小节研究中，将分别对运动休闲特色小镇产业链的供给机理与需求机理进行分析。

一、运动休闲特色小镇产业链需求机理

运动休闲特色小镇产业链需求，主要是指运动休闲爱好者愿意对一定价格的运动休闲产品或服务进行消费的过程。这一过程不仅受到小镇因素的影响，还受到运动休闲爱好者个人因素的影响，接下来将对影响运动休闲爱好者需求变动的因素及其原理进行分析。

（一）影响运动休闲爱好者需求变动的因素

影响运动休闲爱好者的需求变动的因素，除了运动休闲小镇对休闲产品的定价外，还有其他一些因素对运动休闲爱好者的需求产生影响。比如对某一项体育运动的需求除了受服务价格的影响，还受到消费者收入、消费者意愿、消费者偏好、相关产品价格、消费预期等因素的影响。所有除了商品价格之外对需求量产生影响的因素，都称为需求变动因素[1]。

绘制一条运动休闲爱好者运动休闲用品 W 的需求曲线可以发现（图 4-8），当其他因素都固定为常数不变时得到运动休闲用品 W 的需求曲线 E_0。当消费者收入以及相关产品价格发生变化时，就会导致需求曲线的位置发生变动。当运动休闲消费者需求曲线向左移时需求减少，同一价格下需求减少；当运动休闲消费者需求曲线向右移时需求增加，同一价格下的需求更多。若在同一条需求曲线内发生移动，则

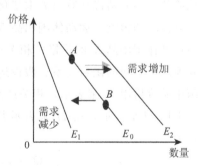

图 4-8 运动休闲消费者
需求变动曲线

---

① 迈克尔·贝叶，杰弗里·普林斯.管理经济学（第 8 版）[M].王琴译.北京：中国人民大学出版社，2017：27.

表示需求量的变动，如图中由 A 到 B 的移动，表示价格降低，消费者的需求量会随之增加。对沿一条需求曲线移动和需求曲线移动的区别，对判断需求影响因素如何对消费者需求变动产生影响很重要。接下来将分别探讨运动休闲爱好者的收入变化、相关产品价格变化、运动休闲爱好者的消费预期对需求曲线的影响。

从运动休闲爱好者的收入角度进行分析，收入水平是影响运动休闲爱好者对这一爱好投入资金情况的因素，收入变化会影响运动休闲爱好者在某一价格下对该项目的购买数量。代入图 4-8 中发现，运动休闲爱好者的收入发生改变会直接导致整条需求的左移或者右移，移动方向会随着服务质量的优劣发生变化，当收入增多时运动休闲爱好者对该项目的投入会增加，对服务的质量要求也会更高，此时需求曲线会右移；收入下降时对该项目的需求也会减少，导致需求曲线左移。除以上情况外还会有运动休闲爱好者收入增加但是对某一项目的需求减少的情况，经济学家将这种产品称为"劣等品"。从运动休闲爱好者的消费预期进行分析，当消费者预感到该种商品会涨价会导致当前该商品的需求增加，就会用当前的购买取代未来的购买，这一种情况更多地出现在运动休闲用品购买方面。从商品价格变化的角度进行分析，当同功能的运动休闲用品价格上升，消费者就会转而购买另外一种价格低的运动休闲用品，此时这种替代品的需求曲线就会右移。

（二）运动休闲爱好者需求函数

利用图形来描述消费者需求的变化，这一种方法只能大致估算出需求的变化趋势，不能精确计算出需求变化量，接下来将用函数的形式探讨所有影响因素对需求的影响。运动休闲用品 X 的需求函数就是运动休闲用品 X 的需求量与运动休闲用品 X 的价格、相关产品价格、运动休闲爱好者的收入水平以及其他因素之间的函数关系。假设运动休闲用品 X 的需求量用 Q_x^d 表示，运动休闲用品价格用 P_x 来表示，相关产品的价格用 P_y 来表示，运动休闲爱好者收入水平用 M 来表示，用 H 来表示其他影响因素，得到运动休闲用品的需求函数为

$$Q_x^d = f(P_x, \ P_y, \ M, \ H) \tag{4-11}$$

从需求函数中可以看出，运动休闲用品的需求量与产品价格以及其他影响因素息息相关。通过绘制运动休闲用品需求函数的线性表达式：

$$Q_x^d = a_0 + a_x P_x + a_y P_y + a_M M + a_H H \tag{4-12}$$

依据客观规律，得出运动休闲用品价格 P_x 的增加会导致运动休闲用品 X 的需求量 Q_x^d 降低，同时也意味着 $a_x < 0$。通过函数表达式分析可得，a_y 值的

正负与运动休闲用品 W 和用品 V 是互相为替代品还是互补品有关，a_y 为正则互为替代品，若 a_y 为负，则互为互补品。a_M 的值取决于运动休闲用品 W 是正常品还是劣质品。a_M 为正，则运动休闲用品 W 为正常品，若 a_M 为负则运动休闲用品 W 为劣等品。

在上述研究中分别对运动休闲用品的需求曲线和需求函数进行描述，也揭示了需求量与运动休闲用品价格、相关产品价格、运动休闲爱好者的收入水平之间的关系。当运动休闲用品的需求量增加到一定程度，就会形成消费者剩余，此时运动休闲爱好者就会从一种产品中得到超出支付费用的那部分价值。通过对这一部分价值的计算也就可以得出运动休闲爱好者为获得某一种运动休闲产品所愿意支付的总金额。

二、运动休闲特色小镇产业链供给机理

在上述研究中对运动休闲特色小镇产业链需求机理进行了分析，但需求只是决定市场价格的一方面，决定市场价格的另一方面是市场供给 。接下来将对运动休闲特色小镇产业链供给变动的影响因素和原理进行分析。

（一）影响运动休闲特色小镇产业链供给变动的因素

影响运动休闲特色小镇产业链供给变动的因素有很多，主要包括国家及地方政策、税收、技术变化、投入成本、产业集聚度等因素。当这一些因素中的一个或几个发生变动时，都会导致运动休闲特色小镇产业链供给的变动，通常情况下会用绘制供给曲线方法对上述变化情况进行分析。那么我们绘制一条除产品价格之外其他因素保持不变的运动休闲特色小镇产业链供给曲线 S^0（图 4 - 9 所示），从曲线 S^0 中可以发现，当其他因素不变的情况下，运动休闲产品 W 的价格下降或者上升，会影响该产品供给量的变化，价格上升供给量增加，价格下降供给量减少，这种情况称为供给量变动，除供给量变动还会有供给的变动，受到除价格外的其他因素影响时就会导致运动休闲用品供给的变动，从图 4 - 9 中可以得出，当供给曲线由 S^0 变为 S^2 时为供给增加，变为 S^1 时为供给减少，当供给增加时则表示给定任意价格运动休闲特色小镇中的企业愿意提供更多的产品，当供给减少时则表示给定任意价格运动休

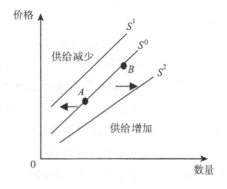

图 4 - 9 运动休闲特色小镇产业链
供给曲线变动曲线

闲特色小镇中的企业愿意提供的产品数量减少了。

从政策税收变化的角度进行分析，当政策、税收的发生变化时会影响供给曲线的位置，政策福利降低企业生产成本时会导致供给曲线右移，造成供给增加，反之则会导致供给曲线左移，造成供给减少；若税收减少会造成供给增加，税收增多会导致企业减少供给。从生产技术角度进行分析，若生产技术改善能够降低生产成本，会导致供给曲线右移，造成供给增加，反之则会导致供给曲线左移，造成企业减少供给。从投入成本角度分析发现，当运动休闲产品生产的投入成本增加时会导致企业减少生产，造成供给曲线左移；当运动休闲产品生产的投入成本减少时会导致企业增加生产，造成供给曲线右移。从运动休闲特色小镇产业的集聚度进行分析，当上游产业和中下游产业产生合作关系的时候，就会导致供给曲线的右移，增加产品的生产；当小镇中某一关联企业退出小镇对其他企业的合作关系造成影响时，就会使供给曲线左移，导致产品生产减少。

（二）运动休闲特色小镇产业链供给函数

利用图形来描述运动休闲特色小镇产业链供给曲线的变化，这一种方法只能大致估算出供给的变化趋势，不能精确计算出供给变化量，接下来将用函数的形式探讨所有影响因素对运动休闲特色小镇产业链供给的影响。假设运动休闲用品 X 的供给量用 Q_x^s 表示，运动休闲用品 X 的价格用 P_x 来表示，相关产品的价格用 P_y 来表示，相关人员的劳动工资率用 W 来表示，用 H 来表示其他影响因素，得到运动休闲用品 X 的供给函数为

$$Q_x^s = f\ (P_x,\ P_r,\ W,\ H) \tag{4-13}$$

从运动休闲特色小镇产业链供给函数中可以看出，运动休闲用品的供给量与产品价格以及其他影响因素息息相关。绘制运动休闲用品供给函数的线性表达式：

$$Q_x^s = \beta_0 + \beta_x P_x + \beta_r P_r + \beta_w W + \beta_H H \tag{4-14}$$

可以对运动休闲用品 X 的供给量进行计算。

（三）运动休闲特色小镇产业链的市场均衡

依据客观规律，生产者希望价格尽可能地高，消费者希望价格尽可能的低，竞争市场上的价格均衡也主要取决于所有生产者和消费者的相互作用。从运动休闲用品的需求曲线可以看出，当运动休闲用品的需求量增加到一定程度，就会形成消费者剩余，此时运动休闲爱好者就会从一种产品中得到超出支付费用的那部分价值。消费者需求和小镇企业的供给是一个相互作用过程，因为在市场上某种商品的需求和供给将同时决定该商品的价格。

针对运动休闲特色小镇的某一款产品 M，设该产品价格为 P，产品数量为 Q，绘制这一款产品的供需曲线，如图 4-10 所示。假设这一产品的价格是 P^M，这一价格对应市场需求曲线 B 点，此时运动休闲爱好者愿意购买的数量为 Q^1，P^M 还对应着供给曲线 A，这一价格下小镇生产商愿意生产的数量是 Q^0。这一价格下产品短缺，小镇产品生产量难以满足运动休闲爱好者的需求量。

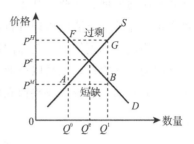

图 4-10　运动休闲特色小镇
产业链市场均衡曲线

在产品短缺这一情况下，价格就会增加，P^M 增加到 P^e，小镇供给量也从 Q^0 到 Q^e，但是价格上升，运动休闲爱好者的需求量就会下降，当价格上升到 P^e 时运动休闲爱好者的需求量会下降到 Q^e，此时运动休闲爱好者的需求量与小镇产品的供给量相等。当价格继续升高到 P^H，现在价格对应需求曲线的 F 点，需求数量为 Q^0，对应供给曲线的 G 点，供给量为 Q^1，此时出现产品过剩的情况。这也将会导致价格下降，若此时价格重新降到 P^e，小镇产品的供给量也降到 Q^e 时，需求量与供给量再次平衡。

因此，小镇的产品供给和运动休闲爱好者的需求共同决定了这一产品的价格，价格过高或者价格过低都会导致市场供需失衡，只有形成平衡价格 P^e 和平衡产量 Q^e 时，才不会出现产品过剩和产品短缺的现象，运动休闲特色小镇的供给和需求才会平衡。

第四节　运动休闲特色小镇产业链的内生机理

运动休闲特色小镇产业链是一个复杂的大系统，形成这一系统不仅仅受到外界因素（政治、经济、文化）的推动，更为重要的是内部各子系统之间的互相协调所产生的内部驱动力，这一驱动力包括运动休闲特色小镇产业链的复杂适应机理、协同机理以及可持续发展机理。其中，复杂性是运动休闲特色小镇产业链生成的内在动力，由于复杂性的存在使得协同机理与可持续发展机理在产业链形成过程中得到体现。

一、运动休闲特色小镇产业链的复杂适应系统机理

运动休闲特色小镇产业链的内部作用机理十分复杂，它不仅包括一、二、三产业的融合，而且还需要统筹管理各个产业的发展，还要保证经济效益与社

会效益协同发展。在此，基于"结构、行动以及效益"三要素构建运动休闲特色小镇产业链复杂适应机理分析框架，如图 4-11 所示。这一分析框架主要由三部分构成，分别体现运动休闲特色小镇产业链的基本特征，一是以产业融合为基础的交互驱动，二是以产业集聚为核心的内生驱动，三是以效益提升为目标的外嵌驱动，以及产业兴镇和责任强镇共同助力体育产业高质量发展。

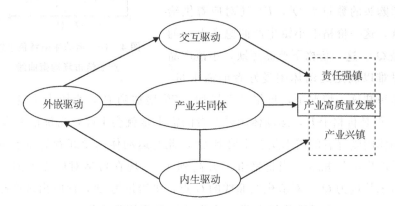

图 4-11　运动休闲特色小镇复杂适应机理分析框架

（一）内生驱动下产业链的孕育生成

内生驱动是运动休闲特色小镇内在的驱动因素，它既受到先天的自然资源禀赋、地理环境优势、当地文化民俗、运动休闲产业基础影响，同时还受到目标引领的影响。运动休闲特色小镇在发展规划与设计阶段，就是依据当地自然环境、产业基础等特色对小镇发展的类型实施定位，通过这一定位来确定运动休闲特色小镇产业布局、公共服务规划以及城市建设规划。以培训型运动休闲特色小镇为例，其依据优质的地理环境、便利交通条件、合适的海拔高度等基础，来打造集体育训练、体育项目培训等为主营业务，综合其他配套服务于一体的培训产业链。完善体育运动资源和配套设施不仅能够吸引运动休闲爱好者带动体育产业发展，此外，能够为竞技体育项目训练提供优质的场地设施和康复医疗服务。

目标引领是运动休闲特色小镇发展的方向指引，在追求体育产业高质量发展的目标的过程中，运动休闲特色小镇以不断进取的精神，追求更高层次的体育强国战略目标。正是坚定这一目标，才使得运动休闲特色小镇不断发展，经历从无到有、从小到大、从弱到强、从局部到整体的过程。同时运动休闲特色小镇具有资源、信息、技术等优势，集聚了许多产业融合发展，更好地发挥了运动休闲特色小镇的示范引领作用。

(二) 外嵌驱动下产业链的快速成长

外嵌驱动是运动休闲特色小镇发展的重要机遇，主要来自国家、地方相关政策推动以及消费者需求驱动两个层面。第一次重大机遇是 2017 年颁布的《国家体育总局办公厅关于推动运动休闲特色小镇建设工作的通知》①，标志着我国运动休闲特色小镇建设正式处于萌芽阶段。随之也公布了第一批 96 个运动休闲特色小镇名单，推动运动休闲特色小镇由最初的规划设计，正式进入具体项目实施阶段。在理论研究领域，我国学者也针对运动休闲特色小镇展开研究，从前期的经验介绍，转变为对外成熟经验的横向借鉴，后续逐步向自主延伸方向发展。

第二次重大机遇是随着国家对运动休闲特色小镇发展的重视，各地方也针对运动休闲特色小镇规划用地、规划融资、体育资源集约等提出了相应的优惠政策。各地也依据自身优势对运动休闲特色小镇建设用地进行规划，以缩减其建设的土地成本；对运动休闲内相关产业实施税收优惠等政策，同时也吸引了越来越多的相关产业加入到运动休闲特色小镇的建设中来，推动了产业规模化发展，无形中也缩减了各企业的交易成本，措施的实施也意味着运动休闲特色小镇的建设驶入快车道。

第三次重大机遇是随着人们生活水平的提高，对休闲生活方式的需求也越来越高，依据马斯洛需求层次理论，当人们满足基本的生存需求后就会有自我实现等更高层次的需求涌现出来，正是这一些需求推动着产业转型升级，也是这一些需求驱动着运动休闲特色小镇的发展。对运动休闲特色小镇的需求主要来自两个方面，一是满足全民健身的需求，运动休闲特色小镇内优质的体育人才资源与体育场地设施资源，能够满足体育运动爱好者基本的运动健身需求供给，天然地符合全面健身目标诉求。二是城镇化发展的需求，城镇化的发展需要产业的支撑②，运动休闲特色小镇是以运动休闲产业为支撑产业的企业聚集综合体，在小镇支撑产业发展的同时，吸引了大量的关联产业加入其中，应以体育产业高质量发展为目标，应以缩减各企业的交易成本为重要抓手，带动当地生产、生活基础设施发展，促进新型城镇化建设。

(三) 交互驱动下产业链的稳定发展

运动休闲特色小镇始终坚持多元产业协同合作、产业集聚互惠共生等发展

---

① 体育总局办公厅关于推动运动休闲特色小镇建设工作的通知 [EB/OL]. http：// http：// www. sport. gov. cn/n316/n336/c802334/content. html

② 张雷. 运动休闲特色小镇：概念、类型与发展路径 [J]. 体育科学，2018，38 (1)：18−26＋41.

模式，正是这样的发展模式促成了运动休闲特色小镇产业链进入成熟稳定的发展阶段。

首先，运动休闲特色小镇的多元产业协同合作促进了产业链的稳定发展，运动休闲特色小镇产业链以运动休闲产业为核心支撑产业，与其关联产业组成联盟以实现协同发展、降低生产交易成本的目的。一方面，运动休闲特色小镇得到了政策和社会资本的支持，有雄厚的资源基础，能够为运动休闲产业发展提供财力、人力以及物力支持。另一方面，当运动休闲产业在小镇内集聚，不仅能够缩减上游产业的废物处理成本，还能够缩减中下游企业的原材料购买成本，从而吸引更多的企业加入到产业链中，促使规模经济扩大化。

其次，运动休闲特色小镇产业集聚、共生可以辐射周边产业共同发展，运动休闲特色小镇产业链的形成过程充分体现出国家政策的核心引领作用，以及小镇与周边地区、各产业与周边地区、经济效益与社会效益的互惠共生作用。通过政策引导运动休闲特色小镇产业链发展，可以为运动休闲小镇主营产业与各关联产业提供便利条件，加快产业集聚，整合各种有效资源，实现小镇资源共享，使资源转化为经济效益与社会效益，改善当地居民的生活环境。运动休闲特色小镇产业链不同于其他产业链，它需要以全民健身为目的，以休闲产业的发展带动全民健身的发展，实现经济效益与社会效益共同增收、互惠共赢。

二、运动休闲特色小镇产业链的协同机理

由前文可知，运动休闲特色小镇产业链是一个开放的、复杂的大系统，它由若干个子系统构成，正是这一些子系统的协同作用为运动休闲特色小镇产业链发展提供了动力。协同效应来自运动休闲特色小镇产业链的生产和经营流程的各个环节，支撑产业与关联产业的价值链和经营流程的整合，能够提升运动休闲特色小镇产业链的价值。基于此我们构建了运动休闲特色小镇产业链的协同效应模型（如图4-12所示），其中包括产品与产业协同、运作协同、管理协同以及产业协同四个方面的内容，最顶层的是由运动休闲特色小镇支撑产业与各关联产业所构成的产业协同网络，次一层的是运动休闲特色小镇产业链各节点企业的管理协同，第三层是运动休闲特色小镇产业链各节点企业的运作协同，最后一层是运动休闲特色小镇产业链各节点企业间的产品与应用协同。在实际运行过程中各种协同纵横交织，有机结合在一起，一同推进运动休闲特色小镇产业链的整体协同运行。

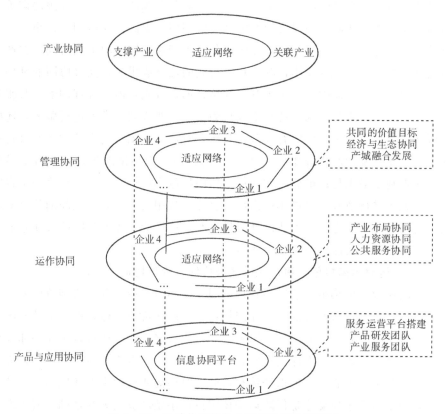

图 4 - 12　运动休闲特色小镇产业链协同机理

（一）运动休闲特色小镇产业链的初级协同：产品与应用协同

运动休闲特色小镇产业链的产品与应用协同，主要是指在信息协同平台中生产资源与销售网络的产品与应用协同。产品与应用协同也是运动休闲特色小镇产业链最基础的协同，只有满足这一层协同，才能保证产业链稳定运行。

因此，运动休闲特色小镇在规划发展期应率先对小镇未来发展的产业进行定位，并建立良好的服务运营平台，精准有效地获取市场信息，及时了解消费者的需求，提高产品供给柔性，精准把握市场需求，为消费者提供最满意的服务与产品。使运动休闲特色小镇产业链支撑产业与其他关联产业互相协同，实现真正的信息与资源共享，从而促成产业链中各企业长期合作达成战略联盟。此外，各企业还应该重视自身技术的发展与更新，紧跟时代步伐，使信息在运动休闲特色小镇产业链中高效流通，从而促进产业链价值提升。

（二）运动休闲特色小镇产业链中级协同：运作协同

运动休闲特色小镇产业链运作协同，主要指支撑产业与关联产业为共同目

127

标对产业布局、产品生产、产品开发、公共服务资源调度、人力资源协调等所做的具体规划，从而实现对资源的精准高效利用，提高运动休闲特色小镇产业链的反应能力。运作协同是运动休闲特色小镇产业链模型的中级协同，在产业链模型中起承上启下的作用，既是初级协同的最终成果又是高级协同的基础。

因此，在运动休闲特色小镇开发与培育期，首先，需要合理调配公共服务资源，整合公共服务资源，使其不仅只为某一企业或某一类人进行服务，还要将服务范围辐射到小镇内所有人群；其次，对运动休闲特色小镇的产业进行布局优化，充分发挥产业合作"1＋1＞2"的作用，为小镇内各企业节省交易成本，实现利益最大化；最后，建立运动休闲特色小镇智力平台，在这一平台中对小镇人才进行协调，促进小镇内部各企业、各相关专业人才之间的信息交流与沟通，为各企业之间的人才流动提供便利，这样的人才聚集既能方便企业间进行业务联系，又能缩减企业人才搜寻成本。

（三）运动休闲特色小镇产业链高级协同：管理协同

运动休闲特色小镇产业链的管理协同，在小镇产业运营与管理阶段发挥着重要作用，首先，需要明确运动休闲特色小镇产业价值目标，以一个共同的目标去要求小镇的其他企业，使小镇的产业达成战略联盟，通过各企业的非线性作用，使复杂的系统由无序向有序转化，并形成一定自组织结构；其次，需要协调经济与生态重心，在追求经济利益的同时还需要保护生态环境与维护社会利益，稳定的生态环境才是保障运动休闲特色小镇产业发展的基础，若生态环境遭到破坏，小镇的产业发展必然会受到不利影响；最后，需要推进产城协调发展，运动休闲特色小镇一般位于郊区或山区，小镇周边也会有许多居民，应以发展产业的形式为周边村民解决工作问题，通过发展旅游业带动周边村民共同致富，将小镇与周边社区结合，共同促进城镇化发展。

三、运动休闲特色小镇产业链的可持续发展机理

依据区域可持续发展系统的内涵与特点[①]，对运动休闲特色小镇产业链的可持续发展机理进行分析，发现运动休闲特色小镇产业链的可持续发展是指该区域内部经济、社会、生态等子系统间的相互协调，既能满足现代人的需求，还会影响后代人需求的发展。运动休闲特色小镇在规划设计、项目开发培育、产业运营管理、产品分销升级的全生命周期中，应统筹规划各类产业项目风险、整合资源、提升能力、链接产业网络，使小镇与地区协同发展，应以产业

① 任建兰. 区域可持续发展导论［M］. 北京：科学出版社，2014：11.

集聚为抓手，推动体育惠民，促进体育产业高质量发展，构筑运动休闲特色小镇产业链，实现基层治理现代化。在运动休闲特色小镇产业链运行的过程中，既要兼顾眼前利益又要考虑自然资源的长期供给能力，而运动休闲特色小镇是一个由经济、社会、生态环境所组成的大系统，在这个系统中，人、经济、自然环境以及社会系统之间都会进行物质和能量的转移，为协调这些能量的分配，本书构建了一个运动休闲特色小镇产业链可持续发展模型，如图4-13所示，在模型中呈现出一幅人地协调、资源优化配置、由低级到高级、由简单到复杂的演变流程。

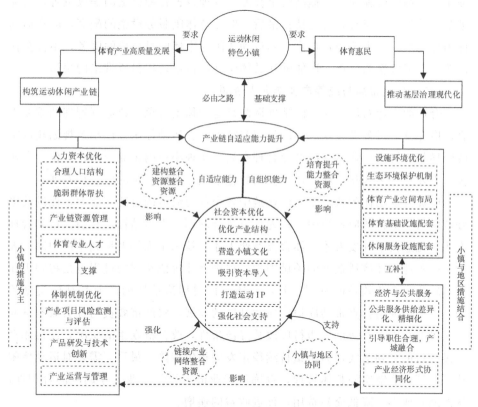

图4-13 运动休闲特色小镇产业链可持续发展机理

（一）加强环境保护与产业空间布局

生态环境和地区资源是运动休闲特色小镇发展的基础，在小镇开发初期政府会对当地生态环境的承载力进行一定的评估，以确定小镇建设不会对当地生态造成破坏。我国学者陆宏芳等人提出SDI（可持续发展性能）评价系统，并表示SDI越高，系统的可持续发展性能越好。上述对系统可持续的评估中都用到环境负载力这一指标作为分母进行计算，这也表明了环境的抗压能力是影响系统的最主要的因素。

因此，在运动休闲特色小镇社会环境优化的过程中，首先，需要建立生态环境保护机制，对各企业对生产废物的处理情况进行监督，督促各企业积极履行环境保护义务，以保证运动休闲特色小镇在获得当前利益的同时，长远发展利益也不受到损害；其次，还需要合理优化运动休闲特色小镇的产业布局，吸引同类型的产业进入小镇，促进企业合作交流，强化企业关系，建立企业联盟，缩减交易成本；再次，合理规划体育场地设施布局，采用新材料、新技术强化体育场地设施韧性，提高安全性能，合理设置各种设施的摆放位置，为促进全民健身提供强有力的支持；最后，应注意休闲服务设施的配套，应在运动休闲特色小镇中为消费者提供一套运动休闲与康体健身结合的服务，不仅会让消费者忘记旅途的疲惫，还能够让其体验到特色运动项目所带来的快乐。

（二）合理布局与统筹产业链人力资源

合理的产业布局与人员的精准调配是运动休闲特色小镇运营管理的重要内容，应充分考虑各类关联产业的类型与特点，在运动休闲特色小镇规划建设阶段引导相应管理产业与支撑产业合理布局，实现小镇内企业结构合理化、专业技术人才结构多样化，促进运动休闲特色小镇产业链系统的可持续发展。

应提升运动休闲特色小镇产业链中各企业与成员的自适应能力，促进其更好地融入小镇自适应系统中。首先，需要合理调配人口结构，吸引大量的管理人才、先进技术开发人才、体育类专业人才、技术工人等聚集到小镇中来，人才是改善地区经济活跃度的关键因素，促进人才价值实现的过程也是将知识和技术转化为企业效益的过程。其次，还应该对周边地区的产业与社区实施帮助，以小镇为增长点带动周边村庄和社区的发展，将经济效益与社会效益延伸到人民群众中去，协助周边村民改善经济条件，改善群众生活状况，使得体育惠民的目的得到落实，为小镇持续稳定发展提供保障。最后，需要对运动休闲特色小镇产业链实施整体管理，以确保产业链运行与专业人才调度的合理性，从而缩减成本，降低交易费用，促进收益的递增。

（三）构建智慧化监测体制与常态化评估机制

应构建贯穿整条运动休闲特色小镇产业链的风险监测与预警机制，依托互联网技术对小镇相关数据进行整合，应构建小镇产业链风险预测与预警机制、突发事件应急机制，以及用户反馈机制。针对不同类型的运动休闲特色小镇应建立不同的风险监测机制，以应对不同行业和不同类型的风险，应完善小镇应急管理体制与预案。应加强运动休闲特色小镇智慧化管理，应整合原有资源并创新资源的利用形式，应深入分析小镇产业链的潜在风险并制定规避措施，模拟各类风险来临时的应对措施，为规避风险提供可行方案。

应积极推动产品研发与技术创新，新的产品与技术是运动休闲特色小镇产业链的核心竞争力，新产品的研发可以为运动休闲特色小镇的运行提供能量，一种新技术与新产品的开发应让原本处于平衡的系统受到剧烈冲击，重新处于一个无序的状态，这时小镇内各企业就会对原材料加工与产品的营销策略进行调整，从而使得运动休闲特色小镇产业链适应网络得到负熵的注入，使运动休闲特色小镇产业链系统重新跃入一个新的有序状态，形成自组织。正是由于这种自组织特性的存在，使得运动休闲特色小镇产业链适应网络能够在外界不断的竞争与冲击下持续发展，这一些内部"涨落"因素也使产业链更加趋于完善。

（四）加强经济协同与公共服务差异化供给

在运动休闲特色小镇建设初期，管理者与经营者对小镇的基础设施与服务设施，再进行合理规划，有助于小镇精准引入产业并实施布局，并且还能保护当地生态环境的完整性，为小镇的可持续发展奠定基础。

因此，运动休闲特色小镇建设应该从产业与小镇的融合程度、产业多样性与相关性以及知识的复杂程度方面高度关注小镇的内外经济柔韧性建设，重点培育具有灵活性和创新性的小微企业。要吸引更多关联产业的集聚，以提升小镇内部产业的总生产量，促进外部经济内生化，缩减各企业的原材料采购成本与产品交易成本，增强小镇的竞争优势。在运动休闲特色小镇的建设初期应该考虑小镇人员职住设施规划的合理性以及公共服务供给的差异性，只有合理安排生活和生产环境才能做到既不影响小镇企业生产，也不干预小镇内人员的日常生活，精准的公共服务供给才能发挥最大的作用，应根据不同小镇类型、人员结构以及小镇内居民需求选择不同的供给方式和供给内容，使高效的生产率与舒适的生活环境相结合。应对不同类型的运动休闲特色小镇实施差异化公共服务供给，不仅能够保证公共服务资源不会闲置浪费，还能够减少小镇有关产业对基础设施的重复投资，以节省小镇内企业的生产和交易成本，使各企业切实感受到加入运动休闲特色小镇产业链所带来的福利。

（五）打造产业链自适应能力提升的内核

为坚决落实体育惠民政策，促进体育产业高质量发展，应构建以运动休闲产业为核心，各类相关产业为支撑，以小镇为基础的运动休闲特色小镇产业链网络结构，推动基层治理现代化。在运动休闲特色小镇建设初期，小镇产业网络比较薄弱，产业类型比较单一，并未形成完整的产业链，此时充分发挥政策的引导能力，吸引各企业在小镇进行投资，是快速构建运动休闲特色小镇产业链网络的有效途径。同时，打造属于自己的体育 IP，营造运动休闲特色小镇独特的体育文化，是提升小镇社会影响力的重要手段，也是吸引社会资本投入最有力的条件。浓厚的运动休闲特色小镇文化也是影响小镇发展的重要因素，对内绵延的文化脉络能够增强小镇内部人群的归属感，强化对小镇的依恋感，提升小镇的精神文化质量；对外，可以提升运动休闲特色小镇的知名度，提升小镇的形象和声誉。

运动休闲特色小镇发展过程中应该"两条腿走路"，应坚持吸引外界资源与履行社会责任并行，吸引外界资源是小镇发展的基础，但是履行社会责任，落实体育惠民才是终极目标，因此需要同时发展经济效益与社会效益。发展社会效益是运动休闲特色小镇建设的初衷，建设小镇主要是为满足当今人们日益增长的运动休闲需求，为人们提供更专业的体育运动场地设施、最优秀的体育运动项目教练员、专业的体育康复机制，以及最优质的运动休闲服务，推动全民健身的高速度、高质量发展。同时履行体育惠民以及保护环境的责任也是运动休闲特色小镇的重要任务，以发展产业的形式吸引劳动力，可以改善周边地区居民的收入水平。应以运动休闲特色小镇为单位积极参与体育知识推广任务，为体育强国战略"添砖加瓦"。运动休闲特色小镇应积极参与环境保护，建立小镇内部产业废物处理监督机制，减少对环境的污染，树立良好的小镇形象。应积极履行社会责任，强化社会责任意识，注重小镇社会责任形象是运动休闲特色小镇产业链可持续发展的基础。

运动休闲特色小镇产业链的运行过程中，需要不断对产业结构以及小镇内综合服务配套进行优化，对产业结构的优化有助于小镇产业链剔除不符合发展目标的企业，以缩减产业链结构负担，降低交易成本，为其他关联企业的入驻提供保障。不断为优化小镇内部配套服务有助于改善小镇居民的居住环境及生活质量，还能够为运动休闲爱好者提供更符合自己需求的服务，提升消费者满意度。产业结构优化与配套设施的优化，是运动休闲特色小镇产业链可持续运行的保障机制。在产业链运行过程中不断对小镇产业进行减负、引入新的产业重新集聚、优化相关设施、提升居民与消费者满意度，是运动休闲特色小镇可持续发展的必经之路。

第五章　运动休闲特色小镇产业链的增值机理

　　价值链理论最早可追溯到迈克尔·波特的《竞争优势》一书中，主要研究对象为企业的竞争优势。随着党的十九届五中全会的召开，贯彻"不断实现人民对美好生活的向往"等精神，对运动休闲特色小镇产业链的价值增值提出了要求。一方面，由于运动休闲特色小镇在开发建设、运营与管理、服务升级与优化等诸多环节涉及环境、技术、资源等，这为小镇产业链的增值指引了方向，即运动休闲特色小镇的增值不仅仅是创造更多的经济效益，更是追求生态效益、满足社会效益的一个过程。另一方面，从产业链整体增值的角度来看，运动休闲特色小镇产业链节的各环节、产业链的延伸、产业链的整合、产业链的联动等都或多或少地受到一些因素的影响，可见，运动休闲特色小镇的产业链唯有发挥各环节的协作优势，才能提升产业链上各主体的协同能力以及生产效率，进一步降低交易成本的费用。综上所述，运动休闲特色小镇产业链的增值机理也并非一蹴而就，而是受到多种内外部环境的相互作用。可以说，运动休闲特色小镇产业链上下各环节的竞争范围已经扩展到整个产业链。因此，探寻运动休闲特色小镇产业链的价值增值将对当前产业链的发展不无裨益。为此，本章将基于价值网络理论来探讨运动休闲特色小镇产业链的增值机理。

第一节　运动休闲特色小镇产业链增值的
研究方法与资料来源

一、研究方法

　　扎根理论是由社会学者格拉斯（Glaser）和斯特劳斯（Strauss）在1976年提出的，是针对某一现象，从一定的原始资料和经验事实中归纳分析从而形成理论，并通过不断比较来修正和完善理论的方法，目的是在文献、资料以及个人经验的基础上寻找反映社会现象的核心概念，概括出理论命题[①]，其核心步骤包括开放式编码、主轴编码、选择性编码三个过程。扎根理论主要分为经典扎根理论、建构型扎根理论和程序化扎根理论，由于程序化扎根理论认为一套在关系命题中相互联系的完善概念体系可用来解释和预测客观现象中的问题[②]，且操作原则、分析步骤和评价标准相对成熟，因此，本章侧重于程序化扎根理论。

二、资料来源

通过高校财经数据库，以"运动休闲特色小镇""体育小镇"为检索标题，逻辑关系选择全部字词命中，对中国经济新闻库进行检索。由表 5-1 可知，"体育""小镇""产业""发展"分为以 5 490、2 569、2 031、1 820 次位列高频词前四位，由此可见，在 2017 年运动休闲特色小镇建设初次被提出至 2020 年三年间，各界学者对体育小镇发展的探索已不胜枚举，探索的热点聚焦于运动休闲特色小镇产业链构建的参与主体、产业链功能诠释以及产业链的构建理念三个方面。

（一）运动休闲特色小镇产业链功能阐释

"运动＋旅游"是在国务院办公厅印发《关于促进全民健身和体育消费推动体育产业高质量发展的意见》后，是国家以运动休闲特色小镇的形式，以健身休闲重点运动项目和产业示范基地等为依托，利用体育产业的特色与旅游产业的功能相结合，将体育和相关产业融合发展，从而推动体育产业高质量发展的重大战略部署。

在此之后，运动休闲特色小镇在产业链的构建中应该具备何种功能是探索小镇发展的热点问题。其中以"休闲"为主要功能的是体验型运动休闲特色小镇，此类型的小镇以当地拥有的区位资源及文化资源为依托，以休闲体育项目开发为主，具有群众参与体验性强、群众体验感较好、运动强度较低的特征。以"健身"和"健康"为主要功能的是康体型运动休闲特色小镇，此类型小镇以生态环境和养生运动项目为依托，以疗养、康复、养生为主要内容，以体医融合为主要形式，面向特殊群体，具有消费水平稍高的特征。以赛事承办为主要功能的是赛事型运动休闲特色小镇，此类小镇一般位于经济实力较强的城镇，具备承办大型国际体育赛事的经济、设施硬实力和体育文化软实力，通过承办多元化的大型赛事，可以提升当地的国际知名度，渲染当地的体育文化氛围，

---

① 韩正彪，周鹏.扎根理论质性研究方法在情报学研究中的应用 [J].情报理论与实践，2011，34（5）：19—23.

② 贾旭东，衡量.基于"扎根精神"的中国本土管理理论构建范式初探 [J].管理学报，2016，13（3）：336—346.

以观赛带动当地的休闲旅游。以"基地"为主要依托的是产业型运动休闲特色小镇,此类小镇以生产和体育用品制造业为基础,以休闲体验为配套功能发展,一般建设在大城市周边地区,典型代表有德清莫干山裸心运动休闲特色小镇。

(二)运动休闲特色小镇产业链的构建理念

纵观国外的体育小镇,其发展态势如此之迅猛,与其生产、生活、生态的融合密切相关。我国也早已在特色小镇的发展建设中首次提出"三生"的发展理念,正如国家四部委于 2017 年 12 月曾在《关于规范推进特色小镇和特色小镇城镇建设的若干意见》① 中明确提出的:"各地区要立足以人为本,科学规划特色小镇的生产、生活、生态空间,促进产城人文融合发展,营造宜居宜业环境,提高集聚人口能力和人民群众获得感。"立足于"三生"协同发展,是生态文明背景下特色小镇的历史发展选择②。随后运动休闲特色小镇建设顺势而出,在生产方面,保证集约高效的小镇生产布局空间;在生活方面,强调小镇的选址要宜居;在生态方面,秉承当地的自然资源,打造山清水秀的美丽风光,注重社会效益、经济效益与生态效益并重,构建合理化的产业生态格局。

第二节 运动休闲特色小镇产业链节的增值机理

产业链节之间的有效衔接,能为产业链的网状结构做好准备,运动休闲特色小镇产业链利用其链节的优势使其价值扩散,辐射到其他的企业中,完成产品、价值、知识技术的流通,可以扩大产业链的优势环节,使其朝着更加复杂的方向发展,最终实现产业链节的增值。

一、开放性编码

经过多轮调整,将原始材料中出现频率较高的现象逐步提炼为范畴。依据以上原则,最终从原始资料中归纳出"集聚高端人才""基础设施建设""活动资源""相关配套设施""招商引资""产业集聚""区域协作""产业选择""科技创新驱动""新兴项目注入""优化升级""传统节庆文化""当地历史文化""非遗项目""民族体育文化""文保意识"16 个范畴。如表 5-1 所示。

---

① 国土资源部,国家发展改革委,环境保护部,等. 关于规范推进特色小镇和特色小城镇建设的若干意见 [R/OL]. http://www.mlr.gov.cn/zwgk/zytz/201712/t20171206_1692111.html.

② 国家发展改革委办公厅. 关于公布特色小镇典型经验和警示案例的通知(发改办规划〔2020〕481 号)[EB/OL]. 北京:发展改革委,2020-06-26 [2020-06-26]. http://zfxxgk.ndrc.gov.cn/web/iteminfo.jspid=17122.

表 5-1　概念化编码示例（产业链节增值）

原始资料	概念提炼
完善人才引进激励机制，重点引进一批创新创业领军人才，鼓励采取项目合作、研究咨询等方式聘用高端人才 ——《河北日报》：《加快推进健身体育文化用品产业发展提升，定州打造智慧体育休闲小镇》	集聚高端人才
坚持走"体育旅游"的发展模式，巩固现有各类体育项目，不断完善提升发展体育运动基础设施 ——《中国体育报》：《"太湖湾体育休闲小镇"打造未来江苏体育休闲新标杆》	基础设施建设
建设极具特色的"国际足球冰雪小镇"，旨在打造京南以足球为主、冰雪为辅的体育产业集群。 ——《中国建设报》：《打造体育小镇的槐房样本》	产业集聚
安宁还拥有宋代古刹曹溪寺、摩崖石刻、卢汉公馆等历史人文资源。在温泉网球小镇的带动下，以"体育+"为轴，综合带动文化、旅游、康养、休闲发展。 ——《云南日报》：《"体育+旅游"成就的特色小镇——昆明打造温泉国际网球小镇的探索》	历史人文资源

注：鉴于资料特点，初始概念的提取秉承贴近资料、原词优先的原则。

二、主轴编码

主轴编码的主要任务是发展主范畴，选择编码是以某个范畴为核心范畴，其他范畴为次要范畴，铺陈整个观察所得到的或访谈得到的资料[1]。经归纳，对"集聚高端人才""资本引进""基础设施建设""活动资源"等 16 个范畴继续提炼，分别得到"要素引进""集群式产业链""转型升级""挖掘历史人文资源"等 4 个子范畴，结果如表 5-2 所示。

表 5-2　范畴与概念化编码结果（产业链节增值）

序号	范畴	概念
1	要素引进	集聚高端人才、招商引资、基础设施建设、活动资源、相关配套设施
2	集聚式产业链	产业集聚、区域协作
3	转型升级	优化升级、新兴项目注入、科技驱动创新、产业选择
4	挖掘历史文化资源	民族体育文化、当地历史文化、传统节庆文化、文保意识、非遗项目

三、选择性编码

选择式编码是在主范畴的基础上进一步挖掘核心范畴，并将核心范畴同其

---

①　范明林，吴军．质性研究 [M]．上海：上海人民出版社，2009：48-52．

他主范畴、次范畴进行再联系的过程。基于研究目的的需要，结合原始资料进行反复的分析、比较和整理，最终将"运动休闲特色小镇产业链节的增值机理"确定为核心范畴。

四、运动休闲特色小镇产业链节的增值机理阐释

根据 Nvivo 11 所生成的各个概念参考点及覆盖率，分别计算出不同对应范畴的参考点及覆盖率（表 5-3）。某节点编码的覆盖率越高，说明该节点是运动休闲特色小镇产业链节增值关注的重点。由表 5-3 可知，在运动休闲特色小镇产业链节增值的各维度中排在第一的是要素引进，占比为 8.02%；排在第二位的是转型升级，占比为 5.06%；排在第三位的是集群式产业链，占比为 3.80%；排在第四位的是挖掘历史文化资源，占比为 3.8%。

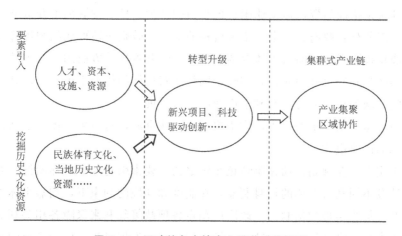

图 5-1　运动特色小镇产业链节增值机理

表 5-3　主范畴的形成及各范畴的分布（产业链节增值）

主范畴（维度）	对应范畴	参考点	覆盖率/%	总参考点	总覆盖率/%	范畴关系内涵
产业链节增值	要素引进	19	8.02	49	20.68	注重人力、资本、设施、资源等要素的引入，合理配置
	集群式产业链	9	3.80			发挥集群式产业链的竞争优势，提升小镇的核心竞争力
	转型升级	12	5.06			对传统的产业改造升级，服务业比重增加
	挖掘历史人文资源	9	3.80			将文化资源融入体育小镇的建设中，实现历史的传承与发展

(一) 要素引进

要素引进是运动休闲特色小镇产业链节增值的基础条件,尤其是针对资源要素和产业基础均较为薄弱的地区。这就要求运动休闲特色小镇引入各种要素,并专注于产业链上的某一环节,逐步提升产业链附加值。

首先是人才要素的引进,树立"人才强镇"的理念,形成不断拉伸的人才链是建设运动休闲特色小镇的一大任务。以走在特色小镇发展前列的浙江省为例,目前许多特色小镇人才发展面临规划定位不清、难以留住人才、创新人才政策补位不佳等难题[①]。运动休闲特色小镇在产业发展的过程中,要积极建立人才链机制,使人才建设的需要与小镇的经济发展水平相适应,以人才链逐步推动产业链的发展。同时在人才链建设的过程中,要不断引进新的技术、知识等,推动产业结构升级与优化,逐步形成不断延伸的人才链。

其次是招商引资,运动休闲特色小镇的持续、稳定发展离不开资金的强力支持,需要整合政府、社会、金融机构的资本,鼓励小镇形成品牌优势来吸引外部战略投资者,从而获得体育赛事运作、经营管理等方面的资金支持。

再次是基础设施的完善,相较于国外运营良好的体育小镇而言,其基础设施与配套服务相对完善,有利于产业的融合发展。

最后是活动资源的引入,应集聚周边产业资源,打造单项体育活动,发展多业态的产业模式。

事实上,在规划运动休闲特色小镇之初,要素引进环节贯穿始终。要素的引进涉及不同利益主体的切身利益,在制度和环境的约束下,利益主体之间相互博弈,最终实现均衡制约。政府应制定各项政策红利来保障各相关利益主体的积极参与。纵观运动休闲特色小镇发展规划和发展过程,由于产权的界定模糊,导致开发商过度追求地产化效应,从而导致小镇的定位不清晰,将追求经济效应作为发展的终极目标,这背离了规划初期的建设初衷。因此,坚持以政府为主导、社会效益为方向的建设原则,将有利于要素的有序导入,进而促进体育小镇发展。

(二) 集群式产业链

在一体化发展的背景下,任何运动休闲特色小镇都不是孤立存在的,特别是在一些大城市周围的体育小镇。集群式产业链为运动休闲特色小镇产业链的增值提供了契机。同时,这在一定程度上使得要素流向该地区,促进本地区的

---

① 吴玮,潘伟梁,诸葛晓荣,费潇. 促进特色小镇人才跨越式发展 [J]. 决策咨询,2016 (5):80-85.

发展。与此同时，区域的发展将产生更大的需求，政府、企业、社会组织等为小镇的发展积极吸纳并创新集聚要素。可以看出，运动休闲特色小镇中的产业集聚与区域协作是相辅相成的，两者互相影响，相互促进。

以上可以看出，产业集聚和区域协作是实现运动休闲特色小镇产业链环节增值的内在动力，可以吸引外部资源（人力、资本、企业）的集聚，发挥集群内部企业的创新作用。基于此，运动休闲特色小镇将带动区域经济一体化发展，为地区经济发展注入新鲜血液。因此，集群式产业链的最终目的是运动休闲特色小镇产业链节增值。

（三）转型升级

在产业加速转型升级的背景下，以互联网、大数据为代表的新兴产业为推动运动休闲特色小镇的发展开辟了新的空间。有学者指出，科技创新能够推动区域转型升级[①]。应以新兴产业为核心，使其成为运动休闲特色小镇着力发展的新方向。新兴产业所具有的产业关联性强、辐射带动力强等特点可以为小镇的发展注入活力。

同时，新兴产业对于运动休闲特色小镇的建设具有重要意义。从产业链结构来看，新兴产业实现了与原有产业的对接，从而衍生出新的产业链。从产业链内部来看，原有的产业结构在这一阶段实现了功能升级。与传统产业相比，新兴产业的发展同样也离不开要素的引进。因此，转型升级是运动休闲特色小镇产业链节增值的中间环节。

（四）挖掘历史人文资源

运动休闲特色小镇的规划、建设等会融入文化等元素。在运动休闲特色小镇的规划方面，多集中于产业布局、项目发展、多元功能等方面，但是对如何结合民族体育文化、非遗项目、传统节庆文化等鲜有涉及，这必然会对其品牌化的建设产生影响。品牌效应能够吸引更多的体育旅游消费人群，由此得出"体育赛事＋节庆体育活动"的品牌效应远远大于体育赛事本身的品牌效应。与此同时，在运动休闲特色小镇规划前期、项目打造、产业培育等环节中注重历史人文资源[②]，并始终以文化理念先行，在避免小镇同质化的同时，也充分彰显了其内延价值属性。纵观以往运动休闲特色小镇的发展，无不以文化、艺术等名片发挥综合效应。

---

① 贾仑仑，陈绍友. 新常态下技术创新对产业结构转型升级的影响——基于 2011—2015 年省际面板数据的实证检验 [J]. 科技管理研究，2018，38（15）：26－31.

② 白惠丰，孟春雷. 新常态背景下运动休闲特色小镇创建问题及路径研究 [J]. 体育文化导刊，2018（3）：87－91.

文化资源兼具经济价值、艺术价值，能够为小镇文化产业的发展起到指导作用，加速当地经济、生态、社会的协调发展。运动休闲特色小镇文化的发展与小镇产业链节的发展呈现协同发展的态势。挖掘历史文化资源、提炼文化品牌的内涵、凝聚小镇居民力量可以使运动休闲特色小镇走向内涵式发展的路径，其具体的路径体现在以下几个方面，首先是提升文化保护意识，一方面对当地文化部门的宣传工作提出了新的要求，另一方面更离不开小镇在文化传承方面所做的各项工作。其次是紧抓文化的核心元素，顺势开发文化项目，项目建设是发展文化产业的载体。最后是发掘当地民族、传统文化，以文化为载体发展独特的文化产品。因此，挖掘历史文化资源是运动休闲特色小镇产业链节增值的内生动力。

第三节　运动休闲特色小镇产业链延伸的增值机理

产业链延伸是指以现有产业链为基础，以纵向思维为导向，尽可能地使上游产业和下游产业沿着这两大方向进行延伸拓展的过程。运动休闲特色小镇产业链延伸是指小镇凭借技术、知识、资金等向产业的上游拓展、下游延伸，实现产业链纵向一体化发展的过程。

一、开放式编码

经过多轮调整，将原始材料中出现频率较高的现象逐步提炼为范畴。依据以上原则，最终从原始资料中归纳出"体育赛事资源""体育赛事的引领""辐射带动效应""发展壮大龙头企业""与服务业融合""一二三产业融合""体旅融合""全产业融合""关联产业的融合""延伸产业链""特色化城市""实体经济""全产业链""空间区域一体化""规模经济"15个范畴。具体如表5-4所示。

表5-4　概念化编码示例（产业链延伸增值）

原始资料	概念提炼
鼓励恒达集团等行业标杆企业"走出去"，对接国际资源，引入先进技术，将产业链向上游研发和下游应用延伸，发挥好龙头企业的带动作用 ——《河北日报》：《加快推进健身体育文化用品产业发展提升，定州打造智慧体育休闲小镇》	发展壮大龙头企业
巩固广西特色旅游名县创建成果，继续深化"体育＋文旅＋扶贫＋县域发展"的马山模式，全力破除发展瓶颈，推进全产业融合发展。 ——《广西日报》：《做好全域旅游发展大文章——访马山县委书记唐咸兴》	全产业融合
建设红色主题民宿、红色主题餐饮、红色主题拓展等旅游体验项目，延长红色旅游产业链 ——《广西日报》：《做好全域旅游发展大文章——访马山县委书记唐咸兴》	延伸产业链

原始资料	概念提炼
规划培育推出"吃住行游购娱"全产业链，打造集温泉、体育、康养、旅游、度假、文化于一体的温泉生态体育康养旅游度假区。 ——《云南日报》:《"体育＋旅游"成就的特色小镇——昆明打造温泉国际网球小镇的探索》	全产业链

注：鉴于资料特点，初始概念的提取秉承贴近资料、原词优先的原则。

二、主轴编码

经归纳，对"体育赛事资源""体育赛事的引领""辐射带动效应""发展壮大龙头企业"等 15 个范畴继续提炼，分别得到"体育赛事品牌""核心产业""产业融合""区域经济"4 个子范畴，结果如表 5－5 所示。

表 5－5　范畴与概念化编码结果（产业链延伸增值）

序号	范畴	概念
1	体育赛事品牌	体育赛事资源、体育赛事的引领
2	核心产业	辐射带动效应、发展壮大龙头企业
3	产业融合	与服务业融合、一二三产业融合、体旅融合、全产业融合、关联产业的融合
4	区域经济	延伸产业链、特色化城市、实体经济、全产业链、空间区域一体化、规模经济

三、选择性编码

结合原始资料进行反复的分析、比较和整理，最终将"运动休闲特色小镇产业链延伸增值机理"确定为核心范畴。具体如表 5－6 所示。

表 5－6　主范畴的形成及各范畴的分布（产业链延伸增值）

主范畴（维度）	对应范畴	参考点	覆盖率/%	总参考点	总覆盖率/%	范畴关系内涵
产业链延伸增值	体育赛事品牌	17	7.17	56	23.63	体育赛事品牌的传播效应、辐射带动效应
	核心产业带动	9	3.80			核心产品带动体育小镇的产业链
	产业融合	20	8.44			通过体育与相关产业融合实现价值产业链重构
	区域经济发展	10	4.22			产业链作为区域的产业主体，推动区域经济的发展

四、运动休闲特色小镇产业链延伸的增值机理阐释

针对区域生产要素丰富，但体育产业基础较为薄弱的地区，应善于激发复合性要素中隐性知识的活力，以打造体育赛事品牌为基础，发挥核心企业的带动作用，增强产业链延伸的动力，从而实现产业的融合，最终达到区域经济发展的目的，其产业链延伸增值机理如图 5-2 所示。同时根据 Nvivo 11 所生成的各个概念参考点及覆盖率，分别计算出不同对应范畴的参考点及覆盖率（表5-7）。某节点编码的覆盖率越高，说明该节点是运动休闲特色小镇产业链延伸增值关注的重点。由表 5-7 可知，运动休闲特色小镇产业链延伸增值各维度中排在第一的是产业融合，占比为 8.44%；排在第二的是体育赛事品牌，占比为 7.17%；排在第三的是区域经济，占比为 4.22%；排在第四的是核心产业，占比为 3.80%。

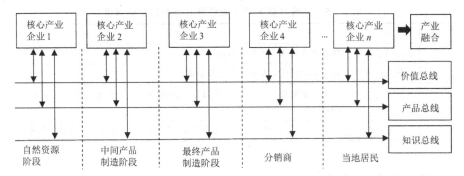

图 5-2 运动休闲特色小镇网络式产业链延伸的增值机理

(一) 核心产业带动

根据价值网络理论，核心企业是价值网络创新架构中的三大要素之一[①]。核心企业具有带动辐射作用，从而对产业链上其他主体产生影响。因此，核心企业的带动能力将成为其竞争优势所在。

以上表明，确定运动休闲特色小镇的核心产业是研究的问题所在。运动休闲特色小镇从构建之初，就应当立足于当地的资源等条件，围绕核心产业选取最有基础、最有优势的特色体育产业，建立核心项目、核心品牌。同时将各种要素不断注入小镇实现融合发展，培育"食、宿、行、游、购、买、娱、产、学、研"等全产业链体系，推动上下游产业的完善。综上，核心产业的带动是

---

① 周煊，程立茹. 跨国公司价值网络形成机理研究：基于价值链理论的拓展 [J]. 经济管理，2004 (22)：12—17.

运动休闲特色小镇产业链延伸的推动力量。

（二）产业融合

产业关联是产业融合的基础，运动休闲特色小镇的建设涉及衣、食、住、行等各个领域。旅游业作为一个以促进消费身心健康为目的、满足消费者需求并提供相应服务的新兴行业，与运动休闲特色小镇的体验式本质"不谋而合"。相关学者根据产业分析矩阵模型证明，体育产业和旅游产业的关联度很高，其关联指数达到 0.21[①]，由此可见，运动休闲特色小镇的发展与旅游业、服务业的发展息息相关。

运动休闲特色小镇在形成之初大多数均以制造业为核心，随着小镇的发展壮大，逐步形成"核心产业"＋"支撑产业"＋"配套产业"＋"衍生产业"的产业丛，功能也进一步凸显。运动休闲特色小镇需要进一步强化体育与健康、体育与休闲、体育与旅游、体育与文化、体育与培训等关联产业的有机融合，同时将生活、居住、休闲等要素融合考虑，逐步向二、三产业延伸。此外，产业融合为新型城镇化的建设与发展带来了更加便利的条件。因此，产业融合是运动休闲特色小镇产业链延伸的主要形式。

（三）区域经济发展

产业链与区域经济的发展是相辅相成的，区域经济的发展能够为产业链的发展提供软硬件基础，而产业链的发展反过来能推动区域产业结构的转型升级并带动区域经济的发展。如今，建造运动休闲特色小镇是我国城镇建设发展的重要机遇与挑战，而延伸运动休闲特色小镇产业链成为发展区域经济的良策。运动休闲特色小镇产业链最初是由政府引导、企业注资建设的空间区域一体化的体育产业基地，它并非单一的产业集聚平台。在运动休闲特色小镇产业链内，体育企业集聚在特定区域，若想实现产业可持续发展以提升市场竞争力，就必须提高产业生产效率并实现企业健康发展。虽然每个运动休闲特色小镇都有其发展的特色，但是产业链作为所在区域的产业主体，对区域的发展具有直接调节、管理、服务、传导、组织与协调等作用，能够通过以下功能推动区域经济的发展。

首先是推动经济一体化、加速区域经济健康发展的功能。运动休闲特色小镇与所在区域构成了一个有机整体，产业链将所在区域的各个部门、经营主体紧密联系起来，将直接推动所在区域的经济发展。此外，小镇积极配合当地政府推动产业空间的合理布局，缓解了生态环境的承载压力，形成了生态资源的

---

① 何祖星，夏贵霞. 运动休闲产业与旅游产业融合发展研究 [J]. 西安体育学院学报，2015，32 (6)：685－689.

良性循环，使得区域经济得以健康发展。其次是对区域周边剩余劳动力的吸纳功能。运动休闲特色小镇产业链的发展必然伴随着配套基础设施的建设与完善，后者在服务产业链运作的同时也为当地居民提供了便捷的生活条件，吸引了更多人才前来居住与发展，推动产业链的发展壮大，形成了规模效应。最后是激发运动休闲特色小镇产业融合活力的功能。在运动休闲特色小镇产业链中，各主体通过产业融合的形式创造了更高的产业链附加值，盘活了所在区域的传统产业，能够激发各产业的创新动力。

（四）体育赛事品牌

体育是运动休闲特色小镇产业链的核心所在，通过挖掘小镇特色的历史文化与自然资源条件，精心打造具有区域特色的体育赛事活动，并构筑体育赛事文化氛围，可以延伸运动休闲特色小镇产业链。当运动休闲特色小镇的赛事品牌建设到一定规模后，通过结合体育高端产品制造、体育科技应用、体育研发设计等领域，能够使得小镇的体育场地资源、品牌资源、人才资源等得到更加完善、充分的利用，以满足消费者的多元需求，推动运动休闲特色小镇产业链的转型发展。在丰富体育赛事内容、创新小镇体育赛事活动的同时，需要完善体育赛事运作方式与制度，调动社会各界资源、激励社会力量参与到体育赛事统筹、协调与监督的过程中来，以确保小镇体育赛事的可持续发展。

在当今互联网迅速发展的背景下，体育赛事能够获取大量流量，推动产业链规模的扩大、激活体育市场活力和提高赛事承办能力。面对广阔的市场，当地政府通过减免税收、租金补贴以及贷款优惠等方式支持、鼓励产业链上的各主体通过多种途径培育与打造具有当地特色的优质体育赛事 IP、提升赛事服务质量，不断强化运动休闲特色小镇对体育爱好者和消费者的吸引力。可见，围绕运动休闲特色小镇产业链的体育赛事资源，打造体育赛事名片，提高体育赛事的知名度与影响力，可以在不同程度上促进运动休闲特色小镇产业链的转型升级。

第四节　运动休闲特色小镇产业链整合的增值机理

产业链整合所发挥的作用仍旧不容小觑，具体体现在能够降低成本、发挥产业之间的协同效应、合理优化资源配置等[①]。不同类型的产业链整合存在差异性，笔者根据运动休闲特色小镇产业链本身的属性，将产业链整合的驱动力

---

① 基于产业链整合的产业集群创新机理研究［D］．哈尔滨：哈尔滨工业大学，2009．

分为体现市民价值整合、知识整合和资本整合三个层面。

一、开放式编码

经过多轮调整，将原始材料中出现频率较高的现象逐步提炼为范畴。最终从原始资料中归纳出"体育消费方式""生活的新方式""健身休闲需求""公共体育服务""项目开发建设""体育旅游产品""平台建设""复合旅游项目""政策红利""市场机制融资""企业引领""企业参与""品牌化""明星助力""集团统筹""公司合作"16个范畴，结果如表5-7所示。

表5-7 概念化编码示例（产业链整合增值）

原始资料	概念提炼
宋青云的目的是把北京国际足球冰雪小镇打造成一个生活小镇，他更希望通过小镇逐步提升人们的生活品质，最终改变人们的生活方式。 ——《中国建设报》：《打造体育小镇的槐房样本》	生活的新方式
联合打造能够满足专业赛事及人民群众多样化、复合性需求的"社会公共体育服务体系" ——《北京商报》：《房产脱壳 莱茵体育剑走偏锋》	健身休闲需求
小镇以丰远热高乐园相关项目为核心和基础，以策划增设相关项目为补充，共由11个项目组成。 ——《辽宁日报》：《国际冰雪体育产业小镇初露模样》	项目开发建设
引进国际品牌连锁企业开发、建设、营运高品质旅游酒店，建设青年旅舍、露天营地，发展精品民宿，为游客供应多形式、多层次休憩场所。 ——《常德日报》：《安乡打造体育运动休闲特色小镇》	品牌化
……	

注：鉴于资料特点，初始概念的提取秉承贴近资料、原词优先的原则。

二、主轴编码

经归纳，对"体育消费方式""生活的新方式""健身休闲需求""公共体育服务"等16个范畴继续提炼，分别得到"市民价值整合""知识整合""资本整合"3个子范畴，结果如表5-8所示。

表5-8 范畴与概念化编码结果（产业链整合增值）

序号	范畴	概念
1	市民价值整合	体育消费方式、生活的新方式、健身休闲需求、公共体育服务
2	知识整合	项目开发建设、体育旅游产品、平台建设、复合旅游产品
3	资本整合	政策红利、市场机制融资、企业引领、企业参与、品牌化、明星助力、集团统筹、公司合作

三、选择性编码

结合原始资料进行反复的分析、比较和整理，最终将"运动休闲特色小镇产业链整合的增值机理"确定为核心范畴，结果如表5-9所示。

表5-9 主范畴的形成及各范畴的分布（产业链整合增值）

主范畴（维度）	对应范畴	参考点	覆盖率/%	总参考点	总覆盖率/%	范畴关系内涵
产业链整合增值	市民价值整合	17	7.17	54	22.78	满足市民的多样化需求
	知识整合	16	6.75			知识链的整合能够很好地降低产业链整合的风险
	资本整合	21	8.86			政府、社会、金融机构进行资本整合

四、运动休闲特色小镇产业链整合的增值机理阐释

针对区域资源要素薄弱，但体育产业基础条件良好的地区，基于资本链、价值链和知识链，进行相应的资本整合、市民价值整合以及知识整合，从而提高产业链的核心竞争优势，实现运动休闲特色小镇产业链整合的增值，其产业链整合的增值机理如图5-3所示。根据Nvivo 11所生成的各个概念参考点及覆盖率，分别计算出不同对应范畴的参考点及覆盖率（表5-9）。某节点编码的覆盖率越高，说明该节点是运动休闲特色小镇产业链延伸增值关注的重点。由表5-9可知，在运动休闲特色小镇产业链整合增值中，各维度排在第一的是资本整合，占比为8.86%；排在第二的是市民价值整合，占比为7.17%；排在第三的是知识整合，占比为6.75%。

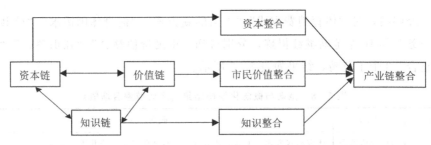

图5-3 运动休闲特色小镇产业链整合的增值机理

（一）市民价值整合

在运动休闲特色小镇中汇集休闲娱乐、康体服务、赛事体验、体育用品制

造等多元产业，整合了纵向产业链的上中下游和横向产业链的各种经济体，为市民提供更加多样的体育消费选择，市民价值在这里得到整合、发展与再创造。例如，在康养型运动休闲特色小镇中，市民的康复需求与养生需求通过企业服务供给端得到满足；在赛事型运动休闲特色小镇中，市民的观赛需求和参赛需求等得到满足；在体育用品制造类的产业型运动休闲特色小镇中，市民的就业需求与体育用品使用需求等得到满足。可以发现，市民的各种多元化需求都可以在不同类型的运动休闲特色中实现。同时，运动休闲特色小镇依靠产业集聚优势，最大化地发挥企业价值创造功能，在创造企业经济效益的同时，也为市民提供了更美好的生活体验，实现了生产、生活、生态"三生"领域的全面发展。市民价值虽是运动休闲特色小镇产业链整合的逻辑起点，但同样也反作用于产业链的整个运作过程。因此，市民价值整合是运动休闲特色小镇产业链整合的内在驱动力。

（二）知识整合

知识整合是产业链整合的必要环节，在产业链的运行过程中知识贯穿始终，通过知识整合使产业链各环节的知识协同起来为产业链的发展创造价值，知识整合不仅能促进产业链间的知识共享，更能将产业链外部的知识融会贯通到产业链内部，推动整个产业链知识的快速流通，实现整个产业链各环节的信息共通，减少因知识及信息的缺失导致的机会主义。知识整合不同于知识聚合，知识整合不仅涉及知识单元的简单汇集，还应包括对过往知识的整理剔除、对现有知识的归纳重构、对未来知识的接收创新，使独立的知识单元形成具有条理性与系统性、多维多层、相互关联的知识体系。并且知识整合是一个动态的过程，由于企业所获得的知识并不都会利于企业战略目标的实现，无序且宽泛的知识会给企业的知识整合带来困难，故企业需要不断根据内外部环境对知识进行重新整理。运动休闲特色小镇产业链的各个发展阶段，无一例外都涉及知识整合的过程。在产业链项目开发建设阶段，迫切需要对市场调查与分析、产品定位等知识进行整合，而在产业链平台建设阶段则需要创意、媒介与营销方面的知识整合。

随着我国知识经济的发展，过去直线型的知识整合组织结构在知识分享、传递等层面表现出低效性与失真性，组织内部的知识传递会随着层级的增加而逐渐衰减，且对由于内外部环境变化导致的知识改变反应迟缓，这严重制约着小镇产业链内知识整合的进行。因此，为了适应运动休闲特色小镇产业链的重构，应转变内部组织模式。运动休闲特色小镇知识整合最理想的状态是基于大数据技术形成一个横纵向互联互通的柔性链网状产业组织系统。在该系统内，各节点企业间的沟通协调效率大大提升,生产信息与需求信息能够快速、有效地传递,并且该系统能够利用整合后的知识快速地对内外界环境变化做出反应。因此,知识整合是运动休闲特色小镇产业链整合的必要环节。

(三) 资本整合

运动休闲特色小镇的健康可持续发展必须拥有稳定持续的资金来源。在运动休闲特色小镇的运营方面,政府、社会、金融机构要进行资本整合。2016年起,在"新型城镇化""体育产业转型升级"的背景下,为了实现新时代城乡融合发展,刺激社会资本涌入,全国各地相继出台政策鼓励企业投资建设运动休闲特色小镇,其中,还包括以财政预算资金和体育彩票公益金为主要资金来源的政府引导资金。这些政策红利加速了企业资本布局运动休闲特色小镇的步伐,为运动休闲特色小镇的发展引入了关键的资本要素,与之相配套的是合理利用投融资市场机制。虽然目前我国还没有完全建立起与产业发展相适应的投融资市场体制,但融资作为运动休闲特色小镇发展的重要资本来源,其作用不可小觑。在逐渐厘清政府角色定位的过程中,明确政府在市场投融资机制中的作用,为企业参与运动休闲特色小镇投融资创建一个良好的环境至关重要。不过,融资机构和融资顺序会受到市场完善程度和行业发达程度的影响,对于体育产业来说,银行贷款或是外源融资中的负债融资是企业融资途径首选[①]。

就目前而言,从商业银行获取贷款固然是最重要的融资方式,但这种方式并非稳定的资金来源,为了弥补银行体系对企业融资的资金供给欠缺,防止融资困难的现象出现,建立国家政策性体育金融机构是进一步拓宽运动休闲特色小镇发展的资本来源渠道的手段。除了上述的政策帮扶吸引企业投资以外,运动休闲特色小镇加强自身建设,盘活资本要素是运动休闲小镇真正实现健康可持续发展的关键,目前以科技创新驱动打造区域品牌的模式对于运动休闲特色小镇来说不仅是打破同质化现象、获取竞争力的重要手段,也是推动当地运动休闲特色小镇产业结构升级的原动力。产业链下游的中介企业参与从事旅游、交通等相关服务,为当地居民创造就业岗位,真正实现产业人文一体化发展,让运动休闲特色小镇自身的"造血"能力使当地居民实现创收。

第五节　运动休闲特色小镇产业链联动的增值机理

前文提及了运动休闲特色小镇产业链节的增值机理、延伸的增值机理以及

---

① 余小刚,宋迎东. 美日两国体育产业投融资体制对我国的启示 [J]. 商业时代,2012 (18):129—130.

整合的增值机理，除此之外，运动休闲特色小镇产业链的联动增值功能同样极为重要，本部分所提及的产业链联动增值，是指在符合实际的情况下，链条上的各企业为追求更高的经济效益，与链条上的其他主体进行的合作与竞争以实现产业链的纵向延伸与横向拓展，使产业链各主体联动，使产业链各环节间的融合能力与关联能力更强。总的来说，产业链联动增值涵盖了产业链的上中下游，形成了产品增值、服务增值、降本增值、控险增值与机会增值，其本质为将原本产业链中各主体的所得价值存量转换成产业链价值的增量分配。运动休闲特色小镇的产业链联动增值即包含功能联动、制度联动、结构联动与理念联动。

一、开放式编码

经过多轮调整，将原始材料中出现频率较高的现象逐步提炼为范畴。依据以上原则，最终从原始资料中归纳出"综合性小镇""助农扶贫""养老基地""研发基地""训练基地""体育生态链""社会效益""就业机会""教育基地""承接赛事""产城融合""政企协同""产学研""专业布局与产业集群契合""小镇集群""全域体育发展格局""存量空间""深化理念""核心理念""以人为本""全域＋"21个范畴，结果如表5－10所示。

表5－10　概念化编码示例（产业链联动增值）

原始资料	概念提炼
温泉国际网球小镇与昆明市大健康产业发展定位不谋而合，这对昆明建设国际知名旅游城市、区域性国际中心城市起到有力支撑作用。 ——《云南日报》；《"体育＋旅游"成就的特色小镇》	产城融合
创新走出了一条"体育＋文旅＋扶贫"的脱贫路子，成为马山县乃至南宁市脱贫攻坚工作的典范。 ——《南宁日报》；《"体育＋文旅"助脱贫 群众走上致富路》	助农扶贫
目前已有包括天风证券在内的券商通过联合商学院和体育投融资平台，共同举办"体育小镇高级研修班"。 ——《21世纪经济报道》；《96家试点体育小镇图谱》	产学研
形成航空运动区、汽摩运动区、康养理疗区、活力商街区、休闲娱乐区、水上极限区六大板块和以"特色小镇为一核，珊珀湖、黄山头为两极，安澧大垸百公里自行车堤垸环道为一环"的全域体育发展格局。 ——《常德日报》；《安乡打造体育运动休闲特色小镇》	全域体育发展新格局
……	

注：鉴于资料特点，初始概念的提取秉承贴近资料、原词优先的原则。

二、主轴编码

经归纳，对"综合性小镇""助农扶贫""养老基地""研发基地"等18个范畴继续提炼，分别得到"功能联动""制度联动""结构联动""理念联动"4个子范畴，结果如表5-11所示。

表5-11　范畴与概念化编码结果（产业链联动增值）

序号	范畴	概念
1	功能联动	综合性小镇、助农扶贫、养老基地、研发基地、训练基地、体育生态链、社会效益、就业机会、教育基地、承接赛事、产城融合
2	制度联动	政企协同、产学研、
3	结构联动	专业布局与产业集群契合、小镇集群、全域体育发展格局、存量空间
4	理念联动	深化理念、核心理念、以人为本、全域＋、五大发展理念

三、选择性编码

结合原始资料进行反复的分析、比较和整理，最终将"运动休闲特色小镇产业链联动的增值机理"确定为核心范畴，结果如表5-12所示。

表5-12　主范畴的形成及各范畴的分布（产业链联动增值）

主范畴（维度）	对应范畴	参考点	覆盖率/%	总参考点	总覆盖率/%	范畴关系内涵
产业链联动增值	功能联动	52	21.94	78	32.91	小镇集多种功能于一体
	制度联动	10	4.22			亟须政府部门等各自对需要履行的职责进行说明，实现协同的作用
	结构联动	13	5.49			依托于小镇的空间格局，实现小镇产业的合理布局，契合产业集群的发展目标
	理念联动	3	1.27			小镇在规划、建设、开发等各个环节均需以理念为引领

四、运动休闲特色小镇产业链联动的增值机理阐释

运动休闲特色小镇产业链联动特指突出整链意识，只有整链协作互动，每个环节才能发挥作用。因此，要强化运动休闲特色小镇的整链意识，基于利益分配机制以及协同机制实现产业链中的各主体相互协调、相互合作。总体来

说，产业链增值涵盖了产业链的上中下游，形成产品增值、服务增值、降本增值、控险增值与机会增值，其本质为将原本产业链中各主体的所得价值存量转换成产业链价值的增量分配。本部分将从结构、制度和功能三个层面，探索运动休闲特色小镇产业链联动的增值机理。同时根据 Nvivo 11 所生成的各个概念参考点及覆盖率，分别计算出不同对应范畴的参考点及覆盖率（表 5 - 12）。某节点编码的覆盖率越高，说明该节点是运动休闲特色小镇产业链联动增值关注的重点。由表 5 - 12 可知，运动休闲特色小镇产业链联动增值中各维度的重要性由大至小依次为功能联动（21.94%）、结构联动（5.49%）、制度联动（4.22%）、理念联动（1.27%）。

（一）功能联动

着眼于《关于推动运动休闲特色小镇建设工作的通知》一文，不难发现对运动休闲特色小镇的功能表述涵盖得已经较为全面与系统。就运动休闲特色小镇产业链的功能联动表现在两个方面，一方面，运动休闲特色小镇产业链的形成能够有效缓解就业压力，其内在机制表现为产业链的辐射效应，带动周边区域的经济发展，形成"以产促城，以城兴产，产城融合"的新格局。此外，运动休闲特色小镇通过多业态开发，能够致力于乡村振兴与助农扶贫目标的实现。另一方面，运动休闲特色小镇产业链能促进体育产业的发展，小镇作为体育综合服务体，其承担着休闲养老、体育产品研发与生产、体育训练、体育教育、赛事承接的功能。小镇在以主导项目为出发点形成产业链的同时应当积极拓展其横向维度，有效融合当前发展较为成熟的体育相关业态，以达到功能联动的目的，从而提高整个产业链的价值。因此，功能联动在运动休闲特色小镇产业链联动增值中发挥着价值导向作用。

（二）制度联动

当前，运动休闲特色小镇产业链的制度联动主要表现为两点，即政企协同与产学研模式，当前我国的政企协同多指政府和社会资本合作（public-private partnership，PPP），PPP 模式下政府与社会资本展开合作，让后者所掌握的资源参与提供公共产品和服务，以达到共赢的目的。当前，PPP 模式应用较为广泛，PPP 模式下运动休闲特色小镇的建设能够使政府财政支出更为平滑，缓解政府的财政压力，在短时间内加快小镇的基础设施与公共服务设施的建设进度。PPP 模式还能够优化运动休闲特色小镇建设的风险分配，降低生命周期的成本，提高小镇综合开发与建设运营的整体效率。该模式下，社会资本能够充分利用自身优势，发挥自身的管理、建设与运营经验，提高运动休闲特色小镇建设的科学性。此外，社会资本相较于政府更懂得如何迎合消费者，其自身的高水准建设水平与运营水平能够显著提高小镇的整体品质,有助于提高小镇吸引力。此外,政企协同能够给小镇带来更多无形的收益,如乡村环境的改善、民生的改善、城市影响力的提升、产业链及产业生态圈的形成等。

运动休闲特色小镇产学研主体包括体育企业、高校、体育科研机构、中介机构等,其协同机制是指三者相互合作、相互利用的一种关系。具体来看,"产"多指企业,科研机构及高校的人才为企业的发展提供动力,而企业为二者提供一定的资源。"学"指高校,高校为了提高学生就业率,将学生培养成更适合社会需求的综合性人才,与企业展开合作。"研"指科研机构,其借助企业提供的资源与平台,在不断完善技术的基础上完成企业的研发委托,同时积极吸收高校的科研人才。制度联动是运动休闲特色小镇产业链联动增值的先决条件。

(三)结构联动

运动休闲特色小镇产业链的结构联动表现在产业布局与产业集群契合上。产业布局必须遵循因地制宜的原则,依托当地发展区位优势,同时,也可将传统行业与物联网等现代技术相结合。"一镇一品"的布局将展示运动休闲特色小镇的独特优势,助推小镇的发展。运动休闲特色小镇的产业布局的影响因素包括地理区位因素、自然因素、人口因素、社会经济因素与科学技术因素等。而产业集群体现的是一种空间集聚的状态,众多相似的企业集聚在一起,必然会产生企业之间的合作与竞争机制。位于产业集群中的企业能够获得三种竞争优势,即本地专业化劳动力、相关企业和生产服务活动对核心产业的支持、频繁的信息交流对创新的贡献。此外,集群中的企业可以通过共享公共基础设施与销售市场获得集聚经济效益。因此,结构联动是运动休闲特色小镇产业链联动的增值机理之一。

(四)理念联动

随着人们生活水平的不断提高,人们对休闲、健康的需求不断提升,越来越多的人们希望选择远离城市纷扰的生活,在休闲的场域中实现对价值的追求。而运动休闲特色小镇的出现能够刚好顺应了这一趋势。在以人为本的价值理念背后彰显了人们对于慢生活理念的追求。综上,运动休闲特色小镇坚持以人为本的发展理念是"产—城—人—文"融合的逻辑起点,也是小镇实现可持续发展的起点。

同时,五大发展理念也对运动休闲特色小镇的发展产生了深远的影响。创新、协调、绿色、开放、共享五大发展理念引领着运动休闲特色小镇的建设。首先,小镇要重视创新的发展,树立创新意识,将其落实到具体的开发环节中；其次，重视小镇的协调发展，实现文化和旅游的协调、文体旅的协调等；再次，小镇要重视绿色发展，坚持绿色环保先行的理念，实现从传统产业链向绿色产业链的转变；从次重视开放发展，小镇要集中力量吸引旅游者和消费者，实现开放式发展；最后，要重视共享，小镇的发展涉及各方利益，要使各方利益主体实现共赢的体现。因此，理念联动是运动休闲特色产业链联动增值的本质要求。

第六章　运动休闲特色小镇产业链的构建机制

我国的运动休闲特色小镇建设，往往依托于当地的自然环境与区位资源，寄生于旅游产业链下。以体育为核心的产业链，或是没有建成，或是由于沿袭了传统垂直一体化分工的"片段化"产业链，呈现不可持续的毛坯状态，即便冠以特色之名，也是在经济利益驱动下局部产业功能的简单叠加，不具有可持续发展性。纵观全球闻名的运动休闲特色小镇的成功实践可知，依托于特色区位资源与核心运动项目，形成以配套服务为补充的多元化体育产业链，并对其进行"体育＋"的纵向产业链延伸，是运动休闲特色小镇产业链可持续发展的实践范式，而这正是我国运动休闲特色小镇发展过程中所必须亟待解决的问题。厘清运动休闲特色小镇产业链的构建机制，对实现运动休闲特色小镇产业链的可持续运行具有重要作用。本章将探究运动休闲特色小镇产业链的动力平衡机制、运行机制、协同机制和竞争机制，为运动休闲特色小镇产业链运行的评价体系构建，以及运动休闲特色小镇产业链构建的自适应模型仿真与决策奠定理论逻辑基础。

第一节　运动休闲特色小镇产业链的动力平衡机制

动力通常是指一种能够导致物体运动产生位移速度变化或自身产生旋转的驱动力，例如包括风力、水力、电力等。而针对运动休闲特色小镇整个产业链的体系构建而言，其动力来源可以理解为推动小镇特色产业链可持续发展的不竭动力。动力机制过程是泛指在体育运动文化休闲区和特色生态小镇旅游产业链持续发展的整个过程中，各种主要推动因素的相互作用与协调的过程，它主要是对各种主要动力因子与特色小镇产业发展之间一种内在联系的具体描述[①]。作为促进区域经济及城镇化发展的重要手段，产业链的构建是加速运动休闲特

[①] 李娜，马鸿韬，李兆进，谢珊珊，马明宇. 我国体育特色小镇发展驱动机制研究 [J]. 沈阳体育学院学报，2019，38 (2)：1—8.

色小镇发展的重要影响因素。基于我国当前发展现状，运动休闲特色小镇的产业链建设存在规模小、结构不完善等不足。将产业链建设作为切入点，在壮大产业规模、加快产业集聚的基础上，可以实现运动休闲特色小镇的可持续发展。根据系统动力学相关原理，运动休闲特色小镇产业链构建的动力机制中包含有多种动力因子。前期研究发现，驱动机制可以划分为推力、拉力、支持和中介四大系统[①]。结合运动休闲特色小镇产业链构建的内容多元性、结构复杂性以及可持续发展性，将系统动力机制模型划分为内核系统和外部环境两个部分，以下主要从小镇产业链建的驱动力、牵引力以及动力平衡的角度来进行详细论述。

一、产业链构建的驱动力

产业链构建的驱动力，指的是对于构建运动休闲特色小镇产业链起到积极影响的内部要素，而系统中的内部要素往往是各司其职，具有一定的不可替代性。小镇产业链构建的内核系统可以分为需求系统和供给系统两大部分，在需求子系统的引导下，运动休闲特色小镇得以产生和正式运转；而供给子系统通过提供产品或者服务以满足消费者的需求，它们之间通过这种相互作用的方式推动着系统运行。

（一）产业链构建的需求系统

1. 大众的运动休闲需求

改革开放以来，我国国民经济总量持续实现快速增长，社会生产力不断提升。这主要表现在大众的基本生活条件逐步改善，休闲娱乐时间也在稳步增加。以往大众为维持个人和家庭的日常生计，要将更多的时间和精力投入到学习、工作中。如此往复，导致个体闲暇时间减少、体育锻炼不足。长此以往，造成个体生活满意度不高、幸福指数降低。按照马斯洛的需求理论，在满足部分低级需求以后，大众会逐渐会产生高级需求。在日常生活有所保障的基础上，大众的体育消费需求日渐增多。近些年我国大众在体育休闲、体验旅游领域中投入更多关注与偏好，在一定程度上，这将加快包括旅游、文化、健康等项目元素融入体育产业的速度。因此，这也是推动以体验型消费为主的运动休闲小镇持续发展的重要动因。大众在休闲娱乐及体育运动方面的日常需求，为运动休闲特色小镇产业链的构建指明了方向。以日照奥林匹克水上运动休闲特色小镇为代表，部分运动休闲特色小镇从大众利益的角度出发，以满足大众运

---

① 陈炜. 民族地区传统体育文化与旅游产业融合发展的驱动机制研究 [J]. 广西社会科学，2015（8）：194－198.

动休闲需求为基本导向。在社会基本需求不断升级的情况下，通过小镇产业链上下游之间的不断反馈，带动小镇在环境条件、基础设施和服务水平等方面进行改进和提升。同时，由于体育爱好者的需求愈发得到满足，以个人为中心对周边好友的辐射带动作用也是愈发增强，从而将会吸引更多的人加入到运动休闲的行列中，促进地方向实现全民健身的发展目标更近一步。

2. 企业竞争与利益需求

体育企业作为运动休闲特色小镇的建设主体之一，在产业链的构建过程中，扮演的是参与者与盈利者的角色。体育企业参与小镇产业链的构建，更多地是以满足自身经济利益为基本出发点。相比于政府，企业的经营状况与小镇的未来前景息息相关①。而小镇的经营收益与产业链的构建规模以及产业集聚密不可分。在基础设施、生产要素相对集中的情况下，相关体育企业集中于资源充沛、交通便捷的特色小镇之中，这种区域性产业集群对于企业来说可以将生产、经营成本降低，以实现经营利润的最大化。而企业集群的抱团需求日渐增强，也将推动小镇产业链规模的逐步扩大。同时，产业链中处在相同节点的企业也会存在激烈的内部竞争，优胜劣汰。正是这种良性竞争使得小镇产业链的内部结构不断完善，在上中下游各个节点上不断推陈出新，加之外部环境对小镇内部系统的影响，进而推动产业链的完善与升级。

3. 政府与社会的发展需求

政府在特色小镇的构建中往往要进行宏观调控，即通过政策的制定与扩散对小镇建设做出明确的规划部署。2017年国家体育总局颁布《关于推动运动休闲特色小镇建设工作的通知》，表现出中央政府部门对加大小镇建设力度的高度重视。各省各部门通过自上而下的政策落实与地区试点等多种方式，积极进行相关扶持政策的宣传扩散，给予试点建设地区相关政策倾斜，以此激励试点地区根据具体的实际情况推进项目落地。从理论与实践的结果中也可以明显看出，运动休闲特色小镇在助力新型城镇化建设等各项工作中起到了重要作用②。运动休闲特色小镇的规划建设在有效促进国民经济发展、加快新型城镇化建设步伐的过程中，也悄然帮助政府完成了经济建设、民生发展的各项重要工作任务。正是政府和社会的发展需求，驱动小镇采取多元化建设路径，在不断创造多方面收益的同时，驱使产业链进入良性循环。比如在运动休闲特色小

---

① 郁建兴，张蔚文，高翔，李学文，邹永华，吴宇哲. 浙江省特色小镇建设的基本经验与未来 [J]. 浙江社会科学，2017（6）：143－150＋154＋160.

② 杨海东，季朝新. 新型城镇化建设背景下运动休闲特色小镇政策扩散分析 [J]. 体育文化导刊，2019（12）：31－36.

镇的产业链构建中,一贯遵循"体育+"的发展思路,其实质是发现并利用体育休闲产业与其他产业和地方经济的共存关系。同样,政府也意识到"体育+"对推进新型城镇化建设有重要影响。因此,政府和社会必须抓牢这一经济发展的新增长点,以明确发展要求和提供支持帮助的形式,通过小镇的平台带动城镇化迅速发展,在一定程度上解决地方就业、民生等社会问题。

(二)产业链构建的供给系统

1. 自然条件与体育资源

自然生态是人类日常生活的基础,也是产业发展的重要依托。特色小镇的建设离不开优越的自然条件,其主要包括地理位置、气候条件等因素。虽然某单一自然因素无法对小镇产业链的构建产生影响,但是其通常是在多因素相结合的条件下发挥作用。城镇、聚落的分布,自古就遵循顺应自然、区位选优的原则。因此对于小镇产业链的建设和发展,自然条件同样具有"有此未必然,无此必不然"的利益因素。当前,在以"体育+旅游"为产业链构建核心的运动休闲特色小镇之中,自然因素或多或少地将会影响小镇的产品、服务的内容、质量,更会影响到游客满意程度的高低。而运动休闲特色小镇作为特色小镇的主要类型之一,它是以体育为主导产业的小镇。小镇在集聚体育和其他相关产业的同时,要兼顾生产与生活、生态空间的融合。作为新型体育产业的集聚空间,"新型"主要表现在企业生产活动和生活、环境等方面的有机结合[①]。除位置、气候等自然条件之外,体育资源是运动休闲特色小镇的核心优势。一般而言,体育资源包括全球、国内顶级运动赛事;地方特色体育休闲活动和体育产品聚集地等。要将体育特色作为产业链的构建核心,则应先以某种体育资源作为引爆点,打造出产业的特色优势。在此基础上,将自然、人文和旅游资源进行整合实现泛体育化发展,形成多功能、多元化的运动休闲胜地。

2. 地域体育文化特色

富有地域特色的体育文化,是推动运动休闲特色小镇建设的重要因素之一。如赛事型的运动休闲特色小镇,将地域体育文化作为小镇的吸引点,以此推广相关体育活动,不断增强小镇体育文化的渗透力。众所周知,我国民族传统体育项目多达近千项,它们可谓是中华传统体育运动文化中的璀璨明珠,而将地域体育文化融入运动休闲特色小镇的产业链构建之中,存在一定优势:(1)可以为小镇吸引招徕更多消费者。以民族传统体育文化为宣传旗号,能够

---

① 鲜一,程林林.体育特色小镇业态选择——基于产业集聚与区位理论视角[J].体育与科学,2018,39(3):60—68.

吸引更多民族传统体育文化的爱好者慕名而来。这无疑也将对小镇提供的体育产品和服务的质量提出了更高的要求。(2) 小镇影响力的扩大更是传统民族文化的继承与发扬。小镇的游客数量增多,一方面意味着小镇大众受欢迎度的提升,另一方面将推动民族传统体育文化的传播与扩散。这对打破民族传统体育文化危机,坚定民族传统体育文化自信,保证民族传统体育文化传承和发展有着积极影响。

3. 政府与社会的支持

运动休闲特色小镇的建设不仅要有自然、体育资源作物质基础,更离不开资金、人才和技术等的保障。就产业链的构建而言,其中核心体育产业设施建设将占到小镇绝大部分的资金成本,其次包括道路、绿化等在内的配套产业基础设施建设①。作为小镇产业链建设的资金源,从政策文件的传达到企业财务报表的公示,政府与企业在小镇产业链上中下游的投入都是显而易见的。不仅如此,政府也从人才、技术的层面积极为小镇的产业链构建"开绿灯"。目前我国的体育行业管理人员较少,而运动休闲特色小镇能否有效地进行科学规划与建设,以及将来能否健康、可持续发展都离不开专业人才。管理人员的专业性、素质水平和团队协调性等因素,都是小镇产业链建设与发展过程中重要的影响因素。政府通过人才引进的方式,将这些智慧血液源源不断地注入到特色小镇的建设之中。同时政府鼓励体育企业积极提高自主创新能力,自产业链上游开始不断研发新的体育产品与服务,加强对小镇相关管理人才的培养,从而更好地服务于小镇产业链的建设。与此同时,社会各界也积极参与到小镇产业链建设的过程中来。在政府号召之下,从土地、交通再到风险评估等有关部门的协助,一切都为运动休闲特色小镇的产业链构建创造了良好条件。

综上所述,正是供给与需求之间的相互配合作用,促使小镇产业链不断融合、产业规模不断壮大。在大众的体育消费需求得到满足后,运动休闲特色小镇产业链的构建若是就此停滞,则小镇的吸引力就会逐步下降。因此为了小镇能够可持续发展下去,需要开发更多的体育休闲项目,建设多元化的休闲聚集区来形成持续吸引力。

二、产业链构建的牵引力

特色小镇的产业链构建同样离不开牵引力的外部作用,牵引力主要则是指

① 薛昭铭,刘东升,马德浩. 体育产业高质量发展系统动力机制模型建构与现实考察 [J]. 沈阳体育学院学报,2020,39 (2):116-124.

那些对于小镇建设起推动作用的外部环境系统，共既是产业链规模不断扩大的助推器，也是小镇紧随时代发展潮流的风向标。而外部环境主要包括政治、经济、文化和科技发展等要素。其中，国家和政府是运动休闲特色小镇建设的指挥核心；经济生产为小镇提供物质保障；社会环境为小镇营造发展空间；科技创新则为小镇建设开辟新大陆。

（一）政策红利

前文提到，政府是特色小镇建设的领路人，特色小镇的构建通常是起步于政府的宏伟蓝图中。政策文件不仅为小镇的发展轨迹指引了方向，更为小镇的腾飞备足了燃料。习近平总书记对于特色小镇和特色小城镇建设工作高度重视，曾多次作出重要指示。从中央部委的政策出台到各省份具体的小镇建设意见，全国上下对小镇的建设持以高度重视。自 2016 年以来，各地各部门陆续颁布了多项政策文件以扶持特色小镇的发展。在这些文件中，有 20 余项国家级文件，30 余项地方文件。其中多项政策文件涉及运动休闲特色小镇的建设内容，它们为体育特色小镇的繁荣发展提供了政策支持。2019 年国家体育总局颁布了《运动休闲特色小镇试点项目建设工作指南》，国务院办公厅印发了《体育强国建设纲要》和《关于促进全民健身和体育消费推动体育产业高质量发展的意见》，这些利好政策为运动休闲特色小镇的产业链构建提供了必不可少的环境土壤①。有了顶层设计之后，中央政府采用行政指令的方式传达给地方政府。这种指挥与被指挥、命令与服从之间的上下级关系，是我国政府纵向权力关系的一种集中体现。凭借这种垂直式的权威命令，可以促进运动休闲特色小镇的政策传达。各省份通过积极传达中央的指示精神，根据地方自身特点明确小镇产业链的具体建设规划和目标。以浙江省为代表的部分地方文件中，对于土地规划、产业项目内容和投资金额已经直接落实到了具体数字上。

（二）经济发展

自 2014 年开始，中国经济发展步入"新时代"，这表明，推动中国经济发展的要素和动力已经发生了转变，传统的粗放型经济发展模式被现代的集约型经济发展模式所取代。在逐渐告别过去"重速度轻质量"发展方式的大背景下，"求质"成为发展的主旋律，经济发展进入了新常态。国民经济的增长和社会生产力的不断提升，也推动了运动休闲特色小镇产业链的发展，二者之间形成一种良性互动。我国居民消费从以衣食为主的生存型消费开始向文化、体

---

① 文菊，肖斌，布和. 新时代推进体育强国视域下的体育特色小镇建设研究 [J]. 北京体育大学学报，2019，42（10）：1—9.

育、娱乐等享受型消费转变，大众闲暇时间以及业余生活方式日渐丰富[①]。消费观念与结构的转变、个人经济实力的提升，促进了大众对体育和旅游的消费，大众消费需求成为指引小镇产业链发展的风向标。在某种程度上，这无疑将对小镇产业链的构建提出了更高的要求。运动休闲特色小镇在试图满足大众体育消费需求、给予消费者优质的参与体验的过程中，作为小镇产业运营主体的体育企业需不断研发创新，将其他产业类型尽可能地与体育相结合，按照"体育＋"的模式实现产业集聚。最终实现小镇盈利能力的提升和地方经济的可持续发展。

（三）社会环境

当前中产阶级已发展成为推动中国经济发展的主要生力军。他们对于高质量生活抱有强烈的追求欲望，这意味着运动休闲特色小镇将拥有不可估量的潜在消费群体。体育商品的消费增加，意味着个体消费内容的多元化转变，而消费内容的变化实际上是生活方式改变的一种外在表现[②]。在体育强国及体育产业高质量发展的背景下，"体育＋"融合多项业态为一体的体育综合体日益盛行，体育＋旅游、体育＋文化等主打体育特色的新兴运动休闲方式颇受大众青睐。由于体育消费能力的逐年增强，运动休闲特色小镇逐渐显现出巨大的消费市场和无穷的发展潜力，在产业链上中下游各个节点的优化升级方面表现明显，企业在不断打磨产品和服务质量的过程中，实现了小镇与企业的双赢。同时，伴随着全世界体育参与者的数量增长，以及我国对外开放程度的进一步扩大，海内外许多企业都将目光投向我国的体育消费市场。体育或非体育领域的大型企业也逐步涉足运动休闲产业。在经济领域，体育行业的能量逐步被挖掘并释放出来。在当前政策红利的影响下，各路资本的活跃程度更是前所未有。国内外的一些企业相继开始改变思想，市场争夺日趋激烈。各体育企业都积极地试图通过建设体育公园、旅游度假区等手段，改变过去单一体育项目的消费市场格局，建立一个以体育为核心产业链的新型现代化体育综合体。

（四）技术创新

便捷的网络服务给运动休闲特色小镇的产业链建设提供了广泛的交流平台，网络为游客了解小镇信息提供了便利。同时，网络数据时效性强的优势，为企业应对市场变化赢得了更多时间机会，为经营目标的调整提供了科学依

---

① 张振峰. 体育消费需求升级视角下体育产业转型发展路径［J］. 西安体育学院学报，2017，34（4）：453－458.

② 辛本禄，刘燕琪. 服务消费与中国经济高质量发展的内在机理与路径探索［J］. 南京社会科学，2020（11）：16－23＋48.

据，有效避免了定位和决策失误，进而避免了资源的浪费。互联网作为促进运动休闲特色小镇建设发展的一大法宝，当前其正在逐步渗透到产业链构建的各环节之中。智能化时代的到来，强化了运动休闲特色小镇产业链建设与互联网之间的联系。其以互联网为发展媒介，通过收集数据、存储和识别，为推进小镇的产业间融合，提供了科学决策的基础和双向的智力支撑。以浙江富阳银湖的智慧体育产业基地为典型代表，小镇依照"体育＋互联网"的模式打造出诸多室内外新型智慧体育健身娱乐活动及产品。对于产业型运动休闲特色小镇而言，互联网技术在很大程度上将驱动着产业核心的革新与生产方式的转换。

总之，任何一个开放的系统都离不开外部环境的滋养。牵引力作为周边环境施加于系统的外部力量，其不同因素对产业链构建的作用效果也有着明显差异。运动休闲特色小镇的内部驱力和外界牵引力是耦合交融的，良好的外部环境既是对产业链构建的有力促进，更是体育产业高质量发展的"营养"来源。

三、产业链构建的动力平衡

平衡机理主要是指保持人类社会各部分及要素间的相互协调、和谐有序的运行机理。平衡机制的突出表现就是和谐性，在产业经济学领域，主要表现为利益的公平分配。平衡机制的主要作用是通过对社会资源配置与利益分配进行适度调节，最终达到价值认同取向，形成稳定、有序的社会产业协同发展状态[1]。运动休闲特色小镇产业链的构建是一个多因素参与的互动过程，其内部机制和外部环境是无法割离的。一方面，依靠自身的内部机制运转，了解大众多样化的体育消费需求；另一方面，依赖外部环境的刺激和作用，极大地促进小镇体育产品、服务的创新与提高其受欢迎程度。而对于整个系统而言，产业链的逐步延伸会引起风险的增加，进而导致系统稳定性下降。在平衡机制的作用下，使内外力协调配合，在产业链构建过程中处理好内部各环节的关系需求，才能在企业合作的基础上实现产业链的和谐发展。为实现运动休闲特色小镇产业链构建的和谐发展，根据其动力机制的划分，产业链构建的平衡机制分为内部平衡与外部平衡。

（一）内部平衡

在大众体育消费需求日趋增强，而运动休闲特色小镇产品服务供给不足、资源配置不合理的情况下，容易导致利益相关者产生矛盾甚至发生冲突。因而

① 韩庆祥，王海滨. 论作为分析框架的动力、平衡、调整三种根本机制［J］. 天津社会科学，2015（4）：4－10.

对于产业链系统内部而言，与产业链构建的驱动力相对应，实现系统内部的动力平衡格外重要。在产业链系统内部需要对供需市场进行细致研究，以便对大众的体育消费需求做到精准把握。而后小镇运营者必须将各种资源按需分配、合理利用，在利益分配合理的前提下实现资源利用效率的最大化。内部平衡包括资源配置平衡、利益分配平衡和权责履行平衡等方面。

1. 资源配置平衡

首先，在运动休闲特色小镇产业集聚的大背景下，位于产业链上、中、下游不同环节上的体育企业应该加强合作、相互帮助。合作涉及企业双方或多方，单靠一方的积极性难以维持。只有在企业成员各司其职的情况下，才能保证生产运营活动的健康、可持续发展。而在实际的共享活动中，产业链各环节的少数核心企业拥有的资源要素通常较多，因此企业的主营业务也会更加丰富，获得的利益也就越多。但对于小镇中的大部分中小型企业而言，由于投入和自身资源条件的限制，在捉襟见肘的情况下就很难在共享活动中施展拳脚，进而在一些分配活动中也就更难获得支持。小镇管理者若是放任此现状自由发展，必将加速在资源配置过程中利益分配的两极分化，最终形成"马太效应"。因此，在资源合作共享模式下的利益分配首先必须摈弃"独赢思维"，应培育各个企业成员合作共赢的新观念。这也是以开放、信赖和合作为特征的新型产业合作的基本要求。[①] 其次，小镇在资源分配的过程中应该考虑每个企业支出的显性及隐性成本，在进行分配时适度向中小企业倾斜，通过制定相应的资源分配政策，给中小企业比核心企业相对多的收益比重，而非单纯地从资金技术等资源要素的投入来确定双方的收益比重。通过这种资源分配方式可以有效缩小各企业之间的差距，缓解和消除产业链各环节企业合作的矛盾，提高中小企业成员的生产积极性，为产业链建设打造良好的合作氛围。

2. 利益分配平衡

运动休闲特色小镇在满足大众消费需求的背后是大量企业资源的投入，企业在利益满足过程中更需重视对成本和收益的比较，这样才能确保自身经济行为的理性。对于小镇产业链的利益分配平衡，其实质就是建立公平而富有效率的利益平衡机制。产业链中企业的共同利益是实现小镇企业共建、共享利益分配平衡的基础。利益均衡既要包含多元化主体背景下小镇每个个体间利益的对立与统一，又包含小镇个体利益同整体利益之间的对立与统一。同样，影响小镇企业成员之间的合作关系最为重要的因素也是如何对企业获得的利益进行合

---

① 李国兵. 主动合作模式下旅游企业战略联盟的利益分配 [J]. 企业经济，2020（3）：145—152.

理公平的分配，而利益分配合理与否将直接影响小镇发展的稳定性和持续性。因此，建立一套合理、科学的利益分配机制是实现小镇产业链稳定运行和达到预期目的的关键。这不仅关系到企业的合法利益能否得到保障，而且还决定小镇企业长远参与经营活动的积极性、贡献大小、创新性以及合作效率。从博弈论的角度来看，小镇各个利益主体、共享活动策略以及收益构成了共享活动最基本的要素。随着共享项目参与主体越来越多，不同主体在活动参与过程中有着不同的利益诉求，因此各权利主体之间的关系愈加复杂。因此，要建立合理的利益分配机制，首先必须要清楚小镇利益分配的特征。唯有如此，方能制定出各方均能认可的利益分配方案。[①]

3. 权责履行平衡

解决运动休闲特色小镇产业链构建中的利益不平衡问题，单靠个别核心企业还不够，生产活动中各利益相关者也要履行责任。首先，只有先将各利益相关者应承担的责任凸显出来，强化责任链条，才能使小镇一些优良决策部署到实处，最终形成整体合力。与此同时，规范企业成员履行权利义务还需相关的制度约束：一是硬约束。如有企业成员拒不履行有关的义务或违反有关生产活动的协议规定，则需要承担相应的违约责任。为此，应事先规定有关的处罚措施并能够予以执行。二是软约束。当某个企业成员违约时，小镇管理者应当视问题的严重程度终止企业参与某项合作或者取消对该企业的某种优惠。换言之，由于企业没有履行某项义务就不能享受有关的权利，或不履行某项义务就将导致声誉受损。其次，还需要进一步完善企业责任考核机制，将保障能力、共享服务能力、内部工作能力、效益评价等内容纳入绩效考核评价体系之中，实施量化、动态的考核，以确保公正公平。唯有如此，才能确保各个企业在合作生产项目的申报、实施以及参与小镇事务讨论过程中的平等地位，才能在意识形态上确保各成员以主人翁的姿态参与小镇活动。最后，要对小镇资源建设和推广服务进行项目分解，通过竞争性和普惠性相结合的方式，确保小镇内部各企业成员都能承担一个或多个建设项目任务，以此激发各企业成员的参与积极性。[②]

（二）外部平衡

前文提到，牵引力主要是指推动运动休闲特色小镇产业链构建的外部环境系统。推动小镇的产业链实现稳定发展，紧跟时代变化的步伐，同样需要建立

---

① 洪开荣，朱明元. 博弈视域下农村土地征收利益分配研究 [J]. 农业经济，2020（3）：98—100.

② 谭亮，黄娜. 区域性图书馆联盟利益平衡机制构建研究 [J]. 图书馆工作与研究，2020（11）：32—39.

外部环境的平衡机制。如果将小镇比作一辆自行车，自行车要跑起来，首先要有动力，没有动力寸步难行；然而它在运行过程中必须要保持平衡，否则就会会倒下去。政府这双"有形的手"，不仅要推动小镇产业链的建设，更要在前进时紧紧扶住小镇的"把手"，保证小镇产业链的稳定和谐发展。在前进时主要应从政策管理科学、部门协调有序和法律监督保障等方面建立产业链构建的平衡机制。

1. 政策管理科学

在运动休闲特色小镇产业链的构建与开发中，政府掌握政策的拟定、发布与执行。但往往由于地方条块分割，造成纵向各级政府间和横向相关部门间的矛盾冲突。比如在小镇产业链的构建上，地方采取静态、保守的工作策略较为常见。导致政策落实不到位、工作绩效量化评估不真实，甚至发展目标过度利益化。因此，做好政策顶层设计需要秉持"顶天立地"的理念。要坚持"工作有重点，行动有指向"，"顶天"是要以国际视野学习国外运动休闲特色小镇的优秀先进经验，以战略全局出发，瞄准关键问题，遵循发展规律，增强政策制定和执行的科学性和预见性。而"立地"是要立足我国地域风情和发展实际，应注重对地方政策文件的梳理和细化，整合可利用的自然和体育资源，反映发展趋势，将政策导向和开发理念有机融合，既创新载体抓手，又突出实践特色，增强政府精准管理的科学性。同时，应注重政策理论实践和群众反馈，在严格政策实施过程中不断增加政策弹性，从而在运动休闲特色小镇领域建立起一套健全且富有特色的政策执行制度，使运动休闲特色小镇发展成为惠及地方大众的新源泉。

2. 部门协调有序

当前，在运动休闲特色小镇产业链构建的服务供给层面，政府正面临着新考验：社会公共文化服务需求快速增长，大众体育消费服务需求结构日益复杂，全民健身与体育参与的主体意识逐渐觉醒，以往大包大揽的垄断供给模式已不再适应当前小镇产业链构建的新趋势和新要求。因此，各地方政府需要转变职能，坚持最小化干预原则，构建政府、企业、大众消费者于一体的产业开发模式，协同推进产业链构建体系的建设。从具体实施来讲，就是在政府牵头组织下，创建以企业为领导核心的制度化、常态化利益协调结构。资源共享是各个利益主体在投入与分配方面开展"合作博弈"，小镇组建一个具备指导性和权威性的协调机构就显得十分重要。所以，首先，小镇内部应该在科学合理规划的基础上，建立跨区域的领导机构，相关人员的配备可以由各企业成员自主推荐。其次，成立协调领导小组，赋予领导小组必要的权力和手段，定期召开会议，可以从小镇发展战略高度统筹协调资源布局，加强小镇各环节企业之间的有效合作。

3. 法律监督保障

在利益共建共享的框架内，小镇中的每一个利益主体都有追求和获取利益最大化的权利，同时保证自己获得的正当合法利益不受妨碍和侵犯。然而，利益的天平总有倾斜的时候，生产活动中产生的利益冲突就是由小镇各个利益主体之间的权利利益不均衡导致的。要想保证小镇产业链构建中平衡机制的有效运行，其中重要的一环就是制定对各企业成员具有真实约束力的规章制度。法律作为处理内部矛盾的重要方式，担负了公平"分配"利益的使命。针对当前小镇产业链各环节企业的合作现状，有必要充分利用法律手段对其展开引导和调整。而产业链中相关企业合作的法律若能制定实施，将有利于达成这一目标。具体而言，就是通过进一步完善经济贸易法规中的相关条例。应对小镇资源配置、企业合作及利益分配的原则、形式、机制；企业合作协议框架的性质、实施、执行等各方面的内容加以规定，对各个企业成员的合作动机进行确认。应规划并调整小镇企业成员的经济行为，从法律上确立各个成员的权责关系，形成系统的共享活动利益均衡体制和长效保障机制，从而提高小镇企业合作的违约成本，引导各个企业成员选择守约的行动路径。

(三) 动力平衡机理

运动休闲特色小镇作为盈利性的产业集群，必须将实现自身经营收益放在首位，而要想盈利首先要了解大众体育需求，以生产使大众满意的体育产品与服务为目标。

各需求因子的作用和引力因子的拉动构成了消费者进入小镇消费的动力。在由动机需求转变为现实消费的过程中，政府支持的小镇更得民心、更惠及百姓；经济较发达地区的小镇往往设施更健全、条件更优越；社会环境的变化则为小镇营造了良好的发展氛围；科技创新使小镇发展更具潜力、可持续发展能力更强。通过各动力因素之间的相互作用，建立了运动休闲特色小镇产业链构建的动力模型图 6-1。从需求层的主导因素出发，由内向外各个因子相互促进、互相支撑。在外部环境的影响作用下（最外层），通过产业链供给层的不断扩充（中间层），满足运动休闲特色小镇的发展需求（最内层），同时达到外部环境（最外层）的期望目标。

然而小镇这辆"车"，不仅要能"开"，更要"开"得稳。在小镇产业链的构建与运行的过程中，系统内外部都难免会出现各种问题和矛盾，这时必须对平衡机制进行有效的调整与制约。如图 6-2 所示，通过对系统内外部施加平衡作用，力图实现产业链各环节的众多利益主体之间的协调有序。通过权利义务的分配，维持各个利益主体间的非均衡形态，并利用统一收取和分配使用资金等管理活动，缓和处在非平衡状态的有关利益主体之间的紧张关系。在生产活动有序开展的前提下，实现小镇各利益相关者之间的和谐共处，从而使小镇在健康高速路上平稳前行。

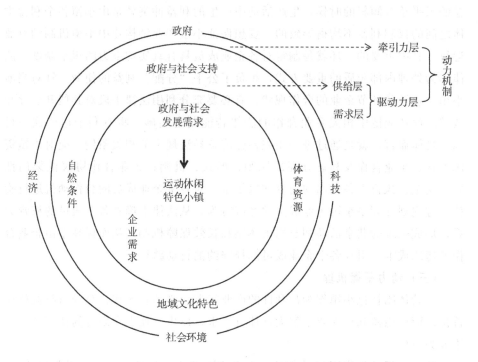

图 6-1 运动休闲特色小镇产业链构建的动力机制模型

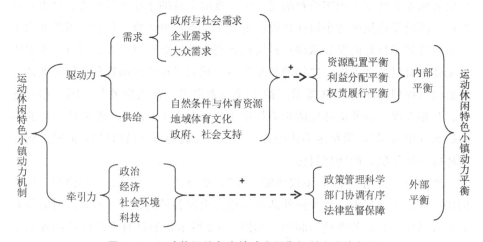

图 6-2 运动休闲特色小镇动力平衡机制实现流程图

第二节 运动休闲特色小镇产业链的运行机制

运行机制是指人类社会正常运行中影响各种运动因素的结构、功能和相互关系，以及这些因素影响和发挥其功能的过程、原理和运行方式。运动休闲特色小镇产业链的运行机制则是指在具有上下游关系的产业链运动过程中，影响企业行为的各种因素的关系、过程、原理和运行方式。主要包括：信用契约机制、沟通协调机制、利益分配与风险共担机制、竞争谈判机制、和监督激励机制。其中，根据结构、功能以及相互关系的不同，其地位又有不同：信用契约机制是产业链运行的基础、沟通协调机制是产业链运行的关键、利益分配与风险共担机制是产业链运行的核心、竞争合作机制是产业链运行的手段、监督激励机制是产业链运行的保障。以上五种机制通过市场"看不见的手"和政府"看得见的手"对产业链施加影响，促进产业链的螺旋式升级和高效运行。

一、产业链运行的基础：信用契约机制

信用契约机制是运动休闲特色小镇产业链运行的基础，小镇内各节点企业之间的生产活动以及相互协作都离不开坚实的信用契约机制。在没有信用契约的基础上，产业链主体不会贸然合作，即使是合作，但在过程中相互排斥、挤压、猜忌，则将会给自己精力带来损耗的同时，影响整个小镇产业链效益。因此，产业链的运行，信用契约机制是基础。

（一）产业链信任概述

运动休闲特色小镇产业链信任是指各节点企业之间的相互信任。目前我国有关产业链的各项研究均表明，产业链信任具有相互性、不对称性、风险性三个特点。[1][2][3] 结合小镇实际，产业链信任的相互性是指节点企业在产业链交易过程中的相互信任，作为信任方的节点企业 A 对被信任方节点企业 B 有信心，节点企业 B 对节点企业 A 负有责任。然而，产业链信任又具有不对称性，具体体现在信任与被信任关系的建立与消失的速度具有不对称性，即

---

① 高静美，郭劲光．企业网络中的信任机制及信任差异性分析 [J]．南开管理评论，2004（3）：63－68.

② 唐莹，邓超．银企关系中小微企业信任的实证研究 [J]．管理评论，2017，29（9）：37－47.

③ 张磊，朱先奇，史彦虎．科技型中小企业信任协调机制博弈分析——基于协同创新视角 [J]．企业经济，2017，36（8）：61－67.

企业逐渐建立这种信任的过程需要时间和成本，但这种信任的消失却可以在短时间内迅速完成。而且，一旦信任被背叛和破坏，重建信任将比上一轮花费更长的时间和更多的成本。同时，企业之间的信任具有风险性，其在本质上是利益与风险并存的，要保障产业链整体的利益，就必须控制与约束企业间的信任。

（二）产业链信任的类型

从信任来源的视角来看，我国有关学者将产业链信任分为三个维度[①]：一是由先天因素或后天关系决定的、基于人格特征的信任，如基于血缘关系而产生的信任，抑或是一方基于另一方后天道德修养而产生的信任等等。小镇产业链运行中，交易对象或交易主体的特征在很大程度上决定着此项交易的信任度，一家产品质量可靠、往期信誉良好的节点企业，其信任度不言而喻。二是基于制度约束的信任，主要是指企业主体在市场制度约束下具有高度可预见性的行为使交易双方产生了信任。作为市场活动的参与个体，企业必须服从宏观制度的规定，从而避免了某些违约行为的发生，节点企业间产生了信任。三是基于信誉的信任，主要指由于一项交易契约产生的长期利益与利益预期使得交易双方产生了信任。违背交易契约会给自身带来利益损失和信誉损害，因此，企业不具有主动破坏信任的激励，企业间的信任得以产生。

但在运动休闲特色小镇产业链的运作中，由于产业链单元是随着小镇规模的扩大依次加入的，存在加入时间的间断性，故产业链节点企业之间尚未有效形成产业链信任。因此要以上文提到的三个维度为出发点，加强市场监管，规范企业生产行为，广泛地建立起个体信任；完善市场制度，结合实际做好顶层设计，创造良好的制度信任氛围；企业间要加强协作，通过长期的合作最终形成信誉信任，促进小镇产业链信任体系的形成。

（三）产业链信任的形成过程

产业链各主体间信任关系的建立与发展大致需要经历三个阶段。第一个阶段是低信任阶段，该阶段下伴随着企业间第一次博弈的进行，企业间的合作效率处于较低的水平，主要体现在产业链各企业均倾向于从自身利益的角度出发，以利益最大化原则对自身行为做出抉择，这种非合作形式的一次博弈最后会使产业链陷入"囚徒困境"的不利结果。这就是由于产业链各主体之间的不信任而导致的产业链整体行为的非理性，从而使产业链整体利益受到损失。但

---

① 张维迎. 信息、信任与法律［M］. 上海：三联书店出版社，2003.10－30.

在长远利益驱动下，产业链中的企业要想长期生存，就必须寻求合作，改变第一次博弈的低效率。因此，信任关系已进入第二阶段。在这一阶段，产业链中的企业之间的博弈往往是多次重复的。这种重复博弈的持续时间比第一阶段长，且没有明确的截止时间。因此，它又具有无限循环和螺旋上升的特点。产业链中企业间的无限螺旋循环博弈使得第一个阶段中的非合作博弈变为合作博弈。此后，随着合作博弈的不断重复和深化，产业链各主体之间的信息可以快速有效地传递和沟通。企业文化、企业价值观等"软实力"在产业链中得到了认可、吸收和同化。过去企业之间的博弈、投机和威胁逐渐被信任关系所取代，从而形成一条维系产业链稳定运行的纽带。这是信任关系建立和发展的第三个阶段。

以体育用品制造类的产业型运动休闲特色小镇为例，在产业链组建初期，上中下游各节点企业陆续入驻，各企业迫切需要通过生产经营获取最大利润以弥补在建设初期用于生产厂房建设等的资金成本，此时利润最大化的战略目标驱使着企业在交易过程中做出违背产业链整体效益最大化的非理性行为，此时产业链信任处于较低水平的阶段。在后来的生产过程中，各节点企业的经营者经过一段时间的经营活动后对其他企业经营者产生了基于人格特征的信任，并且逐渐意识到第一阶段非合作博弈带来的低效率的经营效果，于是各节点企业开始寻求合作，比如中游用品组装企业通过加强与上游用品零件生产企业的沟通交流降低原材料成本等，此时产业链信任来到了新的阶段。而新阶段的信任又促使各节点企业之间相互理解与沟通交流，进而化解了产业链运行过程中的种种矛盾，促进了节点企业间的合作。合作博弈的过程正是按照这种无限循环、螺旋上升的形式在该阶段中不断进行着。之后，随着小镇制度建设的完善与各企业间良好交易信誉的积累，产业链形成了基于制度约束与信誉的信任，有关下游市场需求与上中游供给状况的信息得以在产业链中快速传递，小镇中居于领头地位的核心企业的文化与价值观得到了广泛的认可与继承，各节点企业间的合作进一步加强，产业链信任来到了第三个阶段。

二、产业链运行的核心：利益分配与风险共担机制

一般来说，企业参与产业链的最终目的是从产业链中获取利润，从而用于本企业的成长和可持续发展、为企业所有者带来资本增值，以及员工劳务服务的交换。产业链上的每个节点企业都是一个独立的经济实体，不会为了满足产业链上其他节点企业的利益而牺牲自身利益。企业自身利益的最大化

是企业进入产业链并与其他节点企业合作的强大动力。通过企业合作降低自身风险是各节点企业追求的目标，动力与目标共同驱使着节点企业在产业链中经营生存，推动着产业链不断运行。所以说，节点企业能否通过合作最大化获取利益以及通过合作分担自己的经营风险是产业链长期稳定运行的核心因素。

（一）产业链的利润分配原则

总的来说，运动休闲特色小镇产业链利润分配遵循对等原则，主要体现在风险与利润的对等以及付出与利润的对等。风险与利润的对等是指小镇产业链各节点企业承担了多少风险，就要相应地享有多少利润，利润的分配需要参照风险的承担程度来决定。比如创新程度高、科研投入大的小镇研发企业，其承担的因研发失败或市场不接受导致的风险就高，相应地在利润分配时比重就应该大，体现在专利费、特许权费高等方面；而创新程度低、主营业务为流水线生产类的企业，其风险相对于前者来说则会低很多，相应分得的利润比重也就较低一点。例如在体育用品制造类运动休闲特色小镇中，居于上游的产品研发企业所获得的大部分收益指标以及所承担的风险均会高于中游产品组装企业。付出与利润的对等是指小镇产业链中，如果节点企业 A 投入的人力、设备等资源大于另一节点企业 B，那么企业 A 的利润也应大于企业 B，因为只有这样才不会影响像企业 A 一样的高投入的企业的积极性，企业之间的利润水平才能得到保证，产业链才能持续稳定地运行下去。

（二）产业链利润分配中的风险共担

运动休闲特色小镇产业链由生产不同产品的节点企业链接而成，这些节点企业按照参与程度的不同又可以分为核心企业与一般节点企业。核心企业生产的是小镇最核心、最特色的产品或服务，其直接决定着小镇的核心竞争力。自然，核心企业与节点企业在竞争中所处的地位与获取的利润比重是不同的，当然，所承担的风险也是不同的。核心企业与节点企业间其实存在着主导者与从属者的关系。核心企业更像是契约的制定者，其在契约的制定上不仅要考虑自身利益的最大化，还要尽可能地发挥产业链上所有节点企业的核心优势，因为产业链整体运行情况也会影响核心企业的利益；而节点企业则是契约的接受者，其生产活动在某些方面受核心企业的影响，在产业链合作中处于竞争劣势的位置。在企业合作合同的制定方面，核心企业有更多的资质对合同契约施加影响，使其在某些方面更加利己，而节点企业则是根据合同的现有内容和自身的生产条件确定最优行为，追求利润最大化。事实上，核心企业和节点企业确定合作关系的瞬间，也是部分风险发生转移的瞬间，核心企业将部分风险转移给了节点企业，节点企业在合作过程中除了努力实现自身利益最大化，还要承担来自核心企业的部分风险。因此，运动休闲特色小镇产业链在进行利润的分配同时，也进行着风险的共担。

（三）产业链利润分配与风险共担机制的必要性

运动休闲特色小镇产业链的合理运营能够充分发挥企业集聚效应，促进产业链运行效率的提升，创造产业链整体利润最大化，但这并不意味着产业链中的各企业能够获得与投入、风险相对等的利润分成。如果利润分配机制与投入、风险分担机制不匹配，就会挫败企业生产的信心，加深产业链内部矛盾，进而影响到整个产业链的运行与小镇的可持续发展。因此，确定合理的利润分配机制至关重要。从我国现有的小镇运行情况来看，各节点企业的利润通常是以剩余利润的形式反映在中间商品的差价上，但这不可避免地会产生许多利润分配问题。例如在赛事型运动休闲特色小镇产业链中，中间商品赛事媒体版权的价格越高越有利于赛事所有者，而对于下游赛事运营媒体来说则是提高了成本，缩减了利润空间，如果在后续的开发利用中无法实现盈利，则下游企业很可能选择退出产业链，产业链断裂形成利润传递断层，导致资本无法正常流转，最终小镇因无法正常运营而瘫痪。为此，小镇运营者可以充分借鉴其他领域较为成熟的利润分配方式，比如风险分担法、投资额比例法、协商谈判法等，结合小镇特色产业设计出合理的利润分配与风险分担机制，做到利润与投入、风险相平衡。

三、产业链运行的关键：沟通协调机制

冲突是一个过程，在这段过程中，冲突双方为了谋求或维护自身利益而相互对立、对抗以及斗争。只要差异客观存在，冲突就必然存在。冲突就是矛盾，根据在马克思主义哲学原理，矛盾无时不有、无处不在。

（一）产业链沟通协调机制概述

在运动休闲特色小镇产业链中，各企业都是具有独立法人资格的经济实体，且大都是纵向关系，企业间的生产运作模式有着显著的差异，每个企业都从自身利润最大化的角度出发进行生产经营活动，难免会发生利益矛盾与冲突。虽然上述提到的信用契约机制与利益分配、风险共担机制在一定程度上会约束小镇各主体的行为，但产业链的运行充满了各种不确定性，随时都可能发生新的冲突矛盾，因此，必须要建立合理有效的沟通协调机制，在冲突初始阶段就进行积极的沟通，才能促进产业链的良性运转，保障产业链各节点企业的利益最大化。

    运动休闲特色小镇产业链的冲突主要是由于节点企业间的目标、利益不一致以及信息不对称的原因而产生的。对于前两个原因而言，可以通过有效沟通与谈判来解决，一般情况下，经过几轮反复的沟通，双方都能达成一致，矛盾基本上可以消除。但是由信息不对称导致的冲突则会产生种种消极的连锁反应，最典型的就是市场营销学中的"牛鞭效应"[1]。具体在运动休闲特色小镇中主要体现为需求的一种变异放大现象。需求信息从客户终端沿产业链向上游传递时，无法保证信息传递的有效性，信息被扭曲而逐渐放大，最后给予上游生产商错误的需求反馈，从而导致产业链各节点企业做出错误的生产调整。该信息扭曲的放大效果在图像上类似于一个甩起来的牛鞭，故被形象地称为"牛鞭效应"，如图 6-3。作为运动休闲特色小镇运行过程中可能会出现的负面现象，"牛鞭效应"是小镇产业链上各节点企业相互博弈以及自我修正的结果，它增大了产业链运行的不稳定性，给产业链需求预测、经济订货、最优生产、合理安排库存、精准营销等方面带来了极大的威胁与挑战。

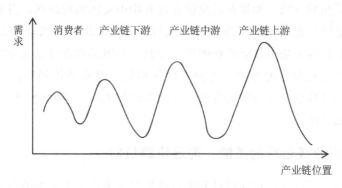

图 6-3　产业链"牛鞭效应"

（二）产业链沟通协调机制的构建

    为了消除运动休闲特色小镇产业链中信息不对称引发的冲突，必须要建立产业链沟通协调机制，即采取措施使得人、财、物等资源以及信息能够在产业链上畅通无阻地进行传递，减少因传递阻力带来的成本增加和信息不对称造成的产业链内部矛盾，提高产业链运行效率，增加各节点企业的剩余利润。

    首先，要在小镇产业链组建阶段就建立一套完整的目标体系，在体系内清楚地标明各企业的任务与目标，在合同中对各个核心与节点企业应履行的义务

---

    [1]　孙永权，马云高. 信息共享对牛鞭效应的影响——基于价格敏感需求函数的视角 [J]. 系统工程，2014，32（01）：33—40.

和享有的权利做出明确的规定。但在一般情况下，该体系往往具有公共物品的性质，一是效益的不可分割性。该体系是面向整个产业链服务的，具有全产业链企业共同受益的特点。全产业链的企业都可以从这个体系中受益，而不能将这个效益分割成若干部分，分别归属于某些企业。二是消费的不排他性，即产业链中的某个企业在享受该体系所带来的效益时，不会影响、妨碍其他企业从中获益。三是受益的不可组织性。我们无法在技术上将拒绝服从该体系的企业排除在受益范围之外。故在构建该体系时，居于产业链"链主"地位的核心企业应主动介入，一方面利用自己在产业链中的核心优势带动整个产业链的运行，另一方面要利用自己在产业链中的地位带动产业链其他节点企业参与到体系的制定与运行中。

其次，要加强企业间的信任理解。自各企业加入产业链的循环、成为产业链不可分割的节点后，所有企业的利益就已经绑在一起了，任何形式的冲突与矛盾都有损于产业链整体的利益，利益的损失也终将会分担到产业链上的每一个企业，唯有相互信任、加深理解与支持，整个产业链才能步调一致，才能发挥各自的核心优势，产生协同效应。还要加强矛盾冲突发生时企业间的沟通协商，即通过坦诚沟通，找到一个折中的解决办法来满足矛盾双方的利益目标。这是一个动态的过程，各节点企业在协商的过程中根据达成的结果不断动态调整自己的生产行为，这也是个优化的过程，通过协商矛盾得到解决，各主体的利益在一定程度上得到了维护和保障，产业链得以顺畅运行。

四、产业链运行的手段：竞争合作机制

竞争与合作机制是市场经济社会最重要的运行机制之一。市场中所有要素的供求程度变化、价格涨落趋势以及主体间的优胜劣汰、主体内的自我优化都离不开竞争与合作机制的实现。市场主体间的利益划分与生产分工是竞争与合作机制产生的原因之一，而竞争与合作机制又会反过来作用于市场主体间利益的划分与生产分工，成为推动产业链运行更加合理化的动力之一。

（一）产业链的竞争机制

对于运动休闲特色小镇而言，主要存在产业链外部竞争和产业链内部竞争两种形式。

产业链外部的竞争使得小镇在市场中拥有更为强大的核心竞争力。产业链的运行是一个复杂的过程，在这个过程中上下游企业需要协同起来整合成一个新的中间组织形态，这个组织形态是随着外部市场环境的变化而不断发展的，其目的在于推动小镇产业链的升级与提高节点企业的收益，而竞争机制则是推

动这一变化的手段。在我国，不同类型小镇的存在迫使着每一个运营者不断优化产业链结构，追随日新月异的技术变革浪潮，通过各种管理技术降低成本、改进小镇的产品与服务。特别是上海市、浙江省、江苏省等小镇密集、体育产业发达的省份城市，产业链外部的竞争尤为激烈，小镇运营者要时刻居安思危，战战兢兢、如履薄冰。竞争对手无处不在，要想不被淘汰，就必须在竞争中获取核心优势，突出特色产业，在竞争中生存，在竞争中实现利益最大化。

产业链内部的竞争使得小镇产业链内部结构不断完善、运行效率不断提升。例如休闲型运动休闲特色小镇产业链的形成并不是简单地将各种休闲体育项目产业公司打包放在规划区域内，产业链的形成是在小镇运营者的主导下逐渐形成和发展的，产业链内部各节点企业间存在着"优胜劣汰、适者生存"的竞争选择机制，迫使着各节点企业不断地进行体育项目的整合、休闲服务的创新、服务方式的优化与个性化等等。此外，当产业链某环节内存在着众多同一产品的供给者，即环节内企业富集程度较大时，企业间势必要发生激烈的竞争。这种竞争使得资源能够以最优的结构和形式配置到小镇产业链的各个环节中，降低了资源配置成本，提高了产业链整体经济效益，增强了产业链整体竞争力，从而促进了产业链整体在外界市场竞争中的核心优势。并且，产业链中间商品的价格也是在节点企业间竞争机制的影响下通过协商、沟通和谈判达成一致的，此过程是一个动态的、反复进行的多回合过程，这个过程使得最后的谈判结果——中间商品价格既维护了上一层企业的利益，也保障了下一层企业有利可图，提高了节点企业间的依存度，稳固了产业链的运行。

由此可见，产业链内部与外部的竞争是共生共存、相辅相成、互相促进的。因此小镇运营者可以在产业链中的研发；投入、生产、营销等各个环节引入竞争机制，将竞争机制作为推动产业链合理运行的手段。

（二）产业链的合作机制

运动休闲特色小镇产业链的合作机制主要体现为产业链内部的合作，其大致也有两种形式：第一种形式是不同环节之间的合作，即上中游、中下游、上中下游之间的合作。比如赛事型运动休闲特色小镇产业链上游赛事生产方和中游赛事运营方合作运作一场比赛，该比赛完全由上游赛事生产方全权负责举办，而赛事媒体版权的获取和赛事内容的加工完全由中游赛事运作方负责，二者通过合作实现了双赢，创造了相较于"单打独斗"更大的经济效益。第二种形式是同一环节内的合作，其目的在于各取所长，发挥各自的优势实现利益的最大化。比如康体型运动休闲特色小镇中游提供不同康体服务的企业之间可以合作共享客户资源，在给客户提供专业化康体服务的同时，针对不同用户的恢复需求适时地推介小镇内其他企业的康体服务，以此实现服务供给的优势互补和营销渠道的融合贯通，既为客户提供了更加专业化、针对化和便利化的康体服务，也提高了产业链的运行效率与节点企业的收益水平。

五、产业链运行的保障：监督激励机制

运动休闲特色小镇产业链为节点企业提供了一个合作共赢的平台，但产业链运行过程中的种种负面现象也是不容忽视的，产业链的运行绝不能遵循道家思想中"无为而治"的唯心理念。节点企业之所以进入到小镇产业链，最根本的原因还是在于利润最大化，因此，其都会从自身利益的角度出发，利用自己在信息、技术、渠道等优势采取一些违背产业链整体价值或损害其他企业利益的"偷懒"和"搭便车"等典型行为，其结果或多或少地都会产生外部性效应。为此，需要引入监督激励机制，防止典型行为和负外部性效应的产生，降低其带来的对产业链整体效益的损害。

（一）产业链负外部性效应及典型行为

企业"偷懒"行为主要是指在信息不对称的条件下，负有责任的产业链节点企业在自身效益最大化的驱使下，倾向于做出有损于其他企业的行为，具体体现为道德风险与逆向选择问题。企业"搭便车"行为则是指产业链内的节点企业、个人或组织，不付出任何成本与代价，却获得了与为产业链整体利益做出贡献的主体相同收益的经济学现象。在运动休闲特色小镇产业链中，公共设施的建设、产业链目标体系与监督激励体制的建立等均具有公共产品的性质，如果某一节点企业将其引入产业链运行过程中，所带来的产业链效率的改善是所有节点企业都能享受到的。但是，由于设施的建设与体制的建立是有成本的，所以每一个节点企业都不会采取主动行动，而是希望其他节点企业进行设施建设和制度建立，自己坐享其成。

"外部性"这一概念最早由马歇尔在其著作《经济学原理》中提出，"外部性"主要是指一个人或一群人的行动和决策使另一个人或一群人受损或受益的情况。[①] 事物之间的普遍联系是外部性产生的根本原因。外部性按照产业链环

[①] 瞿翔，刘春明，张俊飚.基于农村公共品投入的农业上市公司负外部性风险研究 [J].农业经济问题，2008（08）：86－89.

节的不同可以分为生产外部性和消费外部性，按照产生影响的不同可以分为正外部性和负外部性。例如，化工企业在生产产品时没有按照有关规定排放污染物就是生产的负外部性；一个人在公共场所吸烟就是消费的负外部性；政府出资拓宽城市公共绿化面积就是生产的正外部性。

运动休闲特色小镇产业链的不当运行具有明显的外部性效应，主要有以下几个现象：首先，对消费者的负外部性效应。例如运动装备制造类的运动休闲特色小镇，其为了提高自己的利润而偷工减料，生产出的运动装备不符合国家质量标准，消费者在使用其装备时发生意外，生命安全受到威胁。其次，对下游加工企业的生产负外部性效应。质量差的运动装备产品会加大下游企业的加工压力，增加加工成本，下游企业使用来自上游企业提供的残次产品制造出的半成品也不会符合标准，进而一直到产成品的加工制造过程中不断发生外部性"连锁反应"和"蝴蝶效应"。再次，对运动休闲特色小镇产业市场的负外部性效应。具体表现为产业市场竞争模式由质量竞争转为价格竞争，产品的价格被不断压低，既损害了节点企业的利益又破坏了整个市场环境。最后，对生态的负外部性效应。例在运动产品制造的过程中没有按照规定排放污染物，危害了当地的生态环境，破坏了产业链的可持续发展。

（二）产业链监督激励机制的建设逻辑

正如前文所说，在运动休闲特色小镇产业链中有核心企业和普通节点企业之分。核心企业在产业链中居于主体地位，是产业链增值的主要动力来源；节点企业在产业链中居于次要地位，是产业链正常运转不可或缺的作业单元。通常，核心企业在产业链中除了需要完成自己生产工作外，还需要兼顾产业链整体的运行，为了提高产业链整体效益而对产业链进行适当的调控，充当产业链"组织者"的角色。而节点企业则需要配合这些调控，即使某些情况下，这些调控可能不利于节点企业的利润最大化行为。例如核心企业考虑到小镇整体布局设计的美观性，倡导所有企业对建筑进行美化改造，即使这种倡导会在一定程度上提高对游客的吸引程度，为小镇带来更多的客源，拉动对小镇各种产业的需求，为产业链注入新的生机和活力，但建筑美化改造需要节点企业付出成本代价，且其效益存在一定的滞后性。由此我们可以引入委托代理理论解释这种利益不一致的现象，即将产业链看作一个公司整体，核心企业就是公司股东，即委托方，各节点企业则是公司董事，即代理方。这种委托代理制度避免了所有者兼具经营者模式的弊端，但同样也给产业链带来了委托代理问题，即在产业链优化与小镇建设方面，代理人和委托人的利益并不完全一致，核心企业在与节点企业发生利益冲突，委托人处于信息劣势、不能对代理人进行完全监督的情况下，代理人有动机为了自身利益，做出有损于委托人利益的行为，产生不利于整体利益的负外部性效应，也就是上文提到的"偷懒"与"搭便车"行为以及负外部性效应。对于委托人来讲，只有代理人行动效率最大化，产业链整体效益才会最大化，核心企业自身利润才会最大化。而要实现代理人行动效率最大化的目标，就必须要对代理人进行有效的监督与激励。

此外，核心企业在产业链中扮演"组织者"角色时，其通常会获得较大的利益份额[1]，由著名经济学家约翰·纳什的"智猪博弈"我们可以知道，核心企业，也就是理论中的大猪，是热衷于公共设施和制度建设的，但各节点企业，尤其是在产业链利益分割中占比很小的节点企业，也就是小猪，在产业链公共投入方面存在完全可能的"偷懒"与"搭便车"行为，从而会对产业链造成种种负外部性效应。有损于产业链整体利益的行为是核心企业最不希望看到的，因此，有必要通过适当的利益让渡方式和监督激励机制来激励各节点企业在公共设施和制度建设方面的主动性和资源投入水平。

至此，所有问题就都转变为核心企业如何建设监督激励机制以及如何利用该机制治理产业链低效率行为的问题。虽然产业链中的各种典型行为和负外部性效应都符合"墨菲定律"（如果事情有变坏的可能性，不管这种可能性有多小，它都会发生。），其不可能完全消除，但是可以尽量降低由其带来的损害。运动休闲特色小镇产业链的监督激励机制可以打通信息传递屏障，以防止由利益冲突以及信息不对称带来的可能的"偷懒"与"搭便车"行为和负外部性效应的产生。比如说可以建立偷懒企业黑名单数据库，建立节点企业收益分配制度，抑或是建立价格激励、订单激励、商誉激励、贡献激励等激励机制[2]。所以说，如何设计产业链上各节点企业的监督激励机制，对维护产业链整体利益是至关重要的。

六、产业链运行机制模型

运动休闲特色小镇产业链内涵盖了不同的节点，就像链条上不同链段之间的轴承一样，轴承内又包含了更小层次的滚珠。上文提到的五大机制就像轴承内的滚珠，使得轴承可以 360°旋转。每一个链段通过轴承的良好链接又使得

---

① 湛青. 出版核心企业的主导作用与发展路径研究——以图书出版价值网为视角 [J]. 中国出版，2016（06）：53—56.

② 王凯. 体育赛事媒体版权产业链的理论建构与基础路径 [J]. 成都体育学院学报，2019，45（2）：22—30＋127.

整条产业链运作起来，源源不断地创造利润、传递价值。为了更清晰地呈现运动休闲特色小镇产业链运行机制，现构建运动休闲特色小镇产业链运行机制模型图。如图6-4所示。

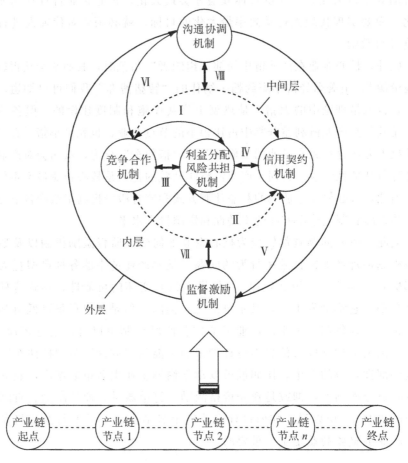

图6-4 运动休闲特色小镇产业链运行机制模型图

图6-4展示了上文提到的五大机制之间的相互关系。在这五大机制中，利益分配与风险共担机制是产业链运行的核心，居于内层中心位置；信用契约机制是基础，竞争合作机制是手段，二者位于中间层的位置，是内层的"左膀右臂"；沟通协调机制是关键，监督激励机制是保障，这两种机制位于其他机制的最外层，对内层和中间层起到维护作用。

我们以企业A和企业B为例，结合图6-4来分析运动休闲特色小镇产业链的运行机制。首先，两个产业链节点间存在着产品的供需关系，这种关系体现在利益分配机制中。在利益分配的过程中，两个节点内的企业进行着价格上的博弈，同时供给侧与需求侧内部也在进行着激烈的竞争（Ⅰ）。经过反复地、动态地、多回合地讨价还价后，双方互相遴选出企业 A 与企业 B，在利益分配机制的基础上达成共识、进行合作。然而在合作的同时也伴随着种种负外部性与消极行为的发生，所以说利益分配的过程也是风险共担的过程。此时，需要通过信用契约机制对双方行为进行约束（Ⅱ），可以在一定程度上降低风险的发生概率与损失的规模，其体现在合作合同的签订上。竞争合作机制与信用契约机制共同作用于产业链内层（Ⅲ、Ⅳ），驱动着产业链"中心轴"的旋转。信用契约履行得如何，需要监督激励机制进行保障（Ⅴ）；竞争与合作过程中出现的矛盾，则需要沟通协调机制进行化解（Ⅵ），监督激励机制与沟通协调机制共同作用于产业链中间层（Ⅶ、Ⅷ），维持着产业链"轴承"的稳定性。这样，产业链在利益分配机制、竞争合作机制、信用契约机制、沟通协调机制、监督激励机制的共同作用下不断运转，每一个链段都发生着价值的增值与在产品的传输，最终将产成品或服务提供到消费者手中。产业链发展过程可用图 6-5 来形象描述。

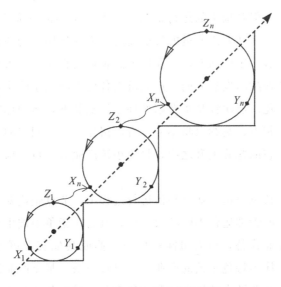

图 6-5 产业链螺旋式发展图

如图 6-5 所示，我们用 X_1、X_2…X_n 代表产业链利益变化点，Y_1、Y_2…Y_n 代表每次产业链利益变化后的谈判点，Z_1、Z_2…Z_n 代表竞争合作谈判下达成的协议点。当产业链中存在利益需求 X_1 时，通过竞争合作形成谈判 Y_1，并

且达成契约 Z_1，产业链达到第一个平衡状态；然而，随着政治、经济、文化、科技等宏观要素的变化，市场也处于不断变化的过程中，变化的市场产生了不同的需求，导致在新需求的驱动下，产业链利益来到了 X_2，经过新一轮的竞争合作后形成谈判 Y_2 和契约 Z_2，产业链再次达到平衡状态，且相较于上一个平衡点，新平衡点处于更高层次……当市场再次发生变化后，利益来到了新的 X_n 点，经过谈判 Y_n 形成了协议 Z_n，产业链达到第 n 个平衡点。当然，产业链的整个运行过程也是利益与风险并存的，故其同样也离不开沟通协调机制与监督激励机制的干预。

于是，产业链以上图的形式往复发展，呈螺旋式上升的趋势。这里的螺旋式上升绝不等同于简单意义上经济效益的提高，而是意味着产业链结构的优化、运行效率的提升以及生产、生活、生态"三生"领域的全面发展，是一种经济、社会、生态的超循环过程，其具有丰富性、保持性、选择性、层次性四个特征。丰富性是指运动休闲特色小镇产业链的融合元素会不断增加（体育＋文化、康养、赛事等），导致产业链的外延不断扩大，产业链内部的耦合关系也会更为复杂。保持性是指虽然运动休闲特色小镇产业链会以螺旋上升的超循环形式不断演进，但其根本的运行机制，即本节论述的五大机制的作用关系，将始终保持不变，并随着产业链的发展而起更大的作用。选择性是指产业链自我优化的过程具有一定的活性，产业链节点企业会根据外部市场环境和内部产业链环境自我选择战略发展方向，产业链内各要素间关系的协调配合也会随着环境的变化而变化。层次性是指在超循环运作机制下，运动休闲特色小镇产业链的利益点、谈判点、契约点将不会一直停留在某一个固定的平衡状态下，而必将时刻处于动态的螺旋上升之中，只要小镇产业链运行，这一动态过程就不会结束。

在运动休闲特色小镇产业链整体运行过程中，节点企业要么自强不息，通过企业内部科学的管理运营不断壮大，要么就会在竞争中被生产自家产品替代品的其他节点企业代替，也有可能被核心企业或其他实力更大的节点企业吞并。同时，运动休闲特色小镇的产业链不只有一条，某条产业链内的节点企业可能又是另一条产业链内的核心企业，从而参与另一条产业链内企业间的替代与吞并。因此，在市场"优胜劣汰"的选择机制下，不断有各种优秀的企业加入运动休闲特色小镇产业链中，也有赶不上市场需求步伐的企业退出。产业链的发展优化了小镇的产业布局，实现了小镇产业结构的自我调整，从而推动了整个区域的经济发展。

第三节 运动休闲特色小镇产业链的协同机制

产业链是运动休闲特色小镇的核心。建构完整有序的运动休闲小镇产业链，除了明确动力机制和运行机制外，将产业链中的各子系统协同起来，发挥出体育空间的黏滞性同样至关重要。运动休闲特色小镇的产业链并不是孤立的。从组织形式来看，运动休闲特色小镇产业链中既有投入至产出的线性结构，也存在因相关产业链之间关联协作与整合而成的非线性结构，因而其整体是一个多方产业链协作发展的网状综合性产业链。协同学强调系统自组织能力的主导作用，利用各个子系统的共同作用产生的序参量，反过来再支配各个部分的行为，最终推动整个系统的发展，序参量的大小代表了系统在宏观上的有序程度。作为一个开放的复杂适应系统，运动休闲特色小镇产业链的协同是指各个子系统通过非线性的相互关系产生联合作用，使运动休闲特色小镇产业链能通过自组织演化而形成相对独立的宏观有序结构。离开了各子系统间的相互协助，运动休闲特色小镇便不能产生协同效应，这种相对独立的有序结构将化为泡影，产业链就会萌发危机，甚至解体。

因此，在复杂适应系统理论的基础上，本节基于产业链理论和协同学理论，立足于对运动休闲特色小镇产业链的发展现状分析及对未来发展趋势的研判，从运动休闲特色小镇产业链的上中下游、环节、利益主体、价值链以及治理入手，构建出运动休闲特色小镇产业链协同机制的逻辑框架，借以丰富运动休闲特色小镇产业链发展的理论内涵，发掘其内生动力，打造更长的产业链，推动产业链向更高级别演化，促进其高质量发展。

一、上中下游协同机制

从产业链生态系统的整体来看，产业链可细分为两种：垂直的供应链和横向的协作链，其中垂直的供应链可划分出上中下游关系。纵深发展能够使运动休闲特色小镇产业整体在分工、配套、技术等方面环环相扣，将小镇的特色产业逐步做精做强，发挥出本身的特色。"体育＋"模式下的运动休闲特色小镇产业链主要包括上游资源开发、中游规划运营和下游产品营销三个部分，即同条共贯的产业链需要上中下游协同机制的支撑。运动休闲特色小镇产业链上中下游协同模式如图 6-6 所示。

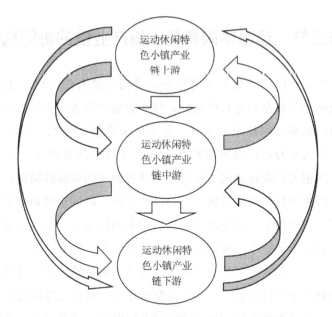

图 6-6　运动休闲特色小镇产业链上中下游协同模式图

（一）上中下游产业定位及联系

微笑曲线理论可以在一定层面上反映运动休闲特色小镇上中下游的关系及产品附加值状况。微笑曲线（smiling curve）是一条中间低、两端上扬的曲线，形状如微笑的嘴唇，由中国台湾 PC（个人电脑）制造商宏碁集团董事长施振荣最早为了分析全球产业链竞争附加值而提出，微笑曲线理论认为，在产业链中，上游设计和下游营销这两段的附加值较高，而处于中间段的产品附加值最低。[①] 如图 6-7，在运动休闲特色小镇产业链的构建中，曲线左右两端代表着产业链上游的产品开发投资与产业链下游的产品营销，这两端都能使小镇获取较高的产品附加值，而处于微笑曲线中底部的规划运营则需要投入更多的人力、物力，是小镇产业链中的低附加值部分。

具体来看，闲特色小镇产业链的上游负责顶层设计，吸纳资金流入产业链的中游与下游，中游则起到中间枢纽的作用，在规划运营中为产业链吸取技术、人才等要素，促使协同机制发挥更大的效应。下游则因直接面向消费者，能够获取更多的信息以反馈至上中游。如此，依靠协同合作关系建立上中下游全产业链，能将原先的个体优势转化成产业链整体优势，提升综合竞争力。从

---

① 施振荣．微笑曲线：缔造永续企业的王道［M］．上海：复旦大学出版社，2014：67－69．

微笑曲线的理念中可知，运动休闲特色小镇应当不断将开发投资和产品营销这两个高附加值部分进行升级优化，以获得更高的效益产出，以此实现利润的增长来拉动整体的规划运营，达到长久的可持续经营。

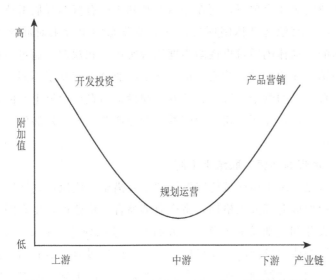

图 6 - 7　运动休闲特色小镇产业链上中下游微笑曲线图

（二）矫正开发投资，引导中下游

运动休闲特色小镇产业链的上游是开发投资，包括土地开发、房地产开发和体育特色产业开发等。在政策激励和扶持下，运动休闲特色小镇在构建的过程中会获得规划用地，就可以通过工程与土地升值获取效益；而当前大部分运动休闲特色小镇房地产化倾向严重，多家房企布局特色小镇，房地产化虽然在初期能为小镇带来丰厚投资，但通过开发城市地产、旅游地产及工业地产获得效益，显然丧失了运动休闲特色小镇的本质；运动休闲特色小镇在产业链开发中更应当强调对体育特色产业的开发，开发体育特色产业才能够使产业链在分工协作、产品配套、原材料供应、技术服务等方面环环相扣，才能将小镇产业链做精做强，发挥核心优势。

运动休闲特色小镇不是空中楼阁，没有将后期规划运营和产品营销充分考虑进去的运动休闲特色小镇产业链注定无法落地。上游的开发投资处在整个产业链的前端，在土地、资源、产业项目和城镇建设等方面由政府、开发商和投资商等共同参与。

以开发滑雪项目的运动休闲特色小镇为例，目前在我国能够开发滑雪项目的运动休闲特色小镇主要分布在东北、华北、西南等地区，包括长白山万达滑雪小镇、崇礼太舞滑雪小镇、富龙四季小镇等，然而由于包括全球气候变暖在内的气候条件等资源因素，滑雪项目的淡旺季分界明显，因此在开发投资过程中这些小镇就要充分考虑到后期的规划运营以及产品营销。所以这些小镇一般在雪季开展滑雪等体育项目，而在非雪季则基于已有资源开展滑草、山地自行车、森林探险等其他运动休闲项目，以多种业态的组合来对冲淡季带来的压力，这些新的运动休闲项目也逐渐为度假者所接受和欢迎。通过多样化的资源开发促成小镇多元化的经营策略，也带动了产业链下游基于不同类型体育项目所生产的体育产品的营销。政府、开发商和投资商在产业链上游的开发投资中进行了充分的考虑，才能够建立起四季运营与产业全方位发展的全季运动滑雪休闲特色小镇。

（三）立足规划运营，联结上下游

规划运营是实现小镇区域协同发展的重要措施。应以规划协同为手段，使政府和运营商形成合理分工格局，将产业链整合，构建产业生态圈，继而开展交通、公共服务和基础设施建设。一方面要通过规划建立起相应的约束机制，引导各要素遵循协同发展的总体目标；另一方面通过对土地利用、公共服务设施等方面的协同发展规划，促进各类资源要素在空间上优化配置，实现协同发展的目标；还应当注意规避运动休闲特色小镇的同质化现象。

产业链中游的规划运营对宏观经济比较敏感，但也容易受到上游供应波动和下游消费需求的掣肘。因此对运动休闲特色小镇产业链的中游进行综合规划，提出针对性的运营策略，既要承接和延续上游开发投资过程中的各类构想，又要为产业链运行到下游时产出的体育用品与体育服务产品创造流入市场的条件。且特色小镇的核心在于实现"产城人文"四位一体，这就对产业链中游的规划运营提出了更高的要求。

（四）根植产品营销，反馈上中游

产品营销依赖中上游的供应且直接面向消费者，对消费者的需求更加敏感。在产业发展定位中，下游多承担的是"聚人气，树品牌"的作用。作为产业链中与消费者接触的窗口，要完成树立起运动休闲特色小镇品牌形象的重任，除了关注自身发展、完善营销战略规划、提升产品营销的精准性、降低产品营销成本和采用多样化的营销手段之外，更应当关注产品营销信息的有效性、信息内容的多元性以及旅游消费的保障性。

随着社会的进步和发展，消费者对体育产品的需求也在改变，更加期望获得体验感和个性化服务，这些动态的市场需求会不断对小镇产业链形成新的拉力。此时产业链下游就需要将市场需求等信息向产业链中上游反馈，促成各参与主体通过协同合作来应对动态的市场环境变化。小镇产业链的下游需要把握各种发展机遇，关注消费者的实际需求，基于构建的大数据平台将信息传递到产业链的上游和中游，使上中下游共同分享小镇发展收益，同时以利益关系为牵绊，共同承担市场风险，借此实现运动休闲特色小镇产业链综合效益的提升。

上游、中游、下游三个子系统之间应当协同演进，运动休闲特色小镇产业链的上游、中游和下游中的各要素是相互依存的。没有上游的开发投资，规划运营和营销便如"巧妇难为无米之炊"；没有中游的规划运营，开发投资和营销也如"英雄无用武之地"；没有下游的产品营销，开发投资和规划运营也仅是"空有打虎技"。所以，运动休闲特色小镇产业链上的上游、中游和下游都应该同甘共苦、互助互盈、共同生存发展。

二、环节协同机制

环节协同是指产业链的各环节与其他环节基于整个产业链系统发展过程中的能力而相互协调与合作，使之成为一个更加有序的整体。[①] 在这个过程中，既需要依托运动休闲特色小镇产业链中的各主体，实现各个环节的生产、服务功能和价值增值，也离不开小镇产业链外部环境的支撑，为各个环节的有序运转提供环境保障。

（一）产业链全环节协同

运动休闲特色小镇作为综合性的现代化群落，它的系统性决定了其产业链环节众多的特点。在构建过程涉及多个行业、多个因素之间的相互作用，各个环节环环相扣、相辅相成。应站在全域发展的角度对整个产业链的构建进行前瞻性思考，在全域范围内进行统一规划，因地制宜地布局各产业的功能区域，同时应严格规范各区域的开发条件，才能让运动休闲特色小镇形成风格各异、功能连贯和联动高效的产业布局。

构成产业链的各个环节是一个相互联动、相互制约、相互依存的有机整体，同一环节的横向间、不同环节的纵向间都存在着不同程度的竞争与合作。它们在技术上具有高度的关联性，上游中的环节与中下游的环节之间存在着大量的信息、物质、价值方面的交换关系，具有多样化的链接实现形式。例如产业链中上游的开发规划运营等环节，决定着产品的品质高低；产业链下游的销售反馈服务等环节，将各类运动休闲产品及公共服务呈现在消费者面前，供消

---

① 金新文. 新疆兵团红枣产业链构建及其协同机制研究 [D]. 北京：中国农业大学，2015.

费者自由选择，加强以消费者为导向的营销和服务是增加产业链整体附加值的新动力。

由于运动休闲特色小镇产业链基本处于同一地理区域内，就会趋向于发挥地域与区域优势形成产业集群，产业集群能整体提高和增强产业链信息服务的竞争力、抗压能力和抗风险能力。促进各个环节互利共享、共摊风险，提升产业链各环节的整体竞争力，使得运动休闲特色小镇产业链平稳运行。

（二）具有不同功能的环节协同创造效益

运动休闲特色小镇产业链各部分有着排斥与集聚并存的趋势，存在着技术层次、增值与盈利能力的差异性。产业链受产业特征及发育状况影响，存在繁简程度的差异性，同时运动休闲特色小镇产业链之间交织而成的网络结构中，也存在主链条、次链条之分，因而就有不同功能环节的划分，即关键环节、主导环节及配套环节。关键环节是运动休闲特色小镇产业链中最为关键的部分，掌控着运动休闲特色小镇产业链的命脉；主导环节是运动休闲特色小镇产业链的主体部分，负责构成运动休闲特色小镇中体育产品的输出；而配套环节则是对运动休闲特色小镇产业链的延伸，是对主导环节的补充。三种环节相互补充、协同促进，才能够保证运动休闲特色小镇产业链在不断演化过程中积极向前推进，不断弥补产业链中缺失的环节，同时产生新的必要环节。若三大环节不能保持并行不悖，那么小镇产业链就会陷入困境。

从产业结构上来看，运动休闲特色小镇产业链多以服务业和体育用品制造业为主，而部分小镇还在一定程度上发展生态农业，因此小镇产业链涵盖了一、二、三产业，产业主体上存在着差异性与协同性。开发规划等环节作为运动休闲特色小镇产业链的关键环节，决定着小镇产业链的类型和性质。

小镇产业链中的不同环节各具功能，通过交错链接、协同运行才能产生整体效益和增值效益，若某环节出现问题则会影响到整条产业链的总体效益。因此应正视运动休闲特色小镇中的差异性，兼顾薄弱环节，协同运行，使得产业链中的各个环节相互依赖、相互支撑。使创造效益的产业能够形成一种相对稳定的信任机制，实现资源共享。另一方面，还可以帮助运动休闲特色小镇创造更多效益，获得更好的发展。

（三）环节协同反促上中下游协同

运动休闲特色小镇产业链所囊括的 7 个基本环节是运动休闲特色小镇产业链系统中的基本子系统，是最小活动单元，也是产业链环节的最基本单元。在运动休闲特色小镇产业链中构建环节协同机制，就是在产业链的各个主体间建立起协同机制。运动休闲特色小镇产业链作为一个大的整体，要想实现产业链的快速发展，就必须按照前文所述建立起 7 个环节的协同机制，同时使这 7 个环节联系起来，使之成为一个更大的系统，最终使得垂直方向上的产业链上中下游联系起来、各参与主体协作起来、投入与产出平衡起来、产—供—销协作起来，从产品到服务，联系各个环节与产业链上中下游共同形成一个紧密协作的整体，构成一个高速运行的网络，使得运动休闲特色小镇产业链的上游、中游、下游协同发展。

以运动休闲特色小镇的品牌打造为例，要在充分分析运动休闲特色小镇产业链的资源和文化的前提下，全面把握消费市场的发展趋势，深入分析区域和运动休闲特色小镇产业链自身的特色，为品牌定位做好准备，将配套环节中的售后与信息反馈所产生的大数据分析传递到产业链的各个环节中，助力运动休闲特色小镇自身产业的品牌打造，将运动休闲特色小镇视为一个整体，从而做到统一品牌文化，保证品牌的输出和延伸。

三、主体协同机制

相较于一般的产业链参与主体，运动休闲特色小镇产业链构建中涉及的多主体之间的关系颇为复杂，在协同发展的过程中有大量信息和资源的交互，会涉及各主体之间在组织、管理、利益上的沟通协调、权责分配和行为博弈。因此各主体间的协同配合成为降低产业链构建过程中各主体自身风险的必然要求，企业不断调整自身的战略结构来逐步适应产业链构建的需求，能够激发产业链的内生动力，促进个体和整体朝向有序演化。

(一) 主体划分及利益诉求

明确运动休闲特色小镇产业链构建中的主体，是构建清晰有序的协同机制的前提。作为一个复杂交错且特殊的产业链，运动休闲特色小镇的产业链的发展无法脱离"人"对其造成的影响，这些"人"是对小镇产业链构建起直接或间接影响的组织、机构和个人，也就是运动休闲特色小镇产业链的利益相关者。利益相关者理论由经济学家弗里曼最早提出，而管理学中也有同样的概念。对运动休闲特色小镇产业链构建当中的主体可以从利益相关者的视角去分析。基于其概念，结合小镇产业链上中下游和各环节中的要素和小镇产业链的特点和发展现状，将运动休闲特色小镇产业链构建中的主体确定为政府机构、企业、小镇居民和消费者。如图 6-8 所示。

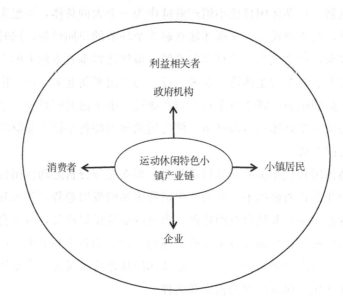

图 6 - 8　运动休闲特色小镇产业链构建的利益相关者

政府机构在产业链构建过程中起着引领、决定和监管的重要作用，政府机构的职责是响应和落实上级政策文件招商引资、推进小镇规划建设和发展、维护社会治安，政府的利益诉求是使用更少补偿或者多样化的补偿方式获得更多征地，减少建设前后的矛盾，促进当地经济发展。企业以经济利益为目的，企业的利益诉求是享有资源处置权及运营权，获取利润，使自身得以生存和发展，以及获得品牌知名度等其他附加利益。当地居民的利益诉求是获得征地补偿以及作为劳动力加入产业链中，渴望参与到小镇的规划与收入分配中，提高收入水平，获得更好的生活环境。消费者的利益诉求是获得物美价廉的产品与服务，以及更好的体验。各主体明确自身利益诉求，才能在产业链的构建和发展过程中互利共赢。

（二）主体间的组织协同

组织协同是各参与主体以契约等方式建立协同合作关系，其可以发挥联合体的竞争优势，达到共赢的目的。合适的组织协同模式不仅可以保障运动休闲特色小镇产业链中各参与主体的自身优势得到充分发挥，还可以在信息共享中丰富自身的资源库，为提高主体自身能力打下坚实基础。运动休闲特色小镇产业链参与主体复杂，分工更加细致和专业，各主体之间必然要进行资源和技术的整合来发挥系统的最大作用。

这就对小镇产业链的主体协同提出了新的要求。首先，小镇产业链各主体之间要加强组织结构联系的密度与深度，要不断深化创新协同、合作发展等内容的形式，突破以往企业和企业之间、企业和政府之间简单的线性合作组织模式，构建高效完备的组织协同机制，实现网络化的四大主体协作模式。其次，应充分发挥小镇各中间服务商的支撑作用，这些服务机构是各主体间知识与技术传递的纽带，应建立起中介组织、金融机构、政府等共同参与的协作网络，充分发挥外部支持性因素和辅助组织的积极作用，构造良好的协同环境，将各主体纳入网络中，提高协同创新绩效。最后，应建立如协同创新联盟等专门的组织协调机构，由政府主体这一利益相关者牵头，使技术和知识在联盟内的不同创新主体间流动和共享，有效提升协同创新的速度和效率。让市场份额大、品牌知名度高"龙头"企业带动中小企业，通过地方政府对小镇产业链的培育规划，引导商业银行、民间资本等资金合理投向实体经济，帮助中小企业对接市场需求导向。应依靠组织协同关系将原先产业链主体的个体优势转化成运动休闲特色小镇产业的整体优势。

（三）主体间的管理协同

管理协同要求主体利用知识、信息、资源共享的先进管理协同工具，不断进行知识与信息的碰撞交流，在运行中实现高效信息交流和资源共享，提高产业链工作效率。本质上是通过管理各主体与要素的互相合作、互补、协调、竞争等作用形式，形成系统高效的自组织运转机制。

主体间的管理协同是运动休闲特色小镇产业链的控制器与调节器，是小镇产业链高速运行的必备条件。在构建各主体间管理协同的过程中要明确运动休闲特色小镇产业链上中下游的组成要素、各环节之间的逻辑结构关系和相互间的关联作用。应将运动休闲特色小镇的发展政策和产业链开发规划过程中绘制的蓝图作为基本依据，用适当的组织发展管理措施，将其转化为具体的管理目标。政府主体要建立运动休闲特色小镇产业链信息化平台，将不同环节中的参与人、管理目标和管理要素进行整合，通过不同参与者对其运行过程中的信息共享，及时发现问题、提出解决方案；不同的参与主体也可以通过一些渠道与其他主体沟通交流，对管理效果进行反馈，即能保证自身利益诉求，又能避免损害其他利益相关者的利益。通过对运动休闲特色小镇产业链进行剖析，以产业链整体价值为目的建立起多主体综合管理协同平台，在共享信息、知识、资源的基础上，加强各利益相关者在小镇产业链构建全过程中的协调配合，充分提高各主体自身和这一联合体的核心能力，通过内部个体之间的协同发展进而促进产业链整体形成规律、有序、稳定的运行管理模式。最终实现管理系统整体协同效应的涌现，保证运动休闲特色小镇产业链和谐健康发展。

(四) 主体间的利益协同

在小镇产业链的构建过程中，利益协同是约束各参与主体间利益行为的有效方式，合理的利益分配机制是保障各参与主体协同积极性和组织稳定性的有效手段。

为了平衡运动休闲特色小镇产业链构建过程中各主体之间的矛盾，构建利益分配机制和协作平台是较为有效的方式。政府应在开发、投资、规划等环节设立相应机构，统筹企业与其他参与者，实现各自不同机构的人力、财力与物力以及权力高度紧密合作。应广泛开展公众参与，吸纳小镇居民参与到运动休闲特色小镇产业链构建当中来，使得各主体对产业链构建过程中亟待解决的问题达成共识。应按照"肥瘦搭配"的利益协调原则，使各利益相关者的通过广泛参与与交流，将产业链构建过程转变为"多向互动"的博弈协同，从而形成合力。并且在多方监督下，还可以对政府为满足私利而接受企业的寻租行为、当地居民的宰客行为等过度逐利，损害各主体间利益协同的行为进行有效的制约。

组织协同、管理协同和利益协同中任意一项都不是孤立于其他两项而存在的，三者之间相互作用、相互影响。稳定的组织结构是实施管理和创造利益的基础，组织协同建立稳定的交易关系可以有效降低由于市场或政策等环境的不确定性而导致的额外交易成本；管理协同中信息共享管理平台可以为组织协同提供动力，在有效的沟通和共享的基础上促成各主体间的优势互补，进而更好地抵御外部风险，最终获得更加可观的收益；利益协同实质上是实现共赢，而多主体之间的组织协同、管理协同是实现共赢的前提，多主体协同创造的利益又反过来影响各主体的积极性，促使各参与主体反过来寻求更好的组织模式和管理手段来提升抵御外部不确定因素的能力。不同的利益相关者所处的位置不同，在小镇产业链构建过程中发挥的作用也不同，但运动休闲特色小镇长远持久的发展是他们的共同追求。只有各主体各司其职，共同努力，发挥主观能动性，才能实现"共赢"。

四、价值链协同机制

产业链细分之下又衍生出空间链、供需链、企业链和价值链。其中价值链的概念由迈克尔·波特在《竞争优势》一书中率先提出的，其认为一般企业都可以看作是一个由管理、设计、采购、生产、销售、交货等一系列创造价值的活动所组成的链条式集合体。产业链和价值链有诸多相似的部分，例如产业链构建过程中就以价值的创造和提升为追求，而价值的增值过程就是价值链的形成过程，产业链的延伸就意味着价值链的增长和拓宽。运动休闲特色小镇产业链构建过程中也存在这样的价值链，那就是向消费者提供顾客价值的价值链，其是运动休闲特色小镇的价值创造系统。这样的价值链贯彻小镇产业链运行过程中的所有环节，体现在规划建设、项目培育、生产、分销、服务、传播等诸多方面。明确运动休闲特色小镇产业在全球价值链中所处的位置，以产业升级提高在价值链中的地位，运动休闲特色小镇产业才能走出一直处于低端产业链的困境。

（一）全球价值链导向

全球价值链是指为实现商品或服务价值而连接生产、销售、回收处理等过程的全球性跨企业网络组织，涉及原料采购和运输、半成品和成品的生产、分销、最终消费和回收处理的整个过程。21世纪以来，通信与物流得到了跨越式发展，使得价值链制造环节转移，配套产业与服务业不断跟进，产品生产过程的不同工序和环节被分布到不同地域进行，变得分散与复杂，产生了产业链区域分工深化、零散化生产和迂回贸易普及的区域产业新格局，传统产业链的地理框架被打破，各行各业的产业链格局都发生着这样的深刻变化。

在这一浪潮下，运动休闲特色小镇产业链不可避免地呈现出与全球化接轨的趋势：企业会购买国外先进的生产设备和运动体验装备投入生产或进行租赁；体验型、康养型运动休闲特色小镇所接待的外国游客的数量不断增加，而产业型运动休闲特色小镇生产的体育用品也不断销往世界各地，这都是全球价值链浪潮下运动休闲特色小镇产业链的逐渐融入与自我革新。我国当前产业转型升级的方向是突破低端锁定困境、迈向全球价值链中高端，这正是运动休闲特色小镇产业链发展的方向。全球城市化的经验和教训已经证明大、中、小城市（镇）协调发展的重要性和可行性，倘若运动休闲特色小镇的产业仅仅承接中心城区和主城区剔除而来的落后产能，无法主动占据产业链的高端环节，或者只是简单规划几个旅游养生小镇，运动休闲特色小镇产业链的构建就失去了产业维度的意义。运动休闲特色小镇的产业链中的各个要素是共同完成价值创造和价值增值的。应深挖链条上各个体育企业及其他节点的价值链，处理好企业间竞争与产业链竞争的关系、竞争与合作的关系，了解相关体育企业应该怎么做才能更好地适应整个价值系统。为了强化运动休闲特色小镇产业链的竞争力、维持竞争优势、培育和延伸产业链，应当大力发展微笑曲线两端高附加值的产业，政府也要转变发展方式，统筹区域发展，使运动休闲特色小镇产业链深度融入区域价值链。

（二）纵向价值链协同

运动休闲特色小镇产业链上中下游的不同环节在运作时都会相互影响，这是一种产业链的纵向关系。价值链的纵向协同发生在从生产到营销的各个阶段，不仅发生在企业的外部，也发生在企业的内部。小镇产业价值链纵向整合有利于扩张市场、降低交易成本、扩展企业能力、创造协调效应，这也是小镇产业链中企业进行产业价值链整合的动机。

价值链纵向协同一体化，又可分为前向一体化和后向一体化，前向一体化指企业与产业价值链下游企业之间的联合；后向一体化指企业与产业价值链上游企业之间的联合。且产业链中的各个要素和各个环节会延伸至区域之外，体现出一定的自组织性，这样就可以产生新的、更大的价值链协同。从产业角度看，运动休闲特色小镇建设应当注重对体育产业尤其是体育高端产业的培育和运营，还要具备体育文化产业价值链的高端介入能力。

（三）横向价值链协同

将小镇产业链中的企业作为一个整体看待，小镇产业链中所有在一组互相平行或交叉的纵向价值链中处于同等地位的中间企业之间相互作用所构成的具有潜在关系的链条即为运动休闲特色小镇产业链的横向价值链。横向联系还包括企业与高校、科研院所及其他服务机构等的互动交流。

横向价值链是企业价值链中的一类，一般在高新技术产业集群中横向价值链的作用更强。小镇的产业链中始终都存在着在一系列不断活跃的价值活动，而越来越多的企业为了提升竞争力不断进行着并购、战略联盟等横向价值链的整合。横向价值链的协同能够为整个小镇增加产业需求、保持产业稳定和增加理想的产业结构要素。体育特色产业是运动休闲特色小镇的核心，在价值链横向协同中要做到深度挖掘各类资源，与体育文化充分融合，运动休闲特色小镇的特色在于"体育＋"，而不是"＋体育"，应当形成体育旅游、体育用品制造、体育竞赛表演、健身休闲、体育传媒与信息服务等众多的产业价值链。应充分挖掘各类资源，将这些资源与体育充分融合，把文化基因植入运动休闲特色小镇建设全过程，使消费者在小镇享受到运动休闲项目、体育竞赛表演等服务，打造体育产业高地。在体育产业发展方面，应以体育产业为引擎形成产业价值链，深度挖掘体育资源与其他资源，协同其他产业做强体育特色产业，产生裂变效应，创造新供给，形成新产业链。在小镇产业价值链横向协同中还要注意聚集高端市场和要素，瞄准高端产业和吸纳人才与技术、横向发展，才能在运动休闲特色小镇产业价值链的协同中将小镇打造成圆梦小镇。

五、治理协同机制

治理协同机制是基于治理视角下运动休闲特色小镇的协同作用方式。构建产业链的治理协同机制，是为了保证运动休闲特色小镇产业链在运行的过程中实现建设之初制定的方向和目标，及时修正运行和发展过程中产生的偏差，并使之朝着更高的目标迈进。在动态变化的治理协同过程中不单要完成经济效益目标，还应当秉持着产城人文相融合的理念，实现高质量发展。通过整合公共资源，高效地解决问题，达成公共目标，促进运动休闲特色小镇产业链获得更加健康和谐的公共治理环境，最终实现共赢，使总体利益最大化。

（一）共生与治理协同

传统的治理协同一般从两个角度展开，一是横向的多中心协同，包括同级政府间的协同以及同一政府所属职能部门间的协同，另一个则是纵向维度的不同层级政府间的协同。这种单一政府间的协同主要关注政府内部科层结构调整、制度框架和中央与地方的关系等内容。然而小镇产业链是一个共建共治共享的平台，在共生视角下，在小镇产业链构建的过程中，政府不是唯一的治理主体，各类企业、社会组织、小镇居民、行业专家等以地方网络为基础，享有平等的话语权，共同参与小镇的治理，才能抑制因短期和局部利益诱导而产生的"囚徒困境"问题，实现共生。各利益相关者遵循市场法则，以各自利益能否通过共生关系得到保障为准则，以协商、谈判及合作为主要治理行为方式，构建出和谐的共生环境。值得一提的是，在小镇产业链发展的不同阶段，共生环境构建的主导角色也有不同。在初、中期阶段以政府的制度环境构建为主导，到了成熟阶段则以企业、中介组织等作为主导。

小镇产业链治理涉及的方面颇多，如保证生产顺畅、保证经济效益、保障居民生活、保障社会安定、环境治理和生态保护等，要达到这些治理效果，都需要以具体的措施达成各主体之间的配合。小镇产业链中的政府机构、企业、小镇居民、旅游者等主要利益相关者都应当加入小镇产业链治理的队伍中。例如吸纳专业人才和优秀的企业家进入小镇，为小镇发展出谋划策；促成当地组建环境保护组织；将专业学者或大学教授引入小镇，兼任相关职务等，实现协同合作治理，如此，才能为小镇产业链的发展提供更多思路，让政府决策更易得到群众认可。

（二）生产—生活—生态协同

生产—生活—生态协同即在治理协同中实现"三生融合"。"三生"理念在灵活应对国土开发保护、提升国土空间开发效率、促进空间公平、完善空间治理起到了重要引领作用，在城市和乡村规划中应用较广，而在运动休闲特色小镇产业链构建的过程中就体现为以产业为核心、以生活为主线和注重生态保护。强调特色产业集聚，形成闭合式完整产业链的同时，还需在小镇居民的文化认同方面下功夫，创造"小镇如家"的心理归属感，同时保证生态保护与经济发展协调互促。规划和构建一种具有自循环功能的完全型社区生活体系。协同治理的重点在于调节"生产、生活、生态"这三个子系统，保障三生融合。具体如图 6-9 所示。

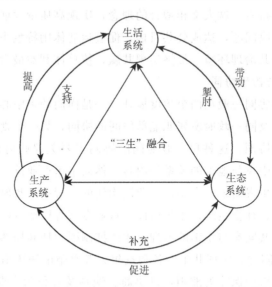

图 6-9 运动休闲特色小镇治理生产—生活—生态协同图

运动休闲特色小镇的产业链是动态的和充满张力的。生产、生活和生态虽然彼此相对独立，但是在结构、功能等方面又互为因果，因此，在小镇产业链构建过程中应通过强化生态空间、生产空间、生活空间内外部的联系，搭建三者合作的桥梁，促进"三生"空间的功能交叉渗透、结构有序、融合互动，才能促进小镇产业链整体协同发展。

在治理过程中会发现小镇产业链难免存在产业基础薄弱、人地矛盾突出、生态功能紊乱等复杂问题，成为影响"三生"空间协同的限制因素。根据协同学的原理和方法，应该在小镇生产、生活、生态三个子系统的空间结构、功能和内部的序参量要素有序、稳定、协作的基础上，使"生产—生活—生态"交织穿插、功能关联耦合，形成"生活与生态彼此掣肘和带动、生活与生产互相支持和提高、生产与生态互为补充和促进"的治理协同模式，才能真正强化小镇"三生"协同发展，实现运动休闲特色小镇产业链治理过程中的综合效益的最大化。进而创造出完整的生产、生活、生态体系，将小镇真正化为"产城人文"相融合的综合性现代化群落，实现治理的目标要求。

（三）经济—社会—生态协同

构建治理协同机制是保障当前运动休闲特色小镇产业链高质量和可持续发

194

展的关键，也是对协同机制的升华，是对运动休闲特色小镇产业链协同发展的更高要求。要想实现高质量和可持续发展的目标，就要从经济、社会和生态三方面入手，构建出小镇产业链治理的协同机制。

如图 6-10，就运动休闲特色小镇产业链而言，经济－生态－社会这一复合系统中，社会层面体现在小镇居民生活质量、社会保障等方面，经济发展会带来就业问题的解决、小镇居民收入的增加等，经济发展水平越高，越能带动社会的发展，居民生活质量、医疗卫生条件、科技教育以及社会福利等方面都会提高，相关运动休闲配套服务的水平也会提升，反过来它们又能够更好地为经济的增长起到正向辅助作用，更好地实现运动休闲特色小镇产业链发展的协调与可持续。经济在小镇产业链中处于主导作用，生态与经济应该协调发展，在发展经济的同时维护好生态环境，才能保证经济持续又好又快增长。

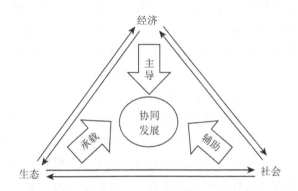

图 6-10 运动休闲特色小镇产业链治理经济－社会－生态协同图

运动休闲特色小镇产业链这一复杂系统就像一艘满载货物在海洋中航行的货轮，经济是它的航线，是它追逐的彼岸；社会是它的船长，保证航行平安顺利；生态则如海洋，能载舟亦能覆舟。只有妥善的治理，提高经济发展水平，强化生态保护，发挥好社会的促进作用，才能使得这一般巨轮在可持续发展与高质量发展的时代号召下乘风破浪、百里风趋。

第四节 运动休闲特色小镇产业链的竞争机制

在价值传递和积累的过程中，产业链上的横向企业之间普遍存在着竞争，同类型产业链之间也存在着竞争关系。从波特提出的价值链模型中可以发现，一个企业的竞争优势不是表现在某个单一环节，而是表现在从投入到产出的全过程，这个过程创造的产品价值增值构成了企业的利润，也就是说资源被配置在价值链中，企业的竞争优势来源于价值链的差异，即比竞争对手付出更低的成本或生产出具有差异化的产品是企业取得竞争优势的关键，而合理协调的竞争机制是促进产业链演进的重要因素。

一、合作竞争机制概述

亚当·斯密最早较为系统地提出了如何在经济学中理解竞争的作用，他认为竞争使得追求利益的个体能够在实现自身目标的同时兼顾社会效益最大化，买卖双方之间的竞争使得价格形成接近于"自然"，竞争过程中人们会使用最有效的生产方法让供需接近平衡的理想状态。

正所谓没有永远的敌人也没有永远的朋友，随着经济社会的不断发展，产业链中的各主体为了更低成本地进行生产活动，以便获取更高利益，它们之间开始由单纯的竞争模式向合作竞争模式转变，从博弈论和资源管理论的角度分析，企业之间之所以采取合作竞争战略，其动机是希望以最少的资源获得较多的收益或者是保护当前的市场份额。在运动休闲特色小镇产业链中，不管是以赛事还是休闲娱乐项目为核心，要想在产业链中获利，企业就需要在横纵向产业链条中都占据主动优势，而这种优势可以由单一企业获得，也可以由多个企业合作获得。即单一利益主体想要抢先占据更好的市场资源以获取更高的利益，由于自身不具备独自竞争所需资源对应的能力，便与其他主体合作以得到相应的资源，但是双方在利用共同享有的资源实现价值转换时随时可能转换成竞争关系。从竞争和合作的程度上来看，产业链系统的竞争合作机制在产业链培育的不同阶段可以分为形成期、竞争期、创新期和进化期。[①]

从运动休闲特色小镇产业链的结构上来看，相关利益主体之间合作和竞争的关系就是产业链的上下游之间的配合和横向产业之间的竞争，但这种合作或竞争关系并非独立存在，从运动休闲特色小镇的资源规划和开发到休闲运动项目的培育、体育赛事的运作以及下游产业的产品销售，合作和竞争贯穿了整个产业链的运作过程，企业只有在产业链中的横向网络中占据有力的竞争优势才能在参与上下游产业衔接的过程中获取尽可能多的利益。当然，在越发激烈的市场竞争中，产业链中的合作关系也不局限于在上下游企业之间，在横向网络中，相互竞争的企业为了优先占据资源也会采取合作的方式，先合作再竞争，此时合作彼时竞争这种模式较多出现在小镇建设的初期，由于市场规模较小，企业之间合作将蛋糕做大做好，共同培育市场，但这种合作关系在分蛋糕时就

---

① 刘岩. 基于生态理论的物流产业成长研究 [D]. 长春：吉林大学，2014.

转为竞争关系，并且市场越成熟，主体之间的竞争越激烈，运动休闲特色小镇产业链的竞争机制就是在产业链中的各主体为了获得一定的利润利益，而做出的一系列举措的合集。[①]

二、产业链合作竞争机制产生的原因

产业链竞争合作的基础是产业链系统内部的动态性和复杂性，动态性是现在企业竞争最根本的特征[②③④]，这就导致处于产业链中的各个主体需要根据系统内的各种变化及时做出调整，动态性无疑增加了系统内部的复杂性，同时作为一种驱使企业不断调整自身各项参数以适应环境的力量，它们也是竞争产生甚至是造成竞争加剧的深层原因，具体来说，产业链竞争合作机制产生的原因主要来源于市场需求、技术需求、可持续发展需求以及产业环境驱动。

（一）市场需求拉动

在竞争中，企业的最终目的是获得更多的利润，占据尽可能多的市场份额，这就要求企业在市场竞争中获得顾客的青睐，并以此创造价值，从而形成竞争优势。依据顾客价值理论，在竞争的过程中，顾客价值是企业获得竞争优势的源泉。在产业链的形成和演变过程中，企业以满足顾客需求为核心而进行一系列活动，脱离顾客需求的产业链将会失去其存在的基础。

体育消费是社会发展到特定时期的必然产物，体育消费的需求决定了体育市场的发展速度、规模和效益[⑤]。目前我国经济已进入高质量发展阶段，人们在娱乐、休闲上的投入逐渐增多，需求也不仅仅是单一的旅游、观赏，而是向更加多元化、品质化转变，追求更加舒适、便利的消费环境。为了满足市场需求，企业开始设法向市场提供更加一体化的系统性服务，不同类型的运动休闲特色小镇围绕其核心产业延伸产业链条。例如运动休闲特色小镇要培育多种特色项目，多项目并行发展为消费者提供尽可能丰富的运动体验，同时配齐衣、食、住、行等相关服务，让运动休闲特色小镇产业链中各主体在市场需

① 杨希. 基于多边市场理论的平台型企业的竞争机制研究 [D]. 北京：北京邮电大学，2018.

② Thomas S. Gruca，DeePika Nath，Ajay Mehra. Exploiting Synergy for Competitive Advantage [J]. Long Range Planning，1997，30（4）：605－611.

③ Hamel，Gand Prahalad，C. K. Competing for the Future [M]. Boston：Havrard Business School Press. 1994.

④ Hamel，Gand Heene，A. Competence－based Competition [M]. New York：John Wiley，1994.

⑤ 耿力中. 体育市场营销：决策与运作 [M]. 北京：人民体育出版社，2004：69.

求的刺激下形成良性竞争的循环机制，而企业在满足市场需求的过程中为了加强自身的市场竞争力而不断与提供同类服务的竞品企业展开竞争，以求创造出更高的价值。但是实际上，在产业链形成的过程中，产业链上下游企业之间的互动关系逐渐建立，产业链结构逐渐紧密，企业为了分担发展中需要承担的风险而选择与其他企业进行合作来提高自身的抗风险能力，以求得长远发展。

（二）技术需求带动

在互联网传递信息如此便捷的时代，企业要想在竞争激烈的市场环境中谋得长期发展，就必须掌握先进的技术，产业链中的企业要想稳固竞争优势更是如此，但随着产业分工的不断细化，产业链条不断向外延展。在运动休闲特色小镇产业链中，在上下游企业协同合作的基础上，横向协作链条之间的企业可以采用合作共享的模式研发产品，再与其他企业集团形成竞争关系，也就是企业基于自身的技术需求匹配恰当的合作伙伴，它们之间通过技术共享或是技术配合来完成产品生产中的某一环节，甚至是产品增值的整个过程，从而在与市场中的其他同类型企业争夺市场时占有竞争优势，在技术创新的驱动下，运动休闲特色小镇形成了从研发生产到销售的产业链条，这种链式结构会随着市场的发展逐渐形成横纵相交的网状结构，不断筑牢产业链的整体结构。

（三）可持续发展动力

可持续发展是产业链延伸发展、逐步演化的重要目的，稳固的产业链网络是企业得以长久发展的重要支撑，可持续发展也是产业链各主体提高竞争力、稳固市场份额、实现长期盈利的最终目的。这里的可持续发展有两层内涵，一是指产业链内部实现可持续发展的良性循环机制，即产业链网络自身具有可持续发展的动力，产业链上的各主体连接顺畅，主体内部协调发展，在数量、质量和时间三个维度上实现健康、长久发展[1]；二是产业链与生态环境系统之间可以实现互利共生，产业要与环境可持续之间保持良好互动，在稳定产业发展的同时，重视绿色生态与经济增长之间的关系，实现运动休闲特色小镇生产、生活、生态一体化建设。可持续发展事关每个企业的发展前景，同时也是推动产业链竞争机制形成，从而促进产业链构建和演化的重要因素。以目前的市场环境来看，单纯的对抗性竞争不仅不利于企业提高自身竞争力，还不利于整个产业链的良性发展，企业之间在竞争中建立合作，实现资源共享和发展共赢才

---

① 潘迎旭，钟秉枢. 我国体育可持续发展的理论探索 [J]. 体育文化导刊，2004 (5)：9—11.

是适应目前市场的竞争模式，更是产业链中各模块实现可持续发展的明确思路。

对于运动休闲特色小镇来说，要想以产业交融为发展动力，文化交流为存续纽带，实现"产城人文"多种要素有机融合的发展模式，就要合理利用资源，增强产业链的韧性，提高产业生态的抗外部打击能力。产业链内各主体应通过合作竞争机制形成以体育产业为核心的利益共同体，强化资源共享和优势互补能力，所以企业想要实现可持续发展是产业链合作竞争机制产生的重要动力。

（四）产业环境动力

对于运动休闲特色小镇这种休闲娱乐型产业来说，只有在国家整体经济发展达到较高水平时才有可发展的空间和意义，特色小镇就是在"体育产业转型升级""新型城镇化"和"健康中国"的大背景下应运而生的一种跨界融合发展新模式，这也是经济社会对新时期体育发展提出的新要求。产业环境无疑是促进产业链竞争机制形成的重要因素，一般是指影响产业发展的内外部因素，主要包括产业政策、相互关联的配套产业和社会经济环境，产业链内的主体不断通过合作竞争提高自身的竞争力就是为了应对系统外部的干预力量。这些外部环境的变化会对产业发展起到促进或抑制作用，这种作用也会对产业链主体之间的竞争合作程度有所影响。特色小镇从产生与发展，最重要的推动因素就是政府政策。政府根据不同时期的发展需求，对体育产业中的不同业态从政策、资金方面进行扶持，这种牵引力不仅可以使体育产业链发展壮大，甚至可以促使多条体育产业链实现融合，从而形成产业系统，运动休闲特色小镇建设初期，很多企业依靠政策红利开始涌入市场，参与休闲运动特色小镇投资建设，企业的集中涌入无疑就产生了同质企业之间的竞争，对于运动休闲特色小镇产业链来说，无论是以康养项目、休闲运动还是体育赛事为核心，关联产业的支撑作用都至关重要，但只有打通上下游关联产业的脉络，运动休闲特色小镇的产业链才能搭建起可持续发展的生态网络。竞争机制的作用就是让产业链中的各个环节之间的联系更加紧密，例如以赛事为主导的小镇，在服务供给的过程中要想核心产业培养出具有市场潜力的赛事产品离不开政府的支持，而在运营过程中除了赛事供给，衍生品的开发以及相关增值产品的销售都需要众多关联配套产业参与才能完成。

三、运动休闲特色小镇产业链的合作竞争机制的主要表现形式

运动休闲特色运动小镇产业链中的竞争机制以合作与竞争并存为主要手

段，强调企业之间，甚至是产业链之间通过竞争合作实现螺旋上升的发展趋势，在现实中，在运动休闲特色小镇产业链中，企业合作竞争的形式主要有战略联盟、供应链和企业集群。[①]

（一）战略联盟

战略联盟是参与企业根据各自的资源异质性，本着互惠互利的原则，结合资源的互补性，追求共同利益的行为[②]。具体来说就是在确保合作各方市场优势的前提下，寻求新的标准、规模或定位，以实现企业间互相协作和资源整合的一种模式，从运动休闲特色小镇产业链的构成来看，战略联盟中的主体包括政府、高校、科研机构和企业。从合作竞争的角度来看，战略联盟是由强势的、具有竞争关系的企业之间组成的企业或伙伴关系，在合作的基础上本质还是企业之间的竞争，战略联盟的本质还是为了提高企业竞争力以确保自身具备争夺市场的实力。

1. 战略联盟的运行模式

（1）市场合作

在运动休闲特色小镇产业链中，上中下游可以建立联盟合作的关系，以政府政策和专项资金支持为建设运动休闲特色小镇的基础，依托高校和科研机构在科研创新和产品研发上的优势，使企业积极参与投资、开发运动休闲特色小镇，从而形成产业链纵向的联盟。例如在以赛事为核心产品的运动休闲特色小镇中，政府可以根据小镇所处的地理位置和环境条件提供对应的赛事资源，或者政府根据区域特色合理开放公共资源为运动休闲特色小镇提供培育自主型赛事的条件。从赛事规划到运营宣传，联盟中各环节的企业共享资源和基础设施，在市场中共享收益，实现"体育＋"模式带来的规模经济效应。

（2）创新研发合作

创新和研发主要依靠联盟中的科研机构和高校提供技术更新，使企业通过技术创新获得竞争力，从而获得发展动力，不断实现产品的增值。特别是目前在政策红利的驱动下，全国各地都在计划建设运动休闲特色小镇，其中存在一些盲目投资、跟风建设的情况。小镇之间同质化现象严重、缺乏创新，造成这种现象的其中一个原因就是很多企业宁愿选择相对保守的运营模式，赚取一时

---

① 李振华．基于复杂性的企业协同竞争机制研究 [D]．天津：天津大学，2005．

② Sutart，Toby E．Network Positions and Propensities to Collaborate：An Investigation of Strategic Alliance Formation in a High-technology Industry [J]．Administrative Science Quarterly，1998，（43）：668．

利益，不考虑长远可持续发展的模式，也不愿意提高科研成本进行创新研发。但是通过战略联盟的形式，产业链上中下游，甚至是同质企业之间达成合作可以让多方共同分担成本与风险，共享资源，共同进行创新研发，从而实现共同进步。

（3）技术支持与服务

战略联盟的主体可以是科研机构、高校、政府和企业，也可以是企业之间进行结盟，形成战略联盟合作的各方主体可以合理利用联盟内的各种资源，充分发挥联盟内各方的优势，整合各方力量，用技术、人力、物力、财力共同搭建平台，为联盟成员提供技术服务。科研机构和高校可以与中下游企业合作，一方面，企业为高校师生提供实习平台，同时吸收体育类、管理类专业化人才从事运动休闲特色小镇运营、管理等工作，另一方面，高校和科研机构与企业分享前沿的科研成果，这样一来，不仅畅通了运动休闲运动特色小镇产业链中各行业所需的人才输送渠道，还实现了运动休闲特色小镇产学研一体化建设，促进了运动休闲特色小镇的运行向专业化、持久化、高效化转变。

2. 战略联盟的特性

（1）长期结盟与相对独立

战略结盟中的企业实质上只是在某些方面进行联合，同时又保持着各自实体的相对独立性，因此战略结盟实际是一种较为松散的联合组织形式，但这种形式的结盟对于企业来说利弊参半。虽然相较于企业并购、重组来说，战略联盟可以避免企业重组所带来的不确定性风险，同时可以节约企业内部整合所需的成本，但是由于各种资源和信息要素在联盟中的双向流动以及战略联盟之间的组织结构相对松散，所以对于这个更加复杂的联盟系统来说，内部管理、协作的难度也随之加强。

（2）资源优势互补

由于产业链中涉及的技术、管理、信息资源众多，是一个庞杂的大系统，任何企业都难以掌握全部技术，所以企业间通过战略联盟建立联系，可以解决由于自身资源的局限而限制企业发展的问题，以资源共享和优势互补为重要竞争力的战略联盟可以改善企业独立竞争的不利地位。例如企业之间可以根据自身优势达成联盟合作，共同打造运动休闲特色小镇，企业在小镇投资规划和运营环节承担不同的角色，以联盟形式形成长期稳定的协作关系，能帮助企业获取独立竞争难以实现的市场竞争优势。

（3）相对合作与绝对竞争

虽然不同于传统的竞争关系，但战略联盟中的企业依然是在竞争中合作，为了竞争而合作，虽然联盟中的盟友之间建立了长期协作的伙伴关系，但本质上它们之间依然是竞争对手。战略联盟通过合作使得各方共同开拓市场，占据更多市场份额，同时最大限度地降低风险，但本质上这种合作是相对的，而竞争是绝对的，战略联盟中的竞争主要体现在各方分配联盟共同获得的利益时，以及企业之间在联盟不涉及的其他领域内的竞争。

（二）供应链

产业链的供应链是指围绕核心企业，通过对信息流、实物流和资金流的控制，从原材料采购到制成中间产品和最终产品，再由销售网络将产品送到消费者的过程中由供应商、制造商、分销商和顾客连接成的一个整体的功能网链结构模式。在运动休闲特色运动小镇产业链中，不同类型的小镇核心业务有所区别，但其实质都是由在核心业务中占据优势的一家或多家企业主导，例如康养型小镇中最受消费者欢迎的项目是养身瑜伽，那么为了提供更能让消费者满意的瑜伽服务，企业就需要有长期稳定的瑜伽服装道具批发商，挑选好合适的批发商并与之达成协议之后，批发商需要继续与制造商或原料供应商达成协议，这之间就涉及市场信息的传递，形成了信息流，当生产商通过层层网络将商品传送到小镇瑜伽馆的消费者时，这之间就形成了供应链的实物流，在这两个过程中每一级之间都存在着资金流动，这自然就是供应链中的资金流。

1. 供应链体系的分类

有研究将供应链体系分为三类：非信息共享不合作系统（DIUR，decentralized information uncoordinated replenishment）、信息共享不合作系统（CIUR，centralized information uncoordinated replenishment）和信息共享合作系统（CICR，centralized information coordinated replenishment）[①]，研究表明，CICR 体系能够给供应商和零售商带来最大化的利益，但它要求供应商和零售商之间除了进行信息共享之外，还要进行供应和管理方面的合作以减少库存成本，但是这样一来整个供应链中的企业一荣俱荣一损俱损，同时提高了供应链管理的难度，所以在实际中，CIUR 模式更为常用，即零售商和供应商共享需

---

① Lee，H. L.，Padmanabhan，P. and Whang. S，The Paralyzing Curse of the Bullw hip Effect in a Supply Chain［R］. Technical Report，Stanford University，1996.

求信息，通过沟通减少整个供应链系统的库存成本。

2. 供应链的特性

（1）供应链整体协调

供应链在生产到销售的过程中，强调的是通过实物流和信息流的反馈将材料供应商、制造商、零售商和消费者连接成一个整体，在供应链中，只有实现整体协调才能实现效率提升。企业之间的合作建立在增强整体竞争力的基础上，这种模式更注重产业链上下游企业之间如何通过沟通协作来提升企业效益，追求的是供应链整体成本下降和服务水平优化。

（2）信息化程度较高

信息共享和即时反馈是供应链中的企业能够占据竞争优势的重要前提，供应链能够协调运转的基础就是信息网络支撑，特别是在现在这个信息高度发达的时代，供应链中的相关企业都是通过信息网络紧密联系起来的，高速快捷的信息传递也是供应链中各环节的企业能够高效合作的重要因素，只有企业之间的信息传递共享及时，市场信息才能第一时间为企业的决策提供帮助，供应链上的各主体清楚上下游企业的相关信息也有助于安排自身的生产计划。

（3）主体间关系稳定

供应链根据市场信息的反馈来调整产品的生产数量，从产品价值出发，以上下游合作的形式，通过减少不必要的储货量来降低生产成本，上下游企业除了要进行审慎的考虑，还需要充分地信任彼此才能建立联系，所以一般来说，供应链中的企业一旦达成契约关系，彼此之间就具有了长期稳定的企业关系。一般来说。供应链中的核心企业在竞争中处于优势地位，主要是由于核心企业具有较强的核心竞争力，使得它可以降低供应链终端的产品成本。同时，核心企业有效的运营可以影响消费者的喜好，这对于供应链中的其他企业来说是喜闻乐见的事，主体间的关系也会在核心企业的上下沟通中越来越稳定。

（三）产业集群

企业集群是由众多互相独立但是存在利益关联的企业，由于产业链不断分工、不断细化，依靠协作关系在某一地理空间高度集聚而形成的一种介于纯市场组织和企业组织的一种中间性产业组织。[①] 产业集群的本质是企业不断追求外部规模经济和外部范围经济的结果，外部规模经济和外部范围经济是相对企

---

① 李振华. 基于复杂性的企业协同竞争机制研究 [D]. 天津：天津大学，2005.

业内部的规模经济和内部范围经济而言的。内部规模经济和内部范围经济是指企业内部增加同类产品的生产数量或增加产品类别，以降低单位产品的成本。企业通过与其他企业一起协作分工提高产业规模或产品范围而降低生产成本，提高产业规模，实现获利。在运动休闲特色小镇中，小镇自身就为企业提供了生成集群的条件，除了成本优势之外，地区的文化因素和政策干预也是运动休闲特色小镇产业集聚产生引力的原因，企业在政策引导下逐步发展成为产业集聚区，通过竞争机制不断筛选优化产业链中集聚的企业，这些集聚的企业产生的外部性经济效益就会产生回流效应，即周边地区的相关企业会被集群优势吸引而加入运动休闲特色小镇产业链的竞争中，在不断竞争筛选的过程中，产业链的网络结构就会随着产业集聚程度的不断加深而不断完善，到一定程度就会升级成为产业集群。

1. 产业集群的生产成本优势

生产成本是影响企业盈利的重要标准，合理控制、降低生产成本也是企业在市场中保持竞争力的重要手段，而产业集群的合作竞争模式可以降低上下游企业中的关联业务在运输和生产中的成本，使得企业取得外部规模经济，生产成本优势是产业集群体现最明显的竞争优势[①]。在运动休闲特色小镇产业集群中，成本优势主要体现在外部经济的规模经济效益、降低信息搜索成本和劳动力供给优势这三个方面。

（1）外部经济的规模效益

运动休闲特色小镇产业链的基本特征就是以体育产业为核心，上下游企业围绕核心企业进行分工协作，共同营造一个产业集聚区，当集聚达到一定规模时就会吸引更多数量的消费者形成规模经济与范围经济，这时集群企业就会产生溢出效应从而获取外部经济效益，溢出效应主要是由于集群内的企业通过相互模仿、借鉴、竞争而使得整个集群内的企业在知识、技术、信息等方面逐渐实现了整体性提高，进而提高了整个集群的竞争力，集群中的每个企业都利用自身优势为这种溢出效应提供供给，同时也从中受益。例如在康养型运动休闲特色小镇中，不同的康养类运动项目为小镇产业链的核心，如果有企业率先在运营中做出创新并且收到了良好的市场反馈，那么其他同质企业就会相继模仿这种经营方式试图盈利，虽然加剧了集群内的竞争，但这种不断的尝试会导致该小镇的商品比其他小镇的同类商品更具有竞争优势，这种溢出效应会让运动休闲特色小镇的产业链结构呈现螺旋上升的发展趋势。

---

① 方春妮. 体育产业集群研究［D］. 上海：上海体育学院，2009.

（2）降低信息搜索成本

在企业发展过程中，它们要面对庞杂系统中"喷发"出的众多信息，凭借"嗅觉"搜索有价值的信息，在现代竞争中信息搜索成了企业发展过程中非常重要的环节。正所谓知己知彼，百战不殆，信息的收集有助于企业对于市场变化及时做出反馈，相比单个企业竞争，运动休闲特色小镇就为企业提供了信息交换的空间，小镇自身就是市场信息交易的场所。对于运动休闲特色小镇周围的集群企业来说，小镇内的任何交易信息、市场供求变化和价格波动都是公开的、容易获得的信息，但是对于运动休闲特色小镇之外的其他企业来说，获取这些及时的市场信息就要困难得多。同时，这种集群内的信息交互不仅能让集群企业更敏锐地捕捉市场的变化，而且节约了企业搜集信息的时间，降低了生产成本。

（3）劳动力供给优势

劳动力市场就像一个覆盖在产业集群地区的密集网络，集群程度高，外部性经济效益就会产生"回流效应（backwash effect）"和"扩散效应（spread effect）"，即劳动力、资金和技术等供给要素在边际报酬差异的作用下，从不发达地区向发达地区转移，那么不发达地区的发展速度就会受到影响，当发达地区发展到一定程度时，这些供给要素又会从发达地区开始向周边不断流动，从而产生扩散效应，带动周边地区的发展。在运动休闲特色小镇中，各类体育企业不断涌入，专业化人才高度密集，同时小镇内的服务行业也产生了大量的劳动力需求，为周边地区提供了就业岗位，这样小镇内形成的人才市场在与外界互动的过程中，不断获得反馈从而促进人才的区域流动，刺激了人才之间的竞争，使得企业员工有提高自身专业化水平的动力，长此以往，集群内的劳动力水平在质量和数量上都会有所提高。

2. 产业集群的产品差异化优势

根据波特的价值链理论，企业的竞争优势来源于价值链的差异[1]，即以更低的生产成本和制造出差异化的产品，在运动休闲特色小镇中，企业要想保持在市场上的竞争优势，就要提供让消费者满意的产品，同时在企业集群的条件下，消费者会通过货比三家来选择出最适合自己的产品，密集化程度越高，竞争越激烈，在产业链不断更迭的过程中，能保持在产业链中占有一席之地的企业必定在区域中具有差异化优势。在集群内这种差异化优势势必会加剧竞争程度，但对企业集群来说，竞争程度越高，提供高质量的产品的可能性就会越

[1] 唐勇军. 价值网——超越价值链的管理 [J]. 生产力研究，2007（20）：113−115.

大，相比其他企业集群来说，整体的市场竞争力就会越大，自然就能吸引更多的消费者。

3. 产业集群的区域品牌优势

区域品牌优势是让消费者产生记忆的重要手段，就像企业运用媒体宣传扩大知名度一样，目的都是为了让消费者对品牌产生记忆，通过集群企业的群体效应打造出区域的整体形象。比如说结合地区特点打造出以特色运动项目为核心的运动休闲特色小镇，特别是对于客观环境条件和场地设施有特别需求的运动项目，这种先天的区位资源就是地区打造运动休闲特色小镇品牌的切入点，比如在雪质优良的地区打造冰雪运动特色小镇，在沿海地区打造冲浪特色小镇，不仅为消费者提供了参与小众体育项目的机会，而且容易打造出地区品牌，帮助集群企业树立良好的消费者口碑，增强企业之间的凝聚力，从而不断累积区域品牌优势。

如表6-1所示，不同的合作竞争模式中合作的主体各不相同，合作的方式也各有差异，但无论是哪一种模式，各主体都是为了实现多方资源共享，提高整体的竞争力。

表6-1　不同合作竞争机制的特点

	特点	合作主体
战略联盟	长期结盟　相对独立	科研机构、学校、政府和企业
	相对合作　绝对竞争	
供应链	供应链整体协调	原材料生产、制作、批发、零售企业
	信息化程度高	
	主体间关系稳定	
产业集群	生产成本优势	互相独立、利益关联的企业
	产品差异化优势	
	区域品牌优势	

四、产业链竞争合作机制的演变

产业链内部的竞争自产业链开始孕育就开始了，这种竞争关系是推动产业链不断优化、完善的动力，也是企业之间合作的基础和前提，在运动休闲特色小镇产业链发展的不同阶段，企业之间竞争和合作的程度各不相同，随着产业链的不断演化，竞争机制的特点也有差异，所以按照产业链的生命周期，运动休闲特色小镇产业链系统的竞争机制大致可分为形成期、竞争期、创新期和进化期。

(一) 产业链系统萌芽期：竞争形成阶段

运动休闲小镇产业链系统的萌芽期，小镇内各业态刚刚开始起步，产业链中的要素较少，彼此之间关系简单，此时产品的生产和供应商之间的合作关系还不稳定。这时是产业链竞争形成阶段，各企业正试图融入小镇的市场环境中，以便在市场中谋得一席之地，这时的竞争主要体现在产业链系统中的不同环节中。特别是在运动休闲特色小镇中，由于项目落地后还需要一段时间培育小镇中的产业，使得其拥有较为稳定的消费人群，所以在小镇建成初期，周围的企业还没有形成集聚，企业之间还处于磨合阶段，产业链上中下游企业之间的互动还没有形成，周边配套产业难以对核心企业产生支持作用。同时产业链中的分工没有细分到各个环节，运营企业与销售企业之间的界限难以划分，双方可能会出现职能交叉的情况，所以这时产业链中的竞争主要存在于企业中的不同环节之间。

(二) 产业链系统成长期：竞争阶段

当扶持政策和社会资本开始向体育小镇涌入，加入运动休闲特色小镇产业链中的企业不断增多，系统内部的多样性开始增加，产业链中的要素不断增多，各主体之间的关系更加复杂，产业链系统进入成长期。随着产业链各环节的分工不断细化，各主体都趋向于专业化发展，这时运动休闲特色小镇产业链内部同质企业增多，小镇之间缺少差异化优势。在这个阶段，部分企业会在竞争中被淘汰，这时企业参与竞争的动机主要是生存压力和利益驱使，此时产业链内的竞争最为激烈，主要是同质企业为了在资源有限的市场空间内获得更多的利润而展开的一系列行为。例如在以运动项目为主导的运动休闲特色小镇中，以滑雪为主营业务的企业，为了向顾客提供雪具租赁、维修等服务，同时考虑到时间和金钱成本，企业就会选择就近的雪具制造商，并通过价格对比选择出最经济实惠的供应商并与其建立联系，所以为了争夺小镇中需要购买雪具的客户，不同的雪具制造商之间就会展开竞争，通过控制物流成本、压低生产价格来赢得顾客的青睐。

(三) 产业链系统成熟期：竞争创新阶段

随着产业链条的不断延伸，越来越多主体加入产业链的竞争中，这一时期的产业链发展主要依托于产业链中的核心主体，产业链内各主体趋于稳定，整体供需呈饱和状态，产业链中少数核心企业占据优势，其他的非核心企业在日益激烈的市场竞争中，开始意识到传统的竞争观念很难在市场中占有优势，单纯从成本控制来平衡收支的办法还存在着致使企业倒闭的风险。随着市场需求逐渐多样化，传统企业之间单打独斗、你死我活的竞争模式已经很难再取得长期稳定的优势，这时企业之间开始以资源共享的方式与利益相关的企业之间寻求有效的合作，最终实现共赢。这种以合作为主、竞争为辅的合作竞争模式是建立在竞争的基础之上的，有效的合作可以帮助企业实现资源整合，实现利益最大化。除此之外，在这个时期，产业链内部发展逐渐稳定，产业链条之间关系紧密，横纵向形成了密集的网络结构，这时企业要想在不断细分的市场中把握主动权，除了降低成本之外还会采取聚焦战略和差异化战略取得竞争优势，在逐步稳定的产业生态系统中，只有敢于创新的企业才有机会获得新的竞争优势，所以这个时期的竞争是以创新为主导模式的竞争。

（四）产业链系统衰退或蜕变期：竞争进化阶段

产业链进入衰退期或是蜕变期的主要表现为产业链的整体利润下降，部分销售主体退出产业链，进而引起大部分非核心企业退出。产业链整体竞争力下降，造成这种现象的原因主要是因为产业链中的竞争机制不断进行以"优胜劣汰"为结果的选择，导致产业链内的主体被筛选后逐渐减少，主体之间的竞争现象减少，逐步转变为完全合作。这时对于产业链来说，由于产业链中企业数量减少，现有企业难以完成产业链的运转，产业链整体竞争力开始退化，此时有两种选择：要么围绕核心企业，重新从外部导入包括人力、物力、财力在内的资源要素，帮助产业链升级创新进入下一轮的发展周期，或者是继续按照原有模式运行，直到产业链中的非核心企业完全退出，核心企业在失去支撑之后会逐渐衰退进而使整个产业链崩溃，这时原有的产业链就会完全消失。

如图 6-11 所示，在运动休闲特色小镇产业链形成的过程中，市场需求、技术需求、可持续发展需求和产业环境是推动产业链竞争机制产生的主要原因，在运动休闲特色小镇发展的不同阶段，企业间的竞争关系会随着产业链的演进而不断变化，产业链中的主体总是在与横向同质企业或者是其他的同类产业链进行竞争，为了获得更多的竞争优势，企业之间选择以战略联盟、供应链的方式形成合作竞争关系，随着产业不断在小镇周边集聚，最终甚至形成以体育产业为核心的产业集群。这种上下游产业之间的规模化集聚会导致产业链竞争不断加剧，产业链主体会在竞争机制的作用下减少，当产业链内的主体难以维持产业链运转时就需要引入新的资源激活产业链进入新的演进周期，否则产业链就会面临解体。

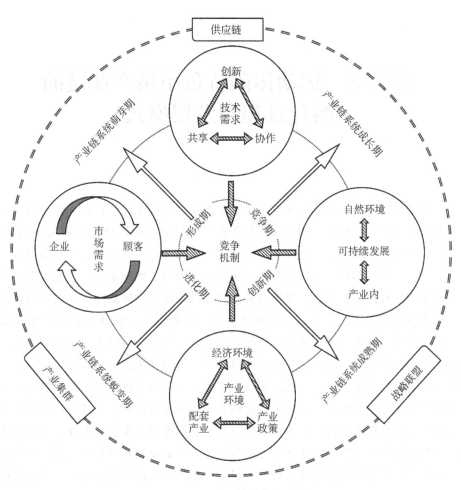

图 6－11　产业链的竞争机制

第七章　运动休闲特色小镇产业链的
演化过程与发展模式

　　运动休闲特色小镇是指建立在传统旅游小镇基础上，依托运动休闲特色产业和自身独特的自然环境和人文底蕴等打造的具有明确产业定位和文化内涵，能够实现生产、生活、生态深度融合的综合开发项目。其发展模式是以体育产业为核心，以各类体育项目为载体，融合运动健身、休闲娱乐、观光旅游等多种功能，具有社会、生态、经济效益的产业城市交互发展新模式。而运动休闲特色小镇的产业链是一个以当地优势资源为发展引擎，以体育特色产业为载体，以体育产业关联为连接线，以体育产业收益为导向，以增强竞争力为发展目标，按照特定的逻辑关系形成的相互依赖、相互连接的企业间的有机链条。从组成要素的角度分析，运动休闲特色小镇产业链的"链"是紧密联系的经济实体，并不是松散的链，链条节点是体育企业或体育产品，并且前后关联的不同节点之间存在资金流、技术流、信息流、物流等交互关系。因此，对运动休闲特色小镇产业链构建的实现路径进行探究，有必要先系统分析运动休闲特色小镇产业链的演化过程与发展模式，以系统把握运动休闲特色小镇产业链的组织结构与运行逻辑。本章将系统分析运动休闲特色小镇产业链的复杂适应系统特性、自适应演化过程、结构模型和运作模式。

第一节　运动休闲特色小镇产业链的
复杂适应系统基本属性

　　运动休闲特色小镇产业链中不同节点的体育企业和要素之间有一定的经济联系，产业关联为其重要纽带，这种关联不仅包括同一链条内上下环节之间的投入与产出的纵向关联，还包括不同生产链条之间的横向合作关联。而运动休闲特色小镇产业链之所以能够集聚成具有众多关联关系的链条，主要归因于它不仅仅是单独的个体，更是一个完整的网状组织，通过加强产业链之间的联系能够使相关企业在规避交易风险的同时大大降低生产成本，从而在市场竞争中得到更高的利润。作为一个集聚了文化、环境、产业、人口、资源、经济等发展要素的地域型产业链，其长远发展的影响因素众多且类型繁杂；显然，运动休闲特色小镇产业链是一个开放的复杂系统。所以，为了探寻运动休闲特色小镇产业链的内涵本质以及其形成、演化与发展的一般规律，需要引入新的思维方式和新的系统方法，也就是复杂适应系统理论。

复杂适应系统理论（CAS）是一个开放的、不断演化完善的综合性科学研究理论[①]，最早由霍兰教授在1994年提出。复杂适应系统认为，系统内的行为主体是动态变化的，不仅能够与系统内部的其他成员进行互动，还能够通过不断调整自身的状态以适应环境和其他成员的变化，使得系统逐渐演变为具备良好协同性能的全新系统。其系统运行过程中最为重要的一个特质就是适应性，主要表现为系统能够主动地不断学习、调整、变化规则，使自身能够更好地适应环境的变动发展，在更高层面呈现出更迅速的反应、更清晰的结构逻辑、更复杂的行为变化。复杂适应系统理论包含七个基本属性，其中有四个特性：集聚、非线性、流以及多样性，三个机制：标识、内部模型以及积木。通过研究运动休闲特色小镇产业链的复杂适应系统的七个基本属性，能够加深对运动休闲特色小镇产业链的本质与演化规律的认识。

一、运动休闲特色小镇产业链的复杂适应系统基本特性

随着运动休闲特色小镇产业链所处环境的日益复杂化，产业链之间、产业链系统内部各要素之间相互关联与相互作用的关系越来越复杂。在运动休闲特色小镇产业链的发展过程中，具有共同目标的主体会自主地通过多种方式集聚在一起，主体之间、主体与环境之间会产生资源流动的非线性关系，而其相互作用的多样性是构成系统复杂性的关键。可见运动休闲特色小镇产业链的复杂适应系统特性是客观存在的，因此，为了促进运动休闲特色小镇产业链的成熟升级，需要对其系统的基本特性进行全面的分析。

（一）运动休闲特色小镇产业链主体的集聚

集聚是复杂适应系统理论的第一个特性，是主体间的关系特性，指行为主体为了实现系统共同的最终目标，自主地集聚成团体、联盟，整体上形成一个规模性的复杂系统。这种集聚只存在于具有共同目标的主体之间，而且这并非简单的合并，也并非大企业消灭小企业般吞并的结果，而是一种新主体的出

---

① 谭跃进，邓宏钟. 复杂适应系统理论及其应用研究 [J]. 系统工程，2001 (05)：1—6.

现，其原来的主体并未消失，它在一个更适宜生存的环境中得到了新的发展，成为更高层级的主体。当多个具有规模性的复杂系统再次集聚时，各系统的主体在相互融合、彼此接受后能够形成一个更高层次的复杂系统。可见，通过集聚能够使得简单的行为主体成为具有高度适应性的复杂系统，并使得系统能够做出一致的行动。运动休闲特色小镇产业链中的主体如图7-1所示。

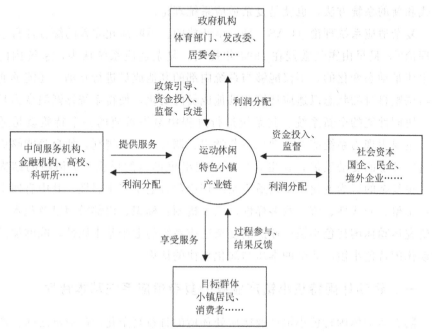

图7-1 运动休闲特色小镇产业链中的主体

如图7-1所示，就运动休闲特色小镇产业链而言，其主体的集聚是产业链中政府机构、社会资本、中间服务机构以及目标群体的集聚，这是根据产业链构建中主体的不同职能属性划分的。这四类主体在无外界直接干涉的情况下也能够很好地自主运行，控制自身的行动和状态，这是主体区别于系统中其他普通要素的重要特征，也是复杂适应系统区别于其他体系的要点所在。运动休闲特色小镇产业链中的政府机构主要包括体育部门、发展和改革委员会（以下简称"发改委"）以及居民委员会（以下简称"居委会"）等，它们是一只"有形的手"，主要负责相关政策的制定以及对政策的实施情况进行监督与改进，从而在宏观上引导运动休闲特色小镇产业链的发展，并为其提供坚实可靠的制度保障。产业链中的社会资本主要来源于国企、民企以及境外企业等，它们在产业链的运行过程中扮演着"无形的手"的角色；经济基础决定上层建筑是颠扑不破的原理，有了坚实的经济基础，运动休闲特色小镇产业链才有活动起来的根本动力。此外，集聚的主体还包括中间服务机构以及目标群体，中间服务机构是对相关金融机构、高校、科研所等的统称，它们作为产业链的中间机构，主要依据政府机构下发的政策文件为各具特色的主体提供多样化的服务以维持产业链运行的流畅性。而产业链中的目标群体主要是指运动休闲特色小镇的小镇居民以及消费者，作为产业链的需求侧，他们通过各种途径提出自己的产业链需求，同时对运动休闲特色小镇产业链的现状进行反馈，为供给侧进行产业链结构性调整提供真实可靠的参考依据，进而促进产业链的完善与发展。

上述运动休闲特色小镇产业链的主体为实现共同目标，能够在与外界环境交流的过程中自主地改变原来的框架结构和行动方式，以更好地适应不断变化的外界环境；而这些具有主动性和适应性的主体集聚，使得小镇产业链有了发达的公共服务资源、完善的现代化设施以及完备的政府政策和广阔的发展机遇。运动休闲特色小镇产业链中各主体能够进行自我造血并长时间浸润小镇的发展，形成一个既有大城市般便捷的交通、健全的基础设施以及众多的就业机会，又有小乡村般浓郁的文化氛围、宜人的生态环境以及健康发展的特色小镇，从而吸引更多的新鲜血液的注入，进而形成更加健康庞大的产业链生态体系。也就是说，当作为运动休闲特色小镇产业链中基本单元的主体集聚后，会形成较大规模的复杂系统，使得单一的产业链升级发展为具有高度适应性的集聚体，当大大小小的集聚体再次集聚在一起，能够形成更大规模的复杂适应系统，而运动休闲特色小镇产业链的发展规模、结构框架和复杂程度正取决于其各种各样的主体的集聚程度。在实践中，运动休闲特色小镇产业链中各主体聚集的优势是不言而喻的，一方面降低了产业链中各主体之间交流和创新的成本，实现了知识共享，也就是产生了知识外溢效应，这样有助于新产业、新经济、新载体的出现，特别是现代服务业的衍化和创新。另一方面能够带来明显的社会效益和生态效益，运动休闲特色小镇产业链中各主体聚集不仅能够为社会提供更多的运动场所和就业机会，还有助于宣传"低碳运动，健康生活"的生活理念，提高人们的环境保护意识。

（二）运动休闲特色小镇产业链中的非线性关系

复杂适应系统里的相互作用关系一般都为非线性关系，线性关系指的是单一、不变、无法产生复杂性的相互作用关系，而非线性关系意味着主动适应、动态可变、多样化、非均匀性的相互作用关系，这正是系统产生复杂性的内因。也就是说，非线性是指系统主体之间、行为主体之间、环境之间、行为主体与环境之间遵循的是随机变动、容易引发系统复杂性的非线性关系，而不是有迹可循的"整体等于部分之和"的线性关系。非线性的相互作用可形成多种环形回路，产生正反馈或者负反馈，进而对系统的复杂性产生动态影响，这种影响是无法用统一的方程式来表达的，也并非可预测的[①]。运动休闲特色小镇产业链中的非线性关系示意图如图 7-2 所示。

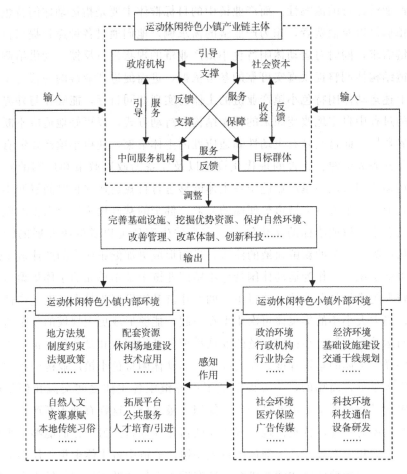

图 7-2 运动休闲特色小镇产业链中的非线性关系示意图

　　运动休闲特色小镇产业链中的各主体集聚后，受当地内部地方法规、配套资源、自然人文、拓展平台和外部政治环境、经济环境、社会环境以及科技环境的影响会建立错综复杂的交互关系，这些关系并非简单的线性关系，而是一个多变量、多目标、多主体的非线性关系。也就是说，运动休闲特色小镇产业链这一复杂适应系统是由许多子系统集聚组成的，但系统整体并非部分之和，

① 陈晶璞. 基于复杂适应系统理论的企业财务能力系统演进研究 [D]. 秦皇岛：燕山大学，2010.

部分无法代替整体，若将运动休闲特色小镇产业链的发展重点仅局限于某一主体自身发展的狭小范围内是无法发挥产业链的整体效益的；所以，政府机构、社会资本、中间服务机构以及目标群体之间以多种方式形成相互关联、彼此制约的关系网，但在这一关系网中存在大量动态的、模糊的、随机的不确定因素，使得运动休闲特色小镇产业链在演化发展过程中具有不可预测性和不对称性[①]，进而产生复杂的非线性关系。

运动休闲特色小镇产业链非线性关系中的不对称性可以用一个简单的例子说明，即当运动休闲特色小镇产业链中的中间服务机构这一主体集聚后，两个不同的机构之间既是合作也是竞争关系，二者共享同一空间的基础设施，但又相互争夺有限的市场资源，若其中一方对市场信息的感知度较为灵敏，率先做出相应改革以适应产业链的转型升级，另一方未做出改变的中间服务机构则会随着产业链的演化升级而被淘汰。显然，此例中同一产业链上的中间服务机构之所以有着不同的发展结果，正是由于双方所掌握的信息不对称，导致主体采用不同的行动策略应对外界环境的刺激，形成不同的交互结果。此外，中介服务机构作为运动休闲特色小镇产业链的主体之一，其获得的社会资本增加并不意味着服务能力的增强，中介服务机构服务能力增强并不意味着产业链整体的发展能力增强，因为复杂适应系统中投入与产出并不存在确定的正比例关系，相互缠绕的各类主体之间并不具备简单的加和性，合理交互的整体系统必然优于子系统之和。因此，无论如何规范划分，总是无法完全将运动休闲特色小镇产业链中的非线性关系划分清楚，各主体应对外界环境变化的方式千差万别，这正是运动休闲特色小镇产业链朝向难以预料的方向、呈现多样化发展的原因之一。

（三）运动休闲特色小镇产业链中资源的流动

复杂适应系统认为，流是指行为主体之间、主体与环境之间存在的信息、能量以及物质等资源的动态流动[②]，这些资源要素始终在系统中循环流动并会随各主体之间相互作用关系的变动而变化，这一过程包括了流的出现以及消失。而流的流动速度、流动规模程度、流动畅通与否决定了复杂适应系统发展的生命力，对系统的演化与运行过程有直接的影响。也就是说，系统中的信息、能力以及物质等资源交换得越频繁，其流就越错综复杂，系统也就越复杂。若上述资源能顺畅流动则可促进复杂适应系统中各主体的协调互动，反之

① 龚艳萍，陈艳丽. 企业创新网络的复杂适应系统特征分析 [J]. 研究与发展管理，2010，22（1）：68—74.

② 丁丹丹. 基于复杂适应系统视角的产业集群演化机制研究 [D]. 湘潭：湘潭大学，2011.

则会割裂产业链中各主体之间的联系。

集聚后的运动休闲特色小镇产业链中各主体通过资金流、信息流、人流、能量流以及物质流等产生非线性联系，这些要素流动的质量和强度与运动休闲特色小镇产业链的活跃程度直接相关。如果没有这些流动的要素，运动休闲特色小镇产业链就会处于一种长期静止的状态，产业链无法升级、演化；而集聚的运动休闲特色小镇产业链的四类主体通过流来进行非线性的互动关联，不仅在产业链的主体内部流动，还通过与外界环境进行资源的互换，在给运动休闲特色小镇产业链的主体注入更多的创新资源的同时，将产业链的信息传递给外界，进而产生乘数效应和再循环效应以调整其主体的行为模式。在资源流动的过程中，运动休闲特色小镇产业链中各主体能够通过信息的交流实现资源共享、其优势互补。产业链中的资源流动渠道越畅通、流动速度越快，就越能促进运动休闲特色小镇产业链的创新发展，使其社会及经济效益成倍递增甚至产生溢出效应，使得运动休闲特色小镇产业链中各主体在动态、快速变化、模糊不确定的环境中获得较广阔的生存和发展空间。运动休闲特色小镇产业链中的资源流动如图 7-3 所示。

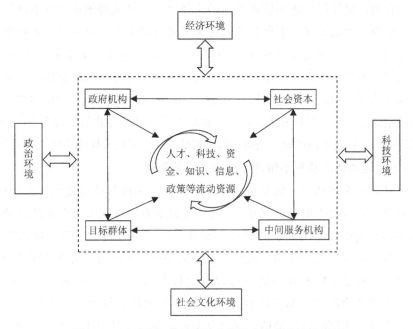

图 7-3 运动休闲特色小镇产业链中资源流动示意图

流是运动休闲特色小镇产业链"活力"的源泉，在共享经济下运动休闲特色小镇产业链中各主体之间通过人才、科技、资金、知识、信息、政策等流动资源进行交流互动，同时与外界的政治、经济、社会、科技环境进行流动资源的互换，进而形成一个多主体、多层次的复杂系统，推动整个运动休闲特色小镇产业链的升级演化与平衡发展[①]。以赛事型运动休闲特色小镇为例，这类小镇以各类体育产业为核心引入资源，并由政府提供配套的支持政策以鼓励建造特色小镇；另外，当地政府在培育和引入国内外知名户外运动俱乐部、以赛事活动聚集消费人群的同时，还积极拓宽融资渠道，引入与其产业密切相关的机构、部门以及配套基础设施，进一步加快了产业链中资金流、信息流、人流以及物质流等要素的流动，推动了运动休闲特色小镇产业链以及生态体系的构建。

（四）运动休闲特色小镇产业链中的多样性

在复杂适应系统的演化发展过程中，各种内外因素的影响都会导致系统出现分化而产生多样性，这是复杂适应系统的又一突出特性，多样性实质上是系统复杂性的一种表现；任何一个复杂适应系统都在不同的方面具备多样性，这是毋庸置疑的，这也是复杂适应系统产生的根源所在。因此，追溯复杂适应系统的多样性这一特性，能够更好地理解系统的复杂性。如图 7-4 所示，总体来看运动休闲特色小镇产业链中的多样性包括主体多样性、功能多样性、交互方式多样性、环境多样性等等。

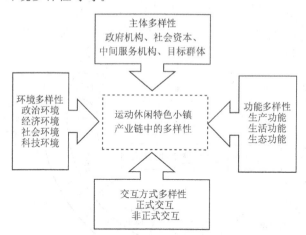

图 7-4　运动休闲特色小镇产业链中的多样性

首先，复杂适应系统是一种动态演化的系统，系统中集聚在一起的各主体为了更好地适应环境的变化发展，会依据主体之间的非线性关系进行资源的流动，并在不断演化的过程中拉大主体之间的差异性，各主体朝着不同的发展方向演化时会逐步分化，也就是主体的多样性。而这一特征的产生并非随机也非

① 李莉，陈雪钧. 基于共享经济的康养旅游产业生态圈构建 [J]. 学术交流，2020 (6)：100-107.

偶然，因为无论是在何种系统，主体的生存发展都与环境有着千丝万缕的关系，甚至依存于外界所提供的环境，所以不能适应环境变化发展的主体终会被系统淘汰，随后会有适应性更强的主体顶替其空缺，占据被淘汰主体原有的环境条件。系统中各主体经过多次分化、重组以适应环境的变化，最终会形成一个在微观和宏观方面都具有多样性、能够协调发展的复杂适应系统。我国运动休闲特色小镇产业链是由政府机构、社会资本、中间服务机构、目标群体等主体共同自下而上地发展起来的，它们各自承担着不同的职责，彼此之间能够进行分工合作以实现不同的功能，具有鲜明的多样性特征。在实践中，运动休闲特色小镇产业链的主体是在其他主体创造的环境中发展起来的，而其他主体的变化引发的环境变化也会引起该主体的变化，这种变化无时无刻不在发生，产业链中主体的每一次适应过程的完成又为下一次的适应发展奠定了基础，进而保持了运动休闲特色小镇产业链系统的持续更新状态，因此，主体的多样性有利于促进整体系统持续创新。运动休闲小镇产业链的多样性如图 7-5 所示。

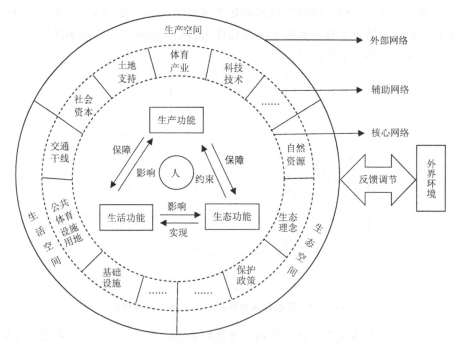

图 7-5　运动休闲特色小镇产业链功能的多样性示意图

　　其次，如图 7-5 所示，运动休闲特色小镇是由生产空间、生活空间以及生态空间这三个外部网络所构成的多功能复合统一体，它涵盖了对集聚主体生产、休闲、精神、文化等方面需求的满足，并与外界环境进行反馈调节的交互联系，而运动休闲特色小镇产业链是社会、经济效益的实体化，其核心网络是其功能之间的联系。因此，可根据小镇的具体功能将运动休闲特色小镇产业链功能的多样性主要划分为三大类：生产功能、生活功能以及生态功能，这也是运动休闲特色小镇产业链中所涉及的经济、社会、自然三方协调耦合的产物。运动休闲特色小镇产业链的生产功能主要指以当地资源为基础、以产业链为载体而生产出各类产品与服务的功能；主要表现为在优化小镇体育产业结构，促使其向第三产业转型发展以保持产业链体系先进性的同时，吸引社会资本投资，提高小镇的经济收入，这是产业链可持续发展的重要保障。运动休闲特色小镇产业链的生活功能则与承载和保障当地居民以及消费者的消费、居住以及娱乐等活动有关[①]，具体表现为构建通达的交通干线、完善小镇的基础设施、提供公共服务、增加人均公共体育设施用地等等；一方面提高了人们的生活质量，使得小镇更加宜居，另一方面，其生活功能的完善还是逆城市化的吸引因子之一，能够吸引更多小镇流出人才的回归，进而促进区域经济发展。而运动休闲特色小镇产业链的生态功能与当地自然环境有关，体育运动本身就是"绿色低碳，健康生活"这一理念的代表，因此，运动休闲特色小镇产业链在协调、维持和保障小镇地域生态协调方面发挥着重要作用；同时，生态功能也是一种约束条件，通过对小镇水源、土地等自然资源的合理规划，引导运动休闲特色小镇产业链朝着绿色、循环、可持续的方向发展，这是实现人与自然和谐发展的关键所在。如图7-6所示，作为兼具生产、生活、生态功能的运动休闲特色小镇产业链，只有维持三者发展的均衡性，才能更好地实现产业链中经济效益、社会效益以及生态效益的良性循环；避免造成人口、环境以及自然资源之间的矛盾加剧，形成恶性竞争。

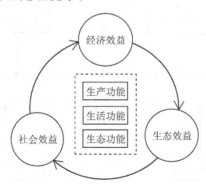

图7-6 运动休闲特色小镇产业链效益的良性循环

① 孟令冉. 江苏省乡村生态系统健康评价与耦合调控研究 [D]. 北京：中国矿业大学，2020.

　　再次，如图7-7所示，复杂适应系统具有交互方式多样性，在复杂的系统内部，根据彼此之间存在的共同目标集聚在一起的不同主体之间存在着非线性的资源流动关系，而主体之间的交互方式可根据不同的划分标准将其分为不同的类别，以便对系统产生更加清晰的认识。因此，在运动休闲特色小镇产业链中，可将其主体之间的交互方式根据是否签订契约划分为正式的交互方式与非正式的交互方式。正式交互是指运动休闲特色小镇产业链的主体之间以各自的发展目标为交互的出发点，以共享的资源条件为合作的基础而建立起来的合同契约关系，例如政府外包服务、企业生产分工、中间服务机构合作开发、信息共享联盟、供应商网络等；而非正式交互一般不具备商业性质，它是建立在信任机制的基础上，在不受合同契约约束的前提下也能够引起能量流、信息流、物质流和资金流等资源流动，进而建立起长期可持续发展的信任合作关系的一种互动方式，例如产业链中体育企业的科技交流、知识扩散、合作发展讨论等。

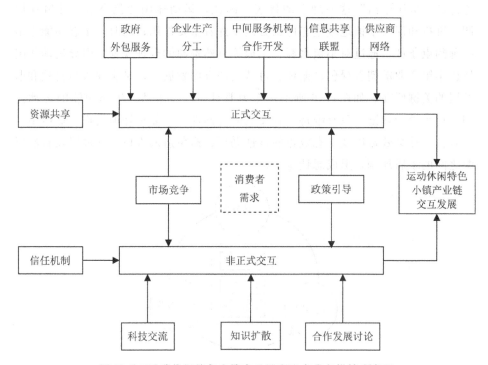

图7-7　运动休闲特色小镇产业链交互方式多样性示意图

　　最后，外界环境的多样性是贯穿运动休闲特色小镇产业链发展始终的重要影响因素，具体划分为政治环境、经济环境、社会环境和科技环境，而这些环境都是动态、可变以及不确定的，这也导致了环境对其发展的作用存在两面性。一方面，环境所提供的自然资源、地理空间、基础设施、政策体制等积极条件，能够为运动休闲特色小镇产业链提供广阔的发展空间，在对运动休闲特色小镇产业链演化发展起到推动作用的同时，也反向优化了所在区域的外界环境，使其能够为产业链的发展提供更多的积极因素，从而形成整个运动休闲特色小镇产业链体系的良性循环；另一方面，外界环境的发展也对运动休闲特色小镇产业链产生了不可避免的冲击和压力，甚至起到了约束的作用，例如，政府机构以把握着产业链的发展大方向为己任，出于人与自然融合、可持续发展的考虑，必然要求运动休闲特色小镇产业链的发展要符合绿色生态的目标，这就需要企业在构建产业链的同时将生态环境的因素纳入考虑，企业不可避免地需要在环境保护方面增加投资。这也对产业链中各主体提出了更高要求，能从客观上提高其柔性发展的能力，使各主体能够以柔性应对外界环境的复杂多样性。因此，面对日益复杂多样的外界发展环境，运动休闲特色小镇产业链只有不断提高对环境的适应力，才能促进其产业链的协调发展，促进复杂适应系统的多元化发展。

二、运动休闲特色小镇产业链的复杂适应系统机制

机制，原在工业中指机器的构造以及运作的原理，运用在复杂适应系统中则可理解为系统内部各要素之间的相互作用以及由此产生的影响系统状态的运作方式和规律。而运动休闲特色小镇产业链的复杂适应系统机制可概括为复杂适应系统中各密切关联的子系统在特定条件下，通过相互作用推动或制约运动休闲特色小镇产业链演化发展的方式和规律。研究运动休闲特色小镇产业链的复杂适应系统机制，也就是分析运动休闲特色小镇产业链的复杂适应系统中的各子系统在外界环境的驱动下，受哪些因素影响而对系统的运行产生推动或制约的作用，在影响系统运行的过程中各子系统之间是如何相互影响的、有何种规律，而这些规律是如何推动运动休闲特色小镇产业链中各阶段的发展，进而使得运动休闲特色小镇产业链的发展实现价值最大化，达到可持续发展的状态。复杂适应系统机制主要包括三点：标识、内部模型和积木。

（一）运动休闲特色小镇产业链中主体的标识

在复杂适应系统中并非所有主体都存在集聚关系，只有那些具有共同目标的主体才会集聚在一起，而如何识别具有共同目标的其他主体则需要系统提供一种可分辨的方式，也就是标识。标识是为系统进行筛选活动和协作运行的隐

藏机制，是主体在与外界环境或其他主体相互作用，也就是传递以及接受信息时相互识别以及选择的标志。它能够提高主体选择的合理性，使得主体能够在多元的环境中对不易辨别的各种主体和目标进行选择，为主体进行筛选以及协作活动提供良好的基础，以更好地实现主体的目标。

在运动休闲特色小镇产业链中，主体的标识如同一面旗帜，由它引导运动休闲特色小镇产业链中具有共同目标的主体进行集聚，进而产生非线性的相互作用关系以实现功能耦合，促进产业链的演化发展。标识的存在是为了运动休闲特色小镇产业链中的各主体能够更好地相互识别与选择，顺利地完成信息的传递与接收，这是促使运动休闲特色小镇产业链集聚与成熟演化而普遍存在的机制。

运动休闲特色小镇产业链中的标识多种多样，对于其主体而言，标识可以是主体所拥有的资源、目标、技术、知识、需求等一切有利于主体相互识别与选择的事物；而对于运动休闲特色小镇产业链而言，标识可以是使企业、政府、科研机构、中介组织等连接起来的可持续发展战略、共同的目标、自然地理环境、专业技术、政策制度等。这些标识能够为运动休闲特色小镇产业链中的主体寻求发展同盟，进行资源共享、分工协作、技术创新等活动提供指南。通过这些标识，各主体能够依据不同的需求集聚不同规模的产业，形成完整的产业链，在具有不同文化价值观与不同目标的产业链体系中合力推动运动休闲特色小镇产业链的演化升级。

（二）运动休闲特色小镇产业链中主体的内部模型

复杂适应系统中每一主体内部都具有复杂的内部机制，而对于整个复杂适应系统而言，则统称为系统内部模型。内部模型直接决定了复杂适应系统中各主体与外界环境相互作用的方式。

在运动休闲特色小镇产业链中，各主体为了适应内外界环境的变化，通过改变自身的行为规则以做出恰当的反应，而反应的方式与规律是由其内部模型决定的。换言之，就是各主体在既有行为模式与以往经验的基础上，面对客观环境的变动与系统中其他主体发展战略的改变，从自身资源、能力、组织结构以及外界政策制度、客观环境等角度出发，进行多元分析与评价后，对现有资源进行重新规划与分配，以寻求系统的可持续发展。内部模型的存在使得运动休闲特色小镇产业链的复杂适应系统处于一种平衡的状态，但这一状态不是永久静止的，它既是特定时期相对静止的平衡状态，又是演化发展的过程之一，会根据与环境的不断交互的状况而逐步演化升级。运动休闲特色小镇产业链中的各类主体，无论是政府机构、社会资本，还是中间服务机构与目标群体，它们的内部模型都建立在产业链的发展过程中对先进行为规则不断进行提炼、对落后组织结构进行摒弃的基础上。由此可见，运动休闲特色小镇产业链中各主体具有鲜明的主动性与预测能力，能够针对外界环境的刺激，相应地改变自身组织结构与交互的行为方式，以满足新趋势的新要求，适应环境的变化与创新性动态发展。康体型运动休闲特色小镇产业链中主体内部模型建立的逻辑结构如图 7-8 所示。

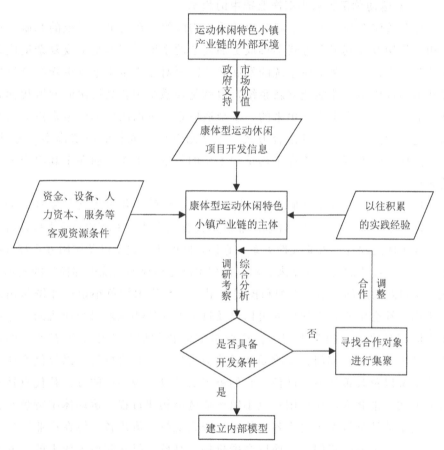

图 7-8 康体型运动休闲特色小镇产业链中主体内部模型建立的逻辑结构

如图 7-8 所示，以康体型运动休闲特色小镇为例，其产业链中各主体所接收到的康体运动休闲项目开发信息是获得政府支持以及具备潜在市场价值的。随后，产业链中的各主体通过多种途径的调研考察与综合分析，能够结合以往积累的经验判断进行相关康体运动休闲项目开发所需投入的资金、设备、人力资本、服务等，若得出"康体项目开发资金不足或开发能力有限"的结论，该主体则会根据自身客观条件与这一结论，通过标识寻找有助于增强自身综合竞争力与开发能力的合作对象进行集聚，而康体型运动休闲特色小镇产业链中主体的行为规则就是在这一过程中不断修改与重新建立而成的内部模型。可见，由众多行为规则支撑起来的有效内部模型能够使行为主体以有效的预测行为应对环境的变化，将未来的发展趋势与当下组织的行为模式联系起来，促进康体型运动休闲特色小镇产业链的可持续发展。

（三）运动休闲特色小镇产业链中的积木

复杂适应系统是由若干简单的子系统构成的，在简单子系统的基础上通过相互作用改变其组合方式会形成更加复杂的系统。积木是构成复杂适应系统的基本零件，复杂适应系统的发展必然需要对原积木块进行重新组合以生成新的内部模型，才能建立新系统，也就是说系统中较高层次的发展规律是从较低层次的积木中推导出来的。复杂适应系统里旧的内部模型常扮演积木的角色，通过逐步调整其组合方式，重新组合而生成新的内部模型。可见，复杂适应系统的复杂性不在于构筑积木块的数量与大小，而在于其组合方式的多样性。

运动休闲特色小镇产业链这一复杂适应系统的演化过程就是发现新的积木，进行重新组合的过程，并且产业链中具有适应性、主动性以及多样性特征的不同主体之间存在着非线性关系，它们之间的相互关系以及作用方式都可以用复杂适应系统的内部模型来表示，而积木既是构成旧系统内部模型的基本单元，又对新的内部模型有支配和控制作用。运动休闲特色小镇产业链是由政府机构、社会资本、中间服务机构以及目标群体这些积木组合而成的，这些积木既相互独立又相互影响，在产业链的演化发展过程中承担着各异的职能。其中，以体育部门、发改委和居委会为代表的政府机构，以提供产业链构建资金以及政策保障为己任，它们更多的是以宏观调控的方式替代直接参与的方式，来介入运动休闲特色小镇产业链的构建过程；运动休闲特色小镇产业链中的社会资本主要为各主体提供资金支持，解决各主体在产业链构建与运行过程中的融资问题；而以金融机构、高校、科研院所为代表的中间服务机构在运动休闲特色小镇产业链演化发展中起着纽带与桥梁的作用，其主要职能是为其他主体或需求者提供服务，输送创新技术等；小镇居民以及消费者作为运动休闲特色小镇产业链的目标群体，其职能为参与产业链的建造过程，并为产业链的调整发展提供反馈建议。产业型运动休闲特色小镇产业链中的体育企业如图 7-9 所示。

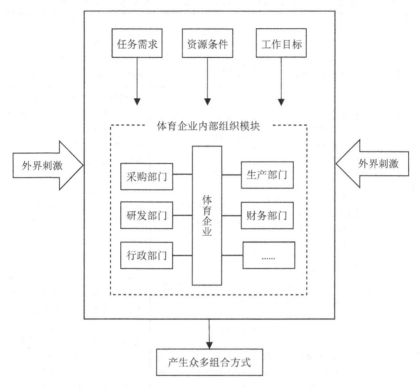

图7-9 产业型运动休闲特色小镇产业链中的体育企业

以产业型运动休闲特色小镇产业链中的体育企业为例，其组成积木主要有采购部门、生产部门、研发部门、财务部门、行政部门、销售部门等，且每个部门的行为规则与组织目标是不同的。体育企业根据各部门不同的资源条件、任务需求、工作目标等来调配员工，使得积木在原有规则的基础上产生了众多组合方式，每一种组合方式都是体育企业针对外界刺激而修订出的结果。而在运动休闲特色小镇产业链演化发展的过程中，整个系统的结构、功能会随着外界环境的变化产生相应的变化，新一层次的主体又由下一层的积木以相异的职能与结构组合而成，因此，运动休闲特色小镇产业链能够通过内部积木的重组不断适应外界环境的变化发展，保持系统的持续更新发展。

运动休闲特色小镇产业类复杂适应系统的七个基本属性对应的内涵、特点、体现如表7-1所示。通过研究运动休闲特色小镇产业链的复杂适应系统的七个基本属性，能够加深对运动休闲特色小镇产业链的本质与演化规律的认识。

表 7-1　运动休闲特色小镇产业链的 CAS 基本属性及体现

CAS 基本属性		内涵	特点	体现
基本特性	集聚	为适应环境变化、实现共同目标而自主形成集聚体	合作、竞争、共享、集聚效益	集聚运动休闲、健康、旅游、文化等产业链主体，共享基础设施、优势资源，促进产业链升级
	非线性	主体之间遵循的是主动适应外界刺激的非线性关系	主动适应、动态可变、多样化、非均匀	运动休闲特色小镇产业链中主体之间、主体与环境之间通过资源推动、政策驱动以及赛事带动等非线性关系调整主体行为规则，促进产业链整体发展
	流	行为主体之间、主体与环境之间存在的信息、能量以及物质等资源的动态流动	动态性、不确定性、循环性、快速变化	引入相关机构、部门以及配套基础设施，可以加快产业链中资金流、信息流、人流以及物质流等要素的流动
	多样性	主体多样性、功能多样性、交互方式多样性、环境多样性等等	复杂、共生、协调、平衡	集聚多元主体，在多样的外界环境影响下，通过正式或非正式的交互方式，实现生产、生活、生态功能
机制	标识	主体之间传递、接受信息时相互识别与选择的标志	系统进行筛选活动和协作运行的隐藏机制	引导具有共同目标、寻求发展同盟的主体进行集聚，进行资源共享、分工协作、技术创新等活动，以实现功能耦合，促进产业链集聚与成熟演化
	内部模型	对外部环境的变化做出恰当的反应，改变组织结构，实现系统内部协同	直接决定了系统中各主体与外界环境相互作用的方式	针对外界环境的刺激，相应地改变自身组织结构与交互的行为方式，不断修改或重建内部模型，以满足新趋势的新要求
	积木	调整组合方式，重新组合而生成新的内部模型	构成复杂适应系统的基本零件	产业链中的积木在原有规则的基础上产生众多组合方式，系统的结构、功能也产生相应的变化，新一层次的主体又由下一层的积木以相异的职能与结构组合而成

第二节　运动休闲特色小镇产业链的自适应演化过程

　　运用复杂适应系统理论将运动休闲特色小镇产业链的个体演化与整个系统的演化联系起来，能够发现"涌现"是实现系统演化发展的关键。"涌现现象"是存在于主体之间以及主体与环境之间的相互作用的结果，这种相互作用不是简单的线性关系，而是复杂的非线性相互作用。具体而言，系统的"涌现"就是微观个体的进化使得宏观系统进一步演化发展，最终形成新的状态、结构的过程①。因此，依据运动休闲特色小镇产业链的形成发展内在机制结合涌现现象，可将其运动休闲特色小镇产业链的自适应演化过程划分为三个时期：孕育期、集聚期、涌现期。如图 7-10 所示，这种划分可清晰呈现其产业链价值、特点、主要表现、主要功能以及组织形式的异同，进而更加全面深入地探索运动休闲特色小镇产业链的实现路径。

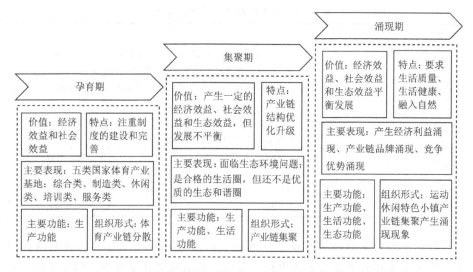

图 7-10　运动休闲特色小镇产业链自适应演化过程示意图

一、孕育期（2006—2013 年）

运动休闲特色小镇产业链是在某一区域内动态演化的复杂适应系统，主要受外界刺激而形成产业链构建需求，最初由政府引导以计划方式规划、协调与建设，由企业进行市场化运营。其产业链的萌芽可追溯到国家体育产业基地建造，正是国家这一举措促进了运动休闲特色小镇产业链"零碎"集聚。2006年，为充分发挥体育产业的集聚效应、规模效应以及区域辐射效应，促进地方经济转型升级、保障和改善民生、扩大消费需求，国家体育总局开始支持鼓励各地根据当地经济、社会、自然以及人文环境等特点，创建体育产业相对集中

---

① 张玲，邹永强. 基于 CAS 理论的旅游产业集群动力机制研究——以广州会展旅游产业集群为例 [J]. 经济地理，2013，33（8）：171－176.

区，形成一个有利于体育产业开发、科学技术创新、企业发展以及人才汇聚的体育产业基地。自 2006 年 4 月深圳市获得首个"国家体育产业基地"称号后，体育产业基地陆续覆盖全国各地，各地的参与热情持续高涨，这为后来运动休闲特色小镇产业链的建设奠定了坚实的基础、提供了一个可靠的发展平台。但此时相关配套制度和基础设施仍存在空白，直到 2011 年，国家下发第一个针对国家体育产业基地的专门性法规文件《国家体育产业基地管理办法（试行）》，这标志着国家体育产业基地开始走向规范化、法治化的道路，如表 7 - 2 所示。

表 7 - 2   国家体育产业基地发展类型

类型	代表	特征
综合类	深圳、温州	大力发展体育旅游、全民健身运动、健康养老、体育竞赛表演等，争取多元化综合发展体育产业基地，提高城市软实力
制造类	晋江	侧重于体育产业的结构性调整，鼓励新科技的应用与新产品的研发，积极引入新科技与一流人才，制造高端体育产品
休闲类	宁夏、皖南	以当地突出的自然资源为依托，着力打造以体育健身休闲、体育旅游、体育竞赛表演为主的产业集聚区
培训类	郑州登封	依托"嵩山少林"这一悠久的中华传统武术历史资源，开设武术院校打造培训基地以带动相关体育产业发展
服务类	龙潭湖、北京奥园	依托自身独特的体育组织资源优势，通过自主、合作、委托运营等方式为企业和社会组织提供综合服务，产生社会效益和产业辐射效应

任何一种新生事物从初步孕育到逐步成形都需要经历一个渐进的演化过程，由于国家体育产业发展历史相对较短，此时尚处在孕育期，因而更加注重制度的建设和完善，为挖掘体育产业发展的潜力提供了强有力的政策体制支撑。在此期间，各地国家体育产业基地在国家政策的引导下，充分结合本地优势资源、特色产业以及历史文化等，找准自身定位、因地制宜地发展特色体育产业，逐步形成了定位明确、各具特色的体育产业集聚区。通过归纳总结，如表 7 - 2 所示，可将此时期国家体育产业基地的发展类型划分为五大类：综合类、制造类、休闲类、培训类、服务类。首先，以深圳、温州为代表的第一批国家体育产业基地依托已有的体育用品制造业基础，大力发展体育旅游、全民健身运动、健康养老、体育竞赛表演等，争取多元化综合发展体育产业基地，提高城市软实力。其次，是以晋江为代表的谋求体育产业转型升级的国家体育产业基地，这类体育产业集聚区更侧重于体育产业的结构性调整，鼓励新科技的应用与新产品的研发，积极引入新科技与一流人才，制造高端体育产品。再次，是以宁海、皖南为代表的休闲类国家体育产业基地，它们以当地突出的自然资源为依托，着力打造以体育健身休闲、体育旅游、体育竞赛表演为主的产

业集聚区，以加快城市品牌名片的打造并促进体育产业的融合发展。第四类是以郑州登封国家体育产业基地为代表的培训类体育产业集聚区，该地依托"嵩山少林"这一悠久的中华传统武术历史资源，开设武术院校打造培训基地以带动相关体育产业发展。最后一类是以龙潭湖、北京奥园等为代表的服务类国家体育产业基地，它们依托自身独特的体育组织资源优势，通过自主、合作、委托运营等方式为企业和社会组织提供综合服务，产生了巨大的社会效益和产业辐射效应。

受特定时期的社会环境影响，国家体育产业基地是由国家带头、地方积极响应建造，以特定的体育产业发展环境为根据，通过战略规划以及招商引资等活动吸引相关体育企业在一定区域内集聚并形成一定规模的集群区域。它能够产生一定的经济效益和社会效益，不仅保障和提高了人们的生活水平，还促进了区域经济发展，对地方经济转型起到了巨大的推动作用。但这一时期的体育产业链条是以分散性的特征为主，具体表现为：一是体育产业市场集中度较低，体育产业市场监管力度较薄弱，市场存在低效竞争现象；二是体育产业发展不平衡，这主要是由不同地域自然资源禀赋等级不同所致；三是体育产业链较短或缺失，存在不稳定、不连续等问题，产业链上各主体之间受外界条件的制约，信息交流得并不充分，物质与能量的交流也有限，因而其抵抗风险能力较薄弱。因此，如何科学合理地建设体育产业集聚区还需要对体育产业链进行进一步的调整与规划，以促进体育产业链的升级发展。

二、集聚期（2014—2017 年）

运动休闲特色小镇产业链的自适应演化过程不是静态的，而是一个连续动态的演化过程，它反映的是"特色小镇＋体育"发展的一种趋势，贯穿于体育产业发展始终，并通过产业链中各主体的非线性交互表现出来，与外界社会环境的发展形成了一种相互作用的复杂适应系统。2014 年 10 月，为进一步满足人民群众多样化的体育需求、保障和改善民生、促进体育消费，国务院下发的《关于加快发展体育产业促进体育消费的若干意见》中，首次将体育产业发展定位为国家战略，并提出要因地制宜发展体育产业。同年，杭州云栖大会首次提及"特色小镇"这一概念①，随后特色小镇的建设如火如荼地开展起来了。2016 年，住建部、国家发改委、财政部联合发布《关于开展特色小镇培育工

---

① 赵佩佩，丁元. 浙江省特色小镇创建及其规划设计特点剖析［J］. 规划师，2016，32（12）：57－62.

作的通知》，决定在全国范围内开展特色小镇培育工作，提出到 2020 年培育 1 000 个左右各具特色、富有活力的休闲旅游、商贸物流、现代制造、教育科技、传统文化、美丽宜居的特色小镇。

在此期间，许多企业看出体育产业是一个价值洼地，纷纷加入建设体育产业链的队伍中，产生了众多在地理位置上高度集聚且关联密切的体育企业与中介机构，它们之间存在非线性的联系并相互影响，也就是运动休闲特色小镇产业链。它的组织结构介于市场结构与行政组织结构之间，较市场结构更为稳定，较行政组织结构更为灵活。因为如图 7 - 11 所示，集聚期的运动休闲特色小镇产业链中的各主体可以在共同目标的指引下，通过资源的流动与共享、相互信任、相互学习以及分工协作等而形成区域品牌效应、知识溢出效应和辐射带动效应等，促进运动休闲特色小镇产业链结构的优化升级。在促进体育科学技术创新的同时，也加快了健身休闲、竞赛表演、场馆服务、中介培训、体育用品制造与销售等体育产业中的各门类协同发展，不仅为运动休闲特色小镇产业链的发展积累了丰富的实践经验和资源储备，还提高了产业链的综合服务能力，为当地居民、外地消费者提供了舒适的生活圈，提高了小镇的宜居程度。

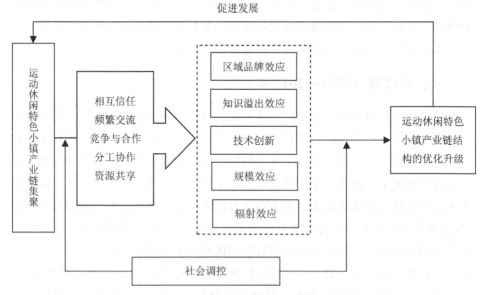

图 7 - 11　运动休闲特色小镇产业链结构优化升级示意图

集聚期的运动休闲特色小镇产业链在孕育期的基础上得到了进一步的提升，更加关注人的需求，提供有效供给，是一个合格的生活圈，但还不是一个优质的生态和谐圈。首先，小镇体育产业链的开发存在破坏生态环境的问题，例如修建滑雪场地时会破坏当地原生植被；水上摩托、赛艇等休闲运动会加剧海洋、湖泊等的水质污染；越野赛车等休闲竞技比赛会增加尾气排放量，降低运动休闲特色小镇的空气质量；配套基础设施建设过程中不合理的规划、缺乏严格的质量把控，将会破坏当地的土壤、植被、水源等生态环境。其次，大量集聚的外地游客考验着运动休闲特色小镇产业链的承载力和灵活度，若无法及时调整应对，则会给当地带来大量垃圾、污水等环境污染，加剧生态环境的承载压力。可见，集聚期的运动休闲特色小镇产业链的生产功能、生活功能以及生态功能处于发展不平衡的状态，甚至还存在牺牲生态环境以换取经济增长的现象，不利于产业链的可持续发展。因此，要想推动运动休闲特色小镇产业链的自适应演化发展，需要将健康生态等因素纳入规划考量，以促进运动休闲特色小镇产业链的健康发展。

三、涌现期（2018年至今）

在复杂适应系统中，集聚而成的各主体在接收不断变动的信息时，若按照既有的规则无法适应外界变化，则需要通过不断学习、积累经验和修改其行为规则，以形成更好的相互作用模式；当系统中的多个主体都对其行为规则进行一定的修改，并通过非线性的相互作用形成流动的网络体系，则会自下而上地形成一个新的主体、新的规则、新的系统，从而产生涌现现象。如今"健康中国"已上升为国家战略，人们收入水平也在不断提高，群众休闲时间的增加以及休闲活动的多元化，使得原有的运动休闲特色小镇产业链的发展无法满足人们多元的需求。人们不再单纯地追求经济的增长，而将更多的关注点放在如何提高生活质量、如何养成健康的生活习惯以及如何更好地融入大自然的思考上。而生态是人与自然和谐相融的客观要素，这就要求运动休闲特色小镇产业链中的各主体必须打破原有规则，以灵活、富有弹性的方式调整发展目标，促进产业链的健康发展。因此，在经历了孕育期、集聚期的前期发展后，运动休闲特色小镇产业链通过自适应调整呈现产业退出、产业转移、产业升级等多种现象，迎来了涌现期。

2018年11月，国家体育总局办公厅下发的《关于推进运动休闲特色小镇健康发展的通知》弥补了集聚期的缺憾，文件中明确提出，"有效推进生产、生活、生态、'三生融合'""严守生态保护红线""要制定与当地自然资源、人文传统、体育氛围相结合的产业规划""并加强动态监测管理""持续开展评估督导和优胜劣汰"。这也意味着运动休闲特色小镇产业链的发展进入到新时期，其协调发展的程度对产业链可持续发展和全民健身、健康中国的实现有重要影响。简而言之，在这一时期产业链中各主体之间以及主体与外界环境之间存在着复杂的非线性相互作用关系，这种关系导致了运动休闲特色小镇产业链的复杂系统出现"涌现"现象，也就是产业链中微观个体的进化使得宏观系统呈现出新的状态、结构，而运动休闲特色小镇产业链的"涌现"主要表现在以下三个方面。

首先是经济利益的涌现，由于运动休闲特色小镇产业链具有三个主要特征：增值性、利益共享性、价值最大化，其集聚能够不断产生正反馈效应，产业链集聚的优势逐步显现。从微观层面看，运动休闲特色小镇产业链的集聚能够实现对不同区域资源的集约利用，有效降低企业的交易成本，给产业链中各企业之间的商务交流与合作带来极大的互补效应和便利性；不仅能实现运动休闲特色小镇产业链的规模效应，促进产业专业化分工和外部经济发展，还能提升运动休闲特色小镇对外综合竞争力，获得外部经济效益。从宏观层面看，运动休闲特色小镇产业链的集聚能够吸引投资，发挥比较优势，增强运动休闲特色小镇的抗风险风力，营造良好的创新氛围和促进新企业的出现，不断扩大产业链规模，使运动休闲特色小镇产业链的发展水平得到快速提升。

其次是产业链品牌的涌现，随着运动休闲特色小镇产业链中各要素集聚程度的提高，运动休闲产业逐渐上升为特定区域内部的主导产业，并成为具有较大市场竞争力的地方特色产业。通过合理宣传运动休闲特色小镇独特的体育文化内涵，有利于提高小镇的文化多样性与包容性，使得特征鲜明的体育文化成为小镇的品牌标志，以此提高社会的关注度，促进产业链的延伸发展。此外，平衡经济效益与生态效益发展的运动休闲特色小镇产业链，能够做出良好的示范效应，带动当地旅游、服务、保险、体育装备等产业的健康发展，推动区域内部运动休闲特色小镇产业链规模的不断扩大，继续拉动相关体育企业不断地向区域内部集中，继而形成具有当地特色的运动休闲"区位品牌"，促进区域转型发展。

最后是竞争优势涌现，运动休闲特色小镇产业链的竞争优势体现在其生产成本低价性和产品差异性两方面。一方面，大量的体育企业通过空间上的集聚，共享当地区域内部的公共设施以及交通干道，极大地降低了产业链内企业之间资源和信息等的流通费用。同时，运动休闲特色小镇产业链内地理位置较近的各企业之间通过建立和维护组织协调机制形成了相互信任的长期合作关系，以及由此带来的市场信息、科学技术、运营手段等的充分交流，降低了运动休闲特色小镇产业链的生产和交易成本。另一方面，运动休闲特色小镇类型众多，如旅游型运动休闲特色小镇、康养型运动休闲特色小镇、赛事型运动休闲特色小镇等，每种类型的小镇都各具特色。因此，在较长时期内，以体育产业为核心的运动休闲特色小镇产业链将成为特定区域内的特色产业，并在全国范围内具有一定的竞争优势。

第三节　运动休闲特色小镇产业链的结构模型

随着我国经济的发展，社会主要矛盾也逐渐发生了变化。当前在体育领域，化解体育发展不平衡不充分的矛盾，不断满足人民日益增长的体育需求是未来一段时间的主要课题。建设运动休闲特色小镇是国家应对人民日益增长的体育需求的一大重要举措，2017 年《国家体育总局办公厅关于公布第一批运动休闲特色小镇试点项目名单的通知》为运动休闲特色小镇的建设提供了重要的政策支持。作为集体育、旅游、休闲等功能于一体的运动休闲特色小镇，其是一个融合了体育特色、地域文化、生态环境、配套设施的综合体。新时期，运动休闲特色小镇对优化产业结构、推动供给侧结构性改革具有突出贡献。产业链作为产业经济学的一个概念，构建产业链能够产生规模经济效应，实现经济的快速、健康发展，使产业链的各相关主体实现价值最大化。产业链能够使原本相互独立的环节链接在一起，从而发挥 1+1＞2 的效果，使整个产业链发挥出更大的价值，通过产业链的构建能够产生更多的新型企业，创造新的价值，产生更多的附加值。因此，构建运动休闲特色小镇产业链，促进运动休闲特色小镇生产、生活、生态的高度融合，是推动运动休闲特色小镇可持续发展、实现小镇价值最大化的重要举措。

一、运动休闲特色小镇产业链的框架模型分析

依据现有运动休闲特色小镇的产业发展、资源现状以及空间布局，构建垂直结构的纵向产业链，即产业链上中下游协同发展的产业链；横向联合的协作产业李娜，即产业链上各关联企业相互协作的产业链、物质能量循环链、外部环境支持链以及信息共享的产业链，五条相互关联的"链条"共同构成了运动休闲特色小镇产业的基本框架模型。以各类型运动休闲特色小镇的核心产业（如赛事型运动休闲特色小镇的核心产业为体育赛事运营）为中心，构建起小镇产业链相互联动与协作的结构模型（图 7 - 12）。

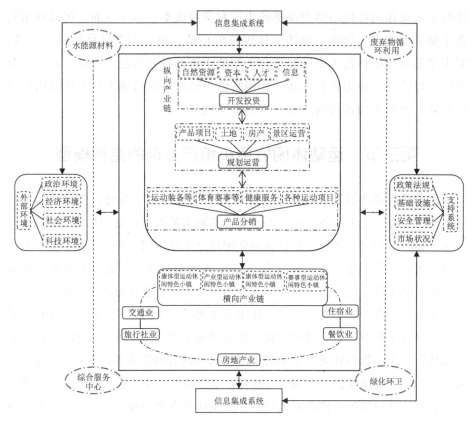

图 7 - 12　运动休闲特色小镇产业链结构模型

　　如图 7 - 12 所示，在外部环境与支持系统的协调配合之下，由信息集成系统对小镇的各种信息流进行分类处理，继而使信息在产业链间流通、共享，提高了整个小镇的信息流通速率与管理效率。从开发投资、规划运营到产品分销环节，形成了环环联结的纵向产业链发展模式。除了纵向产业链外，围绕着运动休闲特色小镇形成了水平结构的小镇横向产业链，使体育与小镇当地特色相结合，形成了独特的以体育为中心的特色产业，即以"体育＋"的模式（如体育＋旅游），形成了同类型产业集聚，随着产业规模的扩大，产业链不断延伸，带动了餐饮、住宿、娱乐以及消费的一体化发展。纵向以及横向产业链相互协作、相互联系，使各个小镇联结成了一个错综复杂的综合体。除此之外，小镇对生产、生活过程中产生的各种废弃物进行循环利用，各种水、材料、能源等资源通过循环利用实现了小镇范围内的物质与能量交换，实现了小镇范围内的生态效益最大化，减少了对环境的破坏，实现了运动休闲特色小镇的可持续发展。

二、运动休闲特色小镇产业链结构模型分析

（一）纵向产业链结构模型分析

运动休闲特色小镇的建设目的之一是体育惠民，各类运动休闲特色小镇对自然资源具有较高要求，因此现实中诸多运动休闲特色小镇建设于自然环境优美、物质资源丰富的贫困地区。从垂直的纵向产业链结构来看，各类运动休闲运动小镇所处区位自然环境优美，物质资源丰富，为运动休闲特色小镇的建设提供了得天独厚的自然条件；小镇建设的一大基础是大量人口的集聚，人口的集聚为小镇的建设提供了大量的人才优势；当下科技的发展以及欣欣向荣的创新环境，为小镇的建设提供了大量的利好信息支持，科技的创新使小镇的信息流通速度更快，从而很好地避免了由于产业链间各企业的信息不对称造成的逆向选择行为的发生。

（二）横向产业链结构模型分析

企业以运动休闲特色小镇为中心，形成了各种产业集聚，不断延长产业链的触角，以小镇为中心的产业园区的边界不断扩大。由图 7-12 横向产业链的示意图可以看出，企业以各类运动休闲特色小镇为中心，形成了旅游社业、交通业、房地产业、餐饮业、住宿业为一体的横向产业链。各类产业之间相互协作，本质上形成了一个供需协作链，运动休闲特色小镇与旅游业不可分割的关系致使小镇的发展推动了旅游业的发展；小镇的建设离不开房地产业以及交通运输业的支持，在交通运输业以及房地产业的协同配合之下小镇的建设才能得以进行；小镇消费者以及小镇居民的增加促使小镇内餐饮业以及住宿业不断发展，以小镇为中心的横向产业链，随着小镇各类产业的不断集聚，链条节点不断增加。各业态企业之间的依赖关系逐渐加强，在整个产业间建立起了稳固的协作关系，产业链间的协同效应加强，使得系统的稳定性加强，促进了横向产业链间生产效率的提高。共同的经济利益催生了产业集群的形成，小镇整体的竞争力由此加强，整个横向产业链的运行效率大幅提升，从而创造了更大的经济效益，推动了小镇产业链的协调稳定发展。

（三）总体外围结构模型分析

如图 7-12 所示，除了以运动休闲特色小镇为核心的横向及纵向产业链外，还包括外围的物质能量循环链、外部环境支持链以及信息共享链。外围产业链为内核产业链提供支持服务，保证内核产业链的正常运作。在外围产业链的支持下，内核产业链实现了循环发展，各类废弃物得到了有效处理，真正实现了有效的可持续发展。物质能量循环链为内核产业链提供水、能源以及材料

的支持，同时将内核产业链产生的各类废弃物进行回收再利用。综合服务中心能够为内核产业链提供配套的水、电、暖服务，为内核产业链提供有效的"售后服务"。外部环境支持链以及信息管理系统链为运动休闲特色小镇内核产业链的建立以及发展提供外部环境、信息系统的支持。在外部完整有序的环境以及有效信息管理系统的支持下，运动休闲特色小镇产业链实现了一体化发展。

三、运动休闲特色小镇产业链结构模型的要素分析

将运动休闲特色小镇产业链的各种要素分为五大类，分别是：第一类，外部环境类，包括产业发展的政治环境、经济环境、社会文化环境、科技环境；第二类，支持服务类，包括政策法规、基础设施、安全管理、科技发展；第三类，供需协作类，包括纵向的规划运营、产品分销、开发投资三大主体要素以及横向的各类运动休闲特色小镇、房地产业、旅行社业、交通业、餐饮业、住宿业等相互协作产业；第四类，信息集成类，通过信息管理系统实现信息在整个产业链系统的有效流转，实现信息的有效流通；第五类，物质能量循环类，实现对整个产业链资源的供给支持，对产生的废弃物进行回收再利用。五类要素相辅相成，共同构成了运动休闲特色小镇的产业链系统。

（一）外部环境类要素

基于宏观环境的 PEST（政治、经济、社会、科技）分析方法对运动休闲特色小镇的外部环境进行分析，即政治环境、经济环境、社会文化环境、科技环境。外部环境类要素是产业链发展的土壤，是构成产业链的基础。政治环境对运动休闲特色小镇产业链的发展具有重要作用，积极的政治支持能够引导投资，推动小镇产业链的发展。在国家大力发展特色小镇的政治背景之下，大量运动休闲特色小镇应运而生，推动了小镇在全国各地落地生根，小镇产业链实现了规范化运营。从经济层面来讲，随着国家经济的快速发展，经济结构调整提上日程，传统以第一、第二产业为主的经济发展模式将无法满足未来国家经济发展的需要，供给侧结构性改革的推动使得运动休闲特色小镇有了发展的契机。从社会层面来看，消费者对更高生活水平的追求使得传统旅游方式无法满足人民的需要，参与型旅游方式受到越来越多消费者的欢迎，运动休闲特色小镇的体育特色使消费者的需求得到满足，为运动休闲特色小镇的发展提供了良好的消费者基础。从科技环境方面来讲，互联网技术、人工智能以及 VR（虚拟现实）等高科技产品的研发为运动休闲特色小镇的发展提供了重要的技术支撑，拓宽了运动休闲特色小镇的发展空间。

（二）支持服务类要素

除了外部环境的支持外，相关部门的支持是运动休闲特色小镇得以发展的

重要条件。政策法规的倾斜是小镇产业链形成的重要因素，随着国家对小镇建设的大力支持，各地方政府相继出台相应政策推动小镇建设，为小镇的发展提供了政策法规的保障。如政府出台《关于推进政策性金融支持小城镇建设的通知》等系列政策，推动运动休闲特色小镇的建设及发展，在政策的支持下，运动休闲特色小镇得到了快速发展。基础设施是小镇产业链建设的前提和基础，完善的基础设施能够为小镇的建设提供良好的"地基"，运动休闲特色小镇产业链的建设依靠的是优美的自然环境、齐全的运动设施以及完善的配套服务。安全管理是小镇产业链建设最主要的因素，安全是一切活动的前提，在整个小镇产业链建设的过程中，安全管理是贯穿始终的理念。市场的发展状况为小镇产业链的发展提供引导，在政府简政放权的大背景下，市场在产业链发展的过程中发挥了很大的作用，小镇产业链在市场的引导之下不断提高服务质量、提高竞争力。

（三）供需协作类要素

运动休闲特色小镇产业链的核心要素是供需协作类要素，其作用如同人体的脊柱，外围的各种要素围绕核心要素发挥作用。核心要素由两部分内容组成，分别是纵向产业链要素以及横向产业链要素。纵向产业链要素包括开发投资、规划运营、产品分销三大类要素，三大类要素共同组成了纵向产业链上一中一下游的产业链结构，上游的开发投资为中游的规划运营提供基础，在合理规划运营的基础上形成产品产出，为下游的产品分销提供要素。小镇纵向产业链的各要素之间相互协作，共同促进了小镇产业链的规范化发展。横向产业链要素之间形成了"小镇端—配套端"的产业链模式，包括各类运动休闲特色小镇、房地产业、旅行社业、交通业、餐饮业、住宿业等产业要素，各产业要素环环相扣、协同配合，形成了完整的横向产业链配套模式。横向与纵向产业链要素共同组成了小镇的核心要素。在运动休闲特色小镇的发展过程中核心要素是推动小镇健康持续发展的关键。

（四）信息集成类要素

小镇产业链的信息管理系统如同人类的中枢神经系统，对小镇内的各种信息进行加工处理、传达输送，起到对内控制和对外沟通联系的作用，从总体上控制着小镇整个产业链的信息流。在整个小镇产业链的发展过程中，信息管理系统能够辅助市场促进资源的有效配置、信息的有效流通，提高整个小镇产业链的运行效率。信息管理系统的对内控制是对小镇内部的人员、资金、物质资源的调控：将各类专业人才配置到合适的岗位，保证对人才的合理利用；对资金进行有效配置，促进小镇产业链内资金链的有效流通；对小镇内的物质资源进行合理配置，提高对物质资源的运用效率。对外沟通联系是指对外部环境中的各种信息进行加工处理，及时发现与小镇产业链相关的各种政策、法规信息，丰富产业链内的产业类型、延长产业链，为产业链上的企业融资寻找途径。完备的信息管理系统可以为小镇产业链的发展、决策、管理和维护提供保证。

（五）物质能量循环类要素

运动休闲特色小镇纵向以及横向产业链上包括诸多类型的产业形态，各形态产业的生产均需运用外部资源。物质能量循环类要素为小镇产业链内的资源利用提供基础，可以降低产业间的经济成本，实现更大的经济效益。如废水、废料等资源，可以通过废物循环利用环节将这些可再利用的资源回收加工后进行再利用。如废水经过加工净化之后可以运用于小镇的绿化、环卫等对水质要求不高的环节中。小镇横向产业链中包含诸多类型的产业，这一产业链中产业的形态多样，对资源的利用形式也丰富多样，这一环节应当在对各种资源的整合基础上实现对资源的利用，创建起生态产业链，依据生态产业链来链接不同业态的企业，从而在不同的企业间建立起资源共享、产品互换的共生组合，实现资源的循环利用。物质能量循环链能够实现各种资源的循环，在产业中形成"原料—产品—废弃物循环利用"的资源循环模式，在产业链中实现清洁生产、发展绿色经济。实现运动休闲特色小镇产业链的"生产—生活—生态"效益。

第四节　运动休闲特色小镇产业链的运作模式

科学技术的进步以及生产力的发展推动着各国经济的快速发展，企业之间的竞争已经不再是单个企业的竞争，更多的是本企业所在价值链各环节的竞争。运动休闲特色小镇产业链作为以体育产业为核心的产业链，其发展对推动供给侧结构性改革、实现国家城乡一体化发展具有作用。推动运动休闲特色小镇的可持续发展，构建以体育为核心的运动休闲特色小镇产业链，是运动休闲特色小镇实现可持续发展的关键。要想真正实现小镇的持续发展，需要对小镇产业链的运作模式进行深入剖析，使运动休闲特色小镇产业链在科学运作模式的指导下摆脱过多依靠外部环境的发展模式，形成依靠内生性动力的自组织发展。由上文（图7-12）显示，在运动休闲特色小镇建设过程中，不仅要依靠专业的人才、先进的技术等对小镇进行投资开发；还要经过中间环节的规划、设计、运营等来完成对小镇的整体统筹；最后通过线上推广、线下体验等形式进行销售活动。因此处于产业链任一环节的企业均会对产业链上中下游产生重大影响，同一环节的企业也均存在强强联合的意图，这便形成了运动休闲特色小镇产业链纵向一体化和横向一体化的组织架构，同时在产业链纵向和横向一体化的运作过程中，产业链各个节点企业间相互交织，形成了斜向一体化的运作模式。[①]

一、纵向一体化运作模式

纵向一体化也可称为垂直一体化,企业在生产过程中为减少交易成本、扩大经营范围、形成垄断利润以及保证供应,沿着产业链条纵向渗透和扩张,从而实现供产销的一体化。[②] 纵向一体化实现了不同企业之间的协作以及企业内部的协同,进一步实现了产业链上中下游的协调发展。纵向一体化分为前向一体化和后向一体化两种形式。前向一体化是企业向下游环节延伸产业链,实现企业与消费者的直接对接,如图 7-13 所示,在运动休闲特色小镇建设过程中应当建立专门的销售公司,形成一套销售体系,依据消费者的需求提供相应的商品或服务。后向一体化是企业向上游环节延伸产业链,实现原材料或半成品的自给自足,运动休闲特色小镇不同于传统的制造业企业,生产所需的"原材料"大多为小镇建设所需的人力、资金以及基础设施,这就要求小镇在建设过程中注重培养相关人才,实现金融化发展,自主建设运营所需的基础设施。四种类型的运动休闲特色小镇中,赛事型运动休闲特色小镇以体育赛事为主导、产业型运动休闲特色小镇以体育用品的生产为主导、康体型运动休闲特色小镇以良好的环境为主导、体验型运动休闲特色小镇以各类运动项目为主导。其运作过程中均有前向以及后向一体化的动机。

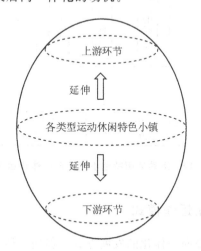

图 7-13 运动休闲特色小镇产业链纵向一体化运作模式

---

① 周永生,郭凌军,谭文玉. 资源型产业链升级模式探析 [J]. 商业时代,2011 (26):118-119.
② 张学会. 农民专业合作社纵向一体化研究 [D]. 杨凌:西北农林科技大学,2014.

二、横向一体化运作模式

横向一体化也可称为水平一体化，指处于同一产业或部门内的具有不同资源、人才、信息等资本的企业的集中，企业通过收购、兼并、合资经营等方式实现扩大规模、降低产品成本、巩固市场地位的目的。运动休闲特色小镇上中下游各环节的特点及优势各不相同，其发展速度和对产业链的影响也不相同，每个环节的发展壮大对推动运动休闲特色小镇产业链的发展具有重要意义。因此提高各个环节的竞争力和效率是推动运动休闲特色小镇产业链发展的重要途径。同时，运动休闲特色小镇产业链主导环节的壮大能够提高整个产业链的协作效率、增强对整个产业链的领导与控制。通过横向一体化可以实现规模经济，改变小镇之间的竞争关系，促进产业集群的发展，提高产业集群度。同时，横向一体化能够提高消费者的体验感、延长消费者的消费链，使运动休闲特色小镇的产业链获得更大的经济效益。运动休闲特色小镇产业链以体育产业为核心，体育产业的产业特性决定了运动休闲特色小镇产业链具有横向一体化的运作基础，产业链上的各个小镇均直接面向消费者，任何一个节点的缺失都会对整个产业链产生影响。运动休闲特色小镇的横向一体化运作模式如图 7 - 14 所示。

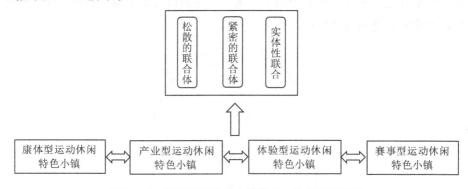

图 7 - 14　运动休闲特色小镇横向一体化运作模式

三、斜向一体化运作模式

不同于纵向以及横向一体化的发展方式，斜向一体化的运动休闲特色小镇是指与小镇发展具有密切联系的相关企业的一体化发展模式。如在小镇发展运营过程中，餐饮类企业、住宿类企业、运输类企业等，不可避免地会对小镇的整体发展产生影响，一些企业甚至对小镇具有牵一发动全身的作用。运动休闲特色小镇产业链以体育产业为核心，消费者需求的多样性使得小镇与不同业态企业的协同合作成为可能，进一步推动运行休闲特色小镇产业链的斜向一体化发展。斜向一体化运作模式使小镇与不同业态企业间的联系更加紧密，一定程度上降低了运营成本，提高了小镇的抗风险能力，增强了小镇的竞争力。斜向一体化运作模式带来的巨大收益使得资本更加集聚于运动休闲特色小镇的发展过程，而其他业态的企业也通过与小镇的融合实现了本产业的多元化发展，从而在运动休闲特色小镇发展过程中形成了多业态、多产业融合的斜向一体化协同效应。运动休闲特色小镇斜向一体化运作模式如图 7 - 15 所示。

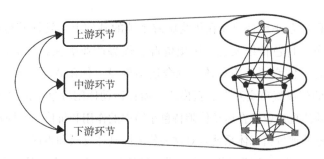

图 7 - 15　运动休闲特色小镇斜向一体化运作模式概念图

第八章　运动休闲特色小镇产业链运行评价指标体系的构建

　　运动休闲特色小镇是建立在传统旅游小镇的基础上，发挥其地理位置优势、产业集聚特色、特色传统文化、历史资源、优势产业等独特优势，以体育产业为核心，以各类体育项目为载体，融合运动健身、休闲娱乐、观光旅游等多种功能为一体的产业城市交互发展新模式。而在运动休闲特色小镇发展的过程中需要充分发挥并体现产业链在运动休闲特色小镇中的作用和价值，而构建运动休闲特色小镇产业链的评价指标体系就是对这一价值的具体反映和表现形式之一。

　　事实上，产业链从不同的视角出发有不同的分类方法，其中包括按产业链层次分类、按产业链龙头企业分类、按产业链行业分类等，不同的分类依据下又形成了不同形式的产业链结构，导致难以对运动休闲特色小镇产业链有一个整体的评价标准。当前的研究成果大多停留在对运动休闲特色小镇的发展能力、效率等进行评价，而对运动休闲特色小镇产业链等相关内容的评价还未形成一个系统、完整的评价指标体系。因此，构建一个关于运动休闲特色小镇产业链的评价指标体系，有利于对不同类型或地区的运动休闲特色小镇产业链的发展情况形成一个科学、客观的评价标准，逐步识别运动休闲特色小镇产业链在发展过程中的内外部驱动力及其各环节要素之间的反馈关系，最终为各种类型的运动休闲特色小镇产业链实现高质量运行提供参考和借鉴。

第一节　评价指标体系构建的意义、流程和原则

一、指标体系构建的意义

（一）判断小镇产业链运行状况的重要依据

　　运动休闲特色小镇产业链上游、中游、下游各参与部门呈网状结构，其共同利益将每个孤立的环节联系起来，形成一个互联的系统。其中，产业链上游

的主要参与部门有大型企业、投资机构、第三方体育服务机构、体育科研院所；产业链中游的参与部门包括体育小镇服务机构、体育产业创新小镇；产业链下游主要由各类型的体育创业公司组成。运动休闲特色小镇产业链的上、中、下游的参与部门众多，各部门共同链接为一个统一的整体，相互协调，推动运动休闲特色小镇产业链的发展。然而，一个完整的运动休闲特色小镇产业链中所涉及的部门将承担着研发、制造、运营等某一环节的业务，导致这些部门在运动休闲特色小镇产业链中扮演的角色不同。因此，构建关于运动休闲特色小镇产业链的评价指标体系就显得尤为重要。

运动休闲特色小镇产业链的评价指标体系一方面可以对不同类型的运动休闲特色小镇产业链的发展情况进行一个横向对比与分析，另一方面还可以了解到某一运动休闲特色小镇产业链相较于其他发展状况良好的运动休闲特色小镇产业链，其具体缺失的环节与发展不健全的程度，是判断运动休闲特色小镇产业链运行状况的重要依据。

（二）识别小镇产业链各环节发展的必然选择

根据产业链涉及的不同环节，可以将运动休闲特色小镇的核心产业链划分成：资源规划开发、运动休闲产品的生产、销售以及消费四个环节。这种划分方式不仅可以直观地反映出要素之间的内在逻辑关系，还能了解到各个部门在运动休闲特色小镇产业链上所扮演的角色。

由于产业链自身所具备的层次性等特征，使得各个环节涉及的相关部门、物质、信息等要素的投入与产出均存在差异，例如：产业链上游发展的基础为第一环节，即资源规划开发环节，因为运动区域、基础设施、城镇环境都是运动休闲产品生产的重要资源，所以从事这类资源规划开发的企业或机构都隶属于这一范畴内；第二环节的运动休闲产品生产包括了娱、体、住、行、游、购等生产企业；第三环节的销售是连接生产企业和消费者的中间环节，前者根据后者的个性需求对运动休闲产品进行组合再销售，运动休闲特色小镇产业链最后一个环节，即各类运动休闲产品呈现在消费者面前，供消费者自由选择。基于不同环节构建运动休闲特色小镇产业链的评价指标体系，正好可以将每一环节涉及的主要影响因素及其内部层级关系进行客观、明确的梳理与分析，为识别运动休闲特色小镇产业链各环节的发展动力提供了参考和借鉴。

（三）实现小镇产业链可持续发展的有力保证

由于运动休闲特色小镇的本身属性，结合产业链的特征，使得运动休闲特色小镇产业链具有主题鲜明性、环境选择性、网状结构性、协同合作性、组织演化性、多样共生性等特征，上述这些特征从侧面反映出当前我国运动休闲特色小镇产业链会受到体育资源、基础设施、运动休闲项目、空间结构、产业集聚、发展环境等要素的影响。例如：空间要素对运动休闲特色小镇产业链的构建而言是至关重要的，因此要想构建运动休闲特色小镇的产业链，那么就需要小镇对建设区域的承载能力、开发潜力、现有资源状况、交通状况、区域经济水平等进行综合评估后，合理规划运动休闲特色小镇产业链的产业结构和发展分布区域，合理地规划空间、突出重点、扬长避短，形成高效益的运动休闲特色小镇产业链的空间集聚区。

运动休闲特色小镇产业链是一种融合了各种不同行业产业链的网状结构产业链，在运营过程中必然会存在着一些摩擦，对此类问题如果不重视并尽快找到解决办法，长此以往会导致个别企业为了谋求更高的利润而无视可持续发展理念进行激进的开发，对环境造成无法修复的破坏。因此，在其建构过程中，只有各相关体育组织协同合作克服困难、共享当地有限的资源、营造良性竞争的环境，才能推动产业链向更高级别演化。通过构建运动休闲特色小镇产业链的评价指标体系，各部门共同链接为一个统一的整体，才能相互协调，推动运动休闲特色小镇产业链实现可持续发展。

二、指标体系构建的流程

运动休闲特色小镇产业链运行评价指标体系构建的流程如图 8 - 1 所示，首先是在产业链的基础上确定运动休闲特色小镇产业链涉及的上、中、下游环节，结合指标遴选的原则初步建立小镇产业链运行指标，通过几轮的筛选，不断地对指标进行修正，最终构建一个运动休闲特色小镇产业链的指标体系。[①]

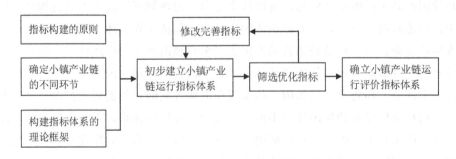

图 8 - 1 运动休闲特色小镇产业链运行评价指标体系的构建流程

① 郭利军，邵桂华. 度假型滑雪场运营风险评估体系构建与实证研究［J］. 天津体育学院学报，2019，34（3）：207—213.

三、指标构建的原则

(一) 整体性原则

运动休闲特色小镇产业链涉及的上、中、下游各个环节在小镇整个产业链中都发展着自身的作用和价值。产业链上游主要涉及企业或研发机构的资源规划与开发等内容，通过结合当地的区位条件与地理优势，对人力、物力、财力资源进行合理分配与开发；中游在整个运动休闲特色小镇产业链中，主要发挥运动休闲产品生产与营销等作用，以消费者的购买意愿和需求为宗旨，生产各类符合不同消费者喜好的运动休闲特色产品并通过一定的渠道销售给消费者；对运动休闲特色小镇产业链的下游而言，运动休闲特色小镇产业链的最后一个环节主要涉及消费者的消费，即各类运动休闲产品呈现在消费者面前，供消费者自由选择。通过全面剖析运动休闲特色小镇产业链的各个环节可以发现，产业链是作为一个整体共存的，各个环节相互影响、相互制约，共同发展。因此在构建关于运动休闲特色小镇产业链的评价指标体系时首先应当遵循整体性原则，着眼于整体，着手于环节，从整体出发，使各个环节共同发展。

(二) 层次性原则

评价指标体系的构建是为了从不同层级、不同影响程度的要素出发，对需要进行评价或比较的事物明确一个系统且具有层次性的全方位评价标准，这也为运动休闲特色小镇产业链评价指标体系的构建提供了参考和指导。事实上，运动休闲特色小镇产业链作为一个复杂系统，对其产生影响的要素众多且不同层级之间的要素关系较为复杂，不管是从该产业链的运作模式来看，还是从涉及的不同环节以及在实施过程中各环节的作用和价值等内容分析，运动休闲特色小镇产业链在结构上均表现出了层次性等特征，这就要求在构建运动休闲特色小镇产业链评价指标体系的过程中，需要关注到该产业链所反映的层次性特点及其内部递阶的逻辑层次关系，以层次性原则为指导，把握运动休闲特色小镇产业链发展的特点、内部运行机理与逻辑关系并通过构建的产业链评价指标体系有所体现，这样才能为衡量运动休闲特色小镇产业链运行的效果和确定评价指标体系的权重提供较为可靠的依据。

(三) 协同性原则

运动休闲特色小镇产业链是融合了各种不同行业产业链的网状结构产业链，在小镇运营的过程中必然会出现各种摩擦与融合，而在运动休闲特色小镇的建构过程中，只有各相关体育组织协同合作、克服困难，才能推动产业链向更高级别演化。运动休闲特色小镇产业链主要涉及政府、研发机构、企业、消费者等部门，每个部门在运动休闲特色小镇产业链形成与发展的过程中都发挥了自身的作用与价值。通过各部门的协同合作，不仅能助力运动休闲特色小镇产业链在激烈的市场竞争中取得一席之地，还能够增加企业的经济利益、促进企业自身的创新发展，并且在一定程度上缓解政府部门、环境保护机构、相关监督机关的工作压力，使得这些机构和部门能够分配出更多的精力在运动休闲特色小镇产业链的发展上，反过来也会对企业的发展起到极大的促进作用。因此，在运动休闲特色小镇产业链评价指标体系构建的过程中，依旧要遵循协同性原则，通过各主体间的相互协同，确保运动休闲特色小镇产业链发展的有序与和谐。

第二节　评价指标体系的确立

一、指标的情况说明

由于产业链本身具备的层级性、协同性和复杂性等特点，使得运动休闲特色小镇产业链作为产业链的类型之一同样也具备上述属性，可以看出，运动休闲特色小镇产业链是一个由不同层级之间的众多要素组成的复杂大系统。部分学者的研究对象主要围绕其他行业和领域的产业链、小镇或体育小镇的评价指标体系构建等相关研究，而贴合运动休闲特色小镇产业链的研究成果相对较少。主要集中在体育特色小镇评价、产业链以及特色小镇产业链相关研究。

在特色小镇评价的相关研究中，陈刚等人利用问卷调查法、头脑风暴法以及专家访谈法确立了 4 个一级维度，17 个二级指标，总分 800 分的体育小镇综合评价指标体系，并对评分方法进行了初步设计[①]。其中，该研究的 4 个一级维度分别是：基础维度（指标权重占比 37.5%）、特色维度（指标权重占比 25%）、产业维度（指标权重占比 25%）、管理维度（指标权重占比 12.5%），17 个二级指标分别是：区位地理条件、小镇生活环境、公共服务、基础设施、公众评价（隶属于基础维度）；体育文化视觉、体育赛事活动、体育普及情况、

---

① 陈刚，杨国庆，叶小瑜．中国体育小镇建设纲要［M］．北京：人民体育出版社，2017：133—143.

体育场地设施、体育保障（隶属于特色维度）；体育产业规模、体育产业集聚与辐射、体育产业带动效应（隶属于产业维度）；综合管理、安全条件、规划设计、要素保障（隶属于管理维度）。针对评分标准部分，该研究主要采用达标判定和评分定级的方式，也就是通过总体评定，达到相应层次的分数即可认定获得相应等级的资格。可以发现，该指标体系不但考虑到了体育小镇 4 个一级维度所占指标权重及其不同层级指标之间的相互关系，同时也将评分标准纳入对体育小镇的评价考核中来，为对不同类型体育小镇的评价及其对比分析提供了一个较为客观且便于量化的解决措施。此外，田学礼等人在指标体系经验性预选的基础上，经过两轮专家调查和指标筛选过程，采用层次分析法确定各指标权重，最后构建了涵盖 4 个维度、12 个要素层指标和 46 个具体指标的特色小镇发展水平评价指标体系。[①] 其中，4 个维度分别是体育特色小镇基本信息、体育特色产业、体育特色资源、体育公共服务。12 个要素层指标分别是：小镇建设与规划、小镇资本资源、小镇税收情况（隶属于体育特色小镇基本信息）；体育产业集聚、体育产业市场、体育产业创新、体育产业效益（隶属于体育特色产业）；体育特色资源市场开发、体育特色资源保护（隶属于体育特色资源）；体育基础设施建设、体育活动开展、体育公共服务管理（隶属于体育公共服务）。

可以看出，学者在对体育特色小镇进行评价的过程中，主要围绕特色小镇的基本信息、特色产业项目、资源以及公共服务等方面的内容展开，这些内容都是运动休闲特色小镇产业链形成过程中的重要因素，尤其是小镇建设与规划、体育特色资源市场开发等内容更是运动休闲特色小镇产业链形成的必要环节。以上评价指标并未将体育特色小镇产业链的整个环节进行识别并评价，但指标体系中涉及产业链的部分环节可以为本文构建运动休闲特色小镇产业链运行的评价指标体系提供参考。

有关产业链评价的相关研究中，毛蕴诗等人根据多行业绿色发展所采取的措施与成效调研，围绕绿色全产业链的概念和内涵，创新性地构建了具有普遍性和可操作性的绿色全产业链评价指标体系[②]。该绿色全产业链评价指标体系主要包括 6 个维度和 21 个具体指标要素，其中 6 个维度分别是：绿色设计与

---

① 田学礼，赵修涵．体育特色小镇发展水平评价指标体系研究［J］．成都体育学院学报，2018，44（3）：45－52．

② 毛蕴诗，Korabayev Rustem，韦振锋．绿色全产业链评价指标体系构建与经验证据［J］．中山大学学报（社会科学版），2020，60（2）：185－195．

研发、绿色采购、绿色生产、绿色物流、绿色营销与回收再利用，21 个具体指标要素分别为：设计低耗能产品；模块化设计，易更换零件和延长寿命；选择可回收无污染的绿色材料；设计智能产品；设计可回收、易拆解、易降解、无害产品（隶属于绿色设计与研发）。按绿色环保标准采购原材料；选择绿色环保供应商和对供应商进行环境审计；向供应商提供绿色引导和服务（隶属于绿色采购）。改造生产工艺流程、降低原料、水和能源消耗；实现清洁生产，降低废物排放；研制或改进绿色生产技术及设备；绿色智能生产（隶属于绿色生产）。实施绿色运输；设计物流系统，以提高环境效率；绿色智能仓储（隶属于绿色物流）。向客户宣传环保理念；推广购买绿色环保产品；进行绿色认证和标识（隶属于绿色营销）。废弃物深加工循环再利用；回收零部件，修复、改造再利用；制度化回收、拆解和处理（隶属于回收再利用）。该研究主要从产业链涉及的研发、生产、物流、营销等环节出发，全面剖析各个环节和不同层级之间的关联，以此来构建绿色全产业链的评价指标体系，对本章构建运动休闲特色小镇产业链评价指标体系提供借鉴。

在特色小镇产业链的相关研究中，林峰站在特色小镇市场化规律的基础上，推出了"顶层策划设计—投融资规划设计—全要素招商大会—建设规划设计—旅游 EPC（工程总承包）建造—开业引爆经营—托管辅导经营—成功业绩移交"的全程孵化模式，每一模式下又分别围绕全产业链的不同内容相应展开，旨在为特色小镇的发展提供一个全程全产业链联合服务解决方案①。文中提到，特色小镇在经历了"调整萎缩、恢复发展、快速发展、再次调整、新型发展"五个阶段后，是复杂多变历程下的再次起飞。该书在产城乡一体化下的综合开发运行模式探索部分，详细阐述了特色小镇的内涵，特色产业的选择、导入与培育，产业集群化模式，特色小镇的运营及 IP（知识产权）资源导入，特色小镇的投融资规划及模式，"互联网＋"平台解决方案等涉及特色小镇开发、运营、产品、投融资等全产业链的部分环节，并通过经典案例的导入进行对比分析，对判断和识别运动休闲特色小镇产业链运行过程中的各个环节提供了非常重要的参考资料和依据。

以上有关特色小镇及其产业链评价的研究成果，为本章构建运动休闲特色小镇产业链运行的评价指标体系提供了较为客观的理论依据。通过整理，可以得出以下三个结论：其一，运动休闲特色小镇产业链作为一个复杂系

---

① 林峰. 特色小镇孵化器—特色小镇全产业链全程服务解决方案［M］. 北京：中国旅行出版社，2017：23－118.

统，对其产生影响的要素众多且不同层级之间的要素关系较为复杂；其二，不同学者站在不同维度上对体育小镇及其产业链的评价指标体系均存在差异，说明针对不同行业、不同研究对象或研究目的，其要素指标的选取和归类存在差异，最终导致构建的评价指标体系不同并由此导致评价的结果存在差异。其三，特色小镇在运行的过程中主要涉及小镇规划、投融资、小镇建设、特色产品生产及运营、小镇营销及消费、小镇的各项服务等在内的上、中、下游环节，上游和中游主要涉及小镇的整体规划与建设，下游涉及小镇产品的销售及消费等。此外，产业链的各个环节在不同类型的特色小镇中也会有不同的体现。

因此，本章在选取运动休闲特色小镇产业链的评价指标时应当结合运动休闲特色小镇的特点，不仅要从产业链所涉及的各个环节出发，对运动休闲特色小镇产业链这一复杂系统的要素进行重新梳理、遴选与分析；还要尽可能适用于不同类型的运动休闲特色小镇产业链，通过业内专家对不同类型运动休闲特色小镇涉及的环节进行权重赋值，最终构建出适用于不同类型和不同环节的运动休闲特色小镇产业链运行的评价指标体系。

二、指标体系的理论框架

分析产业链运行评价指标体系的理论框架是指导并构建产业链评价指标体系的基础。产业链的实质是基于业务和价值等方面，同一产业中不同环节的企业之间联系而成的链条，产业链围绕一个核心产业，其上游环节、中游环节以及下游环节之间紧密联系为一个统一的整体，具有较强的实践运用价值，产业链的理论架构有利于分析我国运动休闲特色小镇在发展过程中存在的各种问题。因此，在构建评价指标体系之前需进一步剖析运动休闲特色小镇产业链评价指标体系的理论框架。

首先，在研究理论部分提到的复杂适应系统理论、可持续发展理论、产业组织理论以及其他相关价值链理论、供应链理论、利益相关者理论、博弈论等理论作为构建运动休闲特色小镇产业链评价指标体系的理论基础和支持（图 8-2 中左边一列实线方框和虚线方框）。其次，按照前文分析的运动休闲特色小镇产业链的概念与内涵、现状与模式、空间结构与产业基础、生成机理与构建机制、演化过程与发展模式等内容，同时结合以往学者对小镇产业链的相关研究，识别并遴选出运动休闲特色小镇产业链的四个环节（图 8-2 中第二列），即四个维度，分别是：小镇发展规划与设计、产业项目开发与培育、产业链运营与管理、产业效益与服务升级。最后，根据一级指标简要列出二级指标的测量内容（图8-2中第三列），旨在为之后构建运动休闲特色小镇产业链运行的评价指标体系并进行小镇产业链自适应系统模型的构建与仿真提供参考。据此，先后逻辑关系涉及理论支持、四个环节、二级指标测量内容三个层面，四个环节的运动休闲特色小镇产业链评价指标体系理论框架如图8-2所示。下面按这四个环节展开论述。

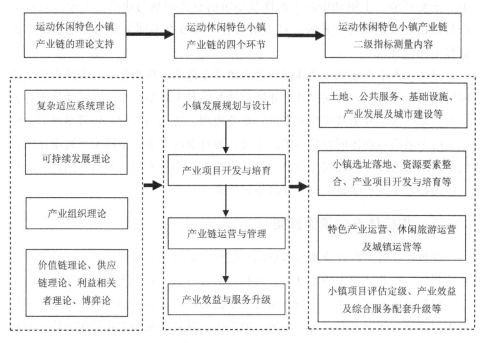

图8-2 运动休闲特色小镇产业链评价指标体系的理论框架

（一）小镇发展规划与设计

运动休闲特色小镇发展规划与设计是在对特色小镇现状条件的扎实研究、对体育产业的深入理解、对核心问题的不断剖析、对空间方案的反复推敲的基础上[①]，通过政府、体育社会组织及其相关部门等主体间的协同配合，对运动休闲特色小镇未来发展情况进行宏观把控。与此同时，在追求运动休闲特色小镇设计亮点的同时，规划工作者更要结合政策导向、征地条件、资金实力及运营成本等多个维度来确保方案的落地。前文涉及的可持续发展理论强调"资

---

① 卞晓俊．上海崇明绿华国际马拉松小镇规划设计思路 [J]．规划师，2019，35（S1）：41-45．

源、环境、人类、发展"四位一体的总协调,合理利用资源、合理规划投资发展、促进科学技术创新、协调产业发展的可持续发展方式势必会对小镇发展规划与设计环节提出了新的要求。2019 年 3 月,国家体育总局办公厅印发的《运动休闲特色小镇试点项目建设工作指南》(以下简称《工作指南》)中明确指出:"明确产业定位、产业体系、产业结构、产业空间布局,做好产业项目导入和实施计划,推进产业规划实施。"《工作指南》反映了土地利用规划、城乡规划以及产业规划等方面是运动休闲特色小镇在规划设计时需要重点关注的内容。事实上,运动休闲特色小镇发展规划与设计对小镇未来的开发与运营至关重要,小镇发展规划设计决定小镇的类型、产业定位、城市建设等方面,直接驱动运动休闲特色小镇产业链中小镇建造、产业项目开发与运营等环节的构建与形成。

通过梳理相关文献,小镇规划设计环节主要包括土地规划、产业规划、城市规划、公共服务规划、基础设施规划以及投融资规划六个方面的内容。就土地规划而言,一方面要遵守政府相关部门对不同类型运动休闲特色小镇用地面积、核心区范围及使用年限等内容的规定,还要考虑到土地资源可持续发展的问题。旅游公共服务已成为各级旅游部门的重要职能和工作内容[①],公共服务规划涉及各级政府部门在科技教育、医疗卫生、居民养老[②]及社会治安等方面提供的服务,主要体现在具备良好的医疗卫生条件、居民养老条件、区域教育条件、公共交通条件以及具有良好的镇区服务中心和提供周到的游客咨询服务等,上述指标为公共服务规划提供了参考依据。就基础设施而言,不但要确保住房设施、道路交通[③④]、邮电通信等基础设施能够满足小镇居民的正常生活条件,还需要注意到由于小镇生产生活带来的污水处理等问题,通过基础设施的不断完善,实现小镇生产、生活和生态的良性循环和可持续发展。产业是城镇发展的动力之源,科学合理的产业规划对特色小镇的可持续发展意义重大[⑤]。

---

① 国家旅游局办公室关于印发《"十三五"全国旅游公共服务规划》的通知 . [EB/OL]. [2016—12—27].

② 范逸男,陈丽娟 . 人口老龄化背景下康养小镇发展研究 [J]. 技术经济与管理研究,2020 (10):112—117.

③ 李国英 . 构建都市圈时代"核心城市+特色小镇"的发展新格局 [J]. 区域经济评论,2019 (6):117—125..

④ 唐晓灵,张青 . 基于交通网络的特色小镇建设路径研究 [J]. 数学的实践与认识,2019,49 (5):59—68.

⑤ 阮梦乔 . 镇总体规划与特色小镇规划协同编制方法探索——以佟二堡镇总体规划及皮草特色小镇规划为例 [J]. 现代城市研究,2019 (5):49—55.

城镇总体规划是对一定时期内城镇性质、发展目标、发展规模、土地利用、空间布局以及各项建设的综合部署和实施措施，其既要努力营造功能齐全、集约高效且信息化水平较高的生活环境；又需要兼顾到产业发展与城市建设的融合性；还需要考虑到生态环境的可持续性。投融资规划作为整个顶层设计的重要组成部分，起到了重要作用，是因为小镇的开发运营需要源源不断的资金支持，而投融资便是获得资金的有效渠道之一。在投融资规划中，投融资内外部环境分析、投资项目、可利用资源类型、投融资风险评估①②等都是需要重点关注的内容。

（二）产业项目开发与培育

产业项目开发与培育是指运动休闲特色小镇明确其产业定位和发展方向后，围绕定位的核心产业，利用周围优势资源打造其核心产业项目并逐渐促进核心产业项目的开发、培育与集聚。价值链理论强调，在产品生产、运输、销售等环节，通过原材料的供应、科学技术的投入、人力资源管理、财务管理等活动之间的相互融合，共同构成一个企业价值创造的完整链条。事实上，产业项目开发与培育可以促进人才、运动休闲项目、资金等资源和条件集聚，从而产生规模效益并由此创造产业价值，这正是价值链理论所包含的内容。对运动休闲特色小镇产业链的研究离不开价值链理论的价值创造以及价值增值的内容，这是产业链发挥作用的重要前提，也是其竞争力所在。

结合参考文献和小镇案例来看，产业项目开发与培育主要包括四个部分的内容。首先，在产业项目开发与培育之前，应当结合不同类型小镇的功能定位、政策条件、产业规划以及城市建设规划等方面内容，在综合考虑的情况下对小镇进行选址并落地。在具体的选址过程中，内部要素主要包括具有明显的产业基础、特色资源条件以及便利的交通条件；外部要素包括符合规模要求和建设标准、位于核心都市圈、靠近大城市等③。其次，初步规划建造好小镇后，通过政府与社会资本的参与④为其后期的发展提供有利的人力、物力、财力等资源以保证小镇的正常运行。此外，《工作指南》中提道：要根据核心运

---

① 邵桂华，郭利军.运动休闲特色小镇PPP建设模式的风险分担模型研究［J］.天津体育学院学报，2017，32（6）：461−467.

② 郭峰，欧阳子龙，袁瑞佳，黄杨.基于熵理论群组决策的特色小镇投资风险评估研究［J］.科技进步与对策，2018，35（24）：139−143.

③ 特色小镇研究院.特色小镇选址攻略［EB/OL］.https：//www.sohu.com/a/412668610_825181，2020−08−11.

④ 陈科宇.社会资本参与特色小镇建设的困境与出路［J］.农业经济，2020（11）：120−122.

动项目和资源特色，多点位孵化产业项目，打造形成以运动休闲特色小镇为核心的产业聚集区。说明核心 IP 项目也是小镇产业链正常运行必不可少的要素。再次，小镇在拥有上述资源和产业定位的基础上，围绕这一核心产业，对其内部的产业项目进行开发。这一时期的运营要点在于发现具有潜力的特色项目，通过筹集资金、人才团队建设、多元功能平台开发等方式，将这些具有潜力的项目进行孵化。最后，当产业项目初步开发完成，形成一定的特色优势及产业价值后，就进入产业的培育阶段。培育的对象主要围绕其核心产业项目展开，对一些重点品牌或企业进行大力支持，引导它们与产业链条上的其他小型主体建立互补、合作、共赢的关系，其目的为了培育具有竞争力的核心产业项目并逐渐形成产业规模效益。总之，产业项目的开发与培育环节对运动休闲特色小镇产业链的形成至关重要，通过对其核心项目进行开发与培育工作，使得运动休闲特色小镇上下游产业链条初具雏形，体育与其他产业开始融合发展。但是，此时仍需通过投融资引入资金并持续投入科技、人才等生产性服务要素，以此来保证小镇产业链条雏形的正常运转。

（三）产业链运营与管理

产业链运营与管理是指在以产业项目为核心、以稳健运营为保障的前提下，对初具雏形的运动休闲特色小镇产业链采取一系列运营与管理等实践活动，优化产业和组织结构，促进运动休闲特色小镇产业链的融合发展。前文涉及到的产业组织理论的研究重点在于如何使有限的资源在存在竞争关系的各企业之间得到合理的分配，企业、市场、产业之间是如何联系起来组成一个能够影响市场经济运行状况的组织，而这也正是产业链运营与管理需要解决的问题，即如何将有限的资源通过"横纵联合、内外合力"的方式形成产业核心圈，并不断实现运动休闲特色小镇产业链的延伸与融合发展。

结合相关文献资料和案例分析，产业链的运营与管理环节的内容主要概括为以下四个部分。《体育总局办公厅关于推进运动休闲特色小镇健康发展的通知》中提道："持续开展评估督导和优胜劣汰"。因此，首先需要考虑到的是政府相关部门对小镇项目的评估，以保证小镇相关配套设施满足政府对小镇运营的要求。与特色产业运营相对应的是休闲旅游运营，一般由市场化的运营机构负责，与特色产业运营是两套体系，其运营的具体内容主要包括小镇的旅游营销、品牌培育、景区管理、信息服务、安全管理、数据统计等，在构建休闲旅游运营的指标时，应结合不同类型运动休闲特色小镇产业链的运行情况，对上述指标进行筛选。对于城镇运营来讲，除了生活服务运营、生产服务运营与生态环境运营之外，还需要考虑到如何将现阶段有效的资源进行整合的能力，即资源整合运营。可以看到，通过产业链的运营与管理环节，运动休闲特色小镇上下游产业链条已经形成，体育与其他产业融合发展良好，人、财、物等资源要素集聚于此，逐渐形成研发创新、文化创意、成果转换、体验应用于一体的产业孵化平台和特色产业生态系统。

（四）产业效益与服务升级

产业效益与服务升级是指在对小镇产业链运营管理的基础上，计算、分析产业效益并进行相对应的综合服务配套升级。其实质是从消费者角度出发，以消费者需求为导向，通过提供相应的产品及服务以满足不同消费者的喜好与需求，实现产业效益的有效提升。事实上，运动休闲特色小镇产业链作为一种复杂适应系统，围绕的主体是消费者，核心是相关体育企业，企业可以通过自身动态的自学习性、自适应性以及自组织性实现相关体育企业的互动。还能通过不断调整自身运营、管理及服务状态以适应经济形势等外部环境和消费者需求等方面的变化，使产业效益与服务升级环节带动整个运动休闲特色小镇产业链逐渐演变成具备良好协同性能的全新系统。

企业建设并运营运动休闲特色小镇的主要目的之一是为了盈利，小镇的盈利来源主要有两个部分：地产增值和产业增值。地产增值实际上是通过房地产开发与建设实现的土地收益；产业增值是在产业链运营环节，通过特色产业运营、休闲旅游运营以及城镇运营所带来的运营收益的总和。在实现整体运营收益结算后，需要就各个方面的投入产出占比进行分析，其目的是为了发现消费者的需求及喜好，同时发现小镇在服务、运营等方面存在的问题及不足。要以消费者需求为导向，从居住服务、教育服务、医疗服务、社区服务、商业服务以及休闲娱乐服务等方面进行综合服务配套升级，最终实现小镇产业规模的不断扩大和综合效益的稳步增长。

本书以复杂适应系统理论、可持续发展理论、产业组织理论以及其他相关价值链理论、供应链理论、利益相关者理论、博弈论等理论框架为支撑，根据运动休闲特色小镇产业链的概念与内涵、现状与模式、空间结构与产业基础、生成机理与构建机制、演化过程与发展模式等内容，同时结合以往学者对小镇产业链的相关研究，识别并遴选出运动休闲特色小镇产业链的四个环节，进一步得出运动休闲特色小镇产业链运行的二、三级指标，从而初步构建了一个包含 4 个一级指标，16 个二级指标，75 个三级指标的运动休闲特色小镇产业链运行的评价指标体系（表 8 - 1）。

表 8 - 1 运动休闲特色小镇产业链运行评价指标体系初步构建

一级指标	二级指标	三级指标
A1 小镇发展规划与设计	B1 土地利用规划	C1 规划用地面积 C2 土地使用年限 C3 土地价值评估 C4 资源可持续性 C5 土地利用结构与布局
	B2 公共服务规划	C6 科技教育条件 C7 医疗卫生条件 C8 居民养老条件 C9 社会治安条件 C10 旅游服务规划
	B3 基础设施规划	C11 道路交通设施 C12 住房设施 C13 邮电通信设施 C14 体育场地设施 C15 污水处理设施
	B4 产业发展规划	C16 产业定位 C17 产业规模 C18 产业布局 C19 产业结构 C20 产业带动
	B5 城市建设规划	C21 产城融合 C22 功能多元 C23 集约高效 C24 生态环境 C25 城市管理信息化程度
	B6 投融资规划	C26 投融资环境分析 C27 投资项目研究 C28 可利用资源评估 C29 投融资风险评估 C30 招商引资模式

续表

一级指标	二级指标	三级指标
A2 产业项目开发与培育	B7 小镇选址	C31 产业基础 C32 特色资源条件 C33 交通便捷度 C34 城乡规划要求
	B8 资源要素导入	C35 资金资本导入 C36 劳动力资本导入 C37 自然资源导入 C38 IP 项目导入
	B9 产业项目开发	C39 资金筹集 C40 团队建设 C41 基础设施开发与配套服务 C42 多元功能平台搭建 C43 产业项目风险评估
	B10 核心产业项目培育	C44 产业项目设计与研发 C45 核心运动项目培育 C46 旅游项目培育 C47 精品赛事培育和引入 C48 核心产品生产与物流服务 C49 产业核心圈培育
A3 产业链运营与管理	B11 小镇项目评估	C50 行业评级 C51 项目风险评估
	B12 特色产业运营	C52 金融服务 C53 资源交易服务 C54 人才服务 C55 互联网服务 C56 产业服务
	B13 旅游运营	C57 旅游营销 C58 景区管理 C59 信息服务 C60 安全管理 C61 数据统计
	B14 城镇运营	C62 生活服务运营 C63 生产服务运营 C64 生态环境运营 C65 资源整合运营

续表

一级指标	二级指标	三级指标
A4 产业效益与服务升级	B15 产业效益	C66 产业运营收益 C67 土地运营收益 C68 旅游运营收益 C69 城市服务运营收益
	B16 综合服务配套升级	C70 居住服务配套升级 C71 商业服务配套升级 C72 教育服务配套升级 C73 医疗服务配套升级 C74 休闲娱乐服务配套升级 C75 社区服务配套升级

三、指标的遴选与确立

通过文献资料、系统分析等方法初步构建了一个包含 4 个一级指标，16 个二级指标，75 个三级指标在内的运动休闲特色小镇产业链运行的评价指标体系（表 8-1），该指标体系已较为全面、客观地涵盖了近些年众多学者对于运动休闲特色小镇及其产业链运行的各环节分析与探究，对评价不同类型运动休闲特色小镇产业链运行的情况提供了理论依据。然而，通过观察各类指标发现当前该指标体系仍存在精简程度不够、部分指标重复及标题不恰当等问题，由此可能会影响后续系统仿真结果的准确性。因此，通过该领域专家对初步构建的评价指标体系进行指标遴选是解决上述问题的有效方式。

（一）指标遴选的原则

1. 可获得性原则

由于构建运动休闲特色小镇产业链的评价指标体系是为了后续对该系统进行仿真分析做准备，而针对该复杂系统的仿真分析所用的系统动力学方法需要对不同指标输入原始数据，因此在选取指标的过程中首先应该考虑到评价指标的可获得性，保证所选取的指标能够进一步量化并真实、客观地反映运动休闲特色小镇产业链的现实发展情况。

2. 可持续性原则

影响运动休闲特色小镇产业链的要素众多，但并不是所有指标都可以被用来构建运动休闲特色小镇产业链的评价指标，本书对运动休闲特色小镇产业链进行研究的目的是为了探索产业链可持续发展的实现路径，因此在对指标进行遴选时应坚持可持续性原则。

3. 科学性原则

科学性原则主要体现的是在对运动休闲特色小镇产业链的指标选取过程中所使用的方法应当具备一定的科学性[①]。基于此，本章在对运动休闲特色小镇产业链的指标遴选时，首先，需要对相关文献进行梳理与分析，作为指标选取的部分依据；其次，主要采用因果分析的专家座谈方法，从而初步确定指标体系；最后，使用德尔菲法对指标进行进一步精简、细化并最终确定运动休闲特色小镇产业链的具体指标与层级关系。由此，指标在遴选过程中便体现了科学性原则。

（二）指标遴选的方法

运动休闲特色小镇产业链涉及的要素众多且各个环节涉及的要素及其层级具有一定的复杂性，这就要求在对指标遴选过程中的方法选择上不仅能够全面剖析出主要影响运动休闲特色小镇产业链发展的根本影响要素并进一步提炼，还需要体现运动休闲特色小镇产业链的特点并为之后的系统仿真提供参考。

因果分析法（又称鱼骨分析法）是一种通过不同角度对问题进行全面剖析，以发现问题"根本原因"的方法是表达和分析因果关系的一种较为成功的分析工具，已被广泛地应用到各个领域之中并被证明了其强大的生命力。它主要包含三种类型：其一，整理问题型鱼骨图，即各要素与特性值间不存在原因关系，而是结构构成关系；其二，原因型鱼骨图，即鱼头在右，特性值通常以"为什么……"来写；其三，对策型鱼骨图，即鱼头在左，特性值通常以"如何提高/改善……"来写。原因型鱼骨图（图 8-3）体现的各层级之间的指标存在因果关系，其目的是解决评价体系指标不够精简、部分指标重复及标题不恰当等问题，因此主要采用因果关系法中的原因型鱼骨图作为评价指标遴选的方法。

可以看到，鱼骨图主要由若干大小不一的鱼骨组成，其中鱼骨的大小主要代表了原因的影响程度，每一个主要原因下又包含若干分原因以及细分原因。在参考以往研究成果并结合当前研究需要的基础上，该鱼骨图的绘制步骤主要分为以下几个方面。

---

① 邵桂华. 中国竞技体育可持续发展模式的系统动力学研究 [M]. 吉林：吉林科学技术出版社，2014：166-169.

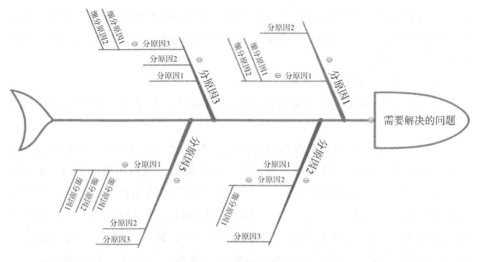

图 8 – 3　原因型鱼骨图示例

首先，召集所有对拟解决问题有较为深入了解的人员，组成专家组。其次，问题负责人将拟解决的问题和通过文献资料法确定好的一、二、三级指标列在鱼骨图上，并由各位专家对鱼骨图上影响因素之间的因果逻辑关系进行分析。再次，专家组根据自己对拟解决问题的不同理解与分析，筛选、合并、添加和修改鱼骨图上的指标，进一步明确指标间的层级和因果关系。最后，汇总专家组的意见，对因果关系图中的指标进行整理、优化，并进一步讨论、完善鱼骨图。

1. 二级指标的遴选与分析

通过上述步骤的操作并最终汇集专家意见后，对部分二级指标做了调整。专家组一致认为小镇的发展规划与设计（A1）对于小镇产业链的构建非常关键，在这个环节的二级指标中，专家组认为规划的内容主要包括：土地利用规划、产业发展规划、城市建设规划、公共服务规划和基础设施规划，而投融资规划虽然在小镇发展的规划环节有所涉及，但实质上投融资贯穿运动休闲特色小镇产业链运行的始终，小镇的开发、建造、运营与管理等都需要依靠投融资方式来解决资金链的问题，故剔除投融资规划指标，并在其他环节的三级指标中有所体现；在产业链运营与管理（A3）下的小镇项目评估指标，专家组认为应当放在产业效益与服务升级（A4）环节，唯有对产业链运营与管理之后，才能对小镇产业链运行的服务水平、行业等级等情况有一个真实、准确的评估，故将小镇项目评估放在产业链运行的第四个环节，并修改为小镇项目评估定级（B13）；此外，部分专家认为小镇选址（B7）的标题与其他二级指标不在一个评价维度，建议修改为"产业项目落地"，旅游运营表述不准确，建议修改为休闲旅游运营（B11）。据此，通过专家组的分析与讨论，最终遴选得出 15 个二级指标。

2. 三级指标的遴选与分析

通过上述步骤的操作并最终汇集专家意见后，对部分三级指标做了以下调整。

其一，针对部分不在二级指标范围内、不在同一评价维度以及存在包含关系的指标进行了剔除、替换或合并处理。主要包括：规划用地面积与土地使用年限合并为用地面积和使用年限（C1）、剔除资源可持续性和土地利用结构与布局并替换为土地利用布局（C2）；剔除产业项目设计与研发和核心产品生产与物流服务并替换为体育用品研发制造（C35）；数据统计合并为信息服务（C42）；剔除产业运营收益、土地运营收益、旅游运营收益、城市服务运营收益并分别替换为产业规模收益（C51）、土地效益（C52）、旅游效益（C53）、城市服务效益（C54）；将居住服务配套升级、教育服务配套升级、医疗服务配套升级、社区服务配套升级合并为公共服务配套升级（C56）；此外，还剔除了社会治安条件、污水处理设施、产业核心圈培育、金融服务、资源交易服务、人才服务、互联网服务、产业服务、资源整合运营、自然资源导入、资金筹集等指标。

其二，对部分环节的三级指标进行了补充。主要包括：二级指标公共服务规划（B4）中增加了三级指标公共交通条件（C15）；特色产业运营（B10）中增加了专业运营团队建设（C36）、休闲氛围打造（C37）、服务运营平台搭建（C38）、规模优势聚力（C39）、产业链价值延伸（C40）五个指标；小镇项目评估定级（B13）增加了小镇服务水平整体评价（C49）、产业效益（B14）增加了生态效益（C55）、综合服务配套升级（B15）增加了体育场馆服务配套升级。

其三，对部分界定不清的指标名称进行了修改。旅游服务规划替换为小镇服务中心（C16）；住房设施名称修改为水电气等居住设施（C18）；产业基础名称修改为体育产业基础（C21）；交通便捷度修改为小镇区位交通（C22）；特色资源条件修改为体育资源条件（C23）；城乡规划要求修改为小镇政策条件（C24）；劳动力资本导入修改为人力资本导入（C26）；团队建设修改为创新创业团队建设（C28）；基础设施开发与服务配套修改为体育基础设施建设（C29）；核心运动项目培育修改为运动休闲项目培育（C32）；旅游项目培育修改为休闲旅游项目培育（C33）；旅游营销修改为休闲旅游营销（C41）；商业服务配套升级修改为产业服务配套升级（C57）。最终，从因果分析图的角度出发，通过专家组的分析与讨论，共遴选了 59 个指标作为本研究的三级指标。

3. 鱼骨图的绘制

需要特色说明的是，图 8-4 的鱼骨图只列出了一级指标和二级指标，对于细化的三级指标，由于篇幅原因未一一列出。

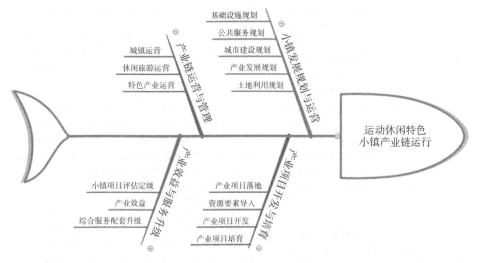

图 8-4　运动休闲特色小镇产业链运行鱼骨图

四、指标体系的建立

通过专家对指标的筛选，最终构建出一个包含 4 个一级指标、15 个二级指标、59 个三级指标的运动休闲特色小镇产业链运行的评价指标体系（表 8-2）。

表 8-2　运动休闲特色小镇产业链运行的评价指标体系及观测指标说明

二级指标	三级指标	观测指标说明
A1 小镇发展规划与设计		
B1 土地利用规划	C1 用地面积和使用年限 C2 土地利用布局 C3 土地价值	政府相关部门对土地利用面积和使用年限的相关政策要求；土地整体布局及未来的土地升值空间、土地利用潜力等
B2 产业发展规划	C4 体育产业定位 C5 体育产业空间布局 C6 体育产业市场培育 C7 体育产业带动效应	明确小镇的类型及未来发展方向；反映小镇的区位因素、产业发展规模等；该类型小镇的市场均衡程度、技术创新程度、劳动力流动比率等；带动就业及城镇化建设

续表

二级指标	三级指标	观测指标说明
B3 城市建设规划	C8 体育功能多元 C9 体育资源集约高效 C10 产城融合 C11 生态保护	吃、住、行、游、购、娱等功能多元；集合要素优势、节约生产成本；体育产业与城市较好融合；绿化覆盖率、环境污染程度、居民环保意识等
B4 公共服务规划	C12 医疗卫生条件 C13 居民养老条件 C14 科技教育条件 C15 公共交通条件 C16 小镇服务中心	相关部门在医疗卫生、居民养老、科技教育、公共交通等公共服务方面的投入比例；小镇服务中心需要涉及信息咨询服务、安全保障服务、便民惠民服务、行政服务等
B5 基础设施规划	C17 道路交通设施 C18 水电气等居住设施 C19 邮电通信设施 C20 体育场地设施	进村路、村庄主路和宅间路数量；居民建筑数量、现代居住功能；网络覆盖率、邮政和电信业务总量；人均体育场地面积；体育空间条件、体育设施覆盖率、体育公园和健身路径数量等
A2 产业项目开发与培育		
B6 产业项目落地	C21 体育产业基础 C22 小镇区位交通 C23 体育资源条件 C24 小镇政策条件	该地经济发展状况、知名度、基础设施建设与配套服务情况、居民数量、客流量等；附近的高速路网、大型交通设施、快速通道、地铁、轻轨、快速公交等数量；当地核心产业资源、劳动力资源、体育场馆资源等条件；小镇落地的申报条件等
B7 资源要素导入	C25 资金资本导入 C26 人力资本导入 C27 体育 IP 项目导入	政府资金、政策性资金、开发性金融、商业金融、社会资本；经营管理人才、职业技术人才、人才培训与教育体系；与小镇类型符合的体育产业 IP 项目
B8 产业项目开发	C28 创新创业团队建设 C29 体育基础设施建设 C30 多元功能平台搭建 C31 产业项目风险评估	人才引进；道路交通设施、住房设施、邮电通信设施、体育场地设施、污水处理设施等；产业功能、文化功能、旅游功能、社区功能平台搭建；工期延误风险、成本超支风险、环境保护风险、建设质量风险评估；形成产业项目发展条件的集聚
B9 产业项目培育	C32 运动休闲项目培育 C33 休闲旅游项目培育 C34 精品赛事培育和引入 C35 体育用品研发制造	自然生态环境、人文景观、文化底蕴、凸显体育特色；与国内外专业机构合作、赛事吸引力、赛事节庆数量、赛事获利水平；体育用品研发投入；有的放矢，重点品牌大力扶持，体育与其他产业开始融合发展，小镇上下游产业链条初具雏形

续表

二级指标	三级指标	观测指标说明
A3 产业链运营与管理		
B10 特色产业运营	C36 专业运营团队建设 C37 休闲氛围打造 C38 服务运营平台搭建 C39 规模优势聚力 C40 产业链价值延伸	引入国内外专业运营管理团队；横纵联合、内外合力，打造运动休闲氛围；金融服务、资源交易服务、人才服务、互联网服务及产业服务运营平台搭建；产业规模优势聚力，资源要素集聚，对周边体育氛围打造和体育市场具有较好的辐射性；产业链价值延伸，小镇上下游产业链条基本形成
B11 休闲旅游运营	C41 休闲旅游营销 C42 信息服务 C43 景区管理 C44 安全管理	分销模式与直销模式；预订、咨询、信息推送、门票、电商平台、旅游导览、地图定位、信息反馈及投诉等服务；指挥调度、相关配套硬件设备管理；突发事件的防范对策和应急处置方法、旅游安全应急预案和应急演练、旅游危机管理等
B12 城镇运营	C45 生活服务运营 C46 生产服务运营 C47 生态环境运营	休闲、娱乐、商业、餐饮等一般生活服务，高端医疗、俱乐部等定制生活服务；为村民培训旅游服务技能，通过农家乐带动当地居民就业；产业产值；运营过程中的成本控制及土地集约化运营
A4 产业效益与服务升级		
B13 小镇项目评估定级	C48 小镇行业评级 C49 小镇服务水平整体评价 C50 运动休闲项目风险评估	酒店评星级、景区评 A 级等；消费者对小镇服务水平的评价及满意度；面对市场需求变化、运营管理风险、收费变更风险、市场收益不足等的风险评估
B14 产业效益	C51 产业规模效益 C52 土地效益 C53 旅游效益 C54 城市服务效益 C55 生态效益	产业运营服务收益、配套经营收益、政府补贴、税收奖励和产业投资；房地产以出租、出售方式供入驻企业与镇内人口使用、提供物业服务等的土地收益；小镇居民生产、生活、生态等方面产生的城市服务收益和生态效益
B15 综合服务配套升级	C56 公共服务配套升级 C57 产业服务配套升级 C58 休闲娱乐服务配套升级 C59 体育场馆服务配套升级	通过产业效益的核算与分析，从消费者的需求出发，实现公共服务、产业服务、休闲娱乐服务及体育场馆综合服务配套升级

第三节　各类型小镇指标体系权重确定

关于特色小镇及其产业链评价的方法主要包括：数据包络分析法、层次分析法、模糊评价法、BP（误差反向传播算法）神经网络法以及因子分析法等，上述这些评价方法有着各自的特点和适用范围，均已被广泛应用于各类实证研究中并取得了不错的成果。由于产业链本身具备的层级性、协同性和复杂性等特点，在选择运动休闲特色小镇产业链的评价方法时，应当尽可能多地考虑到不同因素的影响层级及范围，这就要求针对运动休闲特色小镇产业链的评价要包含多层次、多维度以及多个评价准则的指标体系。选择的评价方法应当能将各个要素按照不同层级有序分解与排列，将内在逻辑关系进行数据转换，从而为一些难以量化、无法进行比较的事物提供一个可行的解决措施。鉴于此，本文主要选取群组决策层次分析法（G—AHP）作为本章构建运动休闲特色小镇产业链评价指标体系的方法。

一、群组决策层次分析法（G—AHP）介绍

初步构建并结合专家遴选最终得出的运动休闲特色小镇产业链运行的评价指标体系，需要依据层次分析法的原理，将其转换成运动休闲特色小镇产业链运行的层次结构模型，通过 AHP（层次分析法）软件为各项指标赋值并得出小镇产业链运行的各指标权重。结合本研究需要，其具体步骤如下。

（一）建立层次结构模型

将构建出的运动休闲特色小镇产业链运行的评价指标体系自上而下地分为目标层、准则层及指标层，低层次因素影响高层次因素，高层次因素支配低层级因素，并利用 yaahp 软件建立运动休闲特色小镇产业链运行的层次结构模型。

（二）构造判断矩阵

通过建立运动休闲特色小镇产业链运行的层次结构模型，以四种不同类型的小镇为切入点，分别生成四类小镇的专家调查问卷。采用专家访谈法，邀请该领域专家对四种不同类型运动休闲特色小镇产业链运行的因素两两重要性比较打分（1～9 标度）。在专家意见不断统一的基础上，得出集成专家集体意见的、最为合理的判断矩阵。指标权重计算及一致性检验，如下所示。

计算一致性指标：

$$CI=(\lambda_{max}-n)/(n-1) \tag{8-1}$$

$$CR=CI/RI \tag{8-2}$$

判断该模型是否通过一致性检验。若 CR＜0.1，则证明通过一致性检验，反之未通过，需要进行取值调整，直至结果有限。

二、建立层次结构模型

按照前文分析的运动休闲特色小镇产业链的概念与内涵、现状与模式、空间结构与产业基础、生成机理与构建机制、演化过程与发展模式等内容，通过识别、遴选最终构建了一个包含 4 个一级指标、15 个二级指标和 59 个三级指标在内的运动休闲特色小镇产业链运行的评价指标体系。其中，运动休闲特色小镇产业链运行是层次结构模型的目标层，以小镇发展规划与设计、产业项目开发与培育、产业链运营与管理、产业效益与服务升级产业链四个环节为准则层，四个环节下对应的二三级指标作为构建层次结构模型的指标层。据此，利用专家意见的基础上，利用 yaahp V12.5 软件建立运动休闲特色小镇产业链运行的层次结构模型（见表 8-3）。

表 8-3　运动休闲特色小镇产业链运行的层次结构模型

一级指标	二级指标	三级指标
A1 小镇发展规划与设计	B1 土地利用规划	C1 用地面积和使用年限 C2 土地利用布局 C3 土地价值
	B2 产业发展规划	C4 体育产业定位 C5 体育产业空间布局 C6 体育产业市场培育 C7 体育产业带动效应
	B3 城市建设规划	C8 体育功能多元 C9 体育资源集约高效 C10 产城融合 C11 生态保护
	B4 公共服务规划	C12 医疗卫生条件 C13 居民养老条件 C14 科技教育条件 C15 公共交通条件 C16 小镇服务中心
	B5 基础设施规划	C17 道路交通设施 C18 水电气等居住设施 C19 邮电通信设施 C20 体育场地设施

注：一级指标列最左侧纵排文字为"运动休闲特色小镇产业链运行"

续表

一级指标	二级指标	三级指标
A2 产业项目开发与培育	B6 产业项目落地	C21 体育产业基础 C22 小镇区位交通 C23 体育资源条件 C24 小镇政策条件
	B7 资源要素导入	C25 资金资本导入 C26 人力资本导入 C27 体育IP项目导入
	B8 产业项目开发	C28 创新创业团队建设 C29 体育基础设施建设 C30 多元功能平台搭建 C31 产业项目风险评估
	B9 产业项目培育	C32 运动休闲项目培育 C33 体育旅游项目培育 C34 精品赛事培育和引入 C35 体育用品研发制造
A3 产业链运营与管理	B10 特色产业运营	C36 专业运营团队建设 C37 休闲氛围打造 C38 服务运营平台搭建 C39 规模优势聚力 C40 产业链价值延伸
	B11 休闲旅游运营	C41 休闲旅游营销 C42 信息服务 C43 景区管理 C44 安全管理
	B12 城镇运营	C45 生活服务运营 C46 生产服务运营 C47 生态环境运营
A4 产业效益与服务升级	B13 小镇项目评估定级	C48 小镇行业评级 C49 小镇服务水平整体评价 C50 运动休闲项目风险评估
	B14 产业效益	C51 产业规模效益 C52 土地效益 C53 旅游效益 C54 城市服务效益 C55 生态效益
	B15 综合服务配套升级	C56 公共服务配套升级 C57 产业服务配套升级 C58 休闲娱乐服务配套升级 C59 体育场馆服务配套升级

（一级指标总栏：运动休闲特色小镇产业链运行）

三、构建判断矩阵及其权重赋值

运动休闲特色小镇产业链运行的层次结构模型（表8-3）是一个包含不同类型小镇的整体评价模型，但事实上不同类型的小镇在特点、表现形式、侧重点不一样。因此，本文在已经构建的运动休闲特色小镇产业链运行层次结构模型的基础上，对四种不同类型运动休闲特色小镇产业链运行的状况进行评价，旨在剖析不同类型小镇产业链运行的特性。

（一）产业型运动休闲特色小镇

通过建立运动休闲特色小镇产业链运行的层次结构模型，进而生成专家调查问卷，采用专家访谈法，邀请9名该领域专家对影响运动休闲特色小镇产业链运行的因素的两两重要性进行比较打分（1～9标度），从而构建各级指标的判断矩阵，并最终利用群决策面板确定各指标权重并通过一致性检验（表8-4）。

表8-4 产业型运动休闲特色小镇判断矩阵组中各级指标权重及一致性检验结果

矩阵组	指标名称	权重	一致性
A组	A1 小镇发展规划与设计	0.091 9	0.095 4<0.1 通过
	A2 产业项目开发与培育	0.109 3	
	A3 产业链运营与管理	0.366 9	
	A4 产业效益与服务升级	0.431 9	
A1-B组	B1 土地利用规划	0.040 2	0.095 8<0.1 通过
	B2 产业发展规划	0.519 5	
	B3 城市建设规划	0.067 8	
	B4 公共服务规划	0.162 9	
	B5 基础设施规划	0.209 6	
A2-B组	B6 产业项目落地	0.064 9	0.093 8<0.1 通过
	B7 资源要素导入	0.079 7	
	B8 产业项目开发	0.303 6	
	B9 产业项目培育	0.551 8	
A3-B组	B10 特色产业运营	0.370 7	0.077 2<0.1 通过
	B11 休闲旅游运营	0.559 0	
	B12 城镇运营	0.070 2	
A4-B组	B13 小镇项目评估定级	0.117 2	0.070 7<0.1 通过
	B14 产业效益	0.614 4	
	B15 综合服务配套升级	0.268 4	

续表

矩阵组	指标名称	权重	一致性
B1 - C 组	C1 用地面积和使用年限	0.108 8	0.082 5＜0.1 通过
	C2 土地利用布局	0.162 6	
	C3 土地价值	0.728 6	
B2 - C 组	C4 体育产业定位	0.353 2	0.078 5＜0.1 通过
	C5 体育产业空间布局	0.059 4	
	C6 体育产业市场培育	0.107 4	
	C7 体育产业带动效应	0.480 0	
B3 - C 组	C8 体育功能多元	0.300 3	0.097 9＜0.1 通过
	C9 体育资源集约高效	0.098 4	
	C10 产城融合	0.523 1	
	C11 生态保护	0.078 2	
B4 - C 组	C12 医疗卫生条件	0.077 7	0.094 9＜0.1 通过
	C13 居民养老条件	0.045 5	
	C14 科技教育条件	0.476 2	
	C15 公共交通条件	0.255 7	
	C16 小镇服务中心	0.144 9	
B5 - C 组	C17 道路交通设施	0.093 9	0.082 5＜0.1 通过
	C18 水电气等居住设施	0.296 6	
	C19 邮电通信设施	0.049 9	
	C20 体育场地设施	0.559 6	
B6 - C 组	C21 体育产业基础	0.298 0	0.078 5＜0.1 通过
	C22 小镇区位交通	0.066 4	
	C23 体育资源条件	0.088 4	
	C24 小镇政策条件	0.547 2	
B7 - C 组	C25 资金资本导入	0.559 0	0.077 2＜0.1 通过
	C26 人力资本导入	0.070 2	
	C27 体育 IP 项目导入	0.370 7	
B8 - C 组	C28 创新创业团队建设	0.537 9	0.098 2＜0.1 通过
	C29 体育基础设施建设	0.061 8	
	C30 多元功能平台搭建	0.081 6	
	C31 产业项目风险评估	0.318 7	

续表

矩阵组	指标名称	权重	一致性
B9－C 组	C32 运动休闲项目培育	0.353 1	0.071 5＜0.1 通过
	C33 体育旅游项目培育	0.142 1	
	C34 精品赛事培育和引入	0.455 9	
	C35 体育用品研发制造	0.048 9	
B10－C 组	C36 专业运营团队建设	0.116 8	0.091 2＜0.1 通过
	C37 休闲氛围打造	0.090 8	
	C38 服务运营平台搭建	0.362 4	
	C39 规模优势聚力	0.038 9	
	C40 产业链价值延伸	0.391 1	
B11－C 组	C41 休闲旅游营销	0.289 3	0.094 4＜0.1 通过
	C42 信息服务	0.112 7	
	C43 景区管理	0.535 8	
	C44 安全管理	0.062 3	
B12－C 组	C45 生活服务运营	0.549 8	0.082 5＜0.1 通过
	C46 生产服务运营	0.368 1	
	C47 生态环境运营	0.082 1	
B13－C 组	C48 小镇行业评级	0.370 7	0.077 2＜0.1 通过
	C49 小镇服务水平整体评价	0.559 0	
	C50 运动休闲项目风险评估	0.070 2	
B14－C 组	C51 产业规模效益	0.255 8	0.089 2＜0.1 通过
	C52 土地效益	0.079 7	
	C53 旅游效益	0.144 1	
	C54 城市服务效益	0.485 0	
	C55 生态效益	0.035 4	
B15－C 组	C56 公共服务配套升级	0.055 0	0.074 0＜0.1 通过
	C57 产业服务配套升级	0.620 0	
	C58 休闲娱乐服务配套升级	0.250 7	
	C59 体育场馆服务配套升级	0.074 3	

　　根据已构建的产业型运动休闲特色小镇产业链运行的层次结构模型，计算得出了产业型运动休闲特色小镇产业链运行评价指标体系的指标权重表（表8-5）。从该指标权重表可以看出，一级指标四个因素的权重占比从大到小排序依次为：产业效益与服务升级（0.431 9）、产业链运营与管理（0.366 9）、产业项目开发与培育（0.109 3）、小镇发展规划与设计（0.091 9）。说明对于产业型运动休闲特色小镇而言，其主要以产业效益为根本目标，以消费者需求为导向，通过不断升级换代其产品和综合服务来满足不同消费者的需求。此外，对产业链进行运营与管理又是产业型小镇实现可持续发展的有利保障，通过产业链的运营，不但可以促进小镇产业链延伸，实现体育与其他产业融合，还能在产业型小镇周围形成产业核心圈，实现产业集聚并辐射相关产业的发展；其中，这两个因素的权重占整个产业型运动休闲特色小镇产业链运行的80%，说明产业型小镇要重视对产品和服务的不断升级和小镇产业链的运营，提供更加符合消费者需求的产品和服务，并推动产业型小镇的稳定发展。

表8-5　产业型运动休闲特色小镇产业链运行指标综合权重

一级指标	二级指标	三级指标
A1 小镇发展规划与设计（0.091 9）	B1 土地利用规划（0.003 4）	C1 用地面积和使用年限（0.000 3） C2 土地利用布局（0.001 5） C3 土地价值（0.001 6）
	B2 产业发展规划（0.048 8）	C4 体育产业定位（0.009 7） C5 体育产业空间布局（0.007 4） C6 体育产业市场培育（0.010 4） C7 体育产业带动效应（0.021 0）
	B3 城市建设规划（0.009 0）	C8 体育功能多元（0.001 5） C9 体育资源集约高效（0.001 7） C10 产城融合（0.003 7） C11 生态保护（0.001 5）
	B4 公共服务规划（0.013 7）	C12 医疗卫生条件（0.000 8） C13 居民养老条件（0.001 3） C14 科技教育条件（0.005 6） C15 公共交通条件（0.004 4） C16 小镇服务中心（0.001 9）
	B5 基础设施规划（0.017 0）	C17 道路交通设施（0.001 3） C18 水电气等居住设施（0.005 6） C19 邮电通信设施（0.004 5） C20 体育场地设施（0.006 1）

续表

一级指标	二级指标	三级指标
A2 产业项目开发与培育 (0.109 3)	B6 产业项目落地 (0.007 5)	C21 体育产业基础 (0.001 4)
		C22 小镇区位交通 (0.002 1)
		C23 体育资源条件 (0.000 7)
		C24 小镇政策条件 (0.003 4)
	B7 资源要素导入 (0.010 4)	C25 资金资本导入 (0.004 2)
		C26 人力资本导入 (0.000 9)
		C27 体育 IP 项目导入 (0.005 6)
	B8 产业项目开发 (0.038 1)	C28 创新创业团队建设 (0.011 6)
		C29 体育基础设施建设 (0.007 3)
		C30 多元功能平台搭建 (0.006 8)
		C31 产业项目风险评估 (0.013 4)
	B9 产业项目培育 (0.053 2)	C32 运动休闲项目培育 (0.011 5)
		C33 体育旅游项目培育 (0.011 2)
		C34 精品赛事培育和引入 (0.025 6)
		C35 体育用品研发制造 (0.003 3)
A3 产业链运营与管理 (0.366 9)	B10 特色产业运营 (0.151 5)	C36 专业运营团队建设 (0.014 7)
		C37 休闲氛围打造 (0.013 4)
		C38 服务运营平台搭建 (0.047 2)
		C39 规模优势聚力 (0.016 6)
		C40 产业链价值延伸 (0.076 9)
	B11 休闲旅游运营 (0.188 6)	C41 休闲旅游营销 (0.031 1)
		C42 信息服务 (0.018 3)
		C43 景区管理 (0.075 5)
		C44 安全管理 (0.045 2)
	B12 城镇运营 (0.026 8)	C45 生活服务运营 (0.015 4)
		C46 生产服务运营 (0.006 3)
		C47 生态环境运营 (0.006 3)
A4 产业效益与服务升级 (0.431 9)	B13 小镇项目评估定级 (0.041 5)	C48 小镇行业评级 (0.010 4)
		C49 小镇服务水平整体评价 (0.027 3)
		C50 运动休闲项目风险评估 (0.006 5)
	B14 产业效益 (0.118 0)	C51 产业规模效益 (0.042 3)
		C52 土地效益 (0.010 2)
		C53 旅游效益 (0.020 3)
		C54 城市服务效益 (0.076 0)
		C55 生态效益 (0.014 0)
	B15 综合服务配套升级 (0.272 4)	C56 公共服务配套升级 (0.012 6)
		C57 产业服务配套升级 (0.108 3)
		C58 休闲娱乐服务配套升级 (0.043 2)
		C59 体育场馆服务配套升级 (0.060 8)

（二）赛事型运动休闲特色小镇

按照上述方式，以运动休闲特色小镇产业链运行的层次结构模型为基础，构建赛事型小镇各级指标的判断矩阵，利用群决策面板计算各指标权重并通过一致性检验（表 8-6）。

表 8-6　赛事型运动休闲特色小镇判断矩阵组中各级指标权重及一致性检验结果

矩阵组	指标名称	权重	一致性
A组	A1 小镇发展规划与设计	0.277 3	0.087 4＜0.1 通过
	A2 产业项目开发与培育	0.333 9	
	A3 产业链运营与管理	0.164 0	
	A4 产业效益与服务升级	0.224 8	
A1-B组	B1 土地利用规划	0.051 1	0.086 2＜0.1 通过
	B2 产业发展规划	0.293 6	
	B3 城市建设规划	0.092 2	
	B4 公共服务规划	0.150 0	
	B5 基础设施规划	0.413 1	
A2-B组	B6 产业项目落地	0.243 9	0.090 9＜0.1 通过
	B7 资源要素导入	0.071 6	
	B8 产业项目开发	0.518 6	
	B9 产业项目培育	0.165 9	
A3-B组	B10 特色产业运营	0.785 4	0.077 2＜0.1 通过
	B11 休闲旅游运营	0.148 8	
	B12 城镇运营	0.065 8	
A4-B组	B13 小镇项目评估定级	0.268 4	0.070 7＜0.1 通过
	B14 产业效益	0.117 2	
	B15 综合服务配套升级	0.614 4	
B1-C组	C1 用地面积和使用年限	0.270 6	0.051 6＜0.1 通过
	C2 土地利用布局	0.644 2	
	C3 土地价值	0.085 2	
B2-C组	C4 体育产业定位	0.117 7	0.099 1＜0.1 通过
	C5 体育产业空间布局	0.613 0	
	C6 体育产业市场培育	0.205 0	
	C7 体育产业带动效应	0.064 3	

续表

矩阵组	指标名称	权重	一致性
B3 - C 组	C8 体育功能多元	0.090 9	0.076 5<0.1 通过
	C9 体育资源集约高效	0.287 7	
	C10 产城融合	0.071 0	
	C11 生态保护	0.550 4	
B4 - C 组	C12 医疗卫生条件	0.358 7	0.096 4<0.1 通过
	C13 居民养老条件	0.153 5	
	C14 科技教育条件	0.283 0	
	C15 公共交通条件	0.118 2	
	C16 小镇服务中心	0.086 6	
B5 - C 组	C17 道路交通设施	0.236 4	0.082 4<0.1 通过
	C18 水电气等居住设施	0.076 1	
	C19 邮电通信设施	0.096 2	
	C20 体育场地设施	0.591 2	
B6 - C 组	C21 体育产业基础	0.341 2	0.078 5<0.1 通过
	C22 小镇区位交通	0.070 4	
	C23 体育资源条件	0.460 2	
	C24 小镇政策条件	0.128 2	
B7 - C 组	C25 资金资本导入	0.134 9	0.033 6<0.1 通过
	C26 人力资本导入	0.081 3	
	C27 体育 IP 项目导入	0.783 8	
B8 - C 组	C28 创新创业团队建设	0.300 7	0.070 5<0.1 通过
	C29 体育基础设施建设	0.151 7	
	C30 多元功能平台搭建	0.065 7	
	C31 产业项目风险评估	0.481 9	
B9 - C 组	C32 运动休闲项目培育	0.243 4	0.068 7<0.1 通过
	C33 体育旅游项目培育	0.091 3	
	C34 精品赛事培育和引入	0.600 3	
	C35 体育用品研发制造	0.064 9	
B10 - C 组	C36 专业运营团队建设	0.272 2	0.090 5<0.1 通过
	C37 休闲氛围营造	0.041 9	
	C38 服务运营平台搭建	0.072 8	
	C39 规模优势聚力	0.114 9	
	C40 产业链价值延伸	0.498 1	

续表

矩阵组	指标名称	权重	一致性
B11 - C 组	C41 休闲旅游营销	0.319 3	0.041 4＜0.1 通过
	C42 信息服务	0.104 2	
	C43 景区管理	0.052 3	
	C44 安全管理	0.524 1	
B12 - C 组	C45 生活服务运营	0.085 2	0.073 5＜0.1 通过
	C46 生产服务运营	0.129 3	
	C47 生态环境运营	0.785 5	
B13 - C 组	C48 小镇行业评级	0.075 4	0.073 5＜0.1 通过
	C49 小镇服务水平整体评价	0.695 5	
	C50 运动休闲项目风险评估	0.229 0	
B14 - C 组	C51 产业规模效益	0.363 8	0.090 6＜0.1 通过
	C52 土地效益	0.113 4	
	C53 旅游效益	0.044 2	
	C54 城市服务效益	0.067 9	
	C55 生态效益	0.410 7	
B15 - C 组	C56 公共服务配套升级	0.142 1	0.095 4＜0.1 通过
	C57 产业服务配套升级	0.521 5	
	C58 休闲娱乐服务配套升级	0.060 0	
	C59 体育场馆服务配套升级	0.276 5	

　　根据已构建的赛事型运动休闲特色小镇产业链运行的层次结构模型，计算得出赛事型运动休闲特色小镇产业链运行评价指标体系的指标权重表（表8-7）。从该指标权重表可以看出，一级指标四个因素的权重占比从大到小排序依次为：产业项目开发与培育（0.333 9）、小镇发展规划与设计（0.277 3）、产业效益与服务升级（0.224 8）、产业链运营与管理（0.164 0）。说明对于赛事型运动休闲特色小镇而言，产业项目开发与培育是小镇产业链运行最重要的环节，即是否拥有核心赛事产品是影响赛事型小镇产业链运行的关键因素，这就要求赛事型小镇在对赛事产品开发与培育的过程中，需要加强与国内外专业赛事组织、机构的交流与合作，将重大赛事引进小镇；通过学习国内外各类大型赛事策划、组织经验，培育出符合小镇特色的代表性赛事。在产业项目开发与培育环节，产业项目开发又是影响赛事型小镇产业链发展的主要因素，创新创业团队建设、体育基础设施建设、多元功能平台搭建以及赛事风

险评估①等方式是赛事开发过程中的有效保障。此外，小镇发展规划与设计也是影响赛事型小镇发展的关键因素之一，是因为不同类型赛事需要的场地范围、规划布局、场馆条件、区位条件等均存在差异，这就需要赛事型小镇在规划设计阶段就应当对小镇有一个清晰的定位，对其选址、地理区位条件等有较为明确的规划与设计，避免由于规划设计环节因定位不清、不符合某类赛事举办条件等问题，导致其后期发展受限。在三级指标总排序中，排在前三的指标分别是体育 IP 项目导入、产业服务配套升级和产业项目风险评估，说明赛事型小镇拥有一个或多个"核心赛事"是赛事型小镇产业链运行的关键；赛事举办的过程中，更多体现的是赛事承办方的服务水平和质量，通过赛事服务的配套升级，以此来满足不同消费者的需求，提升消费者对赛事服务的满意度；赛事风险评估排在第三位，回顾近些年频发的各类国内外赛事参赛者猝死、受伤等突发事件，可以发现赛事风险评估在其中体现了其重要价值，对于赛事型小镇未来的发展而言，尤其需要重点关注到这点。

表 8 - 7　赛事型运动休闲特色小镇产业链运行指标综合权重

一级指标	二级指标	三级指标
A1 小镇发展规划与设计 (0.277 3)	B1 土地利用规划 (0.011 4)	C1 用地面积和使用年限 (0.002 3) C2 土地利用布局 (0.008 8) C3 土地价值 (0.001 5)
	B2 产业发展规划 (0.116 7)	C4 体育产业定位 (0.008 8) C5 体育产业空间布局 (0.035 4) C6 体育产业市场培育 (0.036 6) C7 体育产业带动效应 (0.020 3)
	B3 城市建设规划 (0.039 1)	C8 体育功能多元 (0.002 5) C9 体育资源集约高效 (0.010 0) C10 产城融合 (0.002 1) C11 生态保护 (0.018 6)
	B4 公共服务规划 (0.056 4)	C12 医疗卫生条件 (0.010 4) C13 居民养老条件 (0.005 2) C14 科技教育条件 (0.017 5) C15 公共交通条件 (0.010 4) C16 小镇服务中心 (0.006 5)
	B5 基础设施规划 (0.053 7)	C17 道路交通设施 (0.011 7) C18 水电气等居住设施 (0.007 6) C19 邮电通信设施 (0.019 8) C20 体育场地设施 (0.041 5)

---

① 林峰. 特色小镇全产业链全程服务解决方案 ［M］. 北京：中国旅游出版社，2017：21.

续表

一级指标	二级指标	三级指标
A2 产业项目开发与培育 （0.333 9）	B6 产业项目落地 （0.082 9）	C21 体育产业基础（0.040 7） C22 小镇区位交通（0.005 0） C23 体育资源条件（0.026 2） C24 小镇政策条件（0.015 8）
	B7 资源要素导入 （0.044 6）	C25 资金资本导入（0.012 2） C26 人力资本导入（0.012 7） C27 体育 IP 项目导入（0.086 2）
	B8 产业项目开发 （0.155 5）	C28 创新创业团队建设（0.017 2） C29 体育基础设施建设（0.028 5） C30 多元功能平台搭建（0.007 8） C31 产业项目风险评估（0.045 5）
	B9 产业项目培育 （0.050 8）	C32 运动休闲项目培育（0.012 4） C33 体育旅游项目培育（0.002 6） C34 精品赛事培育和引入（0.018 5） C35 体育用品研发制造（0.002 6）
A3 产业链运营与管理 （0.164 0）	B10 特色产业运营 （0.125 0）	C36 专业运营团队建设（0.014 7） C37 休闲氛围打造（0.004 2） C38 服务运营平台搭建（0.030 1） C39 规模优势聚力（0.011 7） C40 产业链价值延伸（0.041 4）
	B11 休闲旅游运营 （0.027 8）	C41 休闲旅游营销（0.013 0） C42 信息服务（0.003 3） C43 景区管理（0.001 9） C44 安全管理（0.015 5）
	B12 城镇运营 （0.011 2）	C45 生活服务运营（0.001 4） C46 生产服务运营（0.001 3） C47 生态环境运营（0.009 1）
A4 产业效益与服务升级 （0.224 8）	B13 小镇项目评估定级 （0.033 0）	C48 小镇行业评级（0.003 5） C49 小镇服务水平整体评价（0.018 3） C50 运动休闲项目风险评估（0.021 6）
	B14 产业效益 （0.024 4）	C51 产业规模效益（0.009 7） C52 土地效益（0.001 9） C53 旅游效益（0.001 4） C54 城市服务效益（0.001 9） C55 生态效益（0.010 3）
	B15 综合服务配套升级 （0.167 3）	C56 公共服务配套升级（0.016 6） C57 产业服务配套升级（0.074 5） C58 休闲娱乐服务配套升级（0.039 8） C59 体育场馆服务配套升级（0.025 3）

（三）康体型运动休闲特色小镇

按照上述方式，以运动休闲特色小镇产业链运行的层次结构模型为基础，构建康体型小镇各级指标的判断矩阵，利用群决策面板计算相应的指标权重并进行一致性检验。最终得到各级指标权重及一致性检验结果（表8-8）。

表8-8 康体型运动休闲特色小镇判断矩阵组中各级指标权重及一致性检验结果

矩阵组	指标名称	权重	一致性
A组	A1 小镇发展规划与设计	0.655 6	0.084 9＜0.1 通过
	A2 产业项目开发与培育	0.074 9	
	A3 产业链运营与管理	0.227 5	
	A4 产业效益与服务升级	0.042 0	
A1-B组	B1 土地利用规划	0.031 2	0.075 8＜0.1 通过
	B2 产业发展规划	0.031 2	
	B3 城市建设规划	0.195 9	
	B4 公共服务规划	0.493 6	
	B5 基础设施规划	0.248 1	
A2-B组	B6 产业项目落地	0.056 8	0.091 6＜0.1 通过
	B7 资源要素导入	0.042 0	
	B8 产业项目开发	0.568 6	
	B9 产业项目培育	0.332 5	
A3-B组	B10 特色产业运营	0.083 0	0.096 1＜0.1 通过
	B11 休闲旅游运营	0.795 9	
	B12 城镇运营	0.121 1	
A4-B组	B13 小镇项目评估定级	0.114 0	0.051 6＜0.1 通过
	B14 产业效益	0.071 8	
	B15 综合服务配套升级	0.814 2	
B1-C组	C1 用地面积和使用年限	0.076 9	0.070 7＜0.1 通过
	C2 土地利用布局	0.805 8	
	C3 土地价值	0.117 3	
B2-C组	C4 体育产业定位	0.038 5	0.068 7＜0.1 通过
	C5 体育产业空间布局	0.369 8	
	C6 体育产业市场培育	0.071 3	
	C7 体育产业带动效应	0.520 4	

续表

矩阵组	指标名称	权重	一致性
B3－C组	C8 体育功能多元	0.040 0	0.080 6＜0.1 通过
	C9 体育资源集约高效	0.056 1	
	C10 产城融合	0.328 5	
	C11 生态保护	0.575 4	
B4－C组	C12 医疗卫生条件	0.036 7	0.085 5＜0.1 通过
	C13 居民养老条件	0.433 4	
	C14 科技教育条件	0.032 0	
	C15 公共交通条件	0.212 2	
	C16 小镇服务中心	0.285 7	
B5－C组	C17 道路交通设施	0.066 3	0.080 6＜0.1 通过
	C18 水电气等居住设施	0.523 2	
	C19 邮电通信设施	0.372 7	
	C20 体育场地设施	0.037 8	
B6－C组	C21 体育产业基础	0.037 8	0.080 6＜0.1 通过
	C22 小镇区位交通	0.372 7	
	C23 体育资源条件	0.523 2	
	C24 小镇政策条件	0.066 3	
B7－C组	C25 资金资本导入	0.076 9	0.070 7＜0.1 通过
	C26 人力资本导入	0.805 8	
	C27 体育IP项目导入	0.117 3	
B8－C组	C28 创新创业团队建设	0.066 3	0.080 6＜0.1 通过
	C29 体育基础设施建设	0.037 8	
	C30 多元功能平台搭建	0.523 2	
	C31 产业项目风险评估	0.372 7	
B9－C组	C32 运动休闲项目培育	0.523 2	0.080 6＜0.1 通过
	C33 体育旅游项目培育	0.372 7	
	C34 精品赛事培育和引入	0.037 8	
	C35 体育用品研发制造	0.066 3	
B10－C组	C36 专业运营团队建设	0.388 1	0.066 8＜0.1 通过
	C37 休闲氛围打造	0.043 1	
	C38 服务运营平台搭建	0.246 3	
	C39 规模优势聚力	0.027 4	
	C40 产业链价值延伸	0.295 1	

矩阵组	指标名称	权重	一致性
B11－C 组	C41 休闲旅游营销	0.040 0	0.080 6＜0.1 通过
	C42 信息服务	0.056 1	
	C43 景区管理	0.575 4	
	C44 安全管理	0.328 5	
B12－C 组	C45 生活服务运营	0.571 2	0.070 7＜0.1 通过
	C46 生产服务运营	0.054 5	
	C47 生态环境运营	0.374 3	
B13－C 组	C48 小镇行业评级	0.065 8	0.077 2＜0.1 通过
	C49 小镇服务水平整体评价	0.785 4	
	C50 运动休闲项目风险评估	0.148 8	
B14－C 组	C51 产业规模效益	0.067 2	0.086 6＜0.1 通过
	C52 土地效益	0.028 8	
	C53 旅游效益	0.056 5	
	C54 城市服务效益	0.367 4	
	C55 生态效益	0.480 2	
B15－C 组	C56 公共服务配套升级	0.658 4	0.090 7＜0.1 通过
	C57 产业服务配套升级	0.040 8	
	C58 休闲娱乐服务配套升级	0.235 0	
	C59 体育场馆服务配套升级	0.065 8	

　　根据已构建的康体型运动休闲特色小镇产业链运行的层次结构模型，计算得出了康体型运动休闲特色小镇产业链运行评价指标体系的指标权重表（表 8-9）。从该指标权重表可以看出，一级指标四个因素的权重占比从大到小排序依次为：小镇发展规划与设计（0.655 6）、产业链运营与管理（0.227 5）、产业项目开发与培育（0.074 9）、产业效益与服务升级（0.042 0）。小镇发展规划与设计是影响康体型运动休闲特色小镇产业链运行的主要指标，尤其以公共服务规划和基础设施规划为主。小镇发展规划与设计对康体型小镇的重要性主要体现在以下两个方面。其一，康体型小镇的发展与良好的生态环境密不可分。一个地区或区域应当同时包含良好生态环境、医药资源、体育资源等多种资源，以满足消费者的个性化及多元化服务需求，对康体型小镇开发者在规划环节提出了更高的要求。其二，康体型小镇主要以当地养生资源为特色，打造良好的养生环境，同时以体育项目为载体，以健康养生为目标，这就需要在公共服务规划、基础设施规划、产业发展规划及城市建设规划等方面结合康体型小镇的定位和产业特色进行设计和规划。排序在前三的三级指标分别是：居民养老条件、公共服

务配套升级和小镇服务中心，从侧面也反映了康体型小镇的特点：当前康体型小镇的消费者大多数都是中老年人群体；通过提供一系列的配套服务及后期不断升级配套服务等方式都是推动康体型小镇产业链运行的关键。

表 8-9 康体型运动休闲特色小镇产业链运行指标综合权重

一级指标	二级指标	三级指标
A1 小镇发展规划与设计 (0.655 6)	B1 土地利用规划 (0.025 0)	C1 用地面积和使用年限 (0.002 7) C2 土地利用布局 (0.021 4) C3 土地价值 (0.002 6)
	B2 产业发展规划 (0.019 0)	C4 体育产业定位 (0.004 9) C5 体育产业空间布局 (0.007 5) C6 体育产业市场培育 (0.001 1) C7 体育产业带动效应 (0.005 9)
	B3 城市建设规划 (0.084 0)	C8 体育功能多元 (0.029 7) C9 体育资源集约高效 (0.005 6) C10 产城融合 (0.018 3) C11 生态保护 (0.024 8)
	B4 公共服务规划 (0.253 7)	C12 医疗卫生条件 (0.012 1) C13 居民养老条件 (0.099 7) C14 科技教育条件 (0.008 6) C15 公共交通条件 (0.034 6) C16 小镇服务中心 (0.094 2)
	B5 基础设施规划 (0.173 3)	C17 道路交通设施 (0.011 5) C18 水电气等居住设施 (0.080 2) C19 邮电通信设施 (0.039 3) C20 体育场地设施 (0.050 1)
A2 产业项目开发与培育 (0.074 9)	B6 产业项目落地 (0.011 2)	C21 体育产业基础 (0.001 9) C22 小镇区位交通 (0.003 9) C23 体育资源条件 (0.006 5) C24 小镇政策条件 (0.000 7)
	B7 资源要素导入 (0.014 4)	C25 资金资本导入 (0.004 6) C26 人力资本导入 (0.007 5) C27 体育 IP 项目导入 (0.005 2)
	B8 产业项目开发 (0.022 6)	C28 创新创业团队建设 (0.001 1) C29 体育基础设施建设 (0.003 9) C30 多元功能平台搭建 (0.010 1) C31 产业项目风险评估 (0.004 3)
	B9 产业项目培育 (0.014 3)	C32 运动休闲项目培育 (0.006 1) C33 体育旅游项目培育 (0.005 2) C34 精品赛事培育和引入 (0.000 5) C35 体育用品研发制造 (0.000 8)

一级指标	二级指标	三级指标
A3 产业链运营与管理 （0.227 5）	B10 特色产业运营 （0.012 2）	C36 专业运营团队建设（0.000 4） C37 休闲氛围打造（0.003 8） C38 服务运营平台搭建（0.003 3） C39 规模优势聚力（0.000 5） C40 产业链价值延伸（0.004 1）
	B11 休闲旅游运营 （0.118 8）	C41 休闲旅游营销（0.007 9） C42 信息服务（0.019 0） C43 景区管理（0.036 8） C44 安全管理（0.055 1）
	B12 城镇运营 （0.018 2）	C45 生活服务运营（0.006 4） C46 生产服务运营（0.001 2） C47 生态环境运营（0.010 8）
A4 产业效益与服务升级 （0.042 0）	B13 小镇项目评估定级 （0.019 2）	C48 小镇行业评级（0.001 6） C49 小镇服务水平整体评价（0.017 8） C50 运动休闲项目风险评估（0.003 1）
	B14 产业效益 （0.028 1）	C51 产业规模效益（0.001 2） C52 土地效益（0.000 8） C53 旅游效益（0.003 5） C54 城市服务效益（0.009 6） C55 生态效益（0.008 0）
	B15 综合服务配套升级 （0.186 1）	C56 公共服务配套升级（0.096 4） C57 产业服务配套升级（0.008 9） C58 休闲娱乐服务配套升级（0.071 2） C59 体育场馆服务配套升级（0.011 3）

（四）体验型运动休闲特色小镇

同理，构建体验型小镇各级指标的判断矩阵，利用群决策面板计算相应的指标权重并进行一致性检验。最终得到各级指标权重及一致性检验结果（表 8 - 10）。

表 8 - 10　体验型运动休闲特色小镇判断矩阵组中各级指标权重及一致性检验结果

矩阵组	指标名称	权重	一致性
A 组	A1 小镇发展规划与设计	0.070 0	0.065 6＜0.1 通过
	A2 产业项目开发与培育	0.230 1	
	A3 产业链运营与管理	0.392 5	
	A4 产业效益与服务升级	0.307 4	
A1 - B 组	B1 土地利用规划	0.075 0	0.084 8＜0.1 通过
	B2 产业发展规划	0.132 7	
	B3 城市建设规划	0.078 6	
	B4 公共服务规划	0.247 9	
	B5 基础设施规划	0.465 7	

续表

矩阵组	指标名称	权重	一致性
A2-B组	B6 产业项目落地	0.176 1	0.080 6＜0.1 通过
	B7 资源要素导入	0.482 7	
	B8 产业项目开发	0.093 9	
	B9 产业项目培育	0.247 2	
A3-B组	B10 特色产业运营	0.225 5	0.082 5＜0.1 通过
	B11 休闲旅游运营	0.673 8	
	B12 城镇运营	0.100 7	
A4-B组	B13 小镇项目评估定级	0.225 5	0.082 5＜0.1 通过
	B14 产业效益	0.100 7	
	B15 综合服务配套升级	0.673 8	
B1-C组	C1 用地面积和使用年限	0.122 0	0.017 6＜0.1 通过
	C2 土地利用布局	0.558 4	
	C3 土地价值	0.319 6	
B2-C组	C4 体育产业定位	0.250 2	0.093 1＜0.1 通过
	C5 体育产业空间布局	0.110 1	
	C6 体育产业市场培育	0.562 5	
	C7 体育产业带动效应	0.077 2	
B3-C组	C8 体育功能多元	0.164 6	0.063 7＜0.1 通过
	C9 体育资源集约高效	0.066 4	
	C10 产城融合	0.311 7	
	C11 生态保护	0.457 2	
B4-C组	C12 医疗卫生条件	0.073 9	0.045 3＜0.1 通过
	C13 居民养老条件	0.060 8	
	C14 科技教育条件	0.108 5	
	C15 公共交通条件	0.262 5	
	C16 小镇服务中心	0.494 3	
B5-C组	C17 道路交通设施	0.187 6	0.075 3＜0.1 通过
	C18 水电气等居住设施	0.100 1	
	C19 邮电通信设施	0.648 2	
	C20 体育场地设施	0.064 1	
B6-C组	C21 体育产业基础	0.098 5	0.049 6＜0.1 通过
	C22 小镇区位交通	0.285 8	
	C23 体育资源条件	0.552 3	
	C24 小镇政策条件	0.063 4	

续表

矩阵组	指标名称	权重	一致性
B7 - C 组	C25 资金资本导入	0.097 4	0.023 6＜0.1 通过
	C26 人力资本导入	0.333 1	
	C27 体育 IP 项目导入	0.569 5	
B8 - C 组	C28 创新创业团队建设	0.117 7	0.099 1＜0.1 通过
	C29 体育基础设施建设	0.613 0	
	C30 多元功能平台搭建	0.205 0	
	C31 产业项目风险评估	0.064 3	
B9 - C 组	C32 运动休闲项目培育	0.205 0	0.099 1＜0.1 通过
	C33 体育旅游项目培育	0.117 7	
	C34 精品赛事培育和引入	0.613 0	
	C35 体育用品研发制造	0.064 3	
B10 - C 组	C36 专业运营团队建设	0.219 9	0.065 8＜0.1 通过
	C37 休闲氛围打造	0.080 9	
	C38 服务运营平台搭建	0.065 7	
	C39 规模优势聚力	0.114 0	
	C40 产业链价值延伸	0.219 9	
B11 - C 组	C41 休闲旅游营销	0.215 6	0.053 6＜0.1 通过
	C42 信息服务	0.089 0	
	C43 景区管理	0.135 4	
	C44 安全管理	0.560 0	
B12 - C 组	C45 生活服务运营	0.279 7	0.082 5＜0.1 通过
	C46 生产服务运营	0.093 6	
	C47 生态环境运营	0.626 7	
B13 - C 组	C48 小镇行业评级	0.217 6	0.051 6＜0.1 通过
	C49 小镇服务水平整体评价	0.691 0	
	C50 运动休闲项目风险评估	0.091 4	
B14 - C 组	C51 产业规模效益	0.206 9	0.070 6＜0.1 通过
	C52 土地效益	0.060 0	
	C53 旅游效益	0.085 1	
	C54 城市服务效益	0.134 9	
	C55 生态效益	0.513 1	
B15 - C 组	C56 公共服务配套升级	0.085 3	0.083 0＜0.1 通过
	C57 产业服务配套升级	0.073 1	
	C58 休闲娱乐服务配套升级	0.348 8	
	C59 体育场馆服务配套升级	0.492 7	

　　根据已构建的体验型运动休闲特色小镇产业链运行的层次结构模型，计算得出了体验型运动休闲特色小镇产业链运行评价指标体系的指标权重表（表8－11）。从该指标权重表可以看出，一级指标的四个因素权重占比从大到小排序依次为：产业链运营与管理（0.392 5）、产业效益与服务升级（0.307 4）、产业项目开发与培育（0.230 1）、小镇发展规划与设计（0.070 0）。其中，产业链运营与管理是影响体验型小镇发展过程中最重要的环节，又以二级指标中的休闲旅游运营占比最多，是因为体验型小镇以提供休闲娱乐服务为宗旨，围绕消费者，创造出让消费者难忘的体验和回忆，通过其良好的体验感，提升小镇项目重游率和客单量。事实上，体验型小镇提供的服务是无形的，商品是有形的，而创造出的体验是增强消费者黏性、促进消费者进行二次消费的主要动力。在三级指标总排序中，排在前三的指标分别是：安全管理（0.111 3）、景区管理（0.065 8）、休闲旅游营销（0.058 4），说明体验型小镇通过加强休闲旅游运营中的安全管理和景区管理，在一定程度上可以促进其产业链正常运行；此外，体验型小镇的项目重游率和客单量是促进小镇收益的重要指标。

表 8－11　体验型运动休闲特色小镇产业链运行指标综合权重

一级指标	二级指标	三级指标
A1 小镇发展规划与设计 （0.070 0）	B1 土地利用规划 （0.004 1）	C1 用地面积和使用年限（0.000 4） C2 土地利用布局（0.002 5） C3 土地价值（0.000 8）
	B2 产业发展规划 （0.020 1）	C4 体育产业定位（0.003 7） C5 体育产业空间布局（0.002 5） C6 体育产业市场培育（0.010 3） C7 体育产业带动效应（0.008 7）
	B3 城市建设规划 （0.006 5）	C8 体育功能多元（0.002 6） C9 体育资源集约高效（0.000 4） C10 产城融合（0.001 7） C11 生态保护（0.002 3）
	B4 公共服务规划 （0.015 1）	C12 医疗卫生条件（0.002 8） C13 居民养老条件（0.001 4） C14 科技教育条件（0.001 5） C15 公共交通条件（0.002 1） C16 小镇服务中心（0.006 3）
	B5 基础设施规划 （0.024 2）	C17 道路交通设施（0.006 7） C18 水电气等居住设施（0.004 4） C19 邮电通信设施（0.001 5） C20 体育场地设施（0.007 5）

一级指标	二级指标	三级指标
A2 产业项目开发与培育 （0.230 1）	B6 产业项目落地 （0.116 4）	C21 体育产业基础（0.007 8） C22 小镇区位交通（0.032 4） C23 体育资源条件（0.031 0） C24 小镇政策条件（0.028 1）
	B7 资源要素导入 （0.052 1）	C25 资金资本导入（0.021 9） C26 人力资本导入（0.025 0） C27 体育 IP 项目导入（0.020 7）
	B8 产业项目开发 （0.025 9）	C28 创新创业团队建设（0.008 2） C29 体育基础设施建设（0.008 3） C30 多元功能平台搭建（0.006 4） C31 产业项目风险评估（0.002 1）
	B9 产业项目培育 （0.035 6）	C32 运动休闲项目培育（0.015 3） C33 体育旅游项目培育（0.003 5） C34 精品赛事培育和引入（0.013 8） C35 体育用品研发制造（0.007 9）
A3 产业链运营与管理 （0.392 5）	B10 特色产业运营 （0.057 7）	C36 专业运营团队建设（0.008 9） C37 休闲氛围打造（0.017 6） C38 服务运营平台搭建（0.030 6） C39 规模优势聚力（0.003 8） C40 产业链价值延伸（0.006 3）
	B11 休闲旅游运营 （0.247 6）	C41 休闲旅游营销（0.058 4） C42 信息服务（0.017 2） C43 景区管理（0.065 8） C44 安全管理（0.111 3）
	B12 城镇运营 （0.087 2）	C45 生活服务运营（0.030 7） C46 生产服务运营（0.016 3） C47 生态环境运营（0.025 4）
A4 产业效益与服务升级 （0.307 4）	B13 小镇项目评估定级 （0.062 9）	C48 小镇行业评级（0.009 1） C49 小镇服务水平整体评价（0.018 0） C50 运动休闲项目风险评估（0.019 7）
	B14 产业效益 （0.061 4）	C51 产业规模效益（0.046 1） C52 土地效益（0.007 0） C53 旅游效益（0.013 8） C54 城市服务效益（0.013 1） C55 生态效益（0.057 9）

续表

一级指标	二级指标	三级指标
A4 产业效益与服务升级 （0.307 4）	B15 综合服务配套升级 （0.183 1）	C56 公共服务配套升级（0.025 0） C57 产业服务配套升级（0.007 4） C58 休闲娱乐服务配套升级（0.036 6） C59 体育场馆服务配套升级（0.053 9）

四、各类型小镇在产业链不同环节权重说明

根据图 8－5—图 8－8 中四类运动休闲特色小镇各环节占比可以看出，在运动休闲特色小镇产业链发展规划与设计环节中，四种不同类型小镇的占比从大到小排序依次为：康体型小镇、赛事型小镇、产业型小镇、体验型小镇；针对产业项目开发与培育环节，四种不同类型小镇的占比从大到小排序依次为：赛事型小镇、体验型小镇、产业型小镇、康体型小镇；对于产业链运营与管理环节，四种不同类型小镇的占比从大到小排序依次为：体验型小镇、产业型小镇、康体型小镇、赛事型小镇，四种类型的小镇在这一环节的占比差距不大，说明不管小镇的产业定位属于哪一类小镇，都需要经历产业链运营与管理环节，且该环节对运动休闲特色小镇产业链的正常运行非常重要；针对产业效益与服务升级环节，四种不同类型小镇的占比从大到小排序依次为：产业型小镇、体验型小镇、赛事型小镇、康体型小镇。

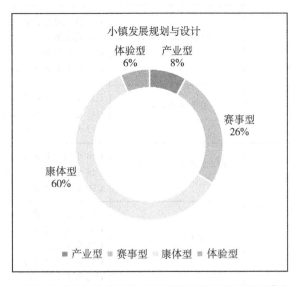

图 8－5　不同类型的运动休闲特色小镇发展规划与设计环节权重占比

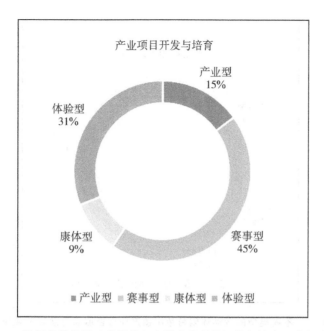

图 8 - 6　不同类型的运动休闲特色小镇产业项目开发与培育环节权重占比

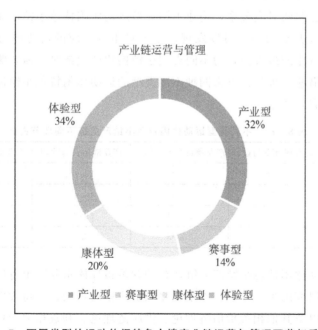

图 8 - 7　不同类型的运动休闲特色小镇产业链运营与管理环节权重占比

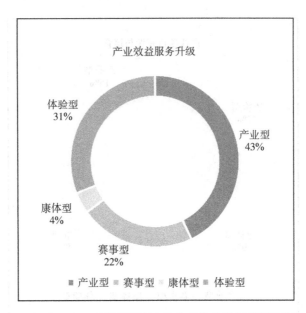

图8-8 不同类型的运动休闲特色小镇产业效益服务升级环节权重占比

根据上述分析，以四种不同类型的小镇为列，以产业链发展的四个不同环节为行，通过两两对应关系，构建不同类型运动休闲特色小镇产业链的不同环节占比矩阵（表8-12）。可以发现，矩阵对角线对应的占比即为每个类型小镇对应环节占比的最大值，为不同类型小镇构建产业链时，需要侧重的环节提供了思路和借鉴，也为接下来四种不同类型的运动休闲特色小镇进行系统仿真提供了部分有效数据。

表8-12 不同类型运动休闲特色小镇产业链不同环节占比

权重占比/%	小镇发展规划与设计	产业项目开发与培育	产业链运营与管理	产业效益与服务升级
康体型	65.56	7.49	22.75	4.20
赛事型	27.73	33.39	16.40	22.48
体验型	7	23.01	39.25	30.74
产业型	9.19	10.93	36.69	43.19

构建运动休闲特色小镇产业链运行的评价指标体系并得出各层次的指标权重，是本章研究的关键环节。本章在复杂适应系统理论、可持续发展理论、产业组织理论以及其他相关价值链理论、供应链理论、利益相关者理论、博弈论等理论的基础上，按照前文分析的运动休闲特色小镇产业链的概念与内涵、现状与模式、空间结构与产业基础、生成机理与构建机制、演化过程与发展模式

等内容，同时结合以往学者对小镇产业链的相关研究，主要阐述了以下内容，首先，识别并遴选出了运动休闲特色小镇产业链的四个环节，即运动休闲特色小镇产业链运行的评价指标体系的 4 个一级指标：小镇发展规划与设计、产业项目开发与培育、产业链运营与管理、产业效益与服务升级。其次，运用问卷调查、专家访谈等方法得出了二、三级指标并初步构建了运动休闲特色小镇产业链运行的评价指标体系。再次，运用因果分析法对评价指标进行遴选并构建出了一个包含 4 个一级指标、15 个二级指标、59 个三级指标在内的运动休闲特色小镇产业链运行的评价指标体系。最后，运用群组决策层次分析法建立了运动休闲特色小镇产业链运行的层次结构模型，根据四种不同类型小镇分别构造其判断矩阵，最终得到了各级指标权重及其总排序。本章研究的价值体现主要体现在以下两点，其一，使我们对不同类型运动休闲特色小镇各环节的指标占比有了较为客观的了解；其二，为之后构建运动休闲特色小镇产业链运行的评价指标体系并进行小镇产业链自适应系统模型的构建与仿真提供了参考。

第九章　运动休闲特色小镇产业链构建的实现路径

我国运动休闲特色小镇的产业链构建尚处于起步规划阶段，不论是试点还是正在筹建中的运动休闲特色小镇，其可持续发展都依赖于科学合理的产业链构建。本章立足于复杂自适应系统论，将产业链上的核心主体视为多智能体，一方面深入主体子系统与环境子系统内部，在探究企业、政府、中介组织等主体之间作用关系的基础上，整合规划地理、人文区位资源要素；另一方面，通过系统分析探究主体与环境两大子系统在产业链各环节上交互适应的机理机制，实现运动休闲特色小镇产业链构建的系统仿真，提出产业链构建战略决策。最终在小镇原有产业的基础上构建起新的运动休闲特色小镇产业链。结合较为成熟的系统科学理论与多智能体仿真方法，遵循运动休闲特色小镇自身发展规律，对运动休闲特色小镇已有的毛坯式体育产业基础进行构建修缮。不仅基于内部动态演化的机理机制从理论上构建起了运动休闲特色小镇自适应、自组织的产业链，而且通过产业链系统仿真、系统决策与评估等明晰了产业链科学、系统的实现方式。为运动休闲特色小镇产业链的实践构建提供了切实可行的现实操作路径，对正处于蓬勃式发展的我国运动休闲特色小镇建设来说，其应用价值是显而易见的。

第一节　运动休闲特色小镇产业链构建的路径选择依据

一、产业链构建的路径选择原则

（一）前瞻性原则

2019 年国务院办公厅印发的《体育强国建设纲要》中明确指出，要使"体育产业更大、更活、更优，成为国民经济支柱性产业"，运动休闲特色小镇则是这一目标实现的重要动能。当前产业发展愈发依赖产业链的作用，小镇产业链的构建关系到小镇的整体发展，这就要求构建者不仅要着眼当下也要考虑未来，更要充分认识到产业链构建的系统性、长期性与艰巨性，对产业链各层级的宏观及微观因素变化趋势要有所见解，立足高远、科学统筹产业链构建，制定符合实际情况的短、中、长期目标，形成合理的梯度分布。

（二）整体性原则

运动休闲特色小镇产业链构建的路径要立足于多角度，权衡整体得失。不同于传统意义上的乡镇，运动休闲特色小镇的产业链构建要在充分发挥自身优势的基础上对标西方国家发展成熟的运动休闲特色小镇。整体性原则主要包括以下两个部分：一方面，要着眼于全国体育资源开发及体育产业发展的大背景与总趋势，使运动休闲特色小镇产业链构建的路径选择符合政策的趋向及客观规律。另一方面，在充分利用我国现有体育资源的基础上，学习西方先进经验并结合实际情况进行改造，促进运动休闲特色小镇的整体发展。

（三）可行性原则

运动休闲特色小镇产业链构建的路径不仅要符合逻辑也要符合实际情况，如国内发展成熟的运动休闲特色小镇产业链的普适性如何？其产业链中的核心要素在我国是否真实存在？由于经济、政治、文化等方面存在差异，因此产业链构建的路径应当基于可行性原则。

（四）科学性原则

运动休闲特色小镇产业链构建的路径必须要建立在科学规划的基础上，由于产业链涉及小镇的多个环节与主体，其关系是环环相扣的，因此应当科学规划，要抓住产业链中的关键环节详细阐述，也要考虑主导产业与辅助产业间的相互关系，还要注重小镇产业结构的合理化与高级化，最后要考虑小镇产业规模及其造成的集群效应，以免承载力不足。

（五）重点性原则

运动休闲特色小镇产业链的构建涉及研发、生产与销售等环节，牵扯到以企业、小镇为首的多个主体，产业链的构建理论要求对各个环节与主体都进行构建，然而基于我国运动休闲特色小镇的发展现状，产业链的环节与主体构建不能同步进行，运动休闲特色小镇更应当根据当地资源与产业基础，先后有序有所侧重。

（六）兼容性原则

在经济欠发达的区域，运动休闲特色小镇产业链的构建不仅要考虑经济效益，还要考虑社会效益，突出其促进就业的积极作用。而在经济较发达的地区，运动休闲特色小镇产业链的构建更应考虑产业链构建与生态环境之间的关系。因此，运动休闲特色小镇产业链构建的路径不能只注重其中一方面的效益，而要综合考虑社会效益、生态效益等多种因素。

(七) 市场化原则

当前我国的经济体制为市场经济体制，企业所开展的经济活动的最终目的是为占据更多市场份额。各种业态的发展必须依托于市场需求才能获取收益，企业依靠效益生存并发展。运动休闲特色小镇产业链的构建应贯彻市场化原则，通过关联效应与协同效应获得竞争优势，从而使效益实现最大化。运动休闲特色产业链的构建必须以市场为导向紧紧围绕消费者，以市场规律办事。

(八) 渐进性原则

运动休闲特色小镇产业链的构建必然不可能一蹴而就，要充分尊重客观规律分阶段分层次进行，产业链的构建必须实现规模化、标准化与可溯化。运动休闲特色小镇的产业链构建必须按照价值规律循序渐进，要将各个环节有序组合，在产业链初具规模的基础上再考虑对其进行延伸与拓展。

二、影响运动休闲特色小镇产业链构建路径选择的因素

(一) 外部因素

1. 政策环境

国家政策的出台能够调整产业结构，以实现社会资源的最优配置，推动产业更为健康地发展。当前政策因素对产业链构建路径选择的影响集中在以下两个方面。一方面，政府政策往往从企业进出口、竞争及产品定价等方面予以限制，政策的改变能够从一定程度上对产业的演化产生作用，进而影响产业链构建的过程。另一方面，政策能够影响产业链构建过程中微观企业的行为。近年来，我国推出了许多针对运动休闲特色小镇产业的扶持政策。如 2018 年 11 月国家体育总局发布的《体育总局办公厅关于推进运动休闲特色小镇健康发展的通知》中明确指出要坚持产业建镇。以打造完整体育产业链条为目标，聚集体育产业高端要素，培育体育产业集群，将体育的价值充分渗透到新型城镇化与乡村振兴的各个领域。运动休闲小镇产业链的构建必须以政策为导向不断拓展与延伸。

2. 地理环境

运动休闲特色小镇产业链构建的路径选择需充分考量地理环境因素，地理环境主要由自然环境与人为环境组成。其中，自然环境指的是由水土、地域、气候等自然事物所形成的环境等，多种因素叠加会对运动休闲特色小镇的产业链构建与发展产生较大影响。自然环境能够影响到小镇产业的发展与居民生活，地形地貌也会影响产业布局。此外，小镇的土地资源也很重要，相关管制规则对土地用途和利用方式等均有规定。人为环境指受到人类直接影响和长期作用而

使自然面貌发生重大变化的地方，如农业、工业、交通和城乡居民点等各种生产力实体的地域配置条件和结构状态，其中对运动休闲特色小镇产业链构建较为重要的是交通条件，其关乎着产品生产及运输、游客出行的便捷度与小镇的吸引力等。

3. 人文环境

想要更好发展"体育＋"模式，除了大力发展体育项目增强核心竞争力外，还要充分挖掘地方所独有的资源禀赋，尤其是人文资源，运动休闲特色小镇要充分挖掘当地的体育民俗文化，发扬民俗体育运动，结合现代人的生活方式，将运动休闲娱乐等因素融会贯通，提高游客体验度，构建"产、城、人、文"渗透融合的局面，紧紧围绕体育文化背景、依托历史积淀，打造具有深刻文化底蕴的运动休闲特色小镇。

4. 市场环境

运动休闲特色小镇作为特色小镇的一大分支，与其他类型的特色小镇在一定程度上处于竞争关系。区别于传统意义上的旅游业，运动休闲特色小镇更具备体验功能。所以运动休闲特色产业链的构建应当充分考虑市场因素，如当地的体育人口、体育项目开展程度与影响力等。此外，运动休闲特色小镇作为体育服务综合体，从某种意义上来说也是市场，小镇内部的市场环境具有整体性、多样性与可诱导性等特征，其中，整体性指运动休闲特色小镇市场的发展需要统筹小镇居民生活及游客体验；多样性指小镇市场需根据小镇居民及游客的实际需求适时而变，其过程是动态调整的、多变的；可诱导性指小镇可通过互联网、报刊及其他媒体的形式进行营销，刺激小镇居民与游客消费。

5. 产业环境

产业环境通常要考虑产业的相关性与壁垒门槛，其中产业相关性指产业间的相互关联性，其主要包括以下几个要素：（1）市场关联，指其具有相同的市场与分销渠道。（2）生产关联，指具有共同的设备或原材料。（3）实体关联，指具有共同的市场与人才等。（4）虚拟关联，指品牌、信誉、产业形象等方面的联系。相关性从大到小依次为相同行业＞同行业上中下游产业＞相关产业与无关产业。产业链中大量存在着上下游关系和价值的相互交换，上游环节向下游环节输送产品或服务，下游环节向上游环节反馈信息；产业链的壁垒门槛直接影响到了产业链整体的构建路径，产业链的构建应当充分考虑收益成本，统筹各主体的相互关系。

（二）内部因素

1. 居住需求

运动休闲特色小镇的建设不能以"大而广"为目标，而应为"精而美"，要科学地做好整体规划与产业布局，从多个维度展示地貌特征、建筑特色，使小镇用地布局合理化、景观环境宜人化、公共空间层次化。此外，由于运动休闲特色小镇的产业链是围绕小镇展开的，所以不能仅考虑经济效益，还应满足小镇居民的居住需求，提高小镇空间布局的合理性，形成服务范围广、舒适度高的空间格局，在一定程度保留小镇原有建筑肌理的前提下，坚持以人为本的原则，对小镇的居住区及街道进行优化整合，在满足小镇居民居住需求的前提下构建产业链。

2. 就业需求

运动休闲特色小镇产业链的构建应当充分考虑人民群众的就业需求，尤其是小镇居民的就业需求，小镇产业链的构建如若能够吸纳更多农村剩余劳动力，实现就地安置并使其在产业链中发挥作用，让小镇居民享受到更好的公共服务和良好的居住环境，才能使小镇可持续发展。

3. 消费需求

改革开放以来，我国人民群众的消费需求经历了三次升级，分别为必需品消费、小康消费与品质消费。

各阶段时间如图 9-1 所示，其中，在必需品消费时期，消费者大多追求更高品质和更健康的基本消费，集中在衣食领域；在小康消费时期，家用电器等高档耐用消费品成为大多数居民的追求；在品质消费时期，人民群众在具备了基本的生活保障的基础上，更倾向于娱乐、文化及旅游上的消费。由此可以看出，运动休闲特色小镇要对体育项目进行科学开发，提高游客体验度，以促进消费，运动休闲特色小镇产业链的构建更应当考虑游客的实际需求，在满足游客及小镇居民"衣食住行"消费的基础上，拓展产业链，满足其精神层面的需求，从而带动消费。此外，产业链的构建应当更趋于多样化，在坚持主导产业的引导下，注重开发"购娱游医"消费需求，尽可能地扩大游客及小镇居民在运动休闲特色小镇中的消费需求。

图 9-1 我国居民消费趋势图

4. 社交需求

从运动休闲特色小镇的称谓中可提取到的关键词除"运动"外还有"休闲",当前我国旅游业主要由两部分构成,即休闲度假与观光旅游,其中休闲度假的占比相对较高。如果把"劳逸结合"中的"劳"比作体育运动,那么"逸"就是休闲。因此,运动休闲特色小镇游客的社交需求就显得尤为重要了。因此,运动休闲特色小镇产业链的构建也应满足游客的社交需求,应开发新的服务模式及相关产品,将小镇打造成交际的平台和社交的平台,如此一来才能形成持久的发展动力。

5. 生态需求

运动休闲特色小镇本质上是以体育项目为特色的综合服务体,其以小镇为主要载体发展,在习近平总书记"绿水青山就是金山银山"的理念下,应当在发展小镇经济的同时合理安排小镇的耕作制度,注重空气、水、土地等资源的综合治理,将山、水、林、湖与小镇共建为"命运共同体",充分地尊重自然、顺应自然,在保护生态环境的基础上,科学构建产业链。当前我国运动休闲特色小镇的主要发展模式为"体育+",即在依托体育资源的基础上,结合发展较好的产业融合发展,由于体育项目具有参与性特征,游客亲身在自然环境中体验后才能产生兴趣,在旅游过程中难免会造成一定的环境污染,如果没有妥善的解决方案,长此以往会严重影响生态环境。小镇产业链的构建需要充分考虑到生态环境问题,应坚持可持续发展战略,遵循预防原则,遵循代际公平理论,为下一代的利益考虑。

影响运动休闲特色小镇产业链构建路径选择的因素如图9-2所示。

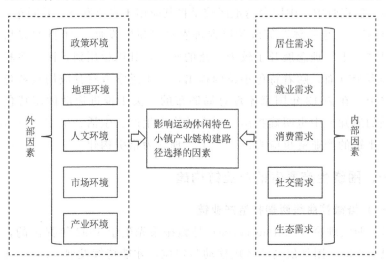

图9-2 影响运动休闲特色小镇产业链构建路径选择的因素

第二节　运动休闲特色小镇产业链构建的路径选择

通过探究影响运动休闲特色小镇产业链构建的因素，我们得知了小镇产业链构建应当统筹多方面的因素，那么下一步就运动休闲特色小镇产业链构建的路径展开分析，在此之前我们需要对运动休闲特色小镇的功能进行简单界定。

首先，运动休闲特色小镇建设是乡村振兴战略的重要保障，能够助力新型城镇化和健康中国建设，增加区域体育人口。因此，如何科学构建小镇产业链是极为重要的。通过翻阅文献，认为"三生"理念能够较好地指导小镇产业链的构建。

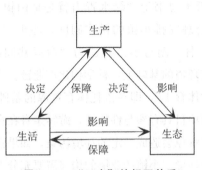

图 9 - 3　"三生"的相互关系

"三生"各要素之间相互影响，相互作用，该理念于 20 世纪 90 年代开始出现在人们视野中，中国台湾地区较早将其应用于农业发展，并颁布了"三生平衡协调""三生一体"等政策以促进农村可持续发展。21 世纪以后，中国大陆对"三生"理念展开了较为广泛的研究，其被运用到景区、乡村、城市规划等多个方面。随着特色小镇的提出，又不乏学者将其应用在特色小镇的建设之中，在 2018 年国家体育总局颁布的《关于推进运动休闲特色小镇健康发展的通知》中也明确指出，要有效推进生产、生活、生态"三生融合"，因此，小镇的产业链也应当以"三生"理念为指引构建。

一、围绕生产要素的产业链构建

（一）沿微笑曲线两端打造产业链

微笑曲线理论（smiling curve）是施振荣先生于 1992 年提出的，他认为企业只有不断往附加值高的区块移动与定位，才能持续发展。图 9 - 4 最左侧为研发环节，其位于产业链上游，附加值较高，产业类型为技术与资本密集型产业，该环节需要强大的科技、人才、设备与资金支撑。最右边是流通环节，位于产业链下游，产业类型为信息与管理密集型产业，该环节需要良好的产品口碑、出众的业务能力及广泛的人脉积累。中间是制造环节，位于产业链中游，产业类型为劳动密集型产业，该环节毛利润不高，但就业门槛低、就业率高。

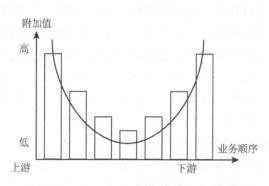

图 9 - 4　产业链的微笑曲线

微笑曲线理论同样适用于运动休闲特色小镇产业链的构建[①]。因此，应该构建模块化的运动休闲特色小镇产业链。一方面，要基于游客的实际反馈进行小镇特色运动项目产品的研发。另一方面，在商品流通及销售环节中要注重产品的推广效率与服务质量，而中间的制造环节则可以适当保留，以解决小镇居民的就业问题。

（二）打造一专多能的产业链布局

改革开放以来，我国居民的个性化消费需求愈发多样，为应对游客复杂的个性化需求，运动休闲特色小镇需构建以特色产业为主导的"一专多能"的产业链布局，此举一方面可通过跨行业融合形成多方位盈利模式，另一方面也能从一定程度上减少主导产业链出现问题时的损失，使小镇的盈利能力趋于平稳。此外，小镇建设可依托产业链中主导产业与辅助产业构建"一核多星"的放射状功能区布局，实现产业链中多个行业的有效对接。如法国的霞慕尼体育小镇，其以登山、滑雪两项运动，"两轮驱动"产业链，并将体育项目进行多方面的开发，仅登山项目就开发了 160 种不同的适合所有人的森林徒步路线。水上运动方面，也有峡谷漂流、激流冲浪、溯溪、溪降以及配有瀑布、激流、

① 杨鹏，张润强，李春艳. 全球价值链理论与中国制造业转型升级——基于微笑曲线趋平的视角[J]. 科技管理研究，2020，40（13）：189－195.

喷水器和按摩器的游乐池。小镇还致力于体育培训业的发展,是世界性的滑雪教练训练中心,有世界上第一所登山向导学校——法国国家滑雪登山学校(ENSA),还设有国家滑雪和高山警察培训中心、高山军校、高山医学研究所等相关的高山机构。

(三) 将新生业态融入产业链

当前,在信息时代数字化发展的推动下,"智慧+"逐渐成熟,其依托联网、大数据、移动互联网、云计算技术实现了传统业务与智慧应用的联合,以连接数据网络、挖掘数据价值、提供快捷服务、重塑业务价值等完成传统应用的转型。如小镇可基于大数据确定产业链的环节与主体,采用发展较为成熟的AR(增强现实)、VR(虚拟现实)与MR(混合现实)技术以提高游客的体验感,利用5G技术打造新业态等。

(四) 发挥龙头企业在构建产业链中的作用

龙头企业的发展情况可以代表一个地方产业的发展水平,运动休闲特色小镇产业链的构建如若能够拉动当地龙头企业,就可起到加强产业链稳定性的作用,龙头企业在产业链中发挥作用的同时也能够逐渐完善产业链,有效弥补产业链的短板,将小镇产业链做精做强。如青岛市即墨区温泉田横运动休闲特色小镇,依托青岛海尔体育产业发展有限公司的资源,设立了50亿规模的体育产业发展基金,引入美国国际管理集团(IMG)、AEG体育娱乐集团、倪德伦环球娱乐公司、国际酒店集团朱梅拉等国际一线产业资源,实现了多主体联动,共同致力于产业链发展。

二、围绕生活要素的产业链构建

(一) 将生活气息融入产业链

运动休闲特色小镇产业链的构建,应当充分考虑小镇的生活属性,以生活需求为导向构建与拓宽产业链,小镇产业链应当充分考虑到当地居民与游客的"衣、食、住、行、游、购、娱",拓宽完善产业链中的服务环节,以弱化小镇房地产化与旅游产品化趋势,突出小镇的生活气息,使游客有贴近感。小镇可基于游客特征开展低频率赛事活动、中频率休闲活动与高频率日常活动,给予顾客好的体验感。此外,要注重对小镇居民体育意识的培养,提升其对主导体育项目的了解程度,以烘托当地体育文化,增加对游客的吸引力。

(二) 打造向上延伸式产业链

向上延伸式产业链指产业链主打高端市场,打造品牌价值。该模式小镇应当基于小镇特色加强IP开发,基于小镇特色加强IP开发,丰富体育活动项目，提升游客的参与度和体验感，并不断优化传播策略精准提升品牌影响力。

（三）打造向下延伸式产业链

随着群众体育运动参与度的提高，体育服务水平短期内没有提升，则会导致体育内容同质化。因此，小镇产业链的构建需要精准对接体育产品供给与体育需求，以满足群众的多元化体育消费需求。如爱尔兰香侬高尔夫球小镇，其以高尔夫球为核心竞争力，充分发挥明星效应以提高赛事吸引力，为高端游客提供定制化服务，小镇还建设有酒吧、餐厅和会议室等场所，定制化的服务使小镇游客在满意度较高，其逐步发展为著名的高尔夫运动小镇。

（四）产业链与人才链有机衔接

在 2019 年国家科学技术奖励大会上，习近平总书记强调："硬实力、软实力，归根到底要靠人才实力。"运动休闲特色小镇产业链的构建应当充分考虑当地的人才链情况，产业链与人才链有机链接，赋予产业链足够的活力。小镇想要吸引人才，可通过定期举办投融资大会、人才招聘大会等活动解决企业的找资本难、找人才难的问题。要加强人才所需的教育、医疗以及城市广场、中心公园等公共设施的建设，在吸引外部人才的基础上，需充分挖掘小镇本地居民，对其展开培训，除了可以缓解小镇过度开发导致的矛盾外，还能解决小镇的就业问题，形成良好的人才储备。如意大利蒙特贝卢纳镇，其人才链的供给一方面来自政府在人才培养方面的大力支持，另一方面来自当地居民对制鞋手艺的代代传承。正是在这种人才链与产业链的有机结合下，蒙特贝卢纳镇的发展才有了不懈的动力。

三、依托生态要素进行产业链构建

（一）将生态思维融入产业链

运动休闲特色小镇产业链的构建必须树立绿色生态理念，将绿色生态纳入考量，兼顾产业链的"特色"与"绿色"。小镇产业链的构建必须要走一条绿色、集约、智能与低碳之路，在实现经济效益的同时也要实现生态效益，打造生态宜居小镇。依托小镇的生态资源构建产业链时，要增加绿色产品供给，兼顾生态与生产，为小镇绿色发展提供保障。

（二）借助优势资源打造产业链

在自然因素及人为因素长期的影响下，运动休闲特色小镇的生态环境不尽相同，而正是差异性的存在，为小镇的多样化发展提供了条件。因此，小镇产业链的构建应当充分考虑优势资源，一方面，充分利用当地的自然资源，另一方面，小镇产业链的构建应充分挖掘当地的人文资源，彰显体育文化特征。

（三）在环境承载力内构建产业链

当前，生态是我国经济发展的底线，运动休闲特色小镇产业链的构建必须充分考虑生态环境，以提高小镇经济发展的短期及长期效益。首先，要对小镇建设所造成的污染做出合理预测，不能超出当地生态环境的承载能力；其次，要合理控制污染排放量，促进小镇绿色发展；最后，要坚持受益与责任相匹配的原则，实行多主体补偿性措施，主体在受益的同时肩负着环境治理支出的责任。此外，小镇本地居民在享受开发红利的同时，也应当积极承担保护生态环境的责任，致力于小镇经济发展与环境治理的双赢。

（四）加强生态环境保护监管力度

运动休闲特色小镇产业链的构建需提高对中高污染企业的引入门槛，从源头上解决产业链中可能造成的污染问题。小镇产业链各环节的企业应尽可能地利用光电、光热、水（地）源等清洁能源与可再生性资源实施清洁生产，产业链中各主体应优化环保生产工艺。小镇管理部门应出台相关政策法规，以加强对环境污染的经济处罚力度，加快环境污染治理进程，为小镇生态发展提供制度上的保障。

第三节　运动休闲特色小镇产业链构建的
自适应模型仿真与决策

一、运动休闲特色小镇产业链自适应系统的特征及层次结构

（一）运动休闲特色小镇产业链自适应系统的特征

运动休闲特色小镇是一个承载全民健身和体育产业发展的庞大系统，又与旅游、文化、健康、养老等行业融合发展，其具有唯一性和多样性，其作为融合运动休闲产业与相关产业的新兴平台，通过复杂的要素构成、非线性关系将不同主体的功能和价值最大化。运动休闲特色小镇的参与主体包括中央政府及地方政府下属的体育部门、发改委、开发商、运营企业、金融机构、保险机构、高校、科研所、非政府组织、小镇居民、消费者等等。根据运动休闲特色小镇产业链构建过程中不同主体的职能，大致将主体划分为政府机构（牵头主体）、社会资本（资本主体）、中间服务机构（核心主体），以及使用者（资源主体）四类主体（见图9-5）。

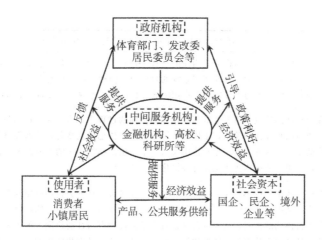

图 9 - 5　运动休闲特色小镇产业链多元主体聚集示意图

　　运动休闲特色小镇自身就是体育产业与相关产业融合发展的平台，产业间形成了联系紧密的产业群或产业链在区域空间上的集聚，因此运动休闲特色小镇产业链是在空间上高度集中的复杂巨系统，社会资本和使用者作为运动休闲特色小镇产业链的供需两端，而政府作为产业链健康发展的宏观调控主体，中间服务机构作为产业链发展的支持主体，其四者之间存在着相互作用的行为关系及资源整合流动。在运动休闲特色小镇产业链的构建过程中，资金流动、信息交流、资源配置等都以一定的方式和结构存在于系统当中，而在这其中，每一个要素都是一个子系统，子系统间通过信息交流不断组合形成新的结构，新的结构又成为涵盖初始元素的新子系统，彼此交融并螺旋式递增，以保证运动休闲特色小镇产业链适应外界环境，因此运动休闲特色小镇产业链系统是具有整体性和层次性的复杂适应系统，如表 9 - 1 所示，具有复杂适应系统的七个基本特征。

表 9 - 1　运动休闲特色小镇产业链的复杂适应系统特征注释表

基本点	运动休闲特色小镇产业链的复杂适应系统注释
集聚	在运动休闲特色小镇产业链构建的过程中涉及运动休闲、产业管理、金融等方面的知识和机器设备、体育场馆、交通运输等方面的设施，因此运动休闲特色小镇产业链的构建依赖于人力资本和物质资本的集聚，人力资本的集聚为运动休闲特色小镇产业链的构建提供持续增长的动力和竞争力，而物质资本的集聚则是运动休闲特色小镇产业链构建的过程中其他社会、人力资本积累的基础
非线性	在运动休闲特色小镇产业链构建的过程中政府机构、社会资本、中间服务机构和使用者主体之间的相互作用绝非简单的、被动的、单向的因果关系，单个主体可以持续作用于多个主体，其又持续受多个主体的影响，因此在运动休闲特色小镇产业链构建的系统中具备高阶次、多回路和非线性信息反馈结构的特征

续表

基本点	运动休闲特色小镇产业链的复杂适应系统注释
流	在运动休闲特色小镇产业链构建的过程中，资金、物质、信息、能量等必须要在各个主体之间持续流动，才能实现系统的自适应，因此运动休闲特色小镇产业链构建的过程中资本的集聚与主体间相互作用的非线性关系，形成了主体间关系网络的"流"
多样性	在运动休闲特色小镇产业链不断拓展和延伸的过程中，多个主体在参与的过程中不断形成新的相互作用关系，主体在系统中的生态位也随之变化，从而促进了系统整体结构的变化，这种主体、相互作用关系、生态位及结构要素的不断改变，使得运动休闲特色小镇产业链构建系统具有多样化的系统特征
标志	在运动休闲特色小镇产业链构建的过程中存在着多种动力机制以驱动各个主体之间的协作，从微观的角度来看，是驱动企业与体育部门、特色小镇原居民等政府部门及相关人群协同的机制，从宏观角度来看，是促进政府与社会协同、促进公共体育服务供给、拉动内需从而促进体育的经济功能、社会功能最大化的机制。这些机制就是运动休闲特色小镇产业链构建系统的标志
内部模型	在运动休闲特色小镇产业链构建的过程中，不同主体通过协同形成多种内生机制，这种内生机制引导主体形成多种响应系统与外部环境交换的模式，这些模式最终形成了运动休闲特色小镇产业链构建系统应对外界环境变化的多项功能
积木	积木是系统的基本要素，在运动休闲特色小镇产业链构建的过程中就是通过积木的重组而形成了政府机构、社会资本、中间服务商、使用者主体之间协作的高阶次、多回路的特征

（二）运动休闲特色小镇产业链自适应系统结构

根据复杂适应系统理论的基本思想，微观主体适应性行为的改变能够推动宏观系统结构的层次分化与整体涌现效果，因此在复杂适应系统中强调，主体之间以及主体与环境之间的相互作用是系统结构中的中枢环节，其相互作用产生的主体适应性行为是复杂系统演化的核心驱动力[①]。如图 9 - 6 所示，运动休闲特色小镇产业链自适应系统由多主体协同系统与外部环境两个系统层面构成。其中政府机构、社会资本、中间服务机构，以及使用者四类主体之间的交互行为构建了多主体系统层，社会环境、经济环境和生态环境构建了系统的外部环境系统层。系统主体被认知为具有能动性、自主性与感知性，能够自动感知外部环境的变化，能够通过自主学习经验并且调整自身行为来适应新环境，最终通过多主体系统与外部环境系统共同形成的有序自组织模式，催生整体系统的行为涌现，从而产生"整体大于部分之和"的运动休闲特色小镇产业链可持续发展前景。

---

① 高伟，龙彬．复杂适应系统理论对城市空间结构生长的启示——工业新城中工业社区适应性空间单元的研究与应用 [J]．城市规划，2012，36（5）：57—65.

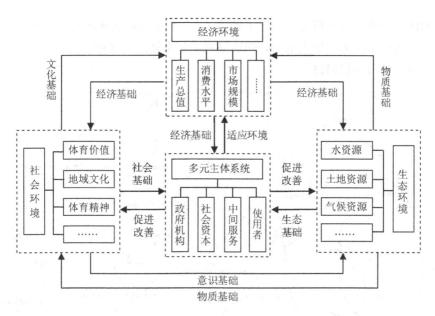

图 9 - 6　运动休闲特色小镇产业链自适应系统结构示意图

二、运动休闲特色小镇产业链自适应系统模型构建

（一）系统分析与关键变量拟定

在新常态下，特色小镇成为城镇化建设的有效载体和重要发展平台[①]，其中，运动休闲特色小镇的建设是促进地区社会经济转型升级的重要举措，因为，运动休闲特色小镇带来的经济效应与地区生产总值具有较强的相关关系。同时，劳动资源积累等因素是促进运动休闲特色小镇发展的关键因素，地区总人口的聚集程度亦反映着运动休闲特色小镇的建设能力。而从统计学的角度来看，若地区人口保持适当的迁入，则一定程度上表明了地区优秀人才相对增多，即地区劳动力资源更加丰富，此时地区总人口又反映了运动休闲特色小镇的发展水平。

考虑上述因素，将"运动休闲特色小镇建设资金""区域生产总值"和"地区总人口"作为表征运动休闲特色小镇产业链自适应系统状态的状态变量。

（二）系统动力学模型

基于上述对运动休闲特色小镇产业链自适应系统的特征、系统层次结构以

---

① 王天宇. 论乡村振兴战略背景下特色小镇的培育发展——基于特色小镇、中小企业与乡村振兴三者契合互动分析 [J]. 河南社会科学，2020，28（7）：105－111.

及关键变量的分析和拟定，构建了如图 9-7 所示的运动休闲特色小镇产业链构建自适应系统的因果关系图，图中呈现了复杂适应系统内部主体与环境之间的逻辑关系与反馈回路。

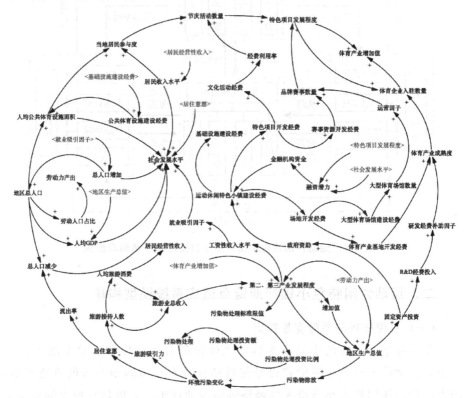

图 9-7 运动休闲特色小镇产业链构建自适应系统的因果关系图

其中以"运动休闲特色小镇建设经费"为核心的主要反馈回路有以下几点。

（1）运动休闲特色小镇建设经费→＋特色项目开发经费→＋赛事资源开发经费→＋品牌赛事数量→＋特色项目发展程度→＋融资潜力→＋金融机构资金→＋运动休闲特色小镇建设经费

（2）运动休闲特色小镇建设经费→＋基础设施建设经费→＋公共体育设施建设经费→＋人均公共体育设施面积→＋社会发展水平→＋融资潜力→＋金融机构资金→＋运动休闲特色小镇建设经费

（3）运动休闲特色小镇建设经费→＋特色项目开发经费→＋文化活动经费→＋经费利用率→＋节庆活动数量→＋特色项目发展程度→＋融资潜力→＋金融机构资金→＋运动休闲特色小镇建设经费

（4）运动休闲特色小镇建设经费→＋场地开发经费→＋体育产业基地开发

经费→＋体育产业成熟度→＋体育企业入驻数量→＋体育产业增加值→＋第二、第三产业发展程度→＋地区生产总值→＋固定资产投资→＋政府资助→＋运动休闲特色小镇建设经费

（5）运动休闲特色小镇建设经费→＋基础设施建设经费→＋公共体育设施建设经费→＋人均公共体育设施面积→＋当地居民参与度→＋节庆活动数量→＋特色项目发展程度→＋体育产业增加值→＋第二、第三产业发展程度→＋工资性收入水平→＋就业吸引因子→＋总人口增加→＋地区总人口→＋劳动人口占比→＋劳动力产出→＋地区生产总值→＋人均 GDP→＋社会发展水平→＋融资潜力→＋金融机构资金→＋运动休闲特色小镇建设经费

其中以"地区生产总值"为核心的主要反馈回路有以下几点。

（1）地区生产总值→＋污染物排放→＋环境污染变化→＋旅游吸引力→＋旅游接待人数→＋旅游业总收入→＋第二、第三产业发展程度→＋地区生产总值

（2）地区生产总值→＋固定资产投资→＋R&D（科学研究与试验发展）经费投入→＋研发经费补助因子→＋体育产业成熟度→＋体育企业入驻数量→＋体育产业增加值→＋第二、第三产业发展程度→＋地区生产总值

（3）地区生产总值→＋固定资产投资→＋政府资助→＋运动休闲特色小镇建设经费→＋场地开发经费→＋体育产业基地开发经费→＋体育产业成熟度→＋体育企业入驻数量→＋体育产业增加值→＋第二、第三产业发展程度→＋增加值→＋地区生产总值

仅限于篇幅，其他回路不再赘述。

（三）流图绘制与系统动力学方程

在图 9-5、图 9-6 中厘清了运动休闲特色小镇产业链构建的目标和适宜状态，以及产业链构建自适应系统内部系统结构和各要素之间的相互因果关系。在关系厘清的基础上，构建了图 9-8 的运动休闲特色小镇产业链构建自适应系统流图。

在图 9-7 呈现的产业型运动休闲特色小镇产业链系统流图中包含了各因素的属性、各因素间的因果关系以及具体反映两个因素之间具体关系的方程式，其中主要的方程如下。

（1）仿真初始时间＝2018 年

（2）仿真结束时间＝2028 年

（3）运动休闲特色小镇建设经费＝INTEGER（经费增加－基础设施建设经费－场地开发经费－特色项目开发经费）

（4）经费增加＝政府资助＋社会资本＋金融机构资金

（5）高等院校毕业人数＝｛［（2009，4e＋006）－（2028，1e＋007）］，（2009，

5.311e+006)，(2010，5.754e+006)，(2011，6.082e+006)，(2012，6.247e+006)，(2013，6.99e+006)，(2014，7.27e+006)，(2015，7.49e+006)，(2016，7.65e+006)，(2017，7.95e+006)，(2018，8.2e+006)，(2028，9.1e+006)}

（6）社会发展水平＝人均GDP×人均公共体育设施面积×居住意愿×居民收入水平

限于篇幅，其他方程式不再赘述。

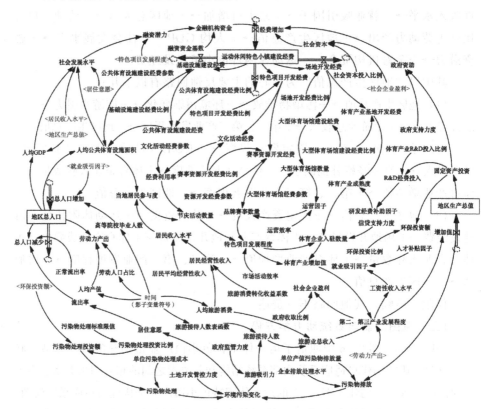

图9-8　运动休闲特色小镇产业链构建自适应系统流图

三、运动休闲特色小镇产业链自适应系统行为模式仿真

（一）原始数据的获取与说明

基于上述对运动休闲特色小镇产业链自适应系统的描述，结合某地区的运动休闲特色小镇实例，设定该地区的运动休闲特色小镇产业链自适应状态的评价模型参数。运动休闲特色小镇产业链自适应系统参数主要来源有两类，如运动休闲特色小镇建设经费、地区总人口、劳动人口占比、旅游接待人数表函数

等参数是通过《××县国民经济和社会发展统计公报》《××省环境统计数据》《××市统计年鉴》《PPP项目可行性研究报告》《赛迪满天星平台研究报告》①直接获得。而公共体育设置建设参数、文化活动经费参数、大型体育场馆经费参数等无法通过统计年鉴、统计公报或研究报告获得,需要根据统计年鉴等直接获取的相关数据,经过专家综合评价估算获得。

(二)仿真结果与分析

针对产业型运动休闲特色小镇选取污染物处理标准限制、企业排放处理水平、人才补贴因子、R&D经费投入、信贷支持力度、环保投资比例参数,考察地区生产总值、社会发展水平和环境污染变化;针对赛事型运动休闲特色小镇选取特色项目开发经费、赛事资源开发经费比例、大型体育场馆建设经费比例、场馆运营效率、企业排放处理水平参数;针对康体型运动休闲特色小镇选取污染物处理标准限制、企业排放处理水平、人才补贴因子、R&D经费投入、信贷支持力度、政府监管力度参数;针对体验型运动休闲特色小镇选取特色项目开发经费比例、市场活动效率、政府收取比例、企业排放处理水平、信贷支持力度、人才补贴因子参数分别对2018—2028年10年间四种类型的运动休闲特色小镇产业链构建自适应系统的行为模式进行仿真,并比对不同方案下产业型运动休闲特色小镇产业链构建的自适应行为,寻找最优的解决方案。

1.产业型运动休闲特色小镇产业链构建自适应系统的行为模式仿真

产业型运动休闲特色小镇以知名产品品牌或某个核心企业为主,形成以其为核心的相关企业和产业配套集聚,一般建设于大中城市周边地区。这一类型小镇的典型代表有浙江省湖州市德清县莫干山"裸心"体育小镇,莫干山小镇形成了以泰普森、五洲体育、乐居户外、久胜车业为主的体育用品制造业集聚区,以这四大品牌企业为核心,相关配套活动单位高达123家,同步配备德清县体育中心、塔山森林公园、莫干山国家登山步道等基础体育设施。

以浙江省湖州市德清县莫干山"裸心"体育小镇为产业型运动休闲特色小镇的代表作为分析对象,得出此类小镇在产业链的构建过程中将面临的困境,并通过调整不同的变量以为其选出适应的发展策略。针对产业型运动休闲特色

---

① 赛格满天星.赛迪满天星平台研究报告[EB/OL]. https://wenku.baidu.com/view/d7e17007a36925c52cc58bd63186bceb19e8ed88.html? fr=aladdin664466&ind=1&_wkts_=1690028470371&bdQuery=国民经济和社会发展

小镇产业链构建自适应系统的三种策略参数调整如表 9 - 2 所示。

表 9 - 2 产业型运动休闲特色小镇产业链构建系统动力学模型调控参数变化

变量	策略 Ⅰ	策略 Ⅱ	策略 Ⅲ
污染物处理标准限制	0.5	0.6	0.6
企业排放处理水平	0.05	0.1	0.1
人才补贴因子	0.03	0.03	0.4
体育产业 R&D 经费投入	0.05	0.05	0.06
信贷支持力度	0.02	0.02	0.03
环保投资比例	0.04	0.04	0.06

（1）产业型运动休闲特色小镇产业链构建策略Ⅰ仿真

图 9 - 9 呈现了当前情况下产业型运动休闲特色小镇产业链构建自适应系统仿真的发展情况，地区生产总值（曲线 1）在持续增长，环境污染水平（曲线 2）也随着地区生产总值的增长而增长，而区域社会发展水平（曲线 3）在2018－2025 年间呈现增长的势头但在 2025 年后却呈现了滑落的趋势。可见，以体育用品制造业为主导的产业型运动休闲特色小镇在近几年特色小镇的发展中获得了政府、社会资本和金融机构的资金支持，在获得经费支持、政策利好的情况下，形成了产业高度集群的体育产业基地，这样的集聚不仅为区域内的相关企业提供了颇具规模且便捷的专业化市场，更是形成了区域内包含若干个小产业链的产业型运动休闲特色小镇的完整产业链，在这种产业链高度集聚的磁场效应中，生产链细化分工既节约了企业的成本又提高了生产效率，同时也因为磁场效应吸引了大量人才，是区域内体育产业甚至是第二、三产业的发展的重要推手。区域内经济的增长、人口结构以及居民生活基础设施的改善促进了区域内社会整体发展水平的提升。虽然保持资金的投入可以使产业型运动休闲特色小镇的经济效益持续增长，但是场地开发、制造业企业集聚带来的生态问题是困扰产业型运动休闲特色小镇可持续发展的重要阻碍，在图 9 - 9 中可见，尽管社会发展水平（曲线 3）随区域生产总值（曲线 1）增长而增长，经济的快速增长超过了区域环境承载能力，因此环境污染（曲线 2）随之增长，污染问题持续加重造成了企业和居民冲突、人口流失等的严重社会问题，社会发展水平（曲线 3）在 2025 年后呈现滑落的趋势，显然在足够的资本支持下运动休闲特色小镇产业链的辐射区域经济增长，但在民生、生态问题上使产业型运动休闲特色小镇的产业链的深陷于脱离"产城人文"多种要素协同发展的

运动休闲特色小镇构建意义的困境中。① 从而导致运动休闲特色小镇整体难以实现可持续发展。

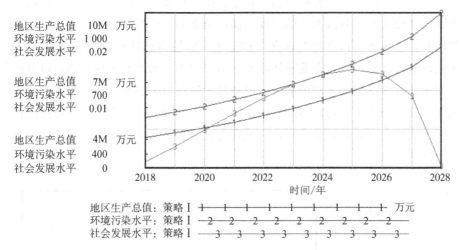

图 9 - 9　产业型运动休闲特色小镇产业链构建策略 I 仿真示意图

实际上，短期内在产业型运动休闲特色小镇持续地开发和建设过程中持续注入资金，可以激活产业内部的驱动力，但未能形成产业型运动休闲特色小镇自适应于外部环境变化的内生机制，因此也不能充分调动小镇当地居民、专业人才迁入的积极性，也难以实现"宜产宜居"的发展目标。因此在后续的发展调整当中，改善环境污染、提高区域社会发展的整体水平是促进产业型运动休闲特色小镇可持续发展的重要举措。

（2）产业型运动休闲特色小镇产业链构建策略 II 仿真

为了解决产业型运动休闲特色小镇在原有产业链发展过程中面临的生态问题，在策略 II 当中针对生态环境破坏问题分别从政府和企业两个方面调整了染物处理标准限制和企业排放处理水平，将污染物处理标准限制调整至 0.6，企业排放处理水平调整至 0.1。仿真结果如图 9 - 10 所示，在维持区域生产总值高速发展态势不变（曲线 1、2）的基础上，环境污染水平在策略调整后（曲线 3）对比策略 I 自然发展（曲线 4）整体下降，且随着地区生产总值的增长，增幅也有所下降，社会发展水平在策略调整后（曲线 5）呈上升（2018—2023年）—快速上升（2023—2028 年）的变化态势，对比策略 I 自然发展（曲线 6），

① 王成. 中外比较视域下的体育小镇认知反思与重构 [J]. 上海体育学院学报，2020，44（1）：78－86＋94.

在 2021 年后呈现持续增长。说明伴随着制造业的快速发展，在制造过程中污水、废弃等污染物的排放对环境仍然造成了一定的影响，但通过政府加大监控力度、提高污染物处理标准限制、勒令企业自身加大环保经费投入，提高了污染排放处理水平，从源头开始管控，使污染物的排放得到了控制。经济保持持续增长，生活环境污染问题也在可控范围，区域内整体社会发展水平在 2023 年后以迅猛之势增长，企业整体收益、居民的生活水平和居住意愿，以及体育产业增加值等都呈现上涨的势头。但是尽管解决了生态和生活的问题，但以制造业为核心的产业型运动休闲特色小镇的可持续发展，还需要在产业链的构建过程中实现产业链的优化升级，广纳优秀人才和企业，为区域体育制造业的发展增添活力。

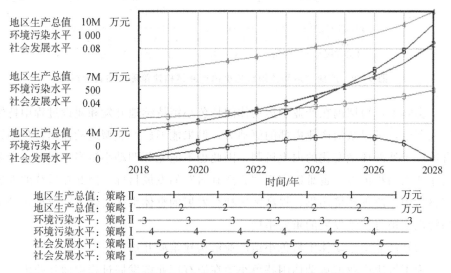

图 9 - 10 产业型运动休闲特色小镇产业链构建策略 Ⅱ 调整的仿真对比示意图

（3）产业型运动休闲特色小镇产业链构建策略Ⅲ仿真

针对策略Ⅰ策略Ⅱ方案各自存在的缺陷，基于生产—生活—生态的运动休闲特色小镇产业链构建模式，在策略Ⅰ的污染物处理标准限制、企业排放处理水平参数的基础上再将环保投资比例、人才补贴因子、R&D 经费投入、信贷支持力度等生产相关参数进行调整。仿真结果如图 9 - 11 所示，在保持污染物排放不增加、社会发展水平增加的基础上，确保了地区生产总值（曲线 1，相对于曲线 2、3）的快速增长。从经济效益的角度来看，尤其是对于深受人才和技术影响的产业型运动休闲特色小镇产业链构建而言，单方面紧抓生态和生活问题尽管营造了宜居的生活条件，确实能缓解近年来运动休闲特色小镇建设热潮造成的环境容量日趋饱和、环境承载压力不断加大的问题，但制约了运动休闲特色小镇本身产业经济的快速发展，从长远的角度来看，采取保守型的发展策略并不能提升小镇居民的参与感和企业的发展水平，而通过提高人才补贴因子、R&D经费投入、信贷支持力度，即引进优秀人才和提高科研经费投入水平，不仅可以提高产业型运动休闲特色小镇的生产技术创新水平，而且能提高对污染物的处理水平，同时，在发展前期（2024年）小镇社会发展水平（曲线7）尽管增长幅度相对较小，但相较于策略Ⅰ（曲线8）和策略Ⅱ（曲线9）明显高，且在发展中后期社会发展水平呈现快速增长的趋势。因此策略Ⅲ的方案调整，是在促进体育制造业发展的同时，兼顾生态和生活，不仅使经济效益快速增长，也提升了小镇居民、从业人员的生活质量，实现了产业型运动休闲特色小镇产业链构建的自适应发展。

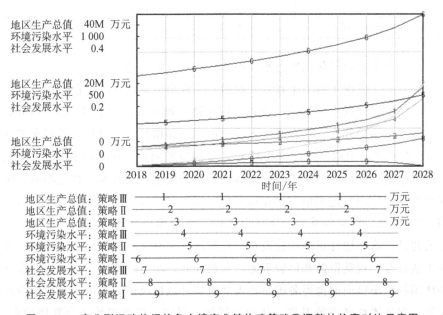

图9-11　产业型运动休闲特色小镇产业链构建策略Ⅲ调整的仿真对比示意图

2. 赛事型运动休闲特色小镇产业链构建自适应系统的行为模式仿真

赛事型运动休闲特色小镇依托赛事或当地体育项目发展，一般坐落于具有一定文化底蕴的城市周边。广西防城港防城区"皇帝岭－欢乐海"滨海体育小镇是赛事型运动休闲特色小镇的典型代表，以自身为滨海城市的优势，发展水上运动项目和马拉松项目，引进了中国－东盟国际马拉松赛、UCI长距离自行车世界巡回赛、十万大山国际越野挑战赛、国际帆船赛等品牌赛事，以运动休闲特色小镇为发展平台构建了以水上运动和马拉松运动为主的滨海运动、游乐、旅游服务、会展经济生态产业链。

以广西防城港防城区"皇帝岭—欢乐海"滨海体育小镇为赛事型运动休闲特色小镇的代表作为分析对象，得出此类小镇在产业链的构建中将面临的困境，并通过调整不同的变量以为其选出适应的发展策略。针对赛事型运动休闲特色小镇产业链构建自适应系统的三种策略参数调整如表 9-3 所示。

表 9-3 赛事型运动休闲特色小镇产业链构建系统动力学模型调控参数变化

变量	策略 I	策略 II	策略 III
特色项目开发经费比例	0.4	0.45	0.45
赛事资源开发经费比例	0.3	0.7	0.7
大型体育场馆建设经费比例	0.7	0.8	0.8
场馆运营效率	0.05	0.055	0.055
污染物处理标准限制	0.5	0.5	0.6

（1）赛事型运动休闲特色小镇产业链构建策略 I 仿真

图 9-12 呈现了策略 I 自然发展模式下赛事型运动休闲特色小镇系统仿真的发展情况，地区生产总值（曲线 1）在持续增长，环境污染水平（曲线 2）也随着赛事场地开发、参赛观赛人流量的增多而增长，区域社会发展水平（曲线 3）在发展前中期（2018—2023 年）呈现高速增长，而在后期（2023 年后）呈现平缓增长。可见，赛事型运动休闲特色小镇是"友好型"特色小镇，由于赛事型运动休闲特色小镇在构建过程中，需要建设高标准的硬件设施，包括公路、5G 基站、楼房等基础的生活设施以及体育场地和体育设施、运动娱乐设施的建设，这些硬件设施的建设在一定程度上丰富了当地居民、参赛者和游客的生活资源、观赏资源和体验资源，与此同时，随着办赛水平提高，赛事型运动休闲特色小镇面向世界各国参赛者和游客开放性越强，有助于当地旅游业的发展，促进体育经济的发展，从而发展地方经济，提高当地社会发展的水平，因此，区域社会发展水平（曲线 3）随着地区产生总值（曲线 1）的增长保持着持续增长。虽然地区产生总值（曲线 1）和区域社会发展水平（曲线 3）保持着持续增长，但赛事型运动休闲特色小镇也因为场地开发、游客活动面临着严峻生态问题，环境污染水平（曲线 2）随着地区产生总值的增长（曲线 1）持续增长，因为污染加重，以至于社会发展的水平（曲线 3）在后期增长平缓。

在发展前期，赛事型运动休闲特色小镇满足于区域的经济效益和社会效益增长，但由于未将生态问题纳入产业链构建的计划中，因此也难以实现可持续发展，同时在发展的中后期，赛事资源开发和场馆建设不充分也不能充分调动当地人力、物力资源。因此在后续的发展过程当中，将加大赛事资源开发力度和促进场馆建设以及改善环境污染纳入赛事型运动休闲特色小镇的产业链构建的战略思考，是实现可持续发展的关键。

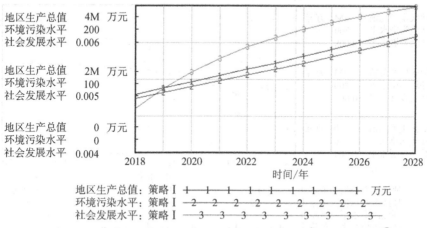

地区生产总值：策略Ⅰ ┼─┼─┼─┼─┼─┼─┼─┼─┼─┼─┼ 万元
环境污染水平：策略Ⅰ ─2─2─2─2─2─2─2─2─2─2─2─
社会发展水平：策略Ⅰ ─3─3─3─3─3─3─3─3─3─3─3─

图 9 - 12　赛事型运动休闲特色小镇产业链构建策略Ⅰ仿真示意图[①]

（2）赛事型运动休闲特色小镇产业链构建策略Ⅱ仿真

为了解决在赛事型运动休闲特色小镇产业链构建面临的问题，在策略Ⅱ的调整当中，为了加大赛事资源开发力度和促进场馆建设，将特色项目开发经费比例调整至 0.45，将赛事资源开发经费比例调整至 0.7，将大型体育场馆建设经费比例调整至 0.8，将场馆运营效率调整至 0.055，仿真结果如图 9 - 13 所示：相对于策略Ⅰ（曲线 2），地区生产总值（曲线 1）得到了整体性的提高，可见，通过提高特色项目开发经费，围绕赛事本身，开发多元业态，同时提高大型体育场馆建设经费，建设国际化场馆，在此基础上充分利用场地，举办多元化、高水平的专业赛事和大众赛事，为参赛者和观赛者提供了良好的参赛、观赛体验，从而能为区域、赛事组织者、小镇居民带来良好的经济效益。同时提高了场馆运营效率，通过大赛获得了经济效益，通过体育基础设施服务全民共享获得了社会效益。因此经过调整后社会发展水平（曲线 5）相对于策略Ⅰ（曲线 6）具有整体性的提高。但尽管调整了赛事型运动休闲特色小镇产业链构建过程中的赛事资源、场馆开发运营等生产经营性活动，但仍然不足以解决

---

①　前瞻产业研究院．中国体育小镇建设规划与运营管理分析报告［EB/OL］．https：//baijiahao. baidu. com/s? id=1625586458971858779&wfr=spider&for=pc

生态污染问题，因此随着污染水平（曲线3）的增长社会发展水平（曲线5）总体呈现快速增长－平缓增长－保持稳定的状态，生态污染问题仍然是阻碍赛事型运动休闲特色小镇产业链高速发展的阻碍。因此还需要调整以解决场地开发、游客活动造成的环境污染问题。

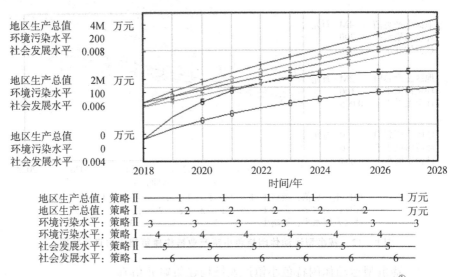

地区生产总值：策略Ⅱ ——1——1——1——1——1—— 万元
地区生产总值：策略Ⅰ ——2——2——2——2——2—— 万元
环境污染水平：策略Ⅱ —3——3——3——3——3——3—3
环境污染水平：策略Ⅰ —4——4——4——4——4——4—
社会发展水平：策略Ⅱ —5——5——5——5——5——5—
社会发展水平：策略Ⅰ —6——6——6——6——6——6—

图 9-13　赛事型运动休闲特色小镇产业链构建策略Ⅱ仿真示意图[①]

（3）赛事型运动休闲特色小镇产业链构建策略Ⅲ仿真

针对策略Ⅱ方案因高频率的场地开发、游客活动导致环境的污染问题，保持策略Ⅱ调整中特色项目开发经费比例、赛事资源开发经费比例、大型体育场馆建设经费比例、场馆运营效率不变，将污染物处理标准限制提高至 0.6，仿真结果如图 9-13 所示，环境污染水平（曲线4）相对于（曲线5、6）整体大幅度下降，地区生产总值（曲线1）也随着污染减少呈现高速增长的态势，在保持经济效益增长和生态环境破坏减少的基础上，区域社会发展水平（曲线7）也有了整体性的大幅度提升。因此，通过策略Ⅲ方案的调整，除了赛事＋旅游本身带来的直接经济效益以外，区域知名度的提升、经济效益的提高对人均基础设施面积扩增、小镇居民素质和生活水平的提高以及人才引进，都具有间接的积极作用。

---

① 前瞻产业研究院．中国体育小镇建设规划与运营管理分析报告［EB/OL］．https：//baijiahao．baidu．com/s？id=1625586458971858779&wfr=spider&for=pc

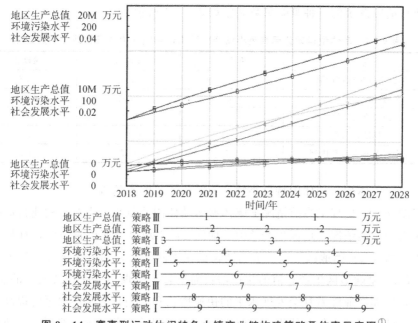

图 9 - 14　赛事型运动休闲特色小镇产业链构建策略Ⅲ仿真示意图[①]

3. 康体型运动休闲特色小镇产业链构建自适应系统的行为模式仿真

康体型运动休闲特色小镇是依托当地特殊优秀的生态环境、以发展康养休闲运动项目为主题，结合当地生态环境利用瑜伽、太极拳等强度较小的运动项目，与度假旅游业融合发展，以健康、养生为目标的运动休闲特色小镇。此类型小镇一般坐落于离大城市较远且自然环境良好的地方，配套高端完善的健康服务与配套设施，一般面向中老年或需要运动康复的人群。云南省昆明市安宁市温泉国际网球小镇是康体型运动休闲特色小镇的典型代表，安宁市温泉镇因天然温泉碧玉泉而得名，周边还有龙山、笔架山、九子目山等山脉和螳螂川、甸中小河、箐门口小河等河流，其利用温泉对运动损伤康复、旅游疲劳的修复功能发展康养旅游业，2012 年，其在原有旅游业的基础上引入了网球赛事，2017 小镇引进了一系列运动休闲特色小镇试点项目，自此开始构建"体育＋温泉＋旅游"的康体型运动休闲特色小镇。

以云南省昆明市安宁市温泉国际网球小镇为康体型运动休闲特色小镇的代表作为分析对象，得出此类小镇在产业链的构建中将面临的困境，并通过调整不同的变量以为其选出适应的发展策略。针对康体型运动休闲特色小镇产业链

---

①　前瞻产业研究院. 中国体育小镇建设规划与运营管理分析报告［EB/OL］. https：//baijiahao. baidu. com/s？id＝1625586458971858779＆wfr＝spider＆for＝pc

构建自适应系统的三种策略参数调整如表 9-4 所示。

表 9-4　康体型运动休闲特色小镇产业链构建系统动力学模型调控参数变化

变量	策略Ⅰ	策略Ⅱ	策略Ⅲ
污染物处理标准限制	0.5	0.6	0.6
土地开发管控力度	0.03	0.04	0.04
信贷支持力度	0.02	0.02	0.03
市场活动效率	0.03	0.033	0.03
赛事资源开发经费比例	0.7	0.7	0.3

（1）康体型运动休闲特色小镇产业链构建策略Ⅰ仿真

图 9-15 呈现了当前情况下康体型运动休闲特色小镇产业链构建自适应系统仿真的发展情况，地区生产总值（曲线 1）表现出快速增长态势，环境污染水平（曲线 2）因地区生产总值的增长也在不断增长，同时区域社会发展水平（曲线 3）紧随地区生产总值的快速增长而增长，呈现出"此长彼长"的态势。可见，康养产业随着社会发展水平的快速增长和人们日常生活水平的提高，逐渐成为朝阳产业。但具体而言（见图 9-15），社会发展水平（曲线 3）随地区生产总值（曲线 1）的增长而增长，但经济的快速增长超过了区域环境承载能力，因此环境污染（曲线 2）随之增长。进一步分析，康体型运动休闲小镇产业链是以生态环境为基础的运动休闲特色小镇，但是生态环境污染制约着康体型小镇的健康可持续发展。

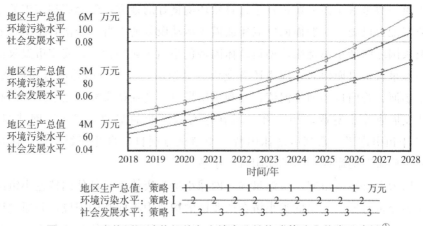

图 9-15　康体型运动休闲特色小镇产业链构建策略Ⅰ仿真示意图[①]

　　①　中国情报网．中国体育小镇发展现状分析［EB/OL］．https：//baijiahao.baidu.com/s？id＝1622075881391566095＆wfr＝spider＆for＝pc

高度依赖生态环境的康体型运动休闲特色小镇产业链必须在建设中重点关注生态环境问题，场地投资数额大、建设时间长，反而难以实现可持续发展。因此在后续的发展过程中，优化场地开发、减少环境污染、提高区域社会发展的整体水平，是康体型运动休闲特色小镇可持续发展的重要举措。

（2）康体型运动休闲特色小镇产业链构建策略Ⅱ仿真

为了解决康体型运动休闲特色小镇在原有产业链发展过程中面临的生态问题，在策略Ⅱ当中针对生态环境破坏的问题分别从政府和土地开发两个方面调整了污染物处理标准限制和土地排放处理水平，将污染物处理标准限制调整至 0.6，土地排放处理水平调整至 0.04。仿真结果如图 9-16 所示，环境污染水平在策略调整后（曲线 3）对比策略Ⅰ自然发展（曲线 4）整体下降，地区生产总值因环境污染水平下降（曲线 1）对比策略Ⅰ自然发展（曲线 2）呈现下降趋势，社会发展水平在策略调整后（曲线 5），对比策略Ⅰ自然发展（曲线 6）也呈现下降趋势。说明伴随着康体型运动休闲特色小镇的快速发展，建设过程中废水、废渣、废气等污染物的排放对环境仍然造成一定的影响，尽管解决了环境污染物排放的问题，以康养产业为核心的康体型运动休闲特色小镇的可持续发展，还需要带动一系列融养老服务为一体的综合项目开发，带动医疗、护理、餐饮、旅游、经济、金融等多产业协同发展。因此需要在产业链的构建过程中实现优化升级，在规划时应多元开发，强化以健康养生、休闲养老等健康产业为核心，结合当地的文化活动，以康体＋旅游的模式延伸产业链，推动产业链的健康高效发展，实现小镇的经济效益增长。

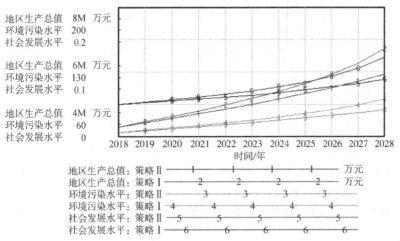

图 9-16 康体型运动休闲特色小镇产业链构建策略Ⅱ调整的仿真对比示意图[①]

---

① 中国情报网. 中国体育小镇发展现状分析 [EB/OL]. https://baijiahao.baidu.com/s?id=1622075881391566095&wfr=spider&for=pc

（3）康体型运动休闲特色小镇产业链构建策略Ⅲ仿真

结合康体型运动休闲特色小镇的特点，针对策略Ⅰ、策略Ⅱ方案各自存在的缺陷，基于生产和生态协同的康体型运动休闲特色小镇产业链构建模式，在策略Ⅲ的污染物处理标准限制、土地开发管控力度的基础上再将信贷支持力度、市场活动效率、赛事资源开发经费比例的参数进行调整。仿真结果如图9-17所示，在保持污染物不增加、社会发展水平提升的基础上，确保了地区生产总值（曲线1，相对于曲线2、3）的快速增长。因此，需要降低赛事资源开发经费，提高文化活动开发经费比例，以康养体育项目为核心，吸引企业进驻与开展金融投资，从而形成康体型运动休闲特色小镇产业链。同时，生态环境保护将显著提升宜居度，此时社会发展水平（曲线7）呈现明显上升趋势。因此，策略Ⅲ的方案调整，不仅使小镇经济效益快速增长，也保护了小镇的特色文化，更能充分挖掘当地的文化资源和康养资源，继而使康体型运动休闲特色小镇产业链在传承－保护－发展中实现自适应发展。

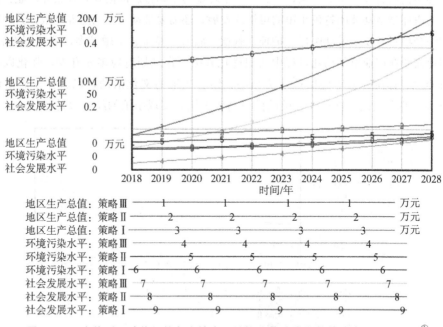

图9-17　康体型运动休闲特色小镇产业链构建策略Ⅲ调整的仿真对比示意图①

---

① 金媛媛. 运动休闲特色小镇发展现状与趋势［EB/OL］. https：//www.sohu.com/a/454802
669_505583

4. 体验型运动休闲特色小镇产业链构建自适应系统行为模式仿真

体验型运动休闲特色小镇是以良好的生态环境为基础，依托当地已有旅游景点与完善的相关配套设施，开展参与性强、难度较低及普适性较高的运动休闲项目的特色小镇。此类型的小镇在原先良好的自然环境和人文环境的基础上，将运动休闲项目设施建设在景区内，构建具有区域特色的大众赛事和承接高规格竞技赛事，形成了极具特色的赛事品牌。顺义区张镇运动休闲特色小镇为此类型小镇的典型代表之一，其依托龙凤山景区，围绕张镇灶王文化节，开设泥泞跑、钓鱼等赛事，其中泥泞跑还包含泥泞精英赛、泥泞挑战赛、泥泞亲子赛三大组别，能让更多的人享受一场酣畅淋漓的泥泞盛宴。

以北京市顺义区张镇运动休闲特色小镇为体验型运动休闲特色小镇的代表作为分析对象，得出此类小镇在产业链的构建过程中将面临的困境，并通过调整不同的变量以为其选出适应的发展策略。针对体验型运动休闲特色小镇产业链构建自适应系统，三种策略参数调整如表9-5所示。

表9-5 体验型运动休闲特色小镇产业链构建系统动力学模型调控参数变化

变量	策略Ⅰ	策略Ⅱ	策略Ⅲ
特色项目开发经费比例	0.5	0.53	0.53
基础设施建设经费比例	0.3	0.35	0.35
市场活动效率	0.05	0.055	0.055
政府收取比例	0.03	0.03	0.02
政府监管力度	0.01	0.01	0.015
信贷支持力度	0.02	0.025	0.025
人才补贴因子	0.04	0.045	0.045

（1）体验型运动休闲特色小镇产业链策略Ⅰ自然发展仿真

从体验型运动休闲特色小镇产业链构建策略Ⅰ自然发展仿真示意图（如图9-18）可以看出，地区生产总值（曲线1）与环境污染水平（曲线2）均呈现上升态势，但是地区生产总值（曲线1）增长缓慢，环境污染水平（曲线2）涨幅较大，社会发展水平（曲线3）则呈现出缓慢下降的趋势。由此可知，体验型运动休闲特色小镇在国家重视、政策支持的有利条件下得以萌生，在政府、企业、小镇居民的三维运营下得以发展。通过打造体验型运动休闲特色小镇，将"运动参与＋观光旅游"集聚在一起，形成了一条适合体验型特色小镇的产业链，从而盘活了地区经济。

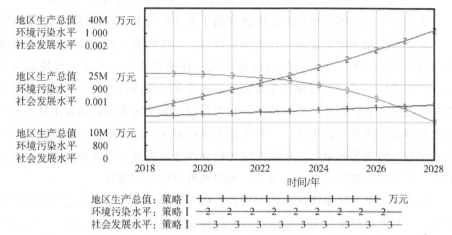

图 9-18　体验型运动休闲特色小镇产业链构建策略 I 自然发展仿真示意图[①]

事实上，处于初步发展阶段的体验型运动休闲特色小镇离不开后续资金的持续注入，在后续的发展过程中如果不能妥善解决环境污染问题，任由社会发展水平下降，可能会引起一系列的恶性循环，如小镇生态环境破坏、生活水准下降、生产停滞。因此，在今后的发展过程中要改善小镇生态环境，提高社会发展的整体水平，提升当地居民的消费热情，促进体验型运动休闲特色小镇的科学、可持续发展。

（2）体验型运动休闲特色小镇产业链策略 II 仿真

为了解决体验型运动休闲特色小镇在原来的产业链发展过程中所遇到的环境污染问题和提升当地居民的消费热情，在策略 II 当中针对生态环境被破坏的问题，从政府和市场两个维度调整了政府监管力度和基础设施建设经费比例，将政府监管力度调整至 0.015，将基础设施建设经费比例调整至 0.35。仿真结果如图 9-19 所示，在维持地区生产总值发展趋势大体不变（曲线 1）（曲线 2）的状态下，环境污染水平在调整后（曲线 3）对比自然发展（曲线 4）有所下降。社会发展水平（曲线 6）经过调整变量后得到（曲线 5），调整后的社会发展水平呈现出稳步增长的发展趋势。说明在加大政府管控力度后，小镇环境相较于之前有了很大改进。在增加基础设施建设面积与小镇居民人均公共体育设施面积的基础上，需将区域特色体育项目参与融入到小镇居民的日常生活当中，以弥补体育旅游市场淡季消费不足的问题。虽然通过调整政府监管力度和

① 金媛媛. 运动休闲特色小镇发展现状与趋势［EB/OL］. https://www.sohu.com/a/454802669_505583

基础设施建设经费比例，淡季消费不足的问题得以改善，但小镇产业链还比较单一，还需进一步开发更加多元的产业。

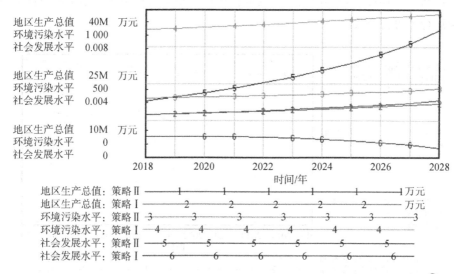

图 9 - 19　体验型运动休闲特色小镇产业链构建策略Ⅱ调整的仿真对比示意图①

（3）体验型运动休闲特色小镇产业链策略Ⅲ仿真

通过对策略Ⅰ和策略Ⅱ的方案分析可知，该两种方案均存在各自的缺点，基于运动参与＋观光旅游的运动休闲特色小镇产业链构建模式，在策略Ⅱ的基础上再将特色项目开发经费比例、市场活动效率、信贷支持力度、人才补贴因子、政府收取比例这五个相关变量的参数进行调整。仿真结果如图 9 - 20 所示，通过增加特色项目开发经费比例、提高市场活动效率，促进当前体育项目多样化发展和体育场馆的多样化运营；通过提高信贷支持力度、减少政府收取比例，缓解企业在开发和运营中的债务和资金周转困难的问题；通过提高人才补贴因子，吸引专业性的体育旅游人才和体育项目运动指导人才，为消费者提供专业化、沉浸式的服务，将一次性体验转变为再次体验，甚至是接受该体育项目的训练。地区生产总值（曲线 1）得到了快速的增长，在政府加强监管力度后环境污染得到了控制。环境污染水平（曲线 4）虽然仍然呈现缓慢增长的态势，但较于策略Ⅰ、策略Ⅱ（曲线 5、6）实现了大幅度的下降，可以认为环境污染处于可控范围。社会发展水平（曲线 7）随着时间变化增长幅度越来越大。

① 前瞻产业研究院 . 体育小镇建设现状及前景预测［EB/OL］. https：//www.douban.com/note/710026282/?＿i＝0028217SdzNR5w

因此策略Ⅲ方案的调整核心是促进小镇体育产业发展，同时也将提高地区生产总值，促进生态环境和谐，在以社会发展水平为中心的前提下，实现地区生产总值与生态环境二者协同发展，共同促进体验型运动休闲特色小镇产业链的科学运行、可持续发展。

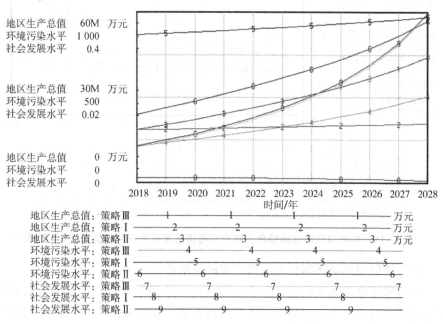

图 9 - 20 体验型运动休闲特色小镇产业链构建策略Ⅲ调整的仿真对比示意图[①]

综合上述分析可以看到，运动休闲特色小镇产业链的发展提高了地区的经济和社会发展水平，但整体来看，地区经济增长幅度较低，又因大规模的生产开发活动，导致环境污染问题日趋严重，容易引发生产与生活、生态的矛盾，这将严重阻碍运动休闲特色小镇的可持续发展。而在国务院推动特色小镇建设政策的引领下，秉承"产城人文""三生融合"的理念，运动休闲特色小镇产业链的构建应该具备服务于经济事业、社会事业、全民健身及体育产业的发展的能力，因此，运动休闲特色小镇产业链的构建仍然有相当大的发展空间。而实现运动休闲特色小镇的自适应可持续发展，应该根据不同小镇类型，科学地使用发展经费，加强土地开发，控制环境污染，并积极引导小镇居民参与小镇的运营和建设。

---

① 前瞻产业研究院. 体育小镇建设现状及前景预测 ［EB/OL］. https：//www.douban.com/note/710026282/？ _i＝0028217SdzNR5w

第四节 运动休闲特色小镇产业链构建的实现路径

通过对运动休闲特色小镇产业链构建的仿真分析得知，无论是哪一种类型的或处于哪一个建设阶段的运动休闲特色小镇在产业链的构建过程中都面临着生产、生活和生态难以协同发展的困境，因此根据坚持致力于人类福祉和社会公平的新型经济发展理念，结合体育特征鲜明、文化气息浓厚、产业集聚融合、生态环境良好、惠及人民健康的运动休闲特色小镇建设宗旨，针对运动休闲特色小镇产业链的构建，首先需要围绕"三生融合"发展，解决共性问题。但由于不同类型的小镇又存在不同的发展特点，因此，根据上述仿真分析，结合不同小镇的特点提出以资源利用为导向、激活科技资源存量的体验型和康体型运动休闲特色小镇产业链构建的自适应路径；以产业驱动为核心，打造全产业链体系的产业型运动休闲特色小镇产业链构建的自适应路径；以"以赛带城"为发展定位，形成城乡协同产业链群的赛事型运动休闲特色小镇产业链构建自适应路径。

一、以"三生融合"为发展理念，指导小镇产业链的构建

（一）实现传统产业链的绿色转型

坚持绿色发展的理念，在政府层面，通过加大监管力度、土地开发管控力度以及污染物处理标准限制，以惩戒和激励两种方式实施管理，改善污染物排放制度，为升级改造镇域、企业的环保技术提供政策保障和资金支持，同时成立巡查小组，将产业链的绿色发展纳入运动休闲特色小镇的绩效考核中，对屡教不改的小镇和企业实施惩戒，奖励环保技术出色的小镇和企业。在企业层面，树立绿色低碳化，建立绿色的经营理念，通过改善自身的环保节能技术，建立企业内部合理的节能制度，打造数字化、智能化的排放监控系统，企业要实现能源改造和节能减排，尽量减少因生产活动造成的对自然生态环境的破坏。在社会层面，完善以小镇居民及居民委员会联合监督机制，合理科学地进行土地开发，避免土地资源浪费，防止过度房地产化，严禁"烂尾工程"打着"小镇"旗号，行"圈地"之实的资源浪费现象，做到土地资源的合理配置和使用。

（二）赋予产业链宜居的生活气息

产业和人口是运动休闲特色小镇产业链构建的前提，要兼顾产业和人口的发展就必须在产业链的构建过程中实现"产城人文"并重的战略布局，弱化小镇房地产化与旅游产品化趋势，摆脱同质化、空城化的发展困境。要通过小镇

的发展，加强基础设施的建设，为小镇建立宜居的生活环境，要通过拓宽人均公共体育设施面积、体育场地闲时低收费、免费开放体育场馆，培养小镇居民的体育意识，提升其对当地核心体育项目、民族传统体育项目的认知，渲染当地的体育文化。

（三）构造全域发展的完整产业链格局

"全域+"的理念最早源于旅游规划中的全域旅游思想，指全城居民共同参与，充分利用目的地全部的吸引物要素，为前来旅游的游客提供全过程、全时空的体验产品与服务，从而全面地满足游客的全方位体验需求。围绕全域发展的理念，以特色体育项目或体育产业基础为核心。围绕资源，提炼当地文化、生态资源、产业特色、区域空间、交通通达度的优势，发挥该运动休闲特色小镇产业链的独特性和结构柔性。围绕空间，合理布局建设、住宅、农业与生态用地；统筹城乡基础设施建设规划，构建完善的基础设施网络体系，实现以体育产业为主，多产业融合、多行业交叉、多企业集聚的产业链结构，满足消费者"衣、食、住、行、游、购、娱"的消费需求，形成纵横发展的一体化产业网络化格局。

二、以资源利用为导向，激活科技资源存量

随着我国经济高速增长，人民群众的体育消费需求已从观赏性需求升级为体验式需求。而体验型运动休闲特色小镇和康体型运动休闲特色小镇这两种类型小镇的开发很大程度取决于体验主题产品和养生主题产品的开发是否能得到人民群众的青睐，自然生态资源是贯穿康体型运动休闲特色小镇的产业链发展各阶段的主线，自然生态资源和历史人文资源则是体验型运动休闲特色小镇产业链构建紧密围绕的主题。

同时，"双向融通"的产业链构建对技术创新提出了新需求，科技所带来的创新链将推动着运动休闲特色小镇的价值提升。以资源利用为导向、以激活科技资源存量为主攻方向是运动休闲特色小镇破除无效供给、增加有效供给、提高供给质量的有效路径。一方面，要着眼于挖掘、洞察现代消费者的需求，持续加强运动休闲特色小镇的基础设施建设，对原来所提供的产品和服务进行创新，强化互联网技术的渗透和现代高科技的运用，大力发展具有引领和策源作用的"科创功能区"，培育科创集聚区，持续优化运动休闲特色小镇"产城人文"的产业结构，优化"运动服务＋培训服务＋旅游服务"的业态结构，将技术创新的成果反馈到生产、生活、生态的共生产业链当中。另一方面，要扩大与优化供给，增强运动休闲特色小镇供给结构对于居民运动休闲娱乐、康养

等需求变化的适应性和灵活性，以使智能化的供给体系更能适应多元化需求结构的变化。

三、"以赛带城"为发展定位，形成城乡协同产业链群

体育赛事是关注度最高、富有极大影响力的体育活动，作为赛事的主办方不仅需要具备优越的场地，还需要配备高规格的体育场馆和完善的赛事服务体系，运动休闲特色小镇围绕一项或若干项成熟的体育项目，通过多次举办各类国际化大型体育赛事，不仅可以获得短期的赛事经济收益，而且可以通过赛事IP的拓展，开展一系列的休闲旅游活动，通过赛事的牵引，结合文化、旅游形成城乡协同产业链群。

运动休闲特色小镇产业链的构建以引进、承办大型的体育赛事为主，通过赛事本身的巨大内容价值生产高质量产品和服务。"以赛带城"的核心主要在于两个方面，一方面，利用城市经济实力不断完善小镇软硬件设施。因此，要加大赛事资源开发经费比例，通过赛事市场开发、赛事品牌建设、赛事产品规划实现赛事本身的内容增值。体育赛事既为受众带来了观赛的基础活动，还有衣食住行玩的辅助活动。在实现赛事本身的内容增值的过程中，需要依托运动休闲特色小镇的特色资源，挖掘当地人文资源的多元价值，因地制宜地选准产业发展的突破口，把区域人文资源优势、生态优势、文化优势转化为运动休闲特色小镇的产品优势、产业优势，增强小镇市场竞争力和可持续发展能力。另一方面，要高度重视小镇赛后利用的问题，要借势打造运动休闲特色小镇旅游产业高地，推出高端"运动＋旅游"项目与全时全日四季旅游产品，着力打造城乡协同的产业带。

| 参考文献 |

[1] 刘大可.产业链中企业与其供应商的权力关系分析 [J].江苏社会科学，2001（03）：10—13.

[2] 潘成云.解读产业价值链——兼析我国新兴产业价值链基本特征 [J].当代财经，2001（09）：7—11+15.

[3] 刘贵富.产业链形成过程研究 [J].社会科学战线，2011（07）：240—242.

[4] 李心芹，李仕明，兰永.产业链结构类型研究 [J].电子科技大学学报（社科版），2004（04）：60—63.

[5] 郁义鸿.产业链类型与产业链效率基准 [J].中国工业经济，2005（11）：35—42.

[6] 蔡宇.关于产业链理论架构与核心问题的思考 [J].统计与决策，2006（17）：114—116.

[7] 龚勤林.产业链空间分布及其理论阐释 [J].生产力研究，2007（16）：106—107+114.

[8] 蒋国俊，蒋明新.产业链理论及其稳定机制研究 [J].重庆大学学报（社会科学版），2004（01）：36—38.

[9] 吴金明，邵昶.产业链形成机制研究——"4+4+4"模型 [J].中国工业经济，2006（04）：36—43.

[10] 游振华，李艳军.产业链概念及其形成动力因素浅析 [J].华东经济管理，2011，25（01）：100—103.

[11] 刘贵富.产业链形成过程研究 [J].社会科学战线，2011（07）：240—242.

[12] Benjamin. klein，The vertical integration、appropriable specialized quasi rents and Competitive contarct [J].Journal of Law Economy，1978，（10）：297—326.

[13] Baker，G，Gibboos，R，Murphy，K. J. Relational Contracts and the Theoryof the Firm [J].Quarterly Journal of Economies，2006，（117）：39—83

[14] 张琦，孙理军．产业价值链密炼机理及优化模型研究［J］．工业技术经济，2005（07）：111—113.

[15] 卜庆军，古赞歌，孙春晓．基于企业核心竞争力的产业链整合模式研究［J］．企业经济，2006（02）：59—61.

[16] 芮明杰，刘明宇．网络状产业链的知识整合研究［J］．中国工业经济，2006（01）：49—55.

[17] 邵昶，李健．产业链"波粒二象性"研究——论产业链的特性、结构及其整合［J］．中国工业经济，2007（09）：5—13.

[18] 郑大庆，张赞，于俊府．产业链整合理论探讨［J］．科技进步与对策，2011，28（02）：64—68.

[19] 郑勇军，汤筱晓．集群间产业链整合：提升产业竞争力的重要途径——以中国沿海地区计算机制造业集群为例［J］．工业技术经济，2006（07）：61—64.

[20] 张利庠，张喜才．我国现代农业产业链整合研究［J］．教学与研究，2007（10）：14—19.

[21] 孙忠峰．威海区域造船产业链整合发展分析［J］．东岳论丛，2009（03）：176—178.

[22] 蓝瞻瞻，王立群．我国林业产业链整合研究［J］．北京林业大学学报（社会科学版），2011，10（01）：70—75.

[23] 荆会云．我国农产品产业链整合模式的比较与选择［J］．农业经济，2019（12）：131—132.

[24] 李明．PPP模式介入公共体育服务项目的投融资回报机制及范式研究——对若干体育小镇的考察与思考［J］．体育与科学，2017，38（04）：86—93.

[25] 李庆峰．互联网＋社会的新型治理模型－以特色小镇为分析对象［J］．建筑与文化，2017，15（6）：199—200.

[26] 鲁志琴，陈林祥．国内外体育小镇发展的社会背景比较［J］．山东体育学院学报，2019，35（03）：32—36.

[27] 张未靖，刘东升．新时代我国体育小镇发展研究：理念、实践与对策［J］．沈阳体育学院学报，2020，39（03）：107—115.

[28] 朱子丹，黄波．试论构建"环东湖体育圈"的基础条件、发展战略及对策［J］．武汉体育学院学报，2003（06）：23—26.

[29] 方春妮，张贵敏．我国体育旅游业集群化发展之策略［J］．上海体育学院学报，2009，33（06）：18—21.

[30] 曾江，慈锋．新型城镇化背景下特色小镇建设 [J]．宏观经济管理，2016（12）：51—56.

[31] 白小虎，陈海盛，王松．特色小镇与生产力空间布局 [J]．中共浙江省委党校学报，2016，32（05）：21—27.

[32] 蒋清，敬艳．全域旅游视域下体育特色小镇的开发 [J]．开放导报，2017（05）：92—95.

[33] 付晓东，蒋雅伟．基于根植性视角的我国特色小镇发展模式探讨 [J]．中国软科学，2017（08）：102—111.

[34] 谢宏，李颖灏，韦有义．浙江省特色小镇的空间结构特征及影响因素研究 [J]．地理科学，2018，38（08）：1283—1291.

[35] 赵雯婷，丁怡清，封英，张锐．聚力探索特色小镇开辟体育产业全新格局——北京大学第9届中国体育产业高峰论坛综述 [J]．北京体育大学学报，2019，42（02）：95—102.

[36] 李国英．构建都市圈时代"核心城市＋特色小镇"的发展新格局 [J]．区域经济评论，2019（06）：117—125.

[37] 黄弘，张诚，许德．我国陶瓷特色小镇发展分析研究 [J]．中国陶瓷，2020，56（08）：87—93.

[38] 陆维仪．特色小镇视域下我国新闻出版产业集群建设机制研究 [J]．科技与出版，2018（08）：172—176.

[39] 万树，徐玉胜，张昭君，张欣．乡村振兴战略下特色小镇PPP模式融资风险分析 [J]．西南金融，2018（10）：11—16.

[40] 谭丽君，秦椿林，靳厚忠．职业体育产业链的组织模式研究 [J]．武汉体育学院学报，2010，44（01）：46—50.

[41] 马海涛，谢文海．国际大都市体育产业组织路径的经验与启示 [J]．世界地理研究，2012，21（02）：112—117＋96.

[42] 钟秉枢，鹿志海，李相如，杨铁黎，吴昊，郝晓岑，邢晓燕．中国中小城镇体育休闲旅游资源的整合与优化：以北京市房山区张坊镇为例 [J]．首都体育学院学报，2014，26（05）：388—393.

[43] 李恒．互联网重构体育产业及其未来趋势 [J]．上海体育学院学报，2016，40（06）：8—15.

[44] 李燕领，王家宏．基于产业链的我国体育产业整合模式及策略研究 [J]．武汉体育学院学报，2016，50（09）：27—33＋39.

[45] 沈克印，吕万刚．体育产业供给侧改革的现实诉求与实施策略——基于

资源要素的视角 [J]. 西安体育学院学报，2017，34（06）：641-646.

[46] 叶小瑜，谢建华，董敏. 国外运动休闲特色小镇的建设经验及其对我国的启示 [J]. 南京体育学院学报（社会科学版），2017，31（05）：54-58.

[47] 王志文，沈克印. 产业融合视角下运动休闲特色小镇建设研究 [J]. 体育文化导刊，2018（01）：77-81.

[48] 白惠丰，孟春雷. 新常态背景下运动休闲特色小镇创建问题及路径研究 [J]. 体育文化导刊，2018（03）：87-91.

[49] 王小章. 特色小镇的"特色"与"一般" [J]. 浙江社会科学，2016（03）：46-47.

[50] 曾志敏. 避免"穿新鞋走老路"特色小镇建设须走出新路 [J]. 智慧中国，2017（07）：82-83.

[51] 张雷. 运动休闲特色小镇：概念、类型与发展路径 [J]. 体育科学，2018，38（01）：18-26+41.

[52] 蒋国俊，蒋明新. 产业链理论及其稳定机制研究 [J]. 重庆大学学报（社会科学版），2004（01）：36-38.

[53] 周新生. 产业链与产业链打造 [J]. 广东社会科学，2006（04）：30-36.

[54] 都晓岩，卢宁. 论提高我国渔业经济效益的途径———一种产业链视角下的分析 [J]. 中国海洋大学学报（社会科学版），2006（03）：10-14.

[55] 刘贵富，赵英才. 产业链：内涵、特性及其表现形式 [J]. 财经理论与实践，2006（03）：114-117.

[56] 汪先永，刘冬，贺灿飞，胡雪峰. 北京产业链与产业结构调整研究 [J]. 北京工商大学学报（社会科学版），2006（02）：16-21.

[57] 范成文，刘晴，金育强，罗亮. 我国首批运动休闲特色小镇类型及其地理空间分布特征 [J]. 首都体育学院学报，2020，32（01）：63-68+74.

[58] 陈丹丹，王玉瑾. 新时代运动休闲小镇发展要素研究 [J]. 广州体育学院学报，2020，40（04）：57-59.

[59] 张敏. 创新生态系统视角下特色小镇演化研究 [D]. 苏州：苏州大学，2018.

[60] 黄海燕，张林，陈元欣，姜同仁，杨强，鲍芳，朱启莹. "十三五"我国体育产业战略目标与实施路径 [J]. 上海体育学院学报，2016，40（02）：13-18.

[61] 范尧，肖坤鹏，杨志，王亮，侯玺超. 体育特色小镇推进供给侧改革的成绩、经验、问题与策略 [J]. 沈阳体育学院学报，2020，39（05）：

117—124.

[62] 白惠丰，孟春雷．新常态背景下运动休闲特色小镇创建问题及路径研究 [J]．体育文化导刊，2018（03）：87—91．

[63] 新华网．资产证券化大有可为，应正视发展中的问题 [EB/OL] www.xinhuanet.com.2016-08-26．

[64] 车雯，张瑞林，王先亮．文化承继与产业逻辑耦合：体育特色小镇生命力培育的路径研究 [J]．体育科学，2020，40（01）：51—58．

[65] 叶小瑜．江苏运动休闲特色小镇的建设实践、问题与优化治理 [J]．南京体育学院学报，2020，19（03）：31—36．

[66] 《体育总局办公厅关于推动运动休闲特色小镇建设工作的通知》 [EB/OL] 国家体育总局 2017-7-31，https：//www.ndrc.gov.cn/xwdt/ztzl/xxczhjs/ghzc/201707/t20170731_972142.html

[67] 《赵勇同志在全国运动休闲特色小镇建设工作培训会上的讲话》 [EB/OL]，国家体育总局 2017-8-25，http：//www.sport.gov.cn/n317/n10506/c822017/content.html

[68] 《体育总局办公厅关于推进运动休闲特色小镇健康发展的通知》 [EB/OL]，国家体育总局 2018-11-16，http：//www.sport.gov.cn/n316/n336/c882309/content.html

[69] 刘佳昊．网络与数字时代的体育产业 [J]．体育科学，2019，39（10）：56—64．

[70] 魏婷，张怀川，马士龙，赵文姜，曲淑华．基于"PPP 创新金融支持模式"视野下我国运动休闲特色小镇建设研究 [J]．沈阳体育学院学报，2018，37（05）：1—7．

[71] 刘薇．PPP 模式理论阐释及其现实例证 [J]．改革，2015（01）：78—89．

[72] 李涛．经济新常态下特色小镇建设的内涵与融资渠道分析 [J]．世界农业，2017（09）：75—81．

[73] 魏婷，张怀川，马士龙，赵文姜，曲淑华．基于"PPP 创新金融支持模式"视野下我国运动休闲特色小镇建设研究 [J]．沈阳体育学院学报，2018，37（05）：1—7．

[74] 孙凯，邱长波．基于价值——关系视角的顾客满意度驱动模型研究 [J]．现代管理科学，2016（07）：30—32．

[75] 陈青云，任兵，王政．特色小镇与 PPP [M]．北京：中国市场出版社，2017：217．

［76］赵玉林，汪芳．产业经济学：原理及案例［M］．北京：中国人民大学出版社，2020：190.

［77］张雷．运动休闲特色小镇：概念、类型与发展路径［J］．体育科学，2018，38（01）：18－26＋41.

［78］鲜一，程林林．体育特色小镇业态选择——基于产业集聚与区位理论视角［J］．体育与科学，2018，39（03）：60－68.

［79］中华人民共和国国家发展和改革委员会．国家发展改革委、国土资源部、环境保护部、住房城乡建设部关于规范推进特色小镇和特色小城镇建设的若干意见［EB/OL］．https：//www.ndrc.gov.cn/xwdt/ztzl/xxczhjs/ghzc/201712/t20171205 _ 972181.html

［80］强海洋，谢海霞，刘志超．特色小镇建设土地利用问题浅析［J］．中国土地，2017（09）：31－32.

［81］赵玉林，汪芳．产业经济学：原理及案例［M］．北京：中国人民大学出版社，2020：190.

［82］体育总局办公厅关于推动运动休闲特色小镇建设工作的通知［EB/OL］．http：// http：//www.sport.gov.cn/n316/n336/c802334/content.html

［83］陈抗，战焰磊．规模经济、集聚效应与高新技术产业全要素生产率变化［J］．现代经济探讨，2019（12）：85－91.

［84］王兆华．区域生态产业链管理理论与应用［M］．北京：科学出版社，2010：65.

［85］迈克尔．贝叶，杰弗里．普林斯．管理经济学（第8版）［M］．王琴．北京：中国人民大学出版社，2017：27.

［86］体育总局办公厅关于推动运动休闲特色小镇建设工作的通知［EB/OL］．http：// http：//www.sport.gov.cn/n316/n336/c802334/content.html

［87］张雷．运动休闲特色小镇：概念、类型与发展路径［J］．体育科学，2018，38（01）：18－26＋41.

［88］任建兰．区域可持续发展导论［M］．北京：科学出版社，2014：11.

［89］韩正彪，周鹏．扎根理论质性研究方法在情报学研究中的应用［J］．情报理论与实践，2011，34（05）：19－23.

［90］贾旭东，衡量．基于"扎根精神"的中国本土管理理论构建范式初探［J］．管理学报，2016，13（03）：336－346.

［91］国土资源部，国家发展改革委，环境保护部，等．关于规范推进特色小镇和特色小城镇建设的若干意见［R/OL］．http：//www.mlr.gov.cn/

zwgk/zytz/201712/t20171206 _ 1692111. html.

[92] 国家发展改革委办公厅.《关于公布特色小镇典型经验和警示案例的通知》（发改办规划〔2020〕481 号）[EB/OL]. 北京：发展改革委，2020-06-26 [2020-06-26]. http：//zfx xgk. ndrc. gov. cn/web/iteminfo. jspid＝17122.

[93] 范明林，吴军，2009. 质性研究 [M]. 上海：上海人民出版社.

[94] 吴玮，潘伟梁，诸葛晓荣，费潇. 促进特色小镇人才跨越式发展 [J]. 决策咨询，2016（05）：80－85.

[95] 贾仓仓，陈绍友. 新常态下技术创新对产业结构转型升级的影响——基于 2011—2015 年省际面板数据的实证检验 [J]. 科技管理研究，2018，38（15）：26－31.

[96] 白惠丰，孟春雷. 新常态背景下运动休闲特色小镇创建问题及路径研究 [J]. 体育文化导刊，2018（03）：87－91.

[97] 周煊，程立茹. 跨国公司价值网络形成机理研究：基于价值链理论的拓展 [J]. 经济管理，2004（22）：12－17.

[98] 范尧，肖坤鹏，杨志，王亮，侯玺超. 体育特色小镇推进供给侧改革的成绩、经验、问题与策略 [J]. 沈阳体育学院学报，2020，39（05）：117－124.

[99] 倪震，刘连发. 乡村振兴与地域空间重构：运动休闲特色小镇建设的经验与未来 [J]. 体育与科学，2018，39（05）：56－62.

[100] 何祖星，夏贵霞. 运动休闲产业与旅游产业融合发展研究 [J]. 西安体育学院学报，2015，32（06）：685－689.

[101] 余小刚，宋迎东. 美日两国体育产业投融资体制对我国的启示 [J]. 商业时代，2012（18）：129－130.

[102] 吴翔. 镇的起源与流变 [J]. 学术论坛，2015，38（11）：83－86.

[103] 张未靖，刘东升. 新时代我国体育小镇发展研究：理念、实践与对策 [J]. 沈阳体育学院学报，2020，39（03）：107－115.

[104] 李娜，马鸿韬，李兆进，谢珊珊，马明宇. 我国体育特色小镇发展驱动机制研究 [J]. 沈阳体育学院学报，2019，38（02）：1－8.

[105] 陈炜. 民族地区传统体育文化与旅游产业融合发展的驱动机制研究 [J]. 广西社会科学，2015（08）：194－198.

[106] 郁建兴，张蔚文，高翔，李学文，邹永华，吴宇哲. 浙江省特色小镇建设的基本经验与未来 [J]. 浙江社会科学，2017（06）：143－150＋154＋160.

[107] 杨海东，季朝新．新型城镇化建设背景下运动休闲特色小镇政策扩散分析 [J]．体育文化导刊，2019（12）：31—36．

[108] 鲜一，程林林．体育特色小镇业态选择——基于产业集聚与区位理论视角 [J]．体育与科学，2018，39（03）：60—68．

[109] 姜广义，张天阳，薄潇男，姜轩．地域体育文化与生态旅游融合发展探析——以吉林省为例 [J]．山东体育学院学报，2019，35（06）：54—60．

[110] 薛昭铭，刘东升，马德浩．体育产业高质量发展系统动力机制模型建构与现实考察 [J]．沈阳体育学院学报，2020，39（02）：116—124．

[111] 文菊，肖斌，布和．新时代推进体育强国视域下的体育特色小镇建设研究 [J]．北京体育大学学报，2019，42（10）：1—9．

[112] 张振峰．体育消费需求升级视角下体育产业转型发展路径 [J]．西安体育学院学报，2017，34（04）：453—458．

[113] 辛本禄，刘燕琪．服务消费与中国经济高质量发展的内在机理与路径探索 [J]．南京社会科学，2020（11）：16—23＋48．

[114] 李艳江，刘次琴．"互联网＋"背景下大众体育消费的变化及发展研究 [J]．体育文化导刊，2019（08）：84—89．

[115] 韩庆祥，王海滨．论作为分析框架的动力、平衡、调整三种根本机制 [J]．天津社会科学，2015（04）：4—10．

[116] 李国兵．主动合作模式下旅游企业战略联盟的利益分配 [J]．企业经济，2020（03）：145—152．

[117] 洪开荣，朱明元．博弈视域下农村土地征收利益分配研究 [J]．农业经济，2020（03）：98—100．

[118] 谭亮，黄娜．区域性图书馆联盟利益平衡机制构建研究 [J]．图书馆工作与研究，2020（11）：32—39．

[119] 孟未，钱鑫．企业民主管理中存在的问题及对策 [J]．人民论坛，2019（12）：52—53．

[120] 高静美，郭劲光．企业网络中的信任机制及信任差异性分析 [J]．南开管理评论，2004（03）：63—68．

[121] 唐莹，邓超．银企关系中小微企业信任的实证研究 [J]．管理评论，2017，29（09）：37—47．

[122] 张磊，朱先奇，史彦虎．科技型中小企业信任协调机制博弈分析——基于协同创新视角 [J]．企业经济，2017，36（08）：61—67．

[123] 张维迎．信息、信任与法律 [M]．上海：三联书店出版社，2003：10—30．

[124] 王凯. 体育赛事媒体版权产业链的理论建构与基础路径 [J]. 成都体育学院学报，2019，45（02）：22—30+127.

[125] 施振荣. 微笑曲线：缔造永续企业的王道 [M]. 上海：复旦大学出版社，2014：67—69.

[126] 金新文. 新疆兵团红枣产业链构建及其协同机制研究 [D]. 中国农业大学，2015.

[127] 孟琦. 战略联盟竞争优势获取的协同机制研究 [D]. 哈尔滨：哈尔滨工程大学，2007.

[128] 杜义飞，李仕明. 产业价值链：价值战略的创新形式 [J]. 科学学研究，2004（05）：552—556.

[129] Thomas S. Gruca，DeePika Nath，Ajay Mehra. Exploiting Synergy for Competitive Advantage [J]. Long Range Planning，1997，30（4）：605—611

[130] Hamel，Gand Prahalad，C. K. Competing for the Future [M]. Boston：Havrard Business School Press. 1994

[131] Hamel，Gand Heene，A. Competence-based Competition [M]. New York：John Wiley，1994

[132] 耿力中. 体育市场营销：决策与运作 [M]. 北京：人民体育出版社，2004：69.

[133] 潘迎旭，钟秉枢. 我国体育可持续发展的理论探索 [J]. 体育文化导刊，2004（05）：9—11.

[134] Sutart，Toby E. Network Positions and Propensities to Collaborate：An Investigation of Strategic Alliance Formation in a High-technology Industry. Administrative Science Quarterly，1998，（43）：668

[135] Lee，H. L.，Padmanabhan，P. and Whang. S，The Paralyzing Curse of the Bullw hip Effect in a Supply Chain [R]. Technical Report，Stanford University，1996.

[136] 龚艳萍，陈艳丽. 企业创新网络的复杂适应系统特征分析 [J]. 研究与发展管理，2010，22（01）：68—74.

[137] 李莉，陈雪钧. 基于共享经济的康养旅游产业生态圈构建 [J]. 学术交流，2020（06）：100—107.

[138] 张玲，邬永强. 基于 CAS 理论的旅游产业集群动力机制研究——以广州会展旅游产业集群为例 [J]. 经济地理，2013，33（08）：171—176.

[139] 周永生，郭凌军，谭文玉．资源型产业链升级模式探析 [J]．商业时代，2011（26）：118－119.

[140] 郭利军，邵桂华．度假型滑雪场运营风险评估体系构建与实证研究 [J]．天津体育学院学报，2019，34（03）：207－213.

[141] 陈刚，杨国庆，叶小瑜．中国体育小镇建设纲要 [M]．人民体育出版社：北京，2017：133－143.

[142] 田学礼，赵修涵．体育特色小镇发展水平评价指标体系研究 [J]．成都体育学院学报，2018，44（03）：45－52.

[143] 毛蕴诗，Korabayev Rustem，韦振锋．绿色全产业链评价指标体系构建与经验证据 [J]．中山大学学报（社会科学版），2020，60（02）：185－195.

[144] 林峰．特色小镇孵化器－特色小镇全产业链全程服务解决方案 [M]．中国旅行出版社：北京，2017：23－118.

[145] 卞晓俊．上海崇明绿华国际马拉松小镇规划设计思路 [J]．规划师，2019，35（S1）：41－45.

[146] 国家旅游局办公室关于印发《"十三五"全国旅游公共服务规划》的通知．[EB/OL]．[2016－12－27].

[147] 范逸男，陈丽娟．人口老龄化背景下康养小镇发展研究 [J]．技术经济与管理研究，2020（10）：112－117.

[148] 李国英．构建都市圈时代"核心城市＋特色小镇"的发展新格局 [J]．区域经济评论，2019（06）：117－125.

[149] 唐晓灵，张青．基于交通网络的特色小镇建设路径研究 [J]．数学的实践与认识，2019，49（05）：59－68.

[150] 阮梦乔．镇总体规划与特色小镇规划协同编制方法探索——以佟二堡镇总体规划及皮草特色小镇规划为例 [J]．现代城市研究，2019（05）：49－55.

[151] 邵桂华，郭利军．运动休闲特色小镇PPP建设模式的风险分担模型研究 [J]．天津体育学院学报，2017，32（06）：461－467.

[152] 郭峰，欧阳子龙，袁瑞佳，黄杨．基于熵理论群组决策的特色小镇投资风险评估研究 [J]．科技进步与对策，2018，35（24）：139－143.

[153] 陈科宇．社会资本参与特色小镇建设的困境与出路 [J]．农业经济，2020（11）：120－122.

[154] 邵桂华．中国竞技体育可持续发展模式的系统动力学研究 [M]．吉林：

吉林科学技术出版社，2014：166－169.

[155] 林峰. 特色小镇全产业链全程服务解决方案［M］. 中国旅游出版社：北京，2017：21.

[156] 高伟，龙彬. 复杂适应系统理论对城市空间结构生长的启示——工业新城中工业社区适应性空间单元的研究与应用［J］. 城市规划，2012，36（05）：57－65.

[157] 体育总局办公厅. 关于公布第一批运动休闲特色小镇试点项目名单的通知.［Z］. 2014-03-16.

[158] 王天宇. 论乡村振兴战略背景下特色小镇的培育发展——基于特色小镇、中小企业与乡村振兴三者契合互动分析［J］. 河南社会科学，2020，28（07）：105－111.

[159] 王成. 中外比较视域下的体育小镇认知反思与重构［J］. 上海体育学院学报，2020，44（01）：78－86＋94.